우송
김태길 전집

새 인간상의 정초

인간회복 서장

우송 김태길 전집

새 인간상의 정초
인간회복 서장

철학과 현실사

1990년경 문정동 훼밀리아파트 단지 내에서

차례

새 인간상의 정초

인간회복 서장

새 인간상의 정초

머리말

나라가 잘되고 못 되는 것도, 개인이 잘살고 못사는 것도, 결국 따지고 보면 사람이 하기에 달려 있다. 사람들의 사고와 행동은 인생의 내용을 결정하는 근원이며 인류의 운명을 좌우하는 관건이다. 우리나라에서 지금 사람들의 정신적 자세의 문제가 심각하게 논의되고 있다. 우리들의 사회 현실이 많은 혼란과 난제에 가득 차 있다고 관찰되며 그 혼란과 난제의 근본 원인이 우리들의 정신적 자세의 결함에 있다고 반성되기 때문이다.

우리들이 현재 가지고 있는 정신적 자세 내지 가치관이 우리들의 어려운 현실을 타개하기에 적합하지 않으며 따라서 새로운 가치 체계가 모색되고 수립되어야 한다는 점에는 모든 사람들의 견해가 일치하고 있다. 그러나 "우리들의 정신적 자세의 근본적 결함은 무엇이며, 새로운 가치 체계는 어떠한 원칙을 따라 세워져야 할 것인가?" 하는 물음에 대해서는 여러 가지 의견이 있을 것이며, 앞으로의 연구와 구상을 기다리는 많은 문제점이 남아 있는 것으로 보인다. 이 책은 이 물음에 대한 필자의 의견을 정리하고 앞으로의 연구와 구상을 위한 돌다리를 놓으려는 의도에서 엮은 것이다.

1장에서는 현재 우리 한국 사람들의 일반적 행동 경향의 특색을 살펴보았다.

단순한 관념과 언어에 그치는 가치관보다도 실천적 행동의 바탕을 이루는 가치관이 더욱 중요하다고 믿는 까닭에, 관찰의 역점을 행동의 세계에 두기로 한 것이다. 한국인의 행동에 대한 일상적 관찰의 결과로서 필자는 ① 가족주의적 사고와 행동, ② 이지(理智)에 대한 감정의 우선, ③ 외관과 형식의 숭상, ④ 관능적 쾌락의 추구, ⑤ 금전만능과 배금의 풍조, ⑥ 이기주의적 행동 경향의 여섯 가지를 가장 일반적이고 중요한 특색으로서 지적하였다.

2장에서는 현재 우리가 가지고 있는 행동의 세계, 즉 실천적 행동에 나타난 우리들의 가치 체계를 비판적 각도에서 음미하였다. 우선 '바람직한 가치 체계'가 갖추어야 할 조건에 대해서, 즉 가치 체계의 평가를 위한 기준에 대해서 일반적 고찰을 한 다음, 그 조건 내지 기준에 비추어서 우리의 생활 태도를 비판적으로 고찰하였다. 여기서의 우리의 고찰은 기존 가치 체계에 의해서 유발되는 여러 폐단을 지적했거니와, 그 여러 가지 폐단을 합쳐서 결국 '인간의 자기 상실' 또는 '인간의 비인간화'라는 현대의 근본적 불행으로 연결되고 있음을 보았다.

3장에서는 상실된 우리 인간 본래의 모습을 '인간의 존엄성'이라는 개념에 초점을 두고 밝혀 보고자 하였다. 우선 '인간존재'에 대한 일반적 고찰로부터 시작하여 '인간의 존엄성'을 이론적 근거와 더불어 부각시키는 일로 이행한 다음, 인간의 존엄성과 불가분의 관계를 가진 '성실'의 개념에 대하여 살펴보았다. 그리고 나아가서, 근세 이후의 세계 역사가 인간의 존엄성을 강조하는 인권 사상을 앞세우고 전개되었음에도 불구하고, 오늘날 인간의 존엄성이 이토록 빛을 잃게 된 연유를 역사적으로 훑어보았다.

4장에서는 새로운 가치 체계의 기본 방향을 3장까지의 고찰에 의거하여 모색하였다. 인간을 개인과 사회의 두 측면에서 바라보고, 새 날을 위하여 바람직한 그 모습을 묘사해 보았다. 여기서의 결론은 한마디로 "인간이 가치 체계의 정상으로 회복되어야 한다."는 말로 요약될 수 있을 것이니, 인간의 존엄성이 거듭 강조된 결과가 되었다.

5장에서는 새로운 가치 체계의 수립을 위해서 무엇을 어떻게 할 것인가에 관해서 고찰을 시도하였다. 여기서는 주로 지도층의 사명과 책임에 대하여 논했으며, 혁신을 위해서 요청되는 기본적 조건으로서의 성실한 마음과 적절한 제도의 문제를 약간 언급하였다. 그러나 누가 무엇을 어떻게 해야 할 것인가에 대한 구체적 방안을 제시하는 작업에까지는 손을 대지 않았다.

이 책은 「인간의 존엄성에 관한 연구」라는 제목의 필자의 학술 논문을 토대로 삼고 그것을 알기 쉽게 풀어서 엮은 것이다. 그 논문은 문교부에서 지급한 연구 조성비의 혜택을 받고 작성되었다. 따라서 그 연구 조성비의 도움이 아니었다면 이 책의 저술도 불가능했을 것이라는 사실을 밝혀 두고자 한다.

이 조그마한 저술은 그 밖에도 많은 사람들의 도움을 받고 이루어졌다. 미국의 브라운 대학에 유학 중인 이명현(李明賢) 군은 국내에서 구하기 힘든 여러 권의 참고서적을 사서 보내 주었으며, 지련(地連)은 원고 정리와 교정을 보는 일을 도와주었다. 끝으로, 이 저술을 좋은 책으로 펴내기 위하여 깊은 이해로써 최선을 다해 주신 삼화출판사 여러분에게 심심한 감사를 드린다.

1973년 3월

김 태 길

차례

1 장
가치 체계의 혼란

1장 가치 체계의 혼란

1. 가치관의 문제

1)

가치관의 문제가 오늘날처럼 심각하게 제기된 때는 별로 없었을 것이다. '가치관'이라는 말이 일반 상식인들의 입을 오르내리게 된 것 자체가 근래의 새로운 현상이며, 30년 전만 하더라도 그것은 일부 전문가들 사이에서나 사용되는 용어에 지나지 않았다.

가치관의 문제가 이토록 일반의 관심을 끌었다는 사실은 어떤 의미로는 매우 불행한 일이라 하겠다. 왜냐하면, 우리들의 가치관이 건전하고 자랑할 만한 것인 까닭에 그것을 이야기하는 것이 아니라, 우리들의 가치관에 근본적인 잘못이 있다는 뉘우침에서 오는 관심이고 대화이기 때문이다. 마치 그리스에서 나라와 문화가 기울어지고 도덕과 질서가 크게 무너졌을 때, 윤리 문제가 지식인들의 관심의 중심을 차지하여 '윤리 시대'라는 이름까지 얻게 되었듯이, 오늘날 우리의 가치 체계가 무너져 가는 위기에 처해서 부득불 가치관의 문제에 깊은 관심을 쏟지 않을 수 없게 된 것이다.

그러나 한편으로, 가치관의 문제를 심각하게 생각하며 반성하고 있다는 이 사실은 인간의 장래가 아직도 절망적이 아니라는 증거라고 볼 수도 있을 것이다. 현재 우리들이 잘못된 길을 걷고 있다는 사실을 자각하며 뉘우친다는 것은, 그 길로부터 벗어나서 올바른 길로 옮겨 갈 수 있는 가능성을 의미하는 것이며, '이성적 존재'로서의 인간이 그 본연의 모습을 되찾으려는 징조라고 보이기 때문이다. 묵은 가치관에 대한 비판은 새로운 가치관에 대한 열망이며, 새로운 가치관에 대한 열망은 그것의 실현을 위한 매우 귀중한 계기다.

묵은 가치관에 잘못이 있다고 하며, 새로운 가치관의 수립이 요청된다고 한다. 그러나 묵은 가치관의 어떤 점이 잘못되었다는 것일까? '새로운 가치관'을 외치기에 앞서서 우리는 묵은 가치관의 결함을 자세히 파악해야 할 것이며, 그것을 자세히 파악할 수 있기 위해서는 우선 우리가 말하는 '묵은 가치관'의 기본적인 특색 내지 구조를 정확하게 알아야 할 것이다. 우리가 현재 가지고 있는 가치관은 도대체 어떠한 구조와 특색을 가지고 있는 것일까? 이러한 물음에 제대로 대답할 수 있기 위한 준비로서 '가치관'이라는 말의 뜻을 분명히 해두는 것이 좋으리라고 생각된다.

'가치관'이라는 말의 본래의 뜻은 '가치문제에 관한 사상 내지 생각'에 가까운 것이었다고 보인다. '인생관' 또는 '세계관'이라는 말이 그렇듯이 그것도 본래는 머릿속에 있는 어떤 생각을 가리키는 말이었다. 다시 말하면 그것은 의식의 세계의 어떤 일부를 가리키는 말이었다. 그리고 그 의식의 세계가 인간의 행동을 결정한다고 사람들은 오랫동안 믿어 왔다. 즉, 시비선악에 관해서 가지고 있는 생각이 우리의 실천 행동을 결정하는 요인의 전부인 것처럼 믿어 왔다. 오늘날 우리가 가치관의 문제를 크게 중요시하는 것도 실은 그 때문이다.

우리들의 관심은 필경 사람들의 실천적 행동에 있는 것이며, 한갓 관념으로서의 생각에 있는 것은 아니다. 다만, 행동을 결정하는 것이 그에 앞선 생각 내지 사상이라고 믿는 까닭에 관념의 체계로서의 가치관에 대해서 깊은 관심을 갖는 것이다.

그러나 사실은 시비선악에 대한 의식적 관념이 우리들의 행동을 좌우하는 요인의 가장 강력한 것이 아니며, 그 요인의 전부는 더욱 아니다. 시비선악에 대한 관념과는 배치되는 욕구나 감정이 더 강력하게 행동을 좌우하는 경우가 많다. 행동에 관한 한, 인간은 이지적(理智的)인 동물이기보다는 정의적(情意的)인 동물이다. 예컨대, 우리가 냉철한 이성을 따라서 판단할 때는 사리사욕을 떠나서 공정하게 행동해야 한다고 생각하지만, 실제 행동은 그 생각을 배반할 경우가 많다.

우리가 오늘날 "새로운 가치관을 세워야 한다."고 말할 때, 이 말의 일차적인 뜻은 현재 우리들의 행동 경향이 좋지 못하다는 것이며, 실제 행동과는 동떨어질 수도 있는 단순한 관념의 체계가 잘못되었다는 뜻은 오직 부차적일 따름이다. 다시 말하면, "우리들의 가치관을 고쳐야 한다."고 외칠 때 우리가 첫째로 걱정하는 것은 행동의 세계이며, 내면적 심리 현상으로서의 관념의 세계는 둘째 문제다. 그러므로 결국 우리는 '가치관'이라는 말로써 행동 경향 또는 행동을 일으키는 원동력으로서의 심리적 요인, 즉 의식적일 수도 있고 무의식적일 수도 있는 행동의 동기를 가리킬 경우도 있다는 이야기가 된다.

요컨대, 우리는 '가치관'이라는 말을 두 가지 서로 다른 뜻으로 쓰고 있는 것이다. 첫째로, 무엇이 좋은지, 어떻게 하는 것이 옳은지 따위의 실천적 문제에 대해서 가지고 있는 생각을 우리는 '가치관'이라고 부른다. 그리고 둘째로, 우리는 사람들로 하여금 어떤 행동을 일으키게 하는 심리적 배경도 '가치관'이라고 부를 때가 있다. 첫째 뜻의 '가치관'을 우리는 '관념으로서의 가치관'이라고 부를 수 있을 것이며, 둘째 뜻의 것을 '행동의 원동력으로서의 가치관'이라고 부를 수 있을 것이다.[1]

'관념으로서의 가치관'과 '행동의 원동력으로서의 가치관' 사이에 밀접한 관계가 있다는 것은 의심의 여지가 없다. 한마디로 말해서, '관념으로서의 가치관'은 '행동으로서의 가치관'을 결정하는 매우 중요한 요소의 하나다. 만약 '관념으로서의 가치관'이 확고부동한 신념의 경지에 이른다면, 그것은 그대로 '행동으로서의 가치관'의 구실을 할 것이다.

그러나 현실적으로는 확고부동한 신념 이전의 단계에 머무는 것이 보통인 까닭에, 이 두 가지 가치관 사이에 차질이 생기게 되는 것이며, '관념으로서의 가치관'이 부실할 경우에는 우리들의 행동의 세계에도 오류와 혼란이 따르기 마련이다. 그러므로 '관념으로서의 가치관'의 중요성을 망각해서는 안 될 것이며, '관념으로서의 가치관'과 '행동의 원동력으로서의 가치관'의 구별을 지나치게 강조해도 안 될 것이다. 다만, 우리들에게 궁극적으로 중요한 것은 행동의 세계이며, 관념과 행동이 반드시 일치하는 것이 아닌 까닭에, 두 가지 '가치관'을 일단 구별하여 두는 것이 좋을 것이다.

우리가 한국인의 가치관을 문제 삼을 때, 우리들의 관심의 초점을 차지하는 것은 행동의 세계이며, 행동의 세계에 대해서 밀접한 관계를 가졌다고 보는 까닭에 관념의 향방에 대해서도 깊은 관심을 금치 못한다. 따라서 우리가 한국인의 묵은 가치관을 비판적 각도에서 분석할 경우에도, 우리는 '행동의

1 '관념으로서의 가치관'과 '행동의 원동력으로서의 가치관'을 구별할 수 있다 함은 이 두 가지가 외연적(外延的)으로 서로 배척한다는 뜻은 아니다. '관념으로서의 가치관'이 동시에 '행동의 원동력'으로서의 구실을 할 경우도 많다. 다만, 생각에만 그치고 실천적 행동에까지 이르지 못하는 '가치관'도 있으며, '옳다'는 의식 또는 관념을 동반함이 없이 행동을 일으킬 경우도 있다는 사실을 여기에 지적하고자 하는 것이다.

원동력으로서의 가치관'을 중심으로 고찰하되, '관념으로서의 가치관'에 대해서도 응분의 주의를 기울여야 할 것이다.

2)

우리가 우려와 비난의 어조로 한국인의 가치관을 비판할 때, 우리는 자기 자신의 마음가짐을 스스로 반성하기보다도 다른 한국인들의 행태를 비난하는 뜻이 강할 경우가 많다. 서로 자기의 허물은 덮어 두고 남의 잘못을 나무라기에 바쁜 것이다. 대체로 말해서, 우리는 자기의 가치관이 남의 그것보다도 우월하다는 생각을 갖는 경향이 있다. 이러한 경향을 낳게 한 큰 원인의 하나는, 필자가 보는 바에 의하면, 우리가 가치관을 비교할 때 자기의 것은 '관념으로서의 가치관'을 기준으로 삼고 남의 것은 '행동의 원동력으로서의 가치관'을 기준으로 삼아서 비교를 한다는 사실이다.

다시 말하면, 자기의 관념과 남의 행동을 비교하는 까닭에, 그리고 사람들의 실천적 행동은 그의 도덕적 관념에 미치지 못하는 것이 보통인 까닭에, 자기의 도덕적 수준이 남의 그것보다 낫다는 생각을 갖기가 쉽다. 요컨대, 앞에서 말한 두 가지 '가치관'을 혼동함으로 말미암아 판단의 정확성을 잃는 경우가 '가치관'의 비교 내지 평가에 있어서 흔히 생기는 것이다.

오늘날 가치관에 관련된 가장 심각한 문제가 세대의 차이에서 오는 가치관의 차이에 있다고 보는 사람들이 있다. 다시 말하면, 젊은 사람들과 늙은 사람들의 가치관이 너무나 서로 다른 까닭에 여러 가지 어려운 문제가 생긴다는 것이다. 과연 신구 두 세대의 사고방식 또는 행동 양식에 상당한 차이가 있다는 것은 사실이며, 그 차이가 교육, 사회적 협조 등에 있어서 큰 저해 요인이 되고 있다는 것도 의심의 여지가 없다.

그러나 대국적인 관점에서 볼 때, 젊은이들과 늙은이들이 생각하는 바에는 근본적으로 비슷한 점이 많으며, 그들의 행동 양식도 그 바탕에는 의외로 많은 공통점이 깔려 있다. 다시 말하면, 신구 두 세대 사이의 가치관의 차이는 우리가 보통 생각하는 것보다는 훨씬 작은데, 우리는 신구 두 세대 사이의 가치관의 차이를 실제보다도 더 크게 느끼는 경향이 있다.

두 세대 사이의 가치관의 차이를 실제보다도 더 크게 느끼게 하는 결정적 이유는, 두 세대가 서로의 가치관을 비교할 때 각각 자신의 가치관은 '관념으로서의 가치관'을 기준으로 삼는 반면에, 상대편의 그것은 '행동의 원동력으로서의 가치관'을 기준으로 삼는 경향이 있다는 사실에서 발견할 수 있을 것이다. 자신의 관념과 남의 행동을 비교하는 까닭에 그 사이에 많은 차이를 느낄 뿐 아니라, 서로 자기의 가치관이 더 우월하다고 판단한다. 가치관이 우월하다 함은 곧 인간적으로 우월하다 함을 의미하는 것이니, 신구 두 세대가 서로 느끼는 우월감은 대화를 어렵게 하는 동시에 상호 불신의 풍조를 조장한다.

신구 두 세대 사이의 간격과 불신은 오늘날 세계적인 현상이라 하겠으나, 우리나라의 경우에 있어서도 매우 중요한 문제의 근원이 되고 있음을 주목해야 할 것이다. 특히, 우리 한국과 같은 개발도상의 국가에 있어서는 젊은 세대의 정신 자세가 지극히 중요하며, 젊은 세대의 정신 자세를 바로 세우기 위해서는 기성세대의 슬기로운 지도가 요청되거니와, 오늘의 우리 현실이 그렇듯이, 신구 두 세대 사이의 믿음과 존경이 부족할 경우에는 슬기로운 인간 교육을 통하여 젊은 세대의 정신적 자세를 바로 세우는 일이 매우 어려운 과제가 되고 만다.

오늘을 사는 우리의 가치 체계를 걱정하는 사람들의 대부분은 문제의 핵심을 우리나라 역사가 처한 과도기적 시점과 관련시켜서 이해하는 경향이 있다. '근대화'라는 커다란 목표를 앞에 두고 숨가쁘게 움직이고 있는 한국에 있어서, 옛날부터의 전통적 윤리는 이미 무너지고 서양으로부터 받아들인 새로운 가치관은 아직 우리의 실정에는 맞지 않는 까닭에, 사회생활이 확고한 규범을 잃고 혼란에 빠져 있다는 것이다. 문제의 핵심을 이와 같이 동서의 두 가치 체계의 부딪침에서 발견하는 사람들은, 문제 해결의 방법도 동양적인 것과 서양적인 것의 알력을 해소함에 있다고 생각하기 마련이다.

그리고 논리의 전개에 따라서, 그들이 암시하는 해결의 방향도 대체로 세 갈래 길로 나누어진다. 첫째로, 보수적 경향이 강한 사람들은 옛날부터 내려오는 동양적 윤리 사상을 다시 일으켜 세움으로써 우리의 정신적 위기를 극복해야 한다고 주장한다. 둘째로, 서양의 문명을 비판 없이 찬양만 하는 사람들은 동양의 전통을 벗어나서 서구의 사고방식과 생활양식을 빨리 모방하고 습득하는 것이 문제 해결의 첩경이라고 주장한다. 그러나 더 많은 사람들은 동양적인 것과 서구적인 것을 조화시키고 종합하는 제3의 방향으로 새로운 길이 모색되어야 한다고 주장한다.

오늘날 한국인이 당면한 가치관의 문제를 우리들이 처해 있는 역사적 상황을 통하여 이해하려는 태도는 너무나 당연한 것이며, 동양의 오랜 지혜와 서양의 새로운 경험을 살리는 가운데 문제 해결의 열쇠를 찾으려 하는 생각도 매우 적절한 의견임에 틀림이 없다. 그러나 문제의 핵심을 동양적 가치관과 서양적 가치관의 불가피한 충돌의 결과로서 이해하는 것은 지나치게 상식적인 견해이며, 문제 해결의 관건을 동양적인 것과 서양적인 것의 평면적인 절충 내지 종합에서 찾을 수 있다고 보는 것은 지나치게 피상적인 관찰이 아닌가 뉘우쳐진다.

오늘의 가치관의 문제는 동양적인 것과 서양적인 것이 부딪치게 된 일부 지역에만 국한된 문제가 아니라, 전 세계사적 문제라고 보는 것이 옳을 것이다. 그리고 거기에는 옛날의 동양적 가치관으로 되돌아감으로써도 해결할 수 없고 서양의 이른바 선진 문명의 가치관을 모방함으로써도 해결할 수 없는 어려움이 깃들어 있다고 보아야 할 것이다.

물론 우리의 가치관의 문제가 문화사적 고찰을 요구하는 문제임에는 의심의 여지가 없다. 그러나 여기서 요구되는 문화사적 고찰은 경제와 정치 및 사회의 여러 문제들을 아울러 살피는 넓은 시야와 인간 심리의 심층까지도 고려하는 깊은 각도를 가진 것이라고 보인다.

앞으로 필자는 될 수 있는 한 여러 가지 각도에서 우리들의 가치관의 문제를 다루어 보고자 하거니와, 필자가 도달하리라고 예상되는 결론에 관련시켜 가며 미리 한 가지만 더 언급하고 다음으로 넘어가고자 한다. 즉, 오늘날 우리들의 가치 체계에 있어서 가장 근본적인 문제는 물질의 가치가 인간적 가치를 압도하는 본말 전도에 있다는 사실을 언급해 두고자 한다.

문제의 핵심을 인간의 자기 상실에서 찾아야 한다고 보는 까닭에, 필자는 앞으로 '인간을 인간답게 하는 것'에 관하여 여러 가지 각도에서 고찰하게 될 것이다. 그러나 그보다 먼저 현재 한국인의 행동 경향에 대해서 좀 더 상세한 고찰을 함으로써 우리들의 문제의 핵심으로 접근하는 길잡이로 삼는 것이 좋을 것 같다. 한국인의 행동 경향, 또는 행동의 원동력으로서의 가치관의 일반적 특색은 무엇이며, 그러한 가치관의 어떠한 점에 잘못이 있다는 것일까?

2. 한국인의 행동 (1)

1)

사람들의 행동 경향은 성별과 연령을 따라서 다르고 지역을 따라서 다를 뿐 아니라, 개인의 기질과 성격을 따라서도 다르다. 그러므로 수천만으로 헤아려지는 한국인의 행동 경향을 일률적으로 특징지어 말하기는 매우 어려운 일이다. 그러나 사람들의 천차만별한 행동 가운데도 시대와 민족의 특색을 나타내는 우세한 경향이 있기 마련이니, 우리 한국인의 행동에 관해서도 그 기조를 흐르는 몇 가지 일반적 경향을 찾아보는 것은 반드시 무리한 일이 아닐 것이다.

현대 한국인에게 흔한 사고방식과 행동 양식의 대표적인 것들을 살펴보는 사람은, 그것들 사이에 이질적인 것들이 혼합할 경우에 흔히 생기는 부조화를 발견한다. (예컨대, 한편에 실리를 강하게 추구하는 경향이 현저한가 하면, 다른 한편에는 외관과 형식을 존중하는 경향이 이와 맞선다.) 우리들의 사고방식과 행동 양식의 대표적인 것들 사이에 이질성이 발견되는 것은 그것들이 유래한 근원이 다르기 때문이다.

한편, 오늘날 한국인의 사고방식과 행동 양식의 일반적 경향을 결정한 요인은 여러 가지로 분석될 수 있겠지만, 그 근원적 요인으로서 우리는 두 가지 영향을 생각할 수 있을 것이다. 그 하나는 한국 내지 동양의 전통적 가치관의 유산에서 온 영향이고, 또 하나는 서양 문명의 새로운 사조의 자극에서 온 영향이다. 이제, 이 두 가지 영향 아래 형성된 한국인의 사고방식과 행동 양식의 기본적 특색을 살펴보고자 하거니와, 우선 동양적 전통의 영향을 받았다고 생각되는 것들부터 차례로 고찰해 나가기로 한다.[2]

동양적 전통의 영향을 받고 형성된 현대 한국인의 사고방식 내지 행동 양식의 현저한 경향으로서 필자는 세 가지 특색을 우선 지적할 수 있다고 믿는다. 첫째는 '가족주의적'이라고 부를 수 있는 사고 내지 행동의 경향이고, 둘

2 동양의 전통적 가치관의 영향 아래 형성된 사고방식 내지 행동 양식과 서양 문명의 새로운 자극 아래 발달한 그것들이 모든 한국인에게 고루 퍼져 있는 것은 물론 아니다. 대체로 보아서, '동양적'이라고 말할 수 있는 가치관은 시골과 늙은 세대에 있어서 우세하고, '서양적'이라고 말할 수 있는 그것은 도시와 젊은 세대에 있어서 우세하다고 관찰된다. 그러나 사람들의 가치관이란 매우 복잡한 구조를 가진 것이므로, 지나치게 단순화하여 일률적으로 단정해서는 안 될 것이다.

째는 '이지(理智)'보다도 '감정'이 앞서는 경향이며, 셋째는 '외관'과 '형식'을 크게 존중하는 경향이다.

동양에 있어서의 가족주의는 매우 오랜 전통을 가졌다. 그것은 가족을 생활의 기본단위로 삼은 봉건시대의 사회제도를 배경으로 삼고 형성되었으며, 혈연관계와 가족 윤리를 인륜(人倫)의 근본으로서 중요시한 유교 사상의 이론적 후원을 받고 성장하였다. 우리나라는 특히 조선시대 이후에 가족주의적 경향이 더욱 강화된 것으로 알려져 있다.

조선시대는 유교가 국교의 위치를 차지한 시대일 뿐 아니라, 중엽 이후에는 국운의 쇠퇴와 사회의 혼란을 심각하게 경험한 시대이기도 하다. 국가와 사회의 모습에 실망한 사람들이 관심의 중심을 가족생활에 고정시킨 것은 자연의 추세였다고 이해되거니와, 나라의 주권을 빼앗긴 일제시대도, 일부 특별한 뜻을 가진 사람들 이외에는 국가나 사회 생활 가운데 관심의 중심을 구하기는 어려운 시대였다,

'가족주의(familism)'란 어떤 이론 체계의 이름이 아니라, 가족을 아끼고 사랑하는 마음이 다른 의욕 또는 동기를 압도할 정도로 강한 생활 태도를 가리키는 말이다. 가족주의적 생활 태도는 가족의 번영 또는 가문의 영예를 무엇보다도 소중히 여긴다. 따라서 그것은 한편으로는 개인주의와 대립하게 되고, 다른 한편으로는 민족주의 내지 국가주의와 대조를 이룬다.

오늘의 우리 한국은, 한편으로는 서구적 개인주의의 물결이 휩쓸어 들어오고, 다른 한편으로는 국가의 이익과 민족의 단결이 크게 강조되는 상황 속에 있다. 이러한 상황인 까닭에 한국의 가족주의도 차차 그 세력이 쇠퇴하는 경향을 보이고 있기는 하나, 아직도 그 잔영은 상당히 농후한 색채를 유지하고 있는 것으로 관찰된다.

가족주의적 사고나 행동의 경향은 가족 또는 친족의 문제에 관련해서만 남아 있는 것이 아니라, 그 밖의 사회생활에 있어서도 여러 가지 형태로 나타나

고 있다. 예컨대 같은 학교, 같은 고향, 또는 같은 단체에 속하는 사람들끼리 함께 뭉치고 서로 돕는 기풍도 가족주의적 경향의 한 변형이라고 볼 수 있을 것이다. 작은 규모의 집단을 통하여 인연을 가진 사람들이 뭉치고 서로 돕는 경향은, 가까이 접촉하는 사람들의 친목을 초래하고 상부상조의 기풍을 조장하는 이점이 있는 반면에, 부당한 의리심을 정당화하고 더 큰 규모의 대동단결을 저해하는 요인이 될 수도 있다는 약점을 가졌다.

가족주의의 또 하나의 특색은 온정주의적 태도 속에서 찾아볼 수 있다. 가족이란 본래 어떤 편의나 이익을 위해서 계획적으로 결성한 집단이 아니라, 성(性)과 혈연의 유대를 통하여 자연적으로 발생한 공동체다. 따라서 가족 내부의 질서는 법이나 규칙에 의해서 유지되는 것이 아니라, 온정과 사랑에 의해서 유지되는 것이 원칙이다.

가족 내부에 어떤 알력이 생겼을 경우에는 경위를 밝혀 시비와 곡직을 따지는 것보다도 덕과 감화로써 문제를 해결하는 것이 올바른 길이다. 집안에 도덕이나 법에 어긋나는 행동을 한 사람이 생겨도 이를 숨기고 감싸 주는 것을 당연하다고 생각하며, 물질의 소유권에 구애됨이 없이 네 것과 내 것을 따지지 않고 서로 융통해 쓰는 것을 미덕으로 삼는다.

이러한 온정주의는 너그럽고 따뜻한 인간 정신의 표현이며 동양적 미풍양속의 바탕이라고 보아도 좋을 것이다. 그러나 오늘과 같은 복잡한 사회생활 속에서 만사를 온정주의로써 처리한다면, 도리어 질서를 어지럽힐 염려가 크다. 가족과 같은 좁은 집단을 다스리기에 적합한 처방이 크고 복잡한 사회의 질서를 유지하기에도 반드시 적합한 길이 될 수는 없는 것이다.

우리나라에는 지금도 온정주의적 사고 내지 행동의 경향이 강하게 남아 있다. '봐달라' 또는 '봐준다'는 말이 일상생활 속에서 쓰이는 빈도가 높다는 사실은 이 점을 상징적으로 밝혀 준다. '봐달라'는 말은 사리(事理)에 어긋나는 일을 온정으로 처리해 줄 것을 부탁할 경우에 쓰이는 용어이거니와, 예사로운 심정으로 이 말을 끄집어 내거나 들을 수 있다는 사실은 우리들의 사고방식이 가족주의적 유습(遺習)에 젖어 있는 증거라고 보아도 좋을 것이다. 우리나라는 법치국가를 자인한 지 이미 오래지만, 아직도 법에 호소하거나 법을 따지는 행동은 대체로 비난의 대상이 되기 쉽다.

가족주의의 세 번째 특색으로서 지적할 것은 종적(縱的) 인간관계 및 권위주의적 경향이다. 우리나라의 가족주의는 본래 봉건적 가족제도를 바탕으로 하고 형성된 것인 까닭에, 사람과 사람 사이를 평등한 횡적 관계보다도 상하의 지위로 나누어지는 종적 관계로 이해하는 경향을 가지게 되었으며, 따라서 윗사람들에게 권위주의적 태도가 몸에 배게 되었다.

근래 '민주주의'의 새로운 물결을 타고 사람과 사람의 사이를 평등한 횡적 관계로서 이해하는 관념이 보급되기에 이르러 가부장적 권위주의도 차차 수그러지는 경향을 보이고 있는 것은 사실이나, 아직도 일부에는 그 인습의 뿌리가 깊은 까닭에 사회생활에 적지 않은 알력을 일으키는 근원이 되고 있다. 권위주의적 사고방식에 젖은 보수적인 사람들과 어떠한 권위에도 반발을 느끼는 급진적인 사람들 사이의 대립은 겉으로 보기보다도 더욱 심각하다. 이와 같은 체질적 대립은 가족 내부에만 있는 것이 아니라, 직장과 학교 및 그 밖의 집단에도 있고 관료들과 일반 국민 사이에도 있으니, 전환기에 놓인 사회의 심각한 문제가 아닐 수 없다.

2)

동양적 가치관의 전통과 관련이 깊은 것으로 보이는 우리들의 행동 경향의 둘째는, 행동에 있어서 이지보다도 감정이 앞서는 경향이었다. 감정이 뜨겁고 정서가 풍부한 것은 우리 한국인의 한 가지 특색이며, 이 특색은 그것이 어떻게 발휘되느냐에 따라서 자랑스러운 행동의 바탕이 되기도 하고 적지 않은 폐단을 초래하기도 한다.

우리 민족은 문화의 다른 분야에 있어서보다도 예술에 있어서 탁월하다는 것이 대체로 일치된 관찰이거니와, 이것은 우리 민족성 속에 깃든 뜨거운 감정과 풍부한 정서 덕분이라고 해석된다. 기질 속에 타고난 뜨거운 정열은 세련된 예술적 정서를 위한 바탕일 뿐 아니라, 슬기로운 도덕의 원천이기도 하다.

훌륭한 의미의 도덕은 인간의 인간다운 심정에 근원을 둔 것이며, '인간다운 심정'이란, 공자가 '인(仁)'으로 나타냈고 기독교에서 '사랑'의 개념으로 파악한, 깊고 그윽한 정서를 그 핵심으로 삼는다. 우리 한국 민족은 인정이 두터운 겨레로서 알려져 있거니와, 인정이 두터운 까닭에 옛날부터 평화를 사랑하고 예의를 숭상하는 민족으로서의 전통을 세울 수도 있었을 것이다.

우리는 가난한 살림 속에서도 노래를 잃지 않은 민족이다. 다음 해 봄의 양식이 모자라는 한이 있더라도 가을이면 떡과 술을 빚어 이웃들과 나누며 시름을 잊고 한때를 즐기는 낭만을 가졌다. 우리는 친구를 만나면 진정으로 반기는 정다운 마음을 가졌으며, 의리를 위해서는 이해와 득실을 초월하는 정열을 간직했다.

그러나 감정이 지나쳐 이지와의 조화를 잃었을 때, 그것은 여러 가지 폐단의 근원이 되기도 한다. 먼 곳까지도 고려하는 이지적 분별을 동반함이 없이 오로지 가까운 곳만을 생각하는 정서만이 왕성할 때, 흔히 공정(公正)을 잃고 한쪽으로 쏠리는 허물을 저지른다. 우리나라 사람들에게 크게 하나로 뭉치는 힘이 약하고 파벌을 지어 작게 뭉치는 경향이 있음에는, 가족주의적 가치관의 영향도 있겠으나, 그 중요한 사유의 하나로서 이지보다도 감정이 우세한 우리 민족성을 생각하지 않을 수 없다.[3]

일반적으로 말해서, 합리적이고 객관적인 태도가 요구되는 경우에 있어서까지 감정의 지배를 받을 때는 대체로 적지 않은 폐단이 생긴다. 예컨대 냉철한 지성적 대화가 요청되는 마당에서 감정이 앞서면, 대화가 통하지 않고 따라서 문제의 해결이 어려워진다. 또 실력에 따라서 적당한 인재를 적소에 배치해야 할 인사 문제에 있어서 정실(情實)이 앞선다면, 공정한 처사에 위배되는 결정이 내려지기 쉽다.

그리고 실제에 있어서, 조용히 상의해야 할 경우에 감정에 호소하여 흥분하고, 공사(公私)를 혼동하여 대의(大義)에 어긋나는 행동을 감행하는 예가 우리 한국인에게 많다는 사실을 반성할 때, 감정이 우세한 우리 민족성이 더 높은 차원에서 순화될 필요가 있음을 절실히 느낀다.

'감정이 풍부하다'는 말은 보통 칭찬의 뜻으로 쓰인다. 그러나 '감정을 낸다' 또는 '감정적인 사람이다'라는 말은 흔히 비난의 뜻을 띠고 사용된다. 생각건대, '감정이 풍부하다'고 말할 때의 '감정'과 '감정을 낸다'고 말할 때의 '감정' 사이에는 상당한 차이가 있는 것으로 보인다. 둘 다 '감정'임에는 틀림이 없겠으나, 그것이 어떠한 종류의 감정이냐에 따라서 바람직한 것과 그렇지 못한 것으로 나누어진다.

우리 한국 사람들의 민족성 가운데 감정의 측면이 우세한 기질이 있다는 것이 사실이라면, 그 기질은 바람직한 감정의 함양을 위한 소질로서의 구실을 할 수도 있을 것이며, 바람직하지 못한 감정의 발달을 위한 것으로서 작용할 수도 있을 것이다. 이 소질을 어떻게 살리느냐에 따라서 앞으로 우리들의 가치관에 커다란 영향이 있을 것이니, 바람직한 감정을 풍부하게 기르는 일은 국민교육의 매우 중요한 과제의 하나가 아닐 수 없다.

오늘날 '근대화'의 문제를 논하는 사람들의 대부분은 합리적 사고와 과학

---

3 실은, 가족주의적 가치관과 감정이 우세한 민족성 사이에는 밀접한 상관관계가 있다고 보아야 할 것이다. 가족주의란 본래 '자연(自然)의 정(情)'에 바탕을 둔 가치관이며, 냉철한 이지(理智)의 산물은 아니다.

적 태도를 강조하면서, 서구의 발전을 거울로 삼아야 한다고 역설한다. 그리고 이 상식적 견해가 우리나라 실정에 매우 적합한 의견이라는 것은 우리도 인정해야 할 것이다. 그러나 한편, 합리적 사고와 과학적 태도의 지나친 숭상이 인간의 인간다운 감정을 빈약하게 만드는 결과를 가져와서는 안 된다는 것도 우리들의 일치된 상식이다.

요컨대, 우리는 서로 조화되기 어려운 두 가지 목표를 동시에 달성해야 하는 것이다. 한편으로는 서양 사람들로 하여금 높은 물질문명을 이룩할 수 있게 한 합리적 사고와 과학적 태도를 체득하는 동시에, 다른 한편으로는 동양의 높은 정신문화의 바탕이 되어 온 어질고 그윽한 감정을 깊이 간직하고 더욱 함양해야 하는 것이다.

그러나 기계화, 산업화, 도시화 등의 현상이 불가피한 현대의 경제적 여건에 적응하는 일과, 도덕, 예술, 종교 등의 근본이 되는 순화된 감정을 보존 내지 함양하는 일을 어떻게 동시에 양립시킬 수가 있을 것인가? 이 두 가지 목표 사이에는 서로가 서로를 배척하는 이율배반의 관계가 있는 것이 아닐까? 이 어려운 문제에 관해서는 뒤에 4장에서 다시 고찰하기로 하자.

3)

우리들의 행동 경향 가운데서 동양의 전통과 깊은 관련을 가진 것으로서 세 번째로 지적한 것은 형식 내지 외관을 내용과 실질에 앞서서 중요시하는 기풍이었다. 유교의 영향을 받은 동양의 여러 나라들은 대체로 예절을 숭상하는 전통이 서 있거니와, '동방예의지국'이라고 일컬어진 우리 한국도 고래로 예절을 도의(道義)의 근본으로서 소중히 여겨 왔다. 그리고 예절이란 본래 행동의 양식과 절차를 심히 따지는 규범인 까닭에 예절의 숭상은 생활의 전반에 걸쳐서 외관과 형식을 존중하는 기풍으로 발전하였다. 그뿐만 아니라, 외형적인 것을 앞세우는 풍조는 오늘의 한국에 있어서도 매우 강한 것으로 관찰된다.

외형적인 것을 앞세우는 우리나라의 풍습은 의식주의 어느 측면에 있어서도 눈에 뜨인다. 의생활에 있어서 속옷보다도 겉옷을 더 사치스럽게 입는가 하면, 식탁을 차릴 때는 내용과 실질보다도 겉모양과 가짓수에 치중하는 경향이 있다. 그리고 건물에 있어서도, 실내의 설비나 실용적 고려보다도 대문, 담장, 겉벽 등 겉으로 드러난 부분에 역점을 두는 것이 흔히 보이는 현상이다. 더욱이 근래에 와서는 이른바 '허례허식'을 일삼는 풍조까지 일어나게 되어, 식자들의 걱정거리가 되고 있는 실정이다.

실질을 망각하고 외관과 형식만을 존중하는 우리나라의 경향은, 예의와 범절을 숭상하는 유교의 정신이 잘못 전해져 변질되는 가운데 생겨난 폐단이라 하겠거니와, 그러한 풍조가 근래에 이르러 특히 심하게 된 것은 동양적 전통과는 관계가 먼 새로운 사정 때문이라고 생각된다. 그 새로운 사정이란, 첫째로 광복 이후의 우리나라가 건실한 발전을 이룩하지 못하고 실질보다도 외관과 명성에 현혹되는 폐습을 자아냈다는 사실과, 둘째로 선전을 일삼고 전시효과를 노리기에 급급한 오늘의 상품 문화적 풍조다.

형식을 존중하는 전통 속에는 매우 중요한 의의가 깃들어 있다. 실리만을 따지는 옹색한 생활 태도 가운데서 슬기로운 문화가 창조될 수 없다는 것은 만인의 상식이니, 형식의 존중은 정신문화의 발전을 위한 필수 조건이라 하여도 과언이 아니다. 실용성을 초월하여 행위의 형식을 존중하는 데서 인륜의 예절이 생겼고, 실용을 넘어서서 외형의 아름다움을 추구함으로 말미암아 예술의 창조가 가능하였다.

그뿐만 아니라, 훌륭한 내용을 담으려면 그에 적합한 형식의 그릇이 필요한 것이며, 전통적 형식을 충실히 지키는 가운데 귀중한 내용이 강화되는 경우도 적지 않다. 예컨대, 국경일에 국기를 게양하는 것은 일종의 형식이라고 볼 수 있으나, 그러한 형식을 존중히 여겨 거듭 지켜 가는 가운데 우리들의 국가 의식이 강화되는 경우와 같다.

그러나 형식이 참된 가치를 갖는 것은 충실한 내용에 의하여 뒷받침될 때에 국한된다. 예절은 진정으로 존경하고 아끼는 마음의 뒷받침을 가질 때 참으로 귀중하고, 예술은 슬기로운 창조의 정신의 표현일 경우에 비로소 값지며, 명성은 실력 또는 업적에 근거를 두었을 경우에만 자랑스럽다.

만약, 내용의 충실을 꾀함이 없이 오로지 겉모습과 형식만을 추구한다면, 그 폐단은 일반이 상상하는 것보다도 더욱 심각하다. 그것은 곧 허례허식, 허영과 사치, 위선과 기만, 그리고 천박한 모방 등 여러 가지 종류의 악덕으로 연결되는 것이다.

그리고 오늘날 우리 한국 사회에 있어서의 형식 내지 외관의 존중이 본질을 망각한 경박한 풍조로 연결되고 있다는 사실은, 새로운 가치 체계의 수립을 공통의 과제로 삼아야 하는 우리에게 적지 않은 문제점이 아닐 수 없다.

3. 한국인의 행동 (2)

1)

오늘날 한국인의 생활 태도 특히 대도시에 살고 있는 사람들의 생활 태도는 전통적인 의미로 '동양적'이라고는 보기 어려운 몇 가지 특색을 나타내고 있다. 이 새로운 특색들은 현대의 물량문화(物量文化)를 배경으로 삼고 발달한 것이며, '서구적'이라기보다는 '현대적'이라고 부르는 것이 정확할 것이나, 현대의 물량문화의 본산이 유럽 내지 미국이라는 사실을 고려하여 서구적 가치 풍토에 근원을 둔 행동 경향이라고 보아도 무방할 것이다.

근래 도입된 서구적 가치 풍토에 근원을 두었다고 생각되는 행동 경향 가운데 특히 근본적인 것으로서, 필자는 관능적 쾌락의 추구, 금전만능의 풍고, 그리고 이기주의적 행동 경향의 세 가지를 지적하고자 한다.

현재 우리나라 사람들의 생활 태도를 관찰할 때, 우선 두드러지게 눈에 뜨이는 것은 관능의 쾌락을 추구하는 경향이 매우 강하다는 사실이다. 먼 장래를 내다보는 원대한 목적을 위해서 참고 노력하는 것보다도, 우선 당장의 순간을 즐겁게 지내고자 하는 태도가 일반적으로 우세하다. 대소 도시에 많은 유흥업소가 해마다 늘어나고 있으며, 그 많은 유흥업소들이 대체로 성업을 이루고 있다는 사실이 우선 이 점을 단적으로 입증해 준다.

마음의 양식이 될 만한 깊이 있는 책은 읽히지 않는 반면에, 주간지 따위의 흥미를 위한 인쇄물들은 많은 독자를 가지고 있으며, 학문보다도 이성(異性)에 대한 관심이 더욱 크다는 것을 고백하는 학생이 많을 뿐 아니라, 남녀의 교제가 영속성 있는 정신적 결합을 지향하기보다도 순간적 향락을 추구하는 경향이 강하다는 사실 등도 관능적 쾌락에 대한 관심이 우세함을 알려 주는 일상적 현상이다.

관능의 쾌락을 좇는 것은 우리 한국에만 국한된 현상이 아니라, 온 세계에 걸친 일반적 현상이다. 사실 그것은 인간의 본능에 가까운 것이므로 관능적 쾌락의 추구를 현대에 있어서만의 특유한 경향으로서 떠들 성질의 것은 아니나, 섹스를 비롯한 육체의 쾌락을 공공연하게 숭상하고 이를 노골적으로 추구하는 기풍이 현대와 같이 강했던 시대는 과거에 흔하지 않았던 것으로 알려져 있다.

서양의 역사에 있어서는, 고대 그리스와 로마의 특권층의 생활 가운데 관능의 쾌락을 숭상하고 추구하는 기풍을 찾아볼 수 있었으나, 기독교 사상이 지배적 세력을 얻은 뒤에는 스토아풍의 금욕주의가 널리 전파되는 한편, 관능의 쾌락을 노골적으로 앞세우는 풍조는 일단 자취를 감추게 되었다. 관능적 쾌락을 공공연하게 긍정하는 태도가 서양 세계에서 다시 고개를 들기 시작한 것은 르네상스 이후의 일이다.

르네상스의 정신 혁명은 신의 개념과 종교적 권위로부터 오랫동안 억압을 당해 왔던 인간들이 펼친 자기해방의 운동이라고 해석되거니와, 자연과 인간을 신의 단순한 부속물로 보지 않고 그 자체를 위한 독자적 존재로서 인정하기를 두려워하지 않은 새로운 사조 속에서, 인간의 본능적 욕구가 다시 긍정적인 각도로 부각된 것은 당연한 일이다.

쾌락을 가치의 으뜸으로 숭상하는 기풍이 가장 강하게 나타난 것은 본래 현실주의의 경향이 두드러진 영국에서였는데, 벤담(J. Bentham)과 밀(J. S. Mill) 등에 의하여 제창된 '공리주의(utilitarianism)' 윤리설은 바로 그 쾌락 숭상의 영국적 사고방식을 철학적으로 정리한 것이었다. 그러나 공리주의자들이 가치의 으뜸으로서 인정한 것은 반드시 관능적 쾌락에 국한된 것은 아니었다.

공리주의 윤리설의 대표적인 학자로 알려진 존 스튜어트 밀은 도리어 관능의 쾌락에 대한 지나친 애착을 물리치고 질적으로 고상한 정신적 쾌락의 중요성을 거듭 강조하고 있다. 따라서 만약 밀의 공리주의적 이념이 그대로 사회생활 속에 실천되었다면, 영국 및 영국 문화의 영향을 크게 받은 여러 나라에 있어서, 오늘날 우리 주변에서 발견되는 바와 같은 노골적인 관능적 쾌락의 추구는 경험하지 않았을 것이다.

그러나 현실의 인간 사회는 반드시 학자의 이론을 그대로 충실하게 실천에 옮기는 것이 아닌 까닭에, 19세기에서 20세기에 걸쳐 서양 세계에서 세력을 확대한 쾌락주의는 점차 관능적인 것으로 기울어지는 추세를 보였다. 그리고 그 경향은 서양의 문화를 받아들이는 과정에 있는 우리나라에까지 깊숙이 파고든 것이다.

2)

우리의 행동 세계의 바탕을 이루고 있는 가치관에 관한 또 하나의 특색은 배금사상 또는 황금만능주의라고 불리는 풍조, 즉 물질을 숭상하는 기풍이 강하다는 사실이다. 그리고 이 풍조는 관능의 쾌락을 추구하는 경향과 밀접한 관련을 가지고 있는 것으로 보인다. 관능적 쾌락이란 대개 돈을 가지면 살 수 있는 것이고 돈이 없는 사람으로서는 얻기 어려운 목표인 까닭에, 관능적 쾌락을 추구하는 사람에게는 돈이 거의 절대적인 의미를 갖는다. 한편, 돈을 가지고 가장 손쉽게 얻을 수 있는 것이 다름 아닌 관능의 쾌락이기도 하다.

신분제도가 까다로웠던 옛날과는 달리, 오늘날에는 돈만 있으면 누구나 물질과 육체의 영화를 마음껏 누릴 수가 있다. 따라서, 돈만 가지고는 얻기 어려운 심오한 학식이나 고매한 인격보다도, 진열된 상품처럼 고객을 기다리는 관능의 쾌락으로 끌리는 것이 돈을 가진 사람들의 일반적 심리다.

우리 사회에 배금(拜金)의 풍조가 강하다는 것은 우리들의 일상생활의 여러 가지 측면에 여실히 나타나고 있다. 예컨대, 사람이 많이 모인 곳에서 높은 대접을 받는 것은 돈을 많이 가진 사람 또는 돈을 벌 수 있는 위치에 있는 사람이다. 사회적으로 별로 존재가 없던 사람도 어쩌다 큰 재산을 갖게 되면 갑자기 사회적 지위가 올라간다.

대학에 입학하기를 원하는 사람들이 전공과목을 선택할 때 우선 고려하는 것은, 어느 학과를 졸업하는 것이 장차 돈을 벌기에 유리할 것이냐 하는 전망이다. 아이들끼리 모여서 서로 자기 집 자랑을 할 때, 그들이 제일 먼저 내세우는 것은 자가용 자동차나 텔레비전 또는 냉장고 따위의 재산 목록이며, 부모들의 건강이나 인품 같은 것은 거의 화제에 오르지 않는다. 철 모르는 아이들만이 그런 것이 아니라, 지각이 있어 보이는 상당한 연배의 사람들도 돈에 매수되어 자기의 이름에 스스로 상처를 내는 사람들이 있다.

돈에 대한 숭상을 가장 단적으로 알려 주는 것은, "우리나라에서 돈 가지고 안 되는 일이 어디 있느냐?"는 말이 예사롭게 나돌고 있다는 사실이다. 이러한 발언은, 돈의 위력이 현실적으로 강하다는 사실을 나타내는 것일 뿐 아니라, 그러한 말 자체 속에 이미 그 발언자의 가치관의 기조가 나타나 있다는 점에서 주목된다. 즉 "돈만 있으면 안 되는 일이 없다."는 말 가운데는, 돈으로 살 수 있는 것들을 가장 값진 것으로 믿는 반면에, 돈을 가지고도 살 수 없는 것들은 소홀히 생각하는 가치관이 나타나 있다.

예컨대 지식, 고상한 인격, 예술적 창작력, 깊은 사랑 또는 우정, 마음의 평화, 그리고 훌륭한 자녀 등은 돈만 가지고는 얻기 어려운 보배들이거니와, 현재 우리 사회에서는 이러한 보배들이 비교적 소홀한 대접을 받고 있다. 그 반면에, 돈만 있으면 살 수 있는 것들, 즉 고급 주택, 자동차, 호화로운 파티 또는 여자의 육체 따위가 사람들의 마음을 사로잡고 있다.

재물을 귀중하게 여기는 것은 어느 시대 어느 나라에서나 찾아볼 수 있는 일반적 현상이며, 우리들에게만 고유한 특수 현상이 아님은 물론이다. 일부 종교 사상 가운데는 재물의 가치에 대하여 부정적 태도를 표명한 것도 없지 않으나, 이것은 재물에 대한 지나친 애착을 경계한 교훈이라고 해석할 성질의 것이며, 재물에 대한 숭상은 동서고금을 통한 일반적 현상이라 하여도 과언이 아닐 것이다.

그러나 우리 조상들이 재물을 귀중하게 여긴 태도와 현재 우리가 재물을 숭상하는 태도 사이에는 한 가지 근본적인 차이점이 있다. 우리 조상들의 경우는 재물이 어디까지나 인생을 위한 수단으로서 존중을 받았음에 비하여, 오늘에 와서는 재물 그 자체가 절대적 목적으로서 숭상되는 경향이 있으며, 심지어는 돈이 인간보다도 더 높은 위치를 차지하는 주객의 전도까지 생기고 있다. 따라서 단순히 재물을 숭상한다는 사실에 문제가 있는 것이 아니라, 재물이 인간을 압도한다는 모순된 사실에 오늘의 심각한 문제가 있는 것이다.

금전 또는 재물을 숭상하는 경향과 관련시켜서, 권력에 대한 욕망이 몹시 강한 현상에 관해서도 여기서 몇 마디 언급해 두는 것이 좋을 것이다. 금전에 대한 애착이 거의 모든 사람들에서 찾아볼 수 있는 일반적 현상임에 비하여, 권력에 대한 관심은 권력의 세계와 직접 또는 간접의 관계를 가진 특수층에 있어서 현저하게 나타난다는 차이는 있으나, 권력에 대한 욕망도 오늘날 우리들의 심리 가운데서 상당한 자리를 차지하고 있는 것으로 관찰된다. 정치계에 있어서 권력투쟁이 치열함은 말할 것도 없고, 정치 이외의 세계에 있어서도 권력을 수반한 지위를 얻으려는 치열한 움직임은 어디서나 발견되는 현상이다.

권력의 자리를 탐내는 경향은 결코 새로운 현상이 아니며, 이것을 함부로 서구적 물질문명의 영향 때문이라고 해석할 성질의 것은 아니다. 벼슬자리에 오르는 것을 가문의 영광으로 생각했으며 관존민비의 관념이 오랜 전통을 이루었던 우리나라는 옛날부터 관권(官權)에 대한 관심이 높은 나라였다.

조선시대에 있어서 세도를 둘러싼 사색당쟁 싸움이 얼마나 치열했는지는 누구나 아는 사실이다. 권세를 사랑하는 전통은 현재도 우리 마음속에 살아 있거니와, 현대에 있어서는 권력을 배경으로 삼지 않는 한 큰 금력을 얻을 수 없다는 사실로 말미암아, 금전만능의 풍조가 권력에 대한 욕구를 더욱 부채질하는 결과를 가져왔다.

옛날에는 세도(勢道)를 탐내는 사람들이 있었던 반면에, 오히려 그것을 탐탁하지 않은 것으로 여기는 사람들도 적지 않았다. 학덕이 높은 선비로서 초야에 묻혀 사는 것을 자랑으로 여겼으며, '청빈(淸貧)'이 고귀한 미덕으로서 찬양을 받았다.

그러나 현대에 있어서 이러한 가치관을 따르는 사람들은 극히 소수이며, 금력에 대한 갈망이 더욱 절실함을 따라서, 권력에 대한 동경도 더 일반적인 현상으로서 확대해 가는 경향을 보이고 있다. 어쨌든 금력과 권력의 관계가 더욱더 긴밀한 것이 현대사회의 일반적인 특색이며, 금전만능의 풍조는 권력 숭배의 경향을 한층 더 강화했다고 보는 견해를 부인하기는 어려울 것이다.

오늘날 돈이나 권력을 몹시 숭상하는 사람들도, 돈이나 권력이 이 세상에서 가장 귀중하다고 공공연하게 주장하는 것은 결코 아니며, 아마 마음속에서도 철두철미 그렇게는 생각하지 않을 것이다. 머릿속에서 조용히 생각할 때는, 아직도 인격이나 의리 또는 학식 따위의 것이 돈이나 권력보다 중요하다는 전통적인 가치관을 떠나지 않는다. 그리고 그러한 생각을 언어로 표현하여 돈이나 권력보다도 인간적 가치가 중요하다는 것을 역설하기도 한다, 그러나 실제로 어떤 행동을 취할 단계에 이르렀을 때는, 자기가 한 말이나 생각과는 달리, 인격이나 의리 또는 학식 따위의 정신적 가치보다도 돈이나 그 밖의 물질적 가치가 더욱 중요한 것처럼 움직인다. 다시 말하면, '관념으로서의 가치관'은 여전히 전통적 체계의 테두리를 지키고자 애쓰는데, '행동의 원동력으로서의 가치관'은 다른 길로 달아난다.

이와 같이 두 가지 가치관 사이에 모순이 생긴다는 것은 적어도 그 가운데 하나는 잘못되었다는 것을 의미하는 것이니, 오늘날 우리들의 가치 체계의 문제점을 일부 드러내는 것이 아닐 수 없다.

3)

관능적 쾌락과 재물 그리고 권력은 모두 경쟁성이 매우 강한 가치들이다. 현재와 같은 조건 아래에서는, 일부의 사람들이 그것을 차지하면 다른 사람들에게는 차지가 돌아오기 어려운 까닭에, 관능적 쾌락 및 재물 또는 권력의 주변에는 항상 치열한 경쟁이 발생한다. 이 치열한 사회 경쟁은 우리들의 행동 양식에 또 하나의 경향을 초래하였다. 즉, 이기주의의 경향이다.

사람들은 저마다 자기의 쾌락 또는 자기의 재물을 위하여 최선을 다해야 하는 까닭에, 남의 사정을 돌볼 여유를 갖지 못한다. 이러한 사정은, 봉건적 집단주의에 대한 반발의 심리가 강하게 일어나는 가운데 급격하게 들어온 서구적 개인주의 사상을 이기주의의 방향으로 몰고 갔다.

'이기주의'라는 말도 그 의미가 명백하지 않은 말의 하나이며, 사람에 따라서 약간 다른 뜻으로 쓰이기도 한다. 자기 자신을 위하는 생각이나 행동은 어떠한 것이든 '이기주의적'이라고 부르는 사람도 있다. 남을 도와주거나 나라를 위해서 희생을 하는 행동까지도, 결국은 자신의 정신적 만족을 위한 것이라고 볼 수 있으니, 이기주의적 행동이라고 보아야 한다는 식이다. 또, 정신적 만족이라는 심리적 목표가 없었다 하더라도, 자기가 올바른 사람이 되기 위해서 또는 훌륭한 인격자가 되기 위해서 남을 돕거나 사회에 봉사했다면, 그것도 역시 '이기주의적'이라고 보아야 한다고 주장하는 사람도 있다.

그러나 '이기주의'라는 말을 이토록 넓은 의미로 쓰는 것은 우리들의 일상적 언어의 관습과도 다를 뿐 아니라, 아주 무의미한 일이기도 하다. 왜냐하면, 말이란 본래 어떤 구별을 짓기 위해서 사용하는 것이며, 논자들의 해석대로 따른다면 결국 모든 행위가 '이기주의적'이라는 결론이 되는 까닭에 '이기주의'라는 말이 어떤 특징을 가진 행위와 그렇지 못한 행위를 구별하는 언어로서의 구실을 하지 못하기 때문이다. 만약 이 세상의 모든 행위가 이기주의적이기 마련이라면, 행위에 대해서 '이기주의적'이라는 형용사를 붙이는 것은 무의미한 일이 될 것이다.

앞에서 우리가 현대 한국인의 행동 경향에 이기주의의 색채가 있다고 말했을 때, 우리는 '이기주의'라는 말을 상식적인 의미로 사용했던 것이다. 즉, 자기 자신의 이익을 위해서 남의 사정은 고려하지 않는 태도, 심지어는 남의 희생까지도 무릅쓰는 태도를 우리는 '이기주의적'이라고 불렀던 것이다. 우리가 말하는 '이기주의'는 영어의 'egoism'보다도 'selfishness'에 가까운 것이며, 흔히 말하는 '개인주의'와는 분명하게 구별되는 것이다.

개인주의적 생활 태도가 이기주의적인 그것으로 변질하기 쉬운 가능성을 가졌을지는 모르나, '개인주의'라는 사상이 가진 본래의 이념은 이기주의와는 크게 다르다. 서양의 중세에 있어서 개인주의 사상이 일어났을 때는 모든 개인들의 영혼을 귀중하게 생각하는 믿음이 바탕에 깔려 있었으며, 근세에 와서 그것이 더욱 고조를 이루었을 때는 모든 개인들의 자유와 평등 그리고 인권에 대한 믿음이 기초가 되어 있었다.

우리들의 행동적 가치 체계 가운데 이기주의의 경향이 현저하다는 것은 상식적 관찰만으로도 충분한 증거를 잡을 수가 있다. 우리 사회의 심각한 문제가 되고 있는 갖가지 부정과 부패, 중상과 모략, 사기와 횡령, 약자에 대한 천대 등은 모두 이기주의적 생활 태도를 바탕으로 삼는 것이며, 남의 행복 또는 국가의 번영을 진심으로 희구하는 마음이 강한 풍토에서는 보기 어려운 현상이다.

관능적 쾌락주의, 황금만능주의, 이기주의 등 서양 문명의 영향 아래 발달한 행동 경향은 가족주의, 감정의 우세, 외관과 형식의 존중 등 동양적 전통의 영향 아래 발달한 행동 경향과 혼합을 이루었다. 그러나 이 혼합은 서양의 문명과 동양의 전통에 있어서 말단적인 것들이 서로 어울렸다는 데 지나지 않으며, 서양의 정신과 동양의 정신에 있어서 가장 슬기로운 것들이 더 높은 차원에서 융합했다고 볼 수 있는 성질의 것은 아니다. 관능적 쾌락주의, 금전만능주의, 이기주의 등은 서양 사상의 정수(精髓)라고는 볼 수 없는 것이며, 특히 우리 동양의 전통적 가치관과는 조화되기 어려운 성질을 가진 행동 경향이다.

우리나라의 전통적 가치관 가운데서 가장 큰 비중을 차지하는 것은 유교적 가치 관념이거니와, 관능적 쾌락의 숭상과 금전만능의 관념은 저 유교적 전통의 관점에서 볼 때 그리 찬양할 만한 것이 못 된다. 군자(君子)의 도(道)를 실천할 것을 가르친 유교적 전통은 항상 지(智)와 인(仁)과 용(勇) 등의 미덕을 갖춘 훌륭한 인격자가 되기를 권장했으며, 호의호식 따위의 향락을 탐내는 것은 훌륭한 인격자가 되는 길이 아님을 경고하였다.

자기 한 사람의 이익만을 안중에 두고 다른 사람의 사정은 생각하지 않는 생활 태도 역시 유교적 전통의 도덕관념으로 볼 때는 용납될 수 없는 잘못이다. 가족주의적 색채가 강한 유교적 전통 사회에 가족주의적 이기주의의 경향이 있는 것은 사실이나, 이것은 개인주의적 이기주의와는 본래 성질이 다르다.

그뿐만 아니라, 가족주의적 이기주의 그 자체도 유교 사상이 현실 생활에 흡수되는 과정에서 나타난 사회 현상이라고 볼 수는 있으나, 유교의 근본 이념에 정확하게 충실한 것이라고 보기는 어려울 것이다. 유교의 지도적 사상가들이 직접 이기주의를 옹호한 일은 없으며, 도리어 이기주의의 극복이야말로 인(仁)을 최고의 덕으로 삼는 유교 사상의 기본 과제였다고 하겠다.

유교를 바탕으로 삼는 우리의 전통 사상 속에서 관능의 쾌락이 철저한 배척을 받고, 따라서 금욕주의가 권장되었다거나, 경제의 의미가 가벼이 여겨졌으며, 희생적 애타주의가 강조되었다는 뜻은 아니다. 유교의 스승들은 지상의 생활의 건강한 즐거움을 긍정적으로 받아들였으며, 의식주에 필요한 재물의 중요성도 충분히 인정하였다. 그리고 무차별한 박애주의보다는 가까운 곳으로부터 먼 곳으로 사랑을 넓혀 가는 것이 인간성의 자연을 따르는 길이라고 믿었다.

다만, 유교의 지도자들이 물질 또는 물질적 쾌락을 최고의 가치로서 숭상한 일은 없으며, 나를 위해서 남을 해쳐도 좋다는 생각을 용납한 일도 없다. 그들은 항상, 인생에는 쾌락이나 재물보다도 더욱 중요한 것이 있음을 강조하는 한편, 지나친 탐욕을 버리고 검소한 생활 가운데 안빈낙도(安貧樂道)의 생활을 할 것을 권장하였다.

관능의 쾌락보다는 인격의 수양을 존중하고, 금전보다는 의리가 더욱 중요하다고 믿으며, 나 한 사람뿐 아니라 나의 일가친척 그리고 이웃을 사랑해야 한다고 생각하는 유교적 전통의 관념은 지금도 우리들 머릿속에 상당히 강한 인상을 그리고 남아 있다. 그러나 그것은 하나의 당위적 관념으로서 남아 있는 것이며, 실천적 행동의 원동력으로서 우리를 지배하고 있는 것은 아니다.

우리의 실천적 행동을 지배하고 있는 것은 관능적 쾌락과 재물의 숭상, 그리고 이기주의적 사고방식이다. 짧게 말해서, 우리의 당위적 관념과 실천적 행동 사이에는 큰 간격이 벌어져 있다. 마음속에서 옳다고 생각하는 바와 몸으로 실제로 행동하는 바가 일치하지 않는 것이다. 그리고 관념과 행동 사이의 거리가 너무 멀다는 이 사실은 우리들의 가치 체계의 커다란 문제점으로서 중요시된다.

관념과 행동의 유리(遊離)를 심각한 문제로서 중요시하는 근본적 이유는, 그것이 개인적으로는 인격의 분열을 의미하며, 사회적으로는 불신의 풍조를 불가피하게 하기 때문이다. 관념과 행동이 일치하지 않는다는 것은 내면적 갈등의 표면화라고 볼 수 있으니 인격의 분열을 의미하는 것이 아닐 수 없으며, 말과 행동이 일치하지 않는 것이 누구에게나 심한 일반적 현상이라면, 사람들은 서로가 서로를 믿을 수 없을 것이다.

관념과 실천 또는 말과 행동이 일치하지 않는 것은, 오늘날 우리에게 고유한 특수 현상이 아니라, 옛날부터 사람들이 사는 곳이라면 어디에나 있는 일반적 현상이었다. 행동보다도 한 걸음 앞서는 관념, 즉 생각을 갖는다는 것은 인간의 고유한 특색의 하나이며, 한 걸음 앞서는 관념을 행동의 지표 또는 기준으로 삼고 노력하는 가운데 개인의 향상과 인류의 발전이 가능했던 것도 사실이다.

그러나 관념과 행동의 거리가 지나치게 클 경우에는 행동은 그 관념을 따라갈 수 없는 까닭에 관념은 관념으로서 그치고 행동은 행동대로 따로 떨어지게 되어 인격의 분열을 초래하기에 이른다. 앞에서 현재 우리들에게 관념과 행동의 유리가 심하다고 말한 것은 바로 이러한 현상의 징조가 보임을 지적한 것이다.

오늘날 말과 행동이 크게 다른 것은, 일부 사람들에게서만 발견되는 특수한 현상이 아니라, 거의 어디서나 찾아볼 수 있는 일반적 현상이다. 자기 또는 자기의 상품을 실제보다도 좋게 선전하는 것을 당연한 처세의 상식이라고 생각하는 현대 우리 사회에 있어서, 우리는 어디에 가나 실제와는 크게 다른 언어의 남용을 본다.

다수의 상인 또는 제조업자들은 조잡하기 짝이 없는 상품들을 최고의 '우량품' 또는 '특제품'이라고 선전하기를 게을리하지 않으며, 정치가들은 돈과 권력에 눈이 어두워 나라와 겨레의 운명을 위기로 몰아넣으면서도 만고의 애국자로서 자신을 선전한다. 학자들 가운데는 외국인이 이미 발표한 학설을 자기의 것처럼 꾸며서 팔아 먹는 사람들이 있으며, 예술 또는 종교의 세계에 있어서도 표절이나 위선의 행위를 발견하기는 어려운 일이 아니다. 이러한 상황 속에서 불신의 풍조가 날로 더해 가는 것은 당연한 추세가 아닐 수 없다. 아무도 남의 말을 곧이들을 수 없는 까닭에 서로가 서로를 의심하게 되며, 항상 경계하는 마음으로 세상을 바라보게 된다. 이와 같은 불신의 풍조가 우리를 위해서 얼마나 불행한 일인가는 설명조차 필요 없는 명백한 상식이다.

인간은 본래부터 사회적 동물로 알려져 왔거니와, 원만한 사회생활은 서로 믿을 수 있다는 조건 아래서만 가능한 일이다. 우리 한국은 지금 중대한 역사적 단계에 처하여 국민의 단결과 협조가 각별히 요청되고 있거니와, 불신의 풍조가 극복되지 않는 한, 우리들의 협조와 단결은 항상 구호와 선전의 범위를 벗어나지 못할 것이다.

현재 우리들이 살고 있는 행동의 체계 내지 가치 체계의 불행은 관념과 행동이 유리하고 따라서 불신의 풍조가 만연하다는 한 가지 사실에만 있는 것은 아니다. 우리들의 가치 체계에 있어서 더 근본적인 불행은 인간이 인간 스스로의 모습, 즉 그 본연의 모습을 잃어 가고 있다는 사실에서 찾아야 할 것이다. 다음 장에서는 이 문제에 대해 약간 상세하게 다루어 보기로 하자.

2 장
인간의 자기 상실

1. 가치 체계의 조건
2. 지나친 경쟁과 사회적 불안
3. 인간의 비인간화

2장 인간의 자기 상실

1. 가치 체계의 조건

1)

1장에서 우리는 한국인의 행동 경향 가운데 나타난 가치관을 매우 개괄적인 관점에서 살펴보았다. 그것을 살펴본 근본 동기는 '새로운 가치관의 수립'을 역설하는 식자들의 여론을 염두에 두고, '묵은 가치관'의 기본적인 특색 및 그 결함이 무엇인가를 우선 파악하고자 함에 있었다. 우리들의 가치관의 밝은 면보다도 그 어두운 면에 조명을 밝힌 것도 '개조(改造)'를 염원하는 동기 때문이었으며, 우리들의 정신 상태를 비판적 각도에서 보려고 애쓴 것도 같은 동기 때문이었다.

그러나 처음부터 결함을 찾으려는 동기가 앞섰던 까닭에, 사실은 아무렇지도 않은 것을 공연히 나쁘다고 생각하는 선입견에 빠진 것이 아니었을까? 도대체 우리들이 현재 가지고 있는 생활 태도가 어째서 잘못이라는 것일까? 막연한 상식의 견지를 잠시 떠나서, 우리들의 가치 체계에 과연 치명적 결함이 있는지 여부를 차분히 따지고 넘어가야 할 것으로 보인다.

서로 다른 여러 가지 가치 체계 가운데서 어느 것이 가장 바람직한 것이냐는 물음은, 여러 가지 인생관 가운데서 어느 것이 가장 올바른 것이냐는 물음과 비슷한 성질의 것이며, 가치문제에 관한 가장 궁극적인 물음에 속한다. 철학에 속하는 가장 궁극적인 문제에 관해서 내려지는 여러 가지 대답들 가운데서 어느 것이 옳은지를 경험적 사실 및 일반적 논리에 의하여 증명한다는 것은 원칙적으로 불가능한 일이다. 모든 증명은 어떤 전제(前提)를 미리 인정할 경우에만 가능한 것이며, 전제들 가운데서 가장 궁극적인 것은 결국 '믿음'에 지나지 않는 것이므로, 경험적으로 증명될 수 있는 성질의 것이 아니다.

현재 우리들의 생활 태도 내지 가치 체계가 좋은지 나쁜지를 판가름할 수 있으려면, 가장 바람직한 가치 체계가 갖추어야 할 조건에 관한 기준을 미리 세워야 할 것이며, 그 기준을 세우기 위해서는 어떤 전제를 하나의 신념으로서 우선 받아들이고 출발해야 할 것이다.

바람직한 가치 체계의 기준을 논함에 있어서 우리가 받아들일 것을 제언하고 싶은 가장 기본적인 전제는, 윤리도 가치 체계도 모두 우리 인간을 위한 것이어야 한다는 원칙이다. 이 전제로부터 풀려 나오는 결론은, 인간으로 하여금 만족스러운 인간 생활을 하게 함에 있어서 가장 많은 도움을 주는 가치 체계가 가장 바람직한 가치 체계라는 명제다.

그러나 이 명제는 바람직한 가치 체계의 조건을 명시하는 뚜렷한 기준이 될 수는 없다. 왜냐하면, '만족스러운 인간 생활'이 무엇인지를 결정하는 것은 결국 우리의 가치관에 달려 있는 까닭에 "만족스러운 인간 생활을 위해서 적합한 가치 체계가 바람직한 가치 체계다."라는 명제에는 순환론적 성격이 깃들어 있기 때문이다.

한편, 이 명제는 비록 바람직한 가치 체계의 조건을 빈틈없이 밝혀 주지는 못한다 하더라도, 그 조건을 밝히는 데 큰 도움을 줄 수는 있다. '바람직한 인간 생활'을 완전히 정의할 수 있기 위해서는 그 기준이 될 가치관이 먼저 확정되어야 할 것이나, 그 가치관이 확정되지 않더라도 '바람직한 인간 생활'을 위한 조건에 관해서 누구나 동의할 몇 가지 기본 원칙에 도달할 수는 있을 것이기 때문이다.

'바람직한 인간 생활'이 어떠한 생활이냐는 물음을 앞에 두고 첫째로 생각하지 않을 수 없는 것은 인간의 욕구다. 만약 세상의 모든 사람이 소망하는 생활이 있다면, 우리는 그러한 생활을 바람직하다고 일단 생각하지 않을 수 없을 것이다. 다시 말하면, 모든 사람들의 모든 욕구를 만족시켜 줄 수 있는 생활이 있다면, 그러한 생활은 가장 바람직한 생활이라고 보아야 할 것이다.

"모든 사람들의 모든 욕구를 만족시켜 주는 생활이라 할지라도 반드시 바람직한 생활이라고 볼 수는 없다."는 주장이 형식논리적으로 불가능한 것은 아니나, 진심으로 그렇게 믿는 사람, 즉 모든 사람의 모든 욕구를 만족시켜 주는 생활이 바람직한 생활이 아니라는 것을 진심으로 믿는 사람은 없을 것이다. 그러나 실제에 있어서 모든 사람의 모든 욕구를 만족시킬 수 있는 생활이란 있을 수 없다. 따라서 모든 사람의 모든 욕구를 만족시키는 생활이 바람직한 생활이라는 주장은 현실적인 의미를 갖지 못한다. 다만, 여기서 한 가지 명백한 것은, 적은 사람들의 욕구를 만족시키는 것보다는 많은 사람들의 욕구를 만족시키는 것이 바람직하고, 한 개인의 부분적인 욕구를 만족시키는 것보다는 그 사람의 전체의 욕구를 만족시키는 것이 바람직하다는 점이다.[1]

---

1 이와 같은 주장은 이미 페리(R. B. Perry)에 의해서 발표되었다. '가치'를 '모든 욕구의 모든 대상(any object of any interest)'이라고 정의한 페리는, 욕구의 포괄성을 가치 비교의 최고 원리라고 주장하였다. R. B. Perry, *The General Theory of Value*, Harvard University Press, 1954, p.115, p.617, pp.657–658.

앞에서 도달한 우리의 결론은 "민주주의의 이상을 실현함에 도움이 되는 가치관이 바람직한 가치관이다."라는 표현으로 바꾸어 말할 수가 있을 것이다. '민주주의'라는 개념에 대한 해석에 견해의 차이가 있을 수 있다 하더라도, 다음 두 가지 점만은 아무도 반대하지 못할 것이기 때문이다. 첫째로, '민주주의'는 정신과 육체의 통일로서의 인간, 즉 전인(全人)으로서의 인간이 다시없이 존귀한 존재라는 것을 믿는다. 둘째로, 민주주의는 모든 사람이 그가 인간이라는 사실로 말미암아 다 같이 존귀하다는 것을 믿는다. 이 두 가지의 믿음이 결합하여 모든 인격은 귀중한 존재로서의 대접을 받아야 한다는 결론을 빚어내거니와, 이 결론은 모든 사람들의 인격적인 욕구가 되도록 만족되는 것이 바람직하다는 뜻을 그 안에 품고 있다. 그리고 여기서 말하는 '인간의 인격적 욕구' 가운데는 생물학적인 기본적 욕구와 '정신적 욕구' 또는 '사회적 욕구'라고 부를 수 있는 높은 차원의 욕구가 모두 포함된다고 보아야 할 것은 물론이다.

바람직한 가치 체계를 위한 기준으로서 또 한 가지 제시할 수 있는 것은 '논리의 일관성'의 요청이다. 바람직한 가치 체계가 논리의 일관성을 요청한다는 것은 스스로 명백하다. 우리는 지금 가치 체계에 관한 이론을 논하고 있거니와, 이론을 따진다는 것 자체가 논리의 일관성을 전제로 삼는 것이다. 지성을 가진 인간으로서 이론 또는 현실의 문제를 다룰 때, 우리는 항상 논리의 일관성을 존중할 것을 암묵리에 인정하고 들어가는 것으로 보아야 할 것이다.

논리의 일관성의 요청이 바람직한 가치 체계의 기준으로서 제시하는 첫째 원칙은, 관념의 체계와 행동의 체계가 되도록 일치해야 한다는 것이다. 앞에서 우리는 관념의 체계로서의 가치관과 행동의 체계로서의 가치관을 구별했는데, 이 두 가지는 합하여 하나의 넓은 범위의 가치 체계를 형성한다. 이 넓은 범위의 가치 체계가 논리의 일관성을 가질 수 있으려면, 우선 관념의 체계와 행동의 체계 사이에 큰 모순이 없어야 할 것이다. 쉽게 말해서, 머릿속에서 옳다고 믿는 바와 실제로 행동하는 바가 일치해야 할 것이다.

관념과 행동이 유리해서는 안 된다는 것은 단순한 논리의 요구에 그치는 것이 아니라, 여러 사람들의 인간적 욕구를 만족시킨다는 실질적 목적을 위해서도 요청되는 원칙이다. 관념과 행동의 유리가 개인을 위해서나 사회 전체를 위해서나 매우 불행한 현상이라는 점에 대해서는 이미 앞 장의 끝머리에서 언급한 바 있다.

관념과 행동의 유리를 막아야 한다는 원칙에서 파생되는 또 하나의 기준이 있다. 그것은 우리들의 관념적 가치관이 우리 현실에 대한 적합성을 가져야 한다는 것이다. 관념과 행동이 어긋나는 근본 이유는, 우리가 옳다고 믿는 바대로 행동하는 것을 방해하는 현실적 여건이 있기 때문이라고 볼 수 있다. 따라서 행동이 관념의 지시를 따라 그대로 실천할 수 있기 위해서는 관념이 지시하는 바가 현실의 여건과 조화되는 것이라야 한다. 이러한 뜻에서, 관념으로서의 가치관이 타당성을 갖기 위해서는 그것이 현실에 대한 적합성을 가져야 한다. 다만, 현실에 대한 적합성을 갖는다 함이 모든 현실을 긍정하고 그대로 따라간다는 뜻이 될 수 없다는 점만은 여기서 명백히 해두어야 할 것이다.

관념으로서의 가치관의 의의는 그것이 현실을 지도하고 개조하는 원리로서의 구실을 할 때 비로소 존재하는 것이며, 오로지 현실을 추종하는 관념은 가치관으로서의 의의를 상실하기 때문이다. 따라서 관념의 체계와 현실의 체계의 조화는 현실에 대한 일방적인 타협에 의해서 모색될 것이 아니라, 현실을 관념의 높이로 이끌어 올리는 방향으로 모색되어야 할 것이다. 다시 말하면, 인간의 노력으로써 실현이 가능한 목표를 우리의 관념의 체계는 제시해 주어야 할 것이며, 노력을 해도 도달하기 어려운 목표를 제시할 때, 그러한 관념의 체계는 현실에 대한 적합성을 결여한 것으로서 물리침을 받아야 할 것이다.

논리의 일관성의 요청이 바람직한 가치 체계의 기준으로서 제시하는 또 하나의 원칙은 관념의 체계 및 행동의 체계가 각각 그 자체의 내부에 있어서 논리적 정합성을 가져야 한다는 것이다. 예컨대, 어제 말한 것과 오늘 말한 것 사이에 모순이 있거나, 상황에 본질적 차이가 없는 두 곳에서 한 행동 사이에 모순이 있는 것은 바람직한 일이 아니다. 그리고 나에게 적용하는 규범이 서로 달라도 안 된다. 일반적으로 말해서, 양립할 수 없는 두 가지 원칙을 주장하거나, 두 가지 이상의 모순된 원칙을 따라서 행동하는 것은 논리의 일관성의 요청을 배반하는 모순이 아닐 수 없다.

2)

앞에서 제시한 바람직한 가치 체계의 몇 가지 기준에 비추어 볼 때, 오늘날 우리 생활의 배경을 이루고 있는 가치 체계 내지 가치 의식은 어떻게 평가되어야 할 것인가? 어느 기준에 비추어 보더라도, 우리들의 행동의 세계 바닥에 깔려 있는 가치 의식은 결코 만족스럽지 못한 것으로 판단된다. 다시 말하면, "새로운 가치 체계를 세워야 한다."는 상식적 여론은 상당한 이론적 뒷받침을 얻을 수 있는 것으로 보인다.

우선, 현재 우리들의 가치 체계는 논리의 일관성의 요청을 만족시키기 매우 어렵다. 우리들의 생활에 있어서 관념과 행동이 크게 유리되고 있다는 사실은 이미 앞에서 지적한 바 있거니와, 그 밖의 다른 측면에 있어서도 논리의 일관성의 요청을 배반하고 있는 점이 적지 않다. 앞 장에서 우리는 '가치 체계의 혼란'이라는 제목 아래 우리들의 정신적 상황을 개관했는데, '가치 체계의 혼란'이란 이미 그 가운데 논리적 일관성의 결여를 뜻하는 의미를 가진 말이다. 흔히 말하듯이 우리들의 마음속에는 지금 동양의 전통적 가치 관념과 서양의 근대적 가치 의식이 마구 섞여 있으며, 더 높은 차원에서의 통일은 앞날의 과제로 남아 있다.

우리가 '가치 체계의 혼란'이라는 말로 우리의 현실을 반성할 때, 우리는 '관념과 행동의 유리'라는 현상 이외에도 여러 가지 사실을 염두에 두고 있는 것으로 보인다. 첫째로, 우리는 사람들의 가치관에 개인차가 심하다는 사실을 염두에 두고 있다. 가치관이 사람에 따라 약간의 차이를 갖는 것은 자연스러운 일반적 현상이라 할 것이나, 대국적 견지에서 볼 때, 같은 문화적 배경을 가지고 같은 사회에 살고 있는 사람들의 가치관은 가장 기본적인 측면에 있어서 공통성을 갖는 것이 보통이다. 그런데 우리나라의 경우에는 여러 실천적 문제들에 대한 견해와 신념에 개인차가 매우 심한 것으로 관찰된다. 특히 젊은 세대와 늙은 세대 사이의 생활 감정의 차이는 무시할 수 없을 정도이며, 대도시와 농어촌의 차이도 많은 문제점을 포함하고 있다.

가치 체계의 혼란은 전체로서 사회 안에만 있는 것이 아니라, 한 개인의 마음속에도 있다. 다시 말하면, 같은 사람도 때에 따라서 그가 주장하는 바에 변동이 심하다. 어느 때는 매우 급진적인 언행을 하던 사람이 다른 때는 매우 보수적인 경향을 보이기도 하고, 평상시에 합리주의를 내세우던 사람이 때로는 매우 불합리한 처사를 옹호하기도 한다. 짧게 말해서 어제와 오늘 또는 이곳과 저곳 사이에 논리의 일관성이 없는 것이다.

가치 체계의 혼란은 혼란한 사회 현실의 반영인 동시에 그것은 사회 현실의 혼란을 조장하는 요인이기도 하다. 우리들의 가치 체계가 사회적 통일성과 논리적 일관성을 결여함이 심하다는 사실은 우리들의 가치 체계로 하여금 우리들이 당면하고 있는 어려운 문제들을 해결하는 원리로서의 구실을 못하게 할 뿐 아니라, 우리의 문제들을 더욱 어렵게 만드는 결과를 부르기도 한다.

다시 말하면, 논리의 일관성의 요청을 만족시키지 못하는 우리들의 가치 체계는 형식적인 결함을 가졌을 뿐 아니라, 우리의 현실을 더욱 어려운 것으로 만든다는 실질적 결함까지도 아울러 가지고 있다. 다음은 실질적 견지에서 볼 때 우리의 가치 체계가 어떠한 결함을 가지고 있는지에 관하여 좀 더 상세한 고찰을 꾀해 보기로 하자.

2. 지나친 경쟁과 사회적 불안

1)

현재 우리 사회의 가장 큰 특색의 하나는 모든 사람들이 치열한 경쟁을 겪고 있다는 사실이다. 치열한 경쟁에 휘말리게 되는 근본 원인은, 우리들이 가장 열심히 추구하는 목표가 강한 경쟁성을 가진 가치이기 때문이다. 1장에서 우리는 금전 내지 물질과 관능의 쾌락이 행동의 세계에 있어서 가장 강력한 추구의 목표가 되고 있음을 지적한 바 있는데, 그것들은 경쟁성이 매우 강한 가치인 까닭에, 그것들이 인생의 가장 귀중한 보람처럼 추구되는 사회에 있어서 치열한 경쟁은 불가피한 현상이다.

정정당당한 선의의 경쟁은 경쟁하는 쌍방을 모두 높은 경지로 이끄는 좋은 결과를 가져올 수도 있다. 예컨대, 예술이나 학문 또는 스포츠와 같은 업적의 세계에 있어서 정상(頂上)을 다투는 경쟁이 도덕적인 정신으로 수행될 경우에는, 경쟁에 참여하는 사람들의 수준이 모두 향상되는 것이 보통이며, 그러한 경쟁은 문화 발전의 원동력으로서 권장되어야 할 성질의 것이다.

그러나 현재 우리나라에서 벌어지고 있는 경쟁의 대부분은 특혜적 이권(利權)의 쟁탈전 또는 국내 소비시장의 쟁탈전 따위의 것으로서, 본래 정정당당한 대항이 어려운 성질의 경쟁일 뿐 아니라, 우리나라에는 정치계에 있어서나 경제계에 있어서나 공명정대한 경쟁을 위한 윤리적 전통이 미약하다. 그러므로 우리들의 사회 경쟁은 비열한 이기주의의 풍토 위에서 벌어지고 있으며, 그 결과는 매우 파괴적이다.

사회 전체의 번영을 고려하는 마음이 약하고 도덕적 평가를 대수롭지 않은 것으로 여기는 일반적 풍조 가운데서 사회 경쟁이 치열한 양상을 띠게 될 때, 사람들은 자연히 경쟁에서 이기기 위하여 수단을 가리지 않기 마련이다. 수단을 가리지 않고 경쟁에서 이기기만을 서두르는 것은 오늘날 우리 사회의 일반적 현상이며, 일상생활의 주변에서도 그 실례를 찾아볼 수 있다. 뇌물에 의한 매수, 중상과 모략, 계략에 의한 물가 변동의 조작, 허위 선전, 덤핑 등은 수단을 가리지 않는 비열한 경쟁의 대표적인 예들이다. 그리고 폭력에 의한 경쟁자의 탄압, 부정선거 등은 비열한 경쟁 가운데서도 특히 민주주의의 실현을 방해하는 것이라 하겠다.

수단을 가리지 않는 경쟁은 흔히 나를 잘되게 하는 일보다도 남을 못 되게 하는 일에 더욱 힘을 기울인다. 경쟁에 있어서 이기고 지는 것은 쌍방의 상대적 우열에 달려 있는 것이며, 나를 잘되게 하는 일보다도 남을 못 되게 하는 일이 대체로 용이한 까닭에, 사람들은 나 자신을 올리는 일보다도 남을 내리는 일에 더욱 신경을 쓰기 쉬운 것이다.

그러나 나의 위치를 올림으로써 승리를 거두는 것과 남을 깎아 내림으로써 내가 상대적으로 이기는 결과가 되는 것과는 근본적으로 다르다. 나의 실력을 높임으로써 상대편에 대한 우위를 차지할 것을 꾀하는 경쟁에서는 결과에 있어서 쌍방이 모두 향상하게 될 것을 기대할 수도 있으나, 상대편을 깎아 내림으로써 나의 우위를 확보하려는 경쟁에서는 쌍방이 모두 몰락하고 마는 결과에 이르기가 쉽다. 실제에 있어서, 우리나라에서 현재 지나친 경쟁의 결과로 쌍방이 모두 쓰러져 가고 있는 예는 어디서나 흔히 볼 수 있다.

자기가 세운 인생의 궁극목적을 망각하고 눈앞의 경쟁에서 이기는 것만을 행동의 목표로 삼을 때는, 비록 상대편을 깎아 내리는 일이 없다 하더라도,

경쟁하는 쌍방이 모두 실패하고 마는 결과에 이르는 경우가 많다. 지나친 투자 또는 지나친 선전 등으로 생산비를 너무 높인 까닭에, 업자들끼리의 경쟁에서 이기기는 했으나 결국은 손해를 보고 쓰러지는 기업체의 경우가 그것이며, 입학시험 경쟁에서 이기기는 했으나 지나친 시험 준비로 건강을 해친 젊은이들의 경우도 바로 그것이다. 치열한 경쟁으로 말미암아 쌍방이 모두 피해를 입고 마는 현상이 일반화할 때, 그 국가나 사회는 전체로서 몰락의 길을 밟게 될 것이다. 그리고 국가나 사회가 전체로서 몰락하게 될 때 그 안에 사는 성원들도 모두 불행하게 되는 악순환이 올 것이다. 각자가 자기의 행복을 추구하여 남보다 앞서기를 꾀하는 것은 매우 자연스러운 현상이라 하겠으나, 그 경쟁이 과열하여 결국 자신의 파멸을 초래한다면, 너무나 어리석은 자기모순이 아닐 수 없다. 자기모순임을 알면서도 우리는 왕왕 그 본의 아닌 길로 말려들곤 한다.

수단을 가리지 않는 치열한 사회 경쟁은 자연히 사회 인심을 살벌하게 만든다. 남의 희망과 남의 권익을 존중히 여길 마음의 여유가 있을 수 없으며 사람들은 각각 자기를 생각하기에 여념이 없으니, 홉스(T. Hobbes)가 말한 바와 같이 "만인이 만인을 적으로 돌리고 싸우는" 사회로 가까워 간다. 그리고 이러한 사회는 전체로서 번영하기를 기대하기 어려우니, 결국은 그 사회의 성원인 개인들까지도 좌절과 불행으로 인도되는 결과를 초래한다.

오늘날 우리 사회는 아직 인심이 그토록 각박한 지경에는 이르지 않았다고 보아야 할 것이나, 본래 순박하고 온후하던 옛날의 인심에 비하면, 진실로 격세(隔世)의 느낌을 금하지 못한다.

2)

사회 전체의 번영이나 다른 사람의 처지를 안중에 두지 않고 오로지 자기

한 사람 또는 자기 일당의 이익만을 추구하는 지나친 경쟁의 결과로서 초래되는 현상 가운데서 가장 심각한 문제를 내포하는 것은 사회적 불균형이라는 현상이다.

금력 또는 권력과 같은 경쟁적 가치를 둘러싸고 앞을 다투는 사람들의 실력에는 심한 개인차가 있다. 체력에도 강약의 차이가 있고 두뇌에도 우열의 차이가 있을 뿐 아니라, 사람들이 기대고 사는 사회적 배경에도 심한 차이가 있다.

재산이 많고 세도가 당당한 사람들을 부모나 가까운 친척으로 가진 사람들과 그렇지 못한 사람들이 이기적인 경쟁에 임할 때, 후자는 전자에 비하여 감당하기 어려운 핸디캡을 가지고 싸우게 된다. 이와 같이 힘의 차이가 많은 사람들이 수단을 가리지 않고 가혹한 경쟁을 일삼는 경우에 있어서, 그 승패는 대체로 일방적이다. 갖는 자는 점점 더 많이 갖는 반면에 잃는 자는 점점 더 잃게 되며, 강한 자는 점점 더 강해지는 반면에 약한 자는 더욱더 약해지는 결과에 이르기 쉽다.

우리나라에 있어서도 현재 사회적 불균형의 현상이 심각한 문제를 제기하고 있음은 거듭 지적되고 있는 상식이다. 오늘날 우리 한국은 도시와 농촌의 격차가 지나치게 크며, 부자와 빈자의 생활이 너무나 차이가 난다. 흔히 말하듯이, 현대와 전근대가 나란히 이웃해 있으며, 웅장한 양옥과 비참한 판잣집이 가까운 거리를 사이에 두고 마주 서 있다.

인생에는 본래 경쟁과 승패가 따르기 마련이며, 사회적 지위에 높고 낮음이 생기는 것은 불가피한 현상이라는 이론도 제기될 수 있을 것이다. 사실 모든 사람들이 완전히 평준화된 생활을 즐긴다는 것은 오직 공상의 세계에서만 상상할 수 있을 뿐이다. 그러나 필연 불가피한 어느 정도의 사회적 불균형을 용인하지 않을 수 없다는 사실이, 지나친 이기주의와 불합리한 사회구조에 기인하는 극단적인 불균형을 정당화하는 근거가 될 수는 없다. 사회정의의 이념이 지시하는 바를 따라서, 가능한 한도까지 사회적 불균형을 시정하도록 노력하는 것은 우리들 민주 시민의 공통된 의무가 아닐 수 없다.

사회적 불균형을 최소한도로 억제하는 것이 공통의 의무라고 말한 우리의 주장은 '민주주의'의 이름으로 불리는 우리들의 공통된 신념에 밀접히 연결되고 있다. '민주주의'란 본래 인간은 누구나 다 같이 귀중하며 자유와 평등을 누릴 천부의 권한을 가졌다는 인권 사상에 근원을 두었다고 볼 수 있을 것이다. 그러므로 일부의 특권층이 지나치게 호화로운 생활에 도취하고 있는 뒤에서, 부지런히 일하는 많은 서민들이 기본 생활마저 위협을 당하는 상태는, 우리가 민주주의를 옳은 길이라고 믿고 있는 이상, 그대로 시인할 수 없는 부당한 사회상이 아닐 수 없다.

그러나 균형된 사회 발전이 바람직한 것은 비단 어렵고 가난한 사람들만을 위해서뿐만이 아니다. 사회적으로 유리한 처지에서 영화를 누리고 사는 사람들을 위해서도 사회적 불균형은 애써 극복해야 할 공동의 과제다. 특권을 누리는 사람들의 인도주의를 위해서 그렇다는 뜻이 아니다. 오로지 실리(實利)만을 따진다 하더라도, 현재 유복한 사람들은 사회적 불균형을 크게 경계해야 할 이유가 있다. 왜냐하면, 균형을 잃은 사회는 곧 안정을 잃은 사회이며, 안정을 잃은 사회는 폭동, 전쟁, 혁명 따위의 큰 변동의 가능성을 내포하기 때문이다.

그리고 급격한 사회변동이 생겼을 경우에 가장 큰 타격을 입는 것은 현재 유복한 처지에 있는 사람들이다. 현존하는 사회질서의 지속에 의하여 누구보다도 이익을 얻는 것은 상류층에 위치한 사람들이며, 바닥에 깔린 사람들일수록 극적인 사회변동을 통하여 자신의 처지에도 변동이 생길 것을 기대하는 심리가 크다. 요컨대, 지속적인 평화는 모든 사람들을 위해서 바람직한 것이나, 특히 유복하고 지배적인 위치에 있는 사람들을 위해서 소망스러운 것이며, 지속적 평화를 실현하기 위해서 가장 중요한 조건은 균형된 사회 발전을 이룩하는 일이라는 사실이 깊이 고려되어야 한다는 뜻이다.

균형을 잃은 사회는 불안정한 사회라고 하는 것은, 단순히 책상 위에서의 상상으로 지어낸 이론이 아니라 역사적 현실이 증명하는 엄연한 사실이다. 오늘날 세계 여러 나라의 움직임을 살펴보면, 경제적 불균형이 심하고 비민주주의적 요소가 많은 나라일수록 정변(政變) 또는 전란(戰亂) 따위의 격동을 겪는 경향이 강하다는 것은 두루 알려진 상식이다.

균형된 사회의 건설이 평화와 행복을 초래하는 가장 확고한 길임을 아는 까닭에, 현명한 지도자를 가진 나라에서는 공정한 분배와 사회정의의 실현을 위한 갖가지 정책과 제도가 채택되고 있다. 그리고 그러한 노력은 그 나라의 안녕과 질서 및 자유로운 번영을 이룩하는 데 결정적인 성과를 거두고 있는 것으로 알려져 있다.

3)

공정한 분배로 사회정의를 실현하고 균형된 사회를 건설함이 민주국가의 공동 목표가 아닐 수 없다는 견해에는 아무도 반대하지 않을 것이라고 믿어지나, '공정한 분배', '사회정의', '균형된 사회' 등의 개념을 어떻게 규정할 것인가에 관해서는 많은 논란의 여지가 있을 것이라고 생각된다. 이 문제에 대한 아주 전문적인 고찰을 꾀하는 것은 이 글의 범위 밖의 일이라고 보이지만, 우리의 상식을 더 깊은 각도에서 정리하는 것은 우리의 주장을 명백히 하는 데 필요한 도움이 될 것이다.

'균형된 사회'라는 것이, 지역 또는 개인에 따르는 빈부의 차이가 적으며 국민들이 교육을 받고 공동의 문제에 참여하기에 필요한 기회를 균등하게 가질 수 있는 사회를 말할 것임에는 틀림이 없으나, 능력이나 공적 또는 욕구 등 개인들이 갖는 특수성을 완전히 무시하고 똑같이 나누어 먹는 절대 무차별의 사회를 의미할 수는 없을 것이다. 따라서 그것은 역시 '사회정의'의 이념에 입각한 공정한 사회를 의미하지 않을 수 없다.

따라서 여기에 문제가 되는 것은 '사회정의' 또는 '공정한'을 어떻게 정의하는가 하는 물음으로 귀착한다. '사회정의'란 곧 공정한 사회의 '공정성'을 의미하는 것으로 이해할 수 있으므로, 여기서는 '공정'이라는 개념에 초점을 두고 잠시 생각해 보기로 하자.

'공정한 사회'에 관한 고전적 견해로 널리 알려진 것은 공리주의자(公利主義者) 및 복지사회론자들의 그것이다. "나라 전체를 가급적 최대한으로 풍부하게 하여, 성원들이 모두 안정된 생활을 즐길 수 있는 사회가 공정한 사회"라는 주장이다. 그러나 이 견해를 우리는 만족스러운 것이라고 생각하기는 어렵다. '공정'이라 함은 이익 내지 재물의 분배와 밀접한 관계를 가진 개념이기 때문이다.

다시 말하면, 전체가 매우 부유하고 모든 성원들의 생활이 물질적 안정을 얻었다 하더라도, 그 사회의 분배가 불공평할 경우에는, 공정한 사회라고 보기 어려울 것이다. 전체가 부유하다는 사실은 그 사회가 공정을 실현하기에 매우 유리한 조건이 될 수 있을 것이나, 공정한 사회를 위한 충분한 조건이 될 수는 없다.

'공정한 사회'라고 불릴 수 있기 위해서 가장 필요한 조건은, 국민소득의 총액이 높음이 아니라 소득의 공평한 분배라고 보는 것이 우리들의 일반적 상식이다. 그렇다면 어떠한 분배를 우리는 공평한 분배라고 말할 수 있을 것인가? 즉 공평한 분배를 위한 기준이 문제되지 않을 수 없다.

'공평한 분배'의 원칙으로서 오늘날 흔히 주장되고 있는 것의 하나는 "각자의 필요(needs)에 따라서 분배한다."는 것이고, 그 또 하나는 "각자의 능력과 업적에 따라서 분배한다."는 것이다.[2] 이 두 가지 원칙은 모두 장단점을 가지고 있는 것으로 보인다.

그러나 이 두 가지 원칙의 장점과 단점을 고찰하고 이 두 가지 원칙을 높은 차원에서 연결시킬 수 있는지 여부를 알아보는 것은 뒤로 미루는 것이 좋겠다.[3] 현재 우리들의 당면한 관심사는, 우리들의 가치 체계에 어떠한 결함이 있는가, 우리들이 지금까지 살아온 생활 태도가 어떠한 폐단을 동반하는가를 살피는 일이기 때문이다.

지나친 경쟁에서 오는 사회적 불균형은 물질적 가치의 분배에 관해서만 일어나는 현상이 아니다. 치열한 경쟁은 권력을 둘러싸고도 일어나며, 그 결과는 인간 상호간의 관계를 지배와 피지배의 관계로 몰아 간다. 국가와 사회의 공동 관심사는 소수의 지배층에 의하여 처리되며, 피지배적인 위치에 있는 다수의 국민은 수동적으로 움직이거나 방관자의 태도를 취한다. 단결과 협동이 외쳐지고 호소되지만, 그것은 항상 구호(口號)로서 받아들여질 뿐이며, 실천의 세계에 있어서는 계급의식과 분열이 안으로 여물어 간다.

인간과 인간의 관계가 지배자와 피지배자의 관계로 나누어진 것은 오늘에 와서 비로소 생긴 현상이 아니다. 인간의 종적 관계는 옛날에 있어서 더욱 심했으며, 현대는 오히려 그것이 횡적 관계에로 바뀌어 가는 과정에 있음이 틀림없다.

그러나 옛날에는 피지배적 위치에 있던 사람들이 자신의 사회적 지위를 숙명적인 것으로 여기고 체념했으며 자유와 평등에 대한 자각적인 요구를 갖

2 블라스토스(Gregory Vlastos)는 '공정한 분배'의 원칙으로서 오늘날 흔히 주장되고 있는 것을 다음과 같은 다섯 가지로 나누었다. ① 각자의 필요(needs)를 따라서 분배한다. ② 각자의 가치(worth)를 따라서 분배한다. ③ 각자의 능력과 업적(merit)을 따라서 분배한다. ④ 각자의 사업(work)을 따라서 분배한다. ⑤ 각자가 체결한 계약을 따라서 분배한다. G. Vlastos, "Justice and Equality", R. B. Brandt, *Social Justice*, New Jersey, 1962, p.35.
이상 다섯 가지 가운데서 특히 여기 말한 두 가지(첫째와 셋째)를 중요시하는 이유에 관해서는 김태길, 『새로운 가치관의 지향』, 1969, p.330 참조.

3 4장 3절 참조.

지 못했던 까닭에, 오늘의 서민층에서 흔히 발견되는 바와 같은 불만과 소외감을 느끼지 않았다. 각자에게 주어진 자리에서 주어진 일을 충실히 수행하면서, 그런대로 사회의 한 성원으로서 참여하고 있다는 만족감까지 가질 수가 있었다. 그런데 현대는 이 점에 있어서 사정이 크게 달라졌다.

사람들은 모두 자기의 인권에 대하여 뚜렷한 의식을 가지고 있는 것이다. 생존과 사회참여의 권한이 있다는 것을 의식함에도 불구하고 그 당연한 권리와는 어울리지 않는 현실 속에 사는 자기를 발견하는 까닭에, 불만과 좌절감을 금하지 못한다. 이 불만과 좌절감은 많은 사람들을 불행하게 만드는 큰 원인일 뿐 아니라, 인간에 대한 인간의 적대 감정을 자극하여 사회를 불안과 동요 속으로 몰아 넣는 근원이기도 하다.

3. 인간의 비인간화

1)

관능의 쾌락과 재물 따위의 경쟁성이 강한 가치를 가장 열심히 추구하는 가치 체계의 더 근본적인 폐단은, 그것이 '인간의 비인간화(非人間化)' 또는 '인간 부재(不在)' 등으로 흔히 불리는 역설적 결과로 우리를 인도한다는 사실이다. 형식논리학의 관점에서 본다면, 인간은 어디까지나 인간임에 틀림이 없으니 '인간의 비인간화'라는 현상이 일어날 수 없을 것 같으며, 인구가 날로 증가하고 있는 오늘날 '인간이 부재한다'는 것도 역설에 지나지 않는 것 같기도 하나, 그것이 단순한 억설 또는 역설이 아니라는 사실 가운데 현대 문명의 가장 심각한 문제가 깃든 것으로 보인다.

스피노자(B. Spinoza)도 주장한 바와 같이 우리는 우리 자신을 보존하고자 하는 기본적인 욕구를 가지고 있다. 인간에게 가장 중요한 것은 인간이며, 따라서 우리는 언제까지나 인간이기를 희구한다. 자기 보존을 희구하는 기본적 욕구가 그것을 명령하는 것이다. 그런데 인간이 언제까지나 인간임을 지속한다 함은 인간의 본질을 끝까지 지킨다는 뜻이 아닐 수 없으니, 인간이 인간으로서의 본질을 지킴은 우리들의 가장 절실한 요청이 아닐 수 없다. 많은 사람들이 믿어 왔으며 오늘도 믿고 있듯이, 만약 인간이 만물 가운데 가장 존귀한 존재라면, 인간이 그 본질을 지켜야 할 이유는 더욱더 명백하다.

"인간의 본질이 무엇인가?"라는 물음에 대해서는 다음 장에서 다시 고찰하게 될 것이므로 여기서는 우선 한 가지의 사실만을 지적해 두기로 한다. 인간의 기본적 특색 가운데서 가장 중요한 것의 하나는 인간이 자유의 주체라는 사실이다. '자유의 주체'라 함은 자기 자신의 의사 또는 자기 자신이 세운 목표를 따라서 행동하는 자주적인 존재라는 뜻이다.

그것은, 남의 뜻을 따라서 움직이는 예속적인 존재와 구별된다는 뜻에서, '자기 자신의 주인'이라고도 볼 수 있다. 따라서 그것은 남을 위한 단순한 수단으로서 이용될 수 없는 것, 다시 말하면 자기 자신을 위해서 존재하는 것이며, 그 자체 속에 목적으로서의 가치를 지닌 존재이기도 하다.

그러나 불행히도 오늘의 인간은 자유의 주체로서의 그 본연의 모습을 잃어가고 있으며, 단순히 무엇을 위한 수단으로 전락해 가는 추세를 나타내고 있다. 명목상 우리는 민주주의가 약속하는 자유를 누리고 있으며, 얼핏 보기에는 모두 자기의 의사와 신념을 따라서 행동하고 있는 듯이 보인다. 그러나 각도를 달리하여 우리의 생활을 깊이 들여다볼 때, 우리는 뜻밖에도 여러 가지 외적 조건에 얽매여 자신의 본연의 모습을 잃고 있다는 사실을 발견하는 것이다.

우리를 노예처럼 묶어 놓는 굴레의 첫째로서 머리에 떠오르는 것은 재물 또는 돈이다. 우리의 생존이 물질에 의존하고 있으며 기본적 생활만을 위해서도 상당한 재물이 필요하다는 현대의 여건은 인간 행동의 첫째 동기를 재화(財貨)의 획득이라는 목표로 고정시켰다. 우선 기본 생활의 유지를 위해서 힘써야 하며, 기본 생활의 유지를 위해서 필요한 재화만 얻으려 해도 상당히 많은 시간과 정력을 바쳐야 하는 것이다.

그뿐만 아니라, 자본주의 세계에 있어서는 돈이 성공, 출세 또는 승리의 상징으로서 군림하고 있다. 그리고 남보다 우세한 위치에 올라 존경과 선망의 대상이 되기를 원하는 것은 거의 모든 사람에게 잠재해 있는 인간적 욕망이다. 그 인간적 욕망은 돈에 대한 우리의 욕구를 몹시 가열하게 만들었으며, 이 가열한 욕구는 우리로 하여금 돈의 굴레로부터 벗어나기를 매우 어렵게 하였다.

가난한 사람들은 우선 사는 데 필요한 재화를 벌기 위해서 골몰한 가운데 자기 자신의 모습을 상실한다. 상품을 생산하는 기계의 신호를 따라서 노동에 종사하는 가운데 어느덧 기계의 일부분과 같은 구실을 하는 자리에 익숙하게 된다. 큰 공장에서 일을 하는 사람의 경우에 있어서는, 자기가 만들고 있는 부품이 무엇에 쓰이는 것인지조차도 정확하게는 모를 경우가 있다. 그러므로 자기가 하고 있는 일 자체에 대해서 보람을 느낀다는 것은 극히 어려운 일이며, 오로지 임금을 얻기 위한 수단으로서 노동에 종사한다. 이와 같이 노동에 종사하는 시간이 잠자는 시간을 제외한 하루의 대부분을 차지하는 까닭에, 노동을 하지 않는 다른 시간 가운데서 인생의 의의나 보람을 찾는다는 것도 어려운 일이다. 따라서 결국 '죽지 못해서 산다'는 표현이 정곡을 찌르는 생존으로 나날을 보내게 되고 만다.

부유한 사람들은, 부유한 자리를 유지하고 또 더 부유하게 되기를 바라는 욕망으로 말미암아, 그들대로 돈과 재물의 노예가 된다. 오늘과 같이 경쟁과 불안이 심한 시대에 있어서, 큰 덩어리의 재산을 유지한다는 것은 쉬운 일이 아니다. 그리고 가지면 가질수록 더 많이 갖고 싶은 것이 소유욕의 심리이기도 하다. 그러므로 돈을 가진 사람이 돈에 얽매이기 쉬운 것은, 돈을 갖지 못한 사람의 경우보다도 오히려 그 정도가 심하다. 인생을 위해서 재물을 갖는다는 본래의 취지를 벗어나서, 도리어 돈을 위해서 인생을 사는 것에 가까운 지경에까지 이른다. 결국, 돈이 인간의 상전으로서 군림하는 것이며, 자유의 주체로서의 인간의 모습은 빛을 잃기 마련이다.

돈의 노예가 된 사람들의 대부분은 시간의 노예이기도 하다. 돈을 중간에 둔 경쟁에 있어서는 시간이 가장 중요한 조건의 하나이기 때문이다. 이 점에 있어서 "시간은 돈이다."라는 미국의 격언은 매우 상징적이며, "돈은 시간이다."라고 말하는 대신 "시간은 돈이다."라고 뒤집어 말한 것이 조금도 이상하게 느껴지지 않는다는 사실은 더욱 의미심장하다. "시간은 돈이다."라고 말하는 것보다도 "돈은 시간이다."라고 말하는 것이 도리어 이상하다고 느껴지는 이 사실은, 우리의 의식구조와 현대 문명의 심층에 자리잡은 어떤 모순 내지 부조리의 반영이라고 보아도 좋을 것이다.

시간에 몰린다는 것은 부지런히 일을 하고 있다는 증거로 볼 수 있으며, 그러한 뜻에서 그것은 좋은 현상이기도 하다. 활력도 의욕도 없으며, 따라서 할 일이 없는 사람들보다 더 불행한 사람은 없다. 그러나 지나치게 한가로운 것이 불행하듯이, 지나치게 시간에 몰리는 것도 불행한 일이다. 자기 스스로가 작성한 계획을 차근차근 수행해 나가는 과정에서 적당히 바쁜 것은 매우 바람직한 현상이다. 그러나 밖으로부터 주어진 사정으로 말미암아 전혀 선택의 여지 없이 분망한 것은 결코 다행스러운 일이 아니다.

도대체 무엇 때문에 누구를 위해서 분주한 것인지 스스로도 모를 어떤 기계적 강요에 의해서 시간의 노예가 될 때, 우리는 이미 자기 자신의 주인이 아니다. 복잡한 사회의 성원으로 살아야 하는 우리는 자기가 맡은 직분을 다하기 위해서 침식을 잊고 분주하게 활동해야 할 경우가 많은 것이 사실이다. 그러나 때로는 자신의 시간을 갖고 자기의 삶을 음미해 볼 수 있는 마음의 여백을 가질 필요가 있는 것이다.

그럼에도 불구하고, 오늘날 우리의 생활에 있어서는, 특히 대도시의 생활에 있어서, 자기 자신의 시간이 점점 줄어드는 동시에 마음의 여백이 거의 없어져 가고 있는 것이다. 그리고 사람들이 자기의 시간을 갖지 못하고, 따라서 마음의 여백을 간직하지 못하는 것은, 인간이 자기를 상실해 가는 징조의 대표적인 것이다.

오늘날 우리들에게 굴레를 씌우는 또 한 가지의 것으로서 '유행'이라는 것이 있다. 유행이란 어느 시대 어느 사회에도 있는 것이며, 하나의 자연스러운 사회 현상일 뿐 아니라, 그것이 건전할 경우에는 문화의 발전을 위해서도 도움이 된다. 그러나 오늘의 유행은 단순한 자연현상이라기보다도 인위적 조작에 의해서 촉진된다는 점에 그 병리학적 특색이 있다.

제조업자와 상인들이 상품을 팔아 먹기 위해서, 자연스러운 풍속의 변천을 앞질러서 새로운 유행을 만들어 내는 것이다. 새로움을 위한 새로움을 억지로 꾸며 만드는 까닭에, 불합리하고 병적인 것이 선전될 경우도 적지 않으나, 매스컴의 마력에 의하여 그 기형성이 은폐되곤 한다. 그리고 소속감과 유대감이 미약한 현대의 인간관계 안에서 고독을 무의식 속에 깊이 간직해야 하는 군중들은, "소비는 미덕이다."라는 구호에 현혹되어 가며 이 기형적인 유행을 비싼 값으로 사들이는 것이다.

유행의 심리는 옷차림, 머리 모양, 가구 따위에만 작용하는 것이 아니라, 우리들의 의식 내지 사상의 세계에까지 영향을 미친다. '여론'의 이름을 빌린 일종의 유행이 우리의 독자적인 사유를 방해하는 것이다. 본래 건실한 여론은, 지성과 양식에 입각한 자주적 사유의 종합적 일치를 통해서 형성되는, 중지(衆知)의 결론과 같은 것이다.

그러나 오늘의 개인들은 끊임없이 부딪쳐 오는 어려운 문제들에 대해서 자기 자신의 머리로 깊이 생각하기를 원하지 않는 경향이 있다. 따라서 이른바 저명한 사람들의 즉흥적인 발언 또는 그것을 전파하는 매스컴의 암시에 가볍게 말려든다. 이리하여 '여론'은 중지의 종합이기보다도 사고의 유행으로서의 성격을 강하게 띠게 되는 것이다.

이러한 '여론'은 개인 각자가 깊이 생각한 끝에 동의한 결과로서 얻어진 것이 아니라, 암시와 유행의 심리에 의하여 형성된 것인 까닭에, 현실을 움직이는 강력한 지도 이념의 구실을 하기 어렵다. 깊은 신념으로서 우리의 마음속에 뿌리를 내리지 못한 관념인 까닭에, 그것은 강한 실천의 의지를 동반하지 않는다. 그리고 그것은, 다음에 어떤 유명한 사람이 그와 반대되는 의견을 주장하여 유행의 바람을 반대의 방향으로 유도할 때, 쉽사리 허물어질 수 있는 허약한 관념에 지나지 않는다.

개인 한 사람 한 사람의 특수성, 즉 '개성'이 갖는 의의는 매우 크다. 인류 전체가 그럴 뿐만 아니라, 한 사람 한 사람의 개인도 자신의 의지와 스스로 세운 목표를 따라서 행동하는 자유의 주체요, 남을 위해서 이용될 단순한 수단이기보다도 자기 자신을 위해서 존재하는 목적 그 자체이기 때문이다. 한 사회에 있어서 사람들의 개성이 얼마나 존중되고 사람들의 개성이 얼마나 뚜렷이 살아 있는가 하는 것은, 그 사회에 있어서 인간의 본질이 얼마나 잘 지켜지고 있는가를 측정하는 매우 중요한 기준이 된다.

그러나 불행히도 오늘의 개인들은 자기의 개성을 잃어 가고 있으며, 자기와 남의 개성이 중요하다는 사실조차도 망각하기가 쉽다. 그리고 사람들이 각자의 개성을 잃고 남의 것을 모방하는 풍조가 강하다는 것은, 사람들이 각자 주체성을 상실하여 그 본연의 모습으로부터 멀어져 감을 의미한다. 한 민족 또는 국가에 주체성이 요구되듯이 한 개인에게도 주체성은 요청되는 것이며, 그것을 잃을 때 인간으로서의 본연의 모습도 희미하게 되는 것이다.

2)

'인간의 비인간화'를 가장 알기 쉽게 드러내는 현상은, 인간이 인간을 소홀하게 대접하는 풍조 가운데서 찾아볼 수 있을 것이다. 근래 무수한 인명을 앗아 가는 교통사고가 연속적으로 발생하고 있는데, 그 사고의 원인을 면밀히 분석해 보면 결국은 인간의 생명을 소홀히 대접하는 태도가 배후에 있었다는 것을 알게 된다. 대개는, 사람의 생명보다도 돈을 더욱 귀중하게 여기는 태도가 사고의 근본 원인이 되고 있다. 교통사고 이외에도 인명에 피해를 입히는 많은 사고 또는 범죄 사건이 일어나고 있으며, 이러한 사고와 범죄의 배후에도 인간의 생명을 소홀히 생각하는 태도가 그 원인을 이루고 있는 것이 보통이다.

남의 생명은 대수롭지 않게 대접하지만 자기 자신의 생명은 지극히 소중하게 여기는 경향 가운데, 그래도 생명을 소중히 여기는 마음이 남아 있다고 볼 수도 있을 것이다. 그러나 사람들이 자신의 생명을 아낀다 할 때, 그 '생명'이 단순히 생물학적인 생명에 국한되기 쉬우며 더 넓은 의미의 생명, 즉 한 인격으로서의 자아를 소홀히 대접하는 경향 가운데, 새로운 문제가 있는 것으로 보인다.

자기의 생물학적 생명을 몹시 아낀다는 것이 도리어 더 큰 자기의 생명으로 볼 수 있는 스스로의 인격을 소홀히 하는 결과가 된다면, 여기에 또 하나의 문제가 존재한다고 보아야 할 것이다. 자기의 생명이 귀중함을 참되게 인식한 사람은 자기의 인격의 소중함까지도 익히 알 것이며, 따라서 남의 생명이 존귀하다는 사실도 잊을 수 없을 것이다.

우리는 누구나 자기를 사랑하며 자기의 이익을 추구한다. 그러나 '나'를 구성하는 것 가운데 가장 귀중한 것이 무엇이며 참된 나의 이익이 바로 무엇인가에 대해서 깊이 생각하지 않는 까닭에, 자기에 대한 사랑과 자신의 이익 추구가 흔히 그 알맹이를 잃는다. 자기의 마음이나 인격보다도 소지품 또는 재산, 헛된 이름 또는 사회적 지위, 권력의 행사 또는 순간적 쾌락 따위를 더욱 소중하게 여기는 가운데, 자기에 대한 사랑이 도리어 자기를 버리는 결과를 가져오고, 자기를 위한 이익의 추구가 도리어 본질적인 손실을 초래하는 역설에 도달하는 것이다.

인간을 대수롭지 않게 대접하는 경향은, 사람을 한갓 물건처럼 다루는 여러 가지 행동 가운데 더욱 여실히 나타나고 있다. 앞에서도 말했듯이, 인간은 단순한 수단으로서만 이용되어서는 안 될 본래적 가치의 담지자이거니와, 오늘날 인간이 단순한 수단으로서 이용되거나 한갓 물질 또는 물건과 다를 바 없는 대접을 받는 경우는 우리 주변에 허다하다.

노예나 종을 부리던 옛날에 비교한다면, 서민 대중의 인권이 상당한 존중을 받고 있지 않느냐는 반문도 있을 수 있다. 그러나 옛날 봉건시대와 비교해서 약간의 향상이 있다는 사실을 가지고 현대의 우리가 만족할 수는 없는 것이다. 인간의 존엄성과 평등을 믿는 인권 사상이 대두한 지 수백 년이 지난 오늘날, 아직도 인간 이하의 대접을 받는 사람들이 있을 뿐 아니라, 보기에 따라서는 모든 사람이 모든 사람을 푸대접하고 있다고도 생각할 수 있는 우리들의 현실에 대해서, 현대의 문명사회는 깊은 반성을 주저하지 말아야 할 것이다.

오늘도 우리는 우리 자신을 사랑하고 우리 자신을 위하는 마음으로 가득 차 있다. 그럼에도 불구하고, 우리가 우리 자신을 배반하고 자신을 배척하는 것이나 다름없는 결과로 이끌려 가고 있는 것이다. 이와 같이 우리가 본의 아닌 길을 걷게 된다는 것은 한 사람 한 사람의 개인의 잘못이라기보다도, 사회 내지 시대 전체에 조직적인 잘못이 있기 때문이라고 보아야 할 것이다. 그러나 전체로서의 사회 또는 시대의 사조 내지 문화를 결정하는 것도 결국은 여러 개인들의 생각과 행동이라고 보아야 할 것이니, 우리 현실에 대한 책임은 필경 우리 각 개인이 질 수밖에 없을 것이다.

3)

사회학자이며 심리학자인 에리히 프롬(Erich Fromm)은 사람들의 성격 내지 인격을 여러 가지 유형으로 나누고, 현대인의 대부분은 '장사꾼의 성격(marketing orientation)'의 소유자들이라고 관찰하였다. '장사꾼의 성격'이란 자기 자신을 하나의 상품처럼 생각하며 자기의 가치를 교환가치에 의하여 의식하는 경험을 통해서 형성된 성격의 유형을 말한다.[4] 프롬에 의하면, 장사꾼의 성격은 최근 수십 년 동안에 새로운 현상으로서 나타난 '인간시장'의 발달과 때를 같이하여 급격하게 성장한 현대적 성격이다. 사무원, 판매원, 관리인, 의사, 변호사 등 여러 종류의 직업인들은 자기를 팔기 위해서 이 인간 시장에 나타난다.

그들의 직업이 자유업이냐, 고용인이냐 하는 차이는 있을지 모르나, 직업인으로서의 성공 여부가 그들의 고용주 또는 그들의 서비스를 요구하는 사람들이 그들을 어떻게 받아들이느냐에 달려 있다는 점에는 다를 바가 없다. 즉, 그들의 사회적 성공의 정도를 결정하는 것은, 본인의 실력이나 인격 그 자체이기보다도 다른 사람들의 생각이다. 다른 사람들에게 잘 보인다는 것이 성공을 위해서 가장 중요한 관건이 되는 것이다.

이것은 일반 제품에 있어서 그 상품으로서의 성공 여부가 그 물건의 품질 자체에 달려 있기보다도, 그 물건이 고객들의 눈에 어떻게 보이느냐에 달려 있는 것과 비슷한 사정이다. 따라서 상품이 그러하듯이, 인간의 경우에 있어

4 E. Fromm, *Man for Himself*, New York, 1947, pp.67–68.

서도 가장 중요시되는 것은 교환가치요, 그 사용가치나 본래적 가치는 이차적인 위치로 물러서는 경향을 보인다.

물론, 기술과 능력 그리고 도덕적 인품 등도 개인의 사회적 성공을 위해서 중요한 조건임에는 틀림이 없다. 그러나 성공에 있어서 결정적 구실을 하는 것은 언제나 다른 사람들의 의견이요, "우리가 우리 자신을 얼마나 요령 있게 팔아 먹느냐에 따라서, … 우리의 포장이 얼마나 잘되어 있느냐에 따라서, 우리의 성공이 좌우된다."고 프롬은 비판하고 있다.[5]

교환가치가 높은 것, 즉 잘 팔리는 것이 성공의 요체(要諦)인 까닭에, 사람들은 우선 자기 자신을 팔리게 하는 일에 신경을 집중한다. 상품 시장에 있어서 팔리지 않는 물품은 가치가 없는 것으로 보이듯이, 우리는 남에게 인기가 없을 때는 자기 자신이 값어치 없는 사람처럼 느껴진다.

그러므로 우리는 첫째로 남에게 잘 보이기를 열망하는 까닭에 자연히 자기의 겉모습을 장식하는 일에 비상한 관심을 갖는다. 풍채, 용모, 옷차림, 주택, 소지품, 출신 학교, 박사 학위, 아버지의 관직, 그리고 속마음과는 관계없는 미소 짓기 등등이 학식을 늘리고 인품을 높이는 일 따위보다도 더욱 중요한 것처럼 느껴진다. 한마디로 말해서, 사람들은 자기 자신의 인격이나 인생 또는 행복보다도, 남의 의견 또는 남의 취미나 편견을 따라서 좌우되는 자기의 상품 가치에 대해 더 많은 관심을 갖게 된다.

다른 사람들에게 좋게 보여야 하며 좋은 인상을 주어야 하는 까닭에, 우리는 항상 눈치를 살펴야 한다. 그리고 남의 눈치를 살피기에 여념이 없다 보면 자기 자신의 개성과 신념은 죽여야 할 경우가 많으며, 결국 한 인간으로서의 주체성을 포기하는 지경에까지 이른다.

---

5 같은 책, pp.69-70.

오늘날 남의 감정이나 의견을 전적으로 무시하고 제멋대로 행동하기를 사양하지 않는 사람들이 일부에 있는 것은 사실이다. 특히, 일부 젊은이들 사이에 그런 기풍을 발견한다. 그러나 이러한 현상이 앞에서 소개한 프롬의 주장을 뒤집기에 충분한 근거가 되는 것은 아니다. 왜냐하면 일부에서 발견되는 그러한 현상은 한갓 반동 심리의 결과로서 설명될 수 있을 것이기 때문이다.

이러한 설명을 뒷받침해 주는 것으로서는, 남의 감정을 무시하고 안하무인의 태도를 취하던 사람도 자기에 대해서 강한 영향력을 가진 사람 앞에 나섰을 때, 또는 자기 자신을 시장에 내놓고 팔아야 할 시기에 이르렀을 때는, 역시 남의 눈치를 살피기에 여념이 없는 태도를 취한다는 사실을 들 수 있을 것이다. 우리는 '장사꾼의 성격'이 몸에 배어 있는 우리 자신에 대해서 때로는 반발할 수도 있다. 그러나 그러한 반발이 우리 성격의 구조 전체를 바꿀 수 있을 정도로 혁명적인 것이 되기는 쉬운 일이 아니다.

일정한 시대에 있어서 어떠한 성격 유형이 일반적으로 우세한가를 결정하는 것은 주로 그 사회의 정치적, 경제적 구조 또는 그 사회의 문화 일반의 특색에 달려 있다. 우리가 사는 시대의 문화적 특색은 무엇이며, 우리가 사는 나라의 정치적, 경제적 제도가 어떠한 구조를 가졌는가에 따라서, 그리고 같은 시대와 사회 안에 사는 우리 개인들이 어떠한 인간관계를 맺고 있는가에 따라서, 우리들의 성격의 윤곽이 결정된다.

18세기 또는 19세기만 하더라도 '장사꾼의 성격'은 일반적으로 나타나지 않았다고 프롬은 주장한다. "상품의 경우에 있어서나 인간의 경우에 있어서나 포장과 표딱지와 상표가 중요한 것이 된 것은 오직 최근의 일"이라는 것이다.[6]

---

6 같은 책, p.81.

아무튼 현대인의 성격과 가치관이 우리 사회의 정치적, 경제적 구조 및 현대 문명의 특색에 연유하고 있음은 의심의 여지가 없다. 따라서 우리 사회의 정치적, 경제적 구조를 혁신하고 현대 문명의 방향을 크게 돌려 놓지 않는 한, 매우 비생산적이며 인간을 자기 상실로 이끄는 이 '장사꾼의 성격'을 탈피하기는 어려운 일이라고 생각하지 않을 수 없다.

그러나 현실을 개조하고 문명의 방향을 돌리는 적합한 방법이 무엇인가 하는 것은 매우 어려운 문제다. 현대에 있어서 물질의 가치를 부정하거나 과소평가하는 방향으로 현실의 개조를 모색한다면, 그것은 아주 어리석은 시도로서 그칠 것이다. 도리어 과학 기술을 발달시키고 산업화를 촉진시켜서 물질생활에 불편이 없을 정도로 풍부한 물품을 생산함으로써, 물질을 둘러싼 사회 경쟁의 필요성을 완화시키는 방향으로 새 길이 모색되어야 할 것이다.

그뿐만 아니라, 물질과 향락에 대한 인간의 욕심에 한정이 있을 것 같지 않으므로, 인간과 인생은 물질이나 향락보다도 더욱 귀중하다는 엄연한 사실에 대한 반성과 인식이 항상 촉진되고 강조되어야 할 것이다. 그리고 동시에, 기회의 균등과 분배의 공정에 대하여 위정자는 각별한 정책적 고려를 베풀어야 할 것이며, 사회정의의 실현을 위해서 온 국민은 적극적으로 참여하고 진지하게 협조해야 할 것이다. 사회의 불균형이 심하면 심할수록, 물질을 둘러싼 인생 경쟁은 치열하기 마련이며, 이 경쟁이 극한적인 치열상을 보이는 한 인간이 그 본연의 모습으로 돌아가는 데 필요한 마음의 여유를 갖기는 어려울 것이기 때문이다.

3 장
인간의 존엄성

1. 인간존재
2. 존엄성과 성실
3. 인권 사상의 이론과 현실

3장 인간의 존엄성

1. 인간존재

1)

앞에서 우리는 우리의 가치 체계가 혼란에 빠져 있음을 보았고, 이 가치 체계의 혼란은 마침내 인간으로 하여금 자신의 본질을 망각하게 하고, 본연의 모습을 상실하게 하는 비극으로까지 이끌어 가고 있다는 사실을 언급하였다. 이제 우리는 다시 원점으로 돌아가서, 우리 자신의 모습을 돌이켜 보아야 할 시점에 이른 것으로 보인다.

만약 우리가 우리의 참된 모습을 되찾아 인간에 어울리는 보람찬 삶을 살아야 한다면, 우리는 우리 자신에 대한 더 깊은 인식을 꾀하는 일부터 시작해야 할 것이다. "너 자신을 알라."고 말한 소크라테스의 충고는 오랜 세월 동안 인류에게 깊은 교훈이 되어 왔으나, 그 교훈의 뜻이 오늘날처럼 절실한 때도 없었을 것이다.

인간도 일종의 동물이라는 것은 오늘에 있어서 하나의 상식이다. 인간은 신(神)도 아니고 동물도 아닌 독특한 '중간자'라는 견해가 압도적인 힘을 가진 정설로 통용된 시대도 있었다. 그러나 이제는 생물진화론을 인간에게까지 적용시키는 것이 학자들과 문외한에 있어서 공통된 상식이며, 인간을 일종의 동물로 보는 것을 '만물의 영장'에 대한 모독이라고 분개하는 사람은 별로 없을 것이다.

일종의 동물인 까닭에, 인간은 여러 가지 생물학적 욕구에 항상 몰린다. 식욕 또는 성욕과 같은 의식적 욕구가 있을 뿐 아니라, 공기 또는 체온조절에 대한 요구와 같이 무의식적으로 작용하는 욕구도 있다. 이 모든 생물학적 욕구 내지 생리적 욕구는 생명의 유지에 직결되는 것이니, 인간에 있어서 가장 원초적이고 기본적인 이들 욕구는 생존욕 또는 자아 보존의 욕구라고 말할 수 있을 것이다.

욕구는 충족되기를 요구하는 어떤 결핍의 상태이며, 그 결핍이 충족되기 위해서는 반드시 어떤 행동이 취해져야 한다. 일반 동물의 경우에 있어서는 욕구 충족을 위한 행동의 대부분은 본능 또는 충동에 의하여 일으켜진다. 그러나 인간의 경우에 있어서는 충동적으로 행동하기보다는, 생각을 한 다음에 행동을 일으킬 경우가 많다. 이 생각할 수 있는 능력을 철학자들은 '이성(理性)' 또는 '오성(悟性)'이라고 하였고, 심리학자들은 '지능(知能)'이라는 말로 흔히 불렀다. 아무튼 이 생각하는 능력을 가졌다는 사실은, 인간의 욕구와 환경을 복잡한 것으로 만드는 동시에, 인간으로 하여금 본능 내지 충동에 호소할 줄밖에 모르는 일반 동물과는 달리, 생각하며 행동하지 않을 수 없게 하였다.

이성 또는 지능을 가졌다는 사실은 인간을 다른 동물들과 구별되게 하는 기본 특색이다. 그러므로 아리스토텔레스는 인간을 '이성적 동물(animal rationale)'이라고 정의했으며, 많은 철학자들이 인간의 본질을 이성 속에서 찾으려고 하였다. 인간의 본질을 오로지 이성 속에서만 찾으려는 견해가 과연 옳은가에 관해서는 논란의 여지가 있을 것으로 생각되나, 이성 또는 지능의 소유자라는 사실을 떠나서 "인간이란 무엇인가?"라는 물음에 만족스러운 대답을 주기 어려우리라는 것만은 의심할 여지가 없다.

일종의 동물이라는 사실과 생각할 수 있는 능력을 가졌다는 사실은, 우리가 인간을 이해함에 있어서 결코 소홀히 여겨서는 안 될 두 가지 기본적 사항이라고 생각된다. 그리고 이 두 가지 사항은 서로 대립된 관계에 있는 것도 아니며, 각각 독립해서 떨어져 있는 것도 아니다. 이 두 가지 사실은 상호 의존의 관계를 가지고 내면적으로 밀접하게 연결되어 있다.

과거의 철학자들 가운데는 인간에 있어서의 동물적 측면과 이성적 측면을 서로 대립하고 상극하는 두 가지 사항으로 보는 견해를 좇는 사람들이 많았다. 그리고 그들의 대부분은, 동물적 측면을 억제하는 한편 이성적 측면을 앙양하는 가운데 올바른 삶의 길을 찾아야 한다고 믿었다. 그러나 현대를 사는 우리는 이제 그러한 견해에 동조하기 어려움을 느낀다. 인간의 동물적 측면과 이성적 측면은 어느 하나도 소홀히 대접해서는 안 될 귀중한 사실로 인정해야 할 것이며, 이 두 가지의 측면이 요구하는 바에 어떤 알력이 생길 때, 그것을 조화롭게 화해시킬 수 있는 높은 차원의 원리를 모색함이 건전한 삶의 태도일 것으로 믿는다.

2)

인간이 도구를 만들고 또 그것을 사용한다는 사실을 중요시하고, 이 사실 가운데서 인간의 본질을 찾아보려고 꾀한 학자들이 있었다. '공작(工作)하는 인간(homo faber)'이야말로 인간의 고유한 모습을 가장 여실하게 나타낸다는 인간관이다. 그리고 이 인간관은 '생각하는 인간(homo sapiens)' 가운데 인간의 본연의 모습을 찾아보아야 한다고 믿는 또 하나의 인간관과 대조를 이루는 것으로서 이해되어 왔다.

그러나 인간이 생각을 한다는 사실과 도구를 사용한다는 사실은, 근본적으로 대립하는 현상으로서 이해할 성질의 것이 아니라, 불가분의 관계를 가진 두 가지 현상 또는 같은 현상의 두 측면으로 이해해야 할 것으로 보인다.

물론 인류 역사의 어떤 시기에 있어서, 주로 조용히 앉아서 생각하는 일로 소일한 사람들과 주로 근육을 움직여 생산적 노동에 종사한 사람들이, 섞일 수 없는 두 가지 계급을 이루고 갈라진 적이 있었다는 것은 부인할 수 없는 엄연한 사실이다. 그러나 생각하는 인간과 노동하는 인간이 반드시 두 갈래로 나누어져야 할 필연성이 있는 것은 아니며, 오히려 생각해 가며 노동하고 노동해 가며 생각하는 것이 오늘날에 있어서 바람직한 인간의 모습이라고 보아야 할 것이다.

인간의 출현을 진화하는 생물의 역사 속에서 일어난 하나의 사건으로 보는 현대 인류학자들의 견해를 부정하지 않는다면, 원시시대의 인간들이 처음에 '생각'이라는 것을 갖게 되었을 때, 오로지 생각하기 위해서 생각했을 것이라고는 믿어지지 않는다. 문명사회의 인간들은 생각을 위해서 생각하기도 하고 명상(冥想)을 즐기기 위하여 명상에 잠기기도 한다.

그러나 원시시대의 인간들이 생각하는 시간을 가졌을 때는, 삶의 과정에서 부딪치는 좀 더 절실한 문제를 해결하는 방안을 강구하기 위하여 생각을 하게 되었다고 보아야 할 것이다. 예컨대, 먹을 것 또는 이성(異性)을 구하는 문제를 효과적으로 해결하는 방법, 혹은 적과 싸워 이기는 방법을 모색하는 가운데, '생각'이라는 무기를 사용했다고 보아야 할 것이다.

듀이(J. Dewey)가 거듭 강조하여 지적한 바와 같이, 사유(思惟)란 그 본질에 있어서 삶의 문제를 해결하기 위한 도구라고 보아야 할 것이다. 사유, 즉 생각도 일종의 도구임에 틀림이 없다면, '생각하는 인간'과 '도구를 사용하는 인간'을 이원적(二元的)으로 대립시켜서 생각할 이유가 없다. 구별이 있다면, 관념적 도구를 사용하는 사람과 물질적 도구를 사용하는 사람의 구별이 있을 뿐이다. 그뿐만 아니라, 오로지 생각만 하고 도구는 전혀 사용하지 않는 사람, 또는 도구만을 사용하고 생각은 전혀 하지 않는 사람이란 있을 수 없으니, 이 구별조차 한갓 정도의 차이에 지나지 않는다.

생각을 하는 일과 도구를 사용하는 일은 서로가 서로를 돕는 상호 의존의 관계를 맺고 있다. 생각이 발달하면 발달할수록 더 능률적인 도구를 만들어 낼 수 있게 되며, 새로운 도구의 필요성은 우리의 두뇌를 더욱 발달시키는 자극의 구실을 한다. 사람들은 생각함으로써 도구를 만들며, 도구를 만들고 사용하는 가운데 새로운 생각에 도달하게 된다. 이와 같이 볼 때, 생각하는 일과 도구를 사용하는 일은 불가분의 관계를 가지고 있다는, 앞에서 한 말의 뜻이 스스로 명백해질 것이다.

인간이 생각을 하고 도구를 만들게 된 본래의 동기가 생존을 위한 기본적인 문제들을 해결하는 방법을 모색함에 있다 함은, 오늘에 있어서도 모든 사유와 제작이 상식적 의미의 실용을 위해서 이루어진다는 뜻은 아니며, 가장 실용성이 높은 사상 또는 제작품이 가장 높이 평가되어야 한다는 뜻도 아니다.

인간에게는, 처음에는 무엇을 위한 수단으로서 존중하던 것을 나중에는 그 자체를 목적으로 삼고 추구하는 경향이 있다. 사유 및 제작도 처음에는 동물적 생존의 문제를 풀기 위한 수단으로서 존중했지만, 오랜 세월이 흐르는 사이에 사상 또는 제작품 그 자체를 목적으로 삼고 추구할 경우가 생기게 되었다. 오늘날 사유의 체계로서의 학문과 제작품의 정수(精髓)로서의 예술은 단순한 수단으로서의 위치에 머물러 있지 않고, 동시에 그 자체가 목적으로서의 가치를 보유하기에 이르렀다.

인간을 다른 동물과 구별되게 하는 또 하나의 특색은, 일반 동물은 생리적 욕구만 충족되면 그것으로 만족하지만, 인간은 생리적 욕구 이외에 다른 여러 가지 욕구를 가졌다는 사실에서 발견될 수 있다. 학문이나 예술에 대한 욕구도 그러한 것의 대표적인 예로 볼 수 있으며, 그 밖에도 명예욕, 권세욕, 소유욕 등 이루 헤아릴 수 없을 정도의 여러 가지 심리적 내지 사회적 욕구들이 있다. 그리고 이토록 여러 가지 욕구를 가지게 되었다는 사실과 특별히 발달한 두뇌 및 신경 조직을 가졌다는 사실 사이에는 밀접한 인과관계가 있는 것으로 인정된다.

생각을 하고 도구를 사용한다는 사실 및 여러 가지 생리 외적 욕구를 가졌다는 사실 이외에, 인간의 특색으로서 지적해야 할 또 한 가지 사항은, 인간이 매우 복잡한 사회생활을 하는 동물이라는 사실이다. 다른 동물들 가운데도 '사회생활'이라고 부를 수 있는 현상이 없는 것은 아니나, 그 관계가 복잡하고 다양하며 교섭의 범위가 넓다는 점에 있어서, 인간의 사회성은 일부 다른 동물의 그것보다도 훨씬 차원이 높다.

인간의 사회성에 대한 전반적인 고찰은 다음 절로 미루고, 여기서 한 가지 지적해 두어야 할 것은, 인간이 그토록 복잡하고 차원 높은 사회성을 갖게 된 것도 인간이 지성의 소유자이기 때문이라는 사실이다. 개미나 벌 또는 기러기의 사회보다도 인간의 그것이 복잡하고 세련된 구조를 갖게 된 것은, 오로지 인간이 지적 능력을 소유하고 있다는 사실에 힘입고 있는 것으로 판단된다.

이와 같이 볼 때, 인간을 동물의 세계에 있어서 단연 독특한 존재로서의 자리를 차지하게 한 기본적 요인이, 그의 생각하는 능력에 있다는 결론을 얻게 되는 동시에, 인간을 '이성적 동물'이라고 정의한 아리스토텔레스의 견해에 깊은 뜻이 담겼음을 새삼 느끼게 된다.

인간이 이성을 가진 사회적 동물이라는 사실 및 그가 기본적, 생리적 욕구 이외에 다른 여러 가지 욕구를 가졌다는 사실은, 인간으로 하여금 의식적 목적과 가치의 세계를 소유하는 특수한 존재가 되게 하였다. 모든 생물들의 활동에는 생존과 성장 그리고 생식 따위의 목적이 있다고 말할 수 있을 것이나,

일반 동물이나 식물의 경우에 있어서는 그 목적들은 자연에 의하여 맹목적으로 주어진 것이며, 의식적이기보다도 무의식적으로 추구되는 목적일 경우가 많다.

그러나 인간이 추구하는 목적의 세계는 인간이 의식적으로 추구하는 것일 뿐 아니라, 인간 스스로가 주체적으로 생각해서 선택하고 구상한 것이라는 점에서, 다른 생물의 경우와는 근본적으로 다르다.

그리고 목적의식을 가졌다는 사실은 인간으로 하여금 '평가(評價)'라는 심리 작용을 불가피하게 하였다. 자기가 의식적으로 추구하는 목적에 합당한 것을 좋게 생각하는 반면에 그 목적에 어긋나는 것을 나쁘게 생각하는 것은 막을 수 없는 심리의 필연(必然)이기 때문이다. 그리고 인간이 '평가'라는 심리 작용을 갖게 되었다는 사실은, 인간으로 하여금 가치의 세계를 의식하게 하였으며, 가치의 세계를 의식하게 되었다는 사실은 인간의 관심과 생활의 영역을 무한히 큰 것으로 만들었다.

인간 또는 인생의 목적, 가치의 본질, 그리고 평가와 가치의 관계 등에 관해서는 여러 가지 어려운 철학적 문제들이 있으며, 그 문제들에 대한 전문가들의 이론에도 몇 가지 갈래가 있으나, 여기서는 논하지 않겠다.[1] 다만 여기서 언급해 두어야 할 것은, 인간이 지성을 가졌으며 가치를 의식하는 특수한 존재라는 사실이 인간으로 하여금 '존엄(尊嚴)하다'는 최고의 찬사로써 자신을 규정하지 않을 수 없게 했다는 중대한 사실이다. 이것을 '중대한 사실'이라고 말하는 것은, '인간의 존엄성'이야말로 적어도 민주주의를 신봉하는 사

1 이러한 문제들에 관해서는 뒤에 4장에 가서 다시 언급할 기회가 있을 것이다. 그러나 거기에서도 충분히 상세한 설명을 할 수 있을 정도로 많은 지면을 할애하기는 어려울 것이므로, 좀 더 자세하고 깊은 이론을 연구하고자 원하는 독자들은 이 책 끝에 소개한 참고문헌을 이용해 주기 바란다.

람들의 윤리를 위해서는 가장 기본적인 개념의 하나이기 때문이다. 이제 이 개념을 중심으로 삼고 좀 더 깊은 고찰을 꾀해 보기로 하자.

3)

앞에서 지적한 바와 같이, 인간은 가치를 의식하며 가치의 세계를 소유하는 특수한 존재다. 그리고 인간이 가치를 의식하게 된 직접적 계기는 그가 의식적 목적을 가진다는 사실이며, 그가 의식적 목적을 갖게 된 것은 지성을 가진 사회적 동물로서의 인간이 기본적, 생리적 욕구 이외에 여러 가지 욕구를 가졌기 때문이다. 여기서 한 가지 분명한 것은, 인간의 욕구와 가치 사이에 밀접한 관계가 존재한다는 사실이다.

우리는 우리가 절실하게 소망하는 것에 대하여 높은 가치를 인정하는 한편, 높은 가치가 인정되는 사물에 대해서는 뜨거운 욕구를 느낀다. 욕구하는 까닭에 가치가 생기는 것인지, 또는 가치가 있는 까닭에 욕구하는 것인지에 관해서는 논쟁의 여지도 있음직하나, 욕구와 가치 사이에 밀접한 관계가 있음에는 의심의 여지가 없다. 사람들은 자기가 가장 뜨겁게 그리고 깊이 바라는 것을 가장 귀중한 것이라고 믿는다.

"이 세상에서 무엇이 가장 귀중한가?" 하는 물음에 대해서 즉시에 과학적인 대답을 하기 어려운 첫째 이유는, 사람들이 가장 귀중하다고 생각하는 것에 개인차가 심하다는 사실에 있다. 만약 이 세상의 모든 사람이 예외 없이 누구나 귀중하다고 여기는 것이 있다면, 우리는 그것의 귀중성을 말로는 의심할 수 있을지 모르나, 진심으로 그것을 의심하지는 못할 것이다.

이 세상의 모든 사람 가운데는 우리 자신도 포함되는 것이며, 따라서 모든 사람이 귀중하다고 여기는 것이 정말은 귀중하지 않을지도 모른다고 생각한다면, 그것은 자기 자신을 의심하는 것이 아닐 수 없다. 그것은 일반적인 회의(懷疑)에 해당하는 것이니, "세상 사람들이 모두 귀중하다고 믿는 것일지라도 정말은 귀중하지 않을 수도 있다."는 말은, "세상에는 귀중한 것이 아무것도 없다."는 말에 가깝다. 따라서 우리가 이 세상에 귀중한 것이 있다는 것을 믿는 이상(믿지 않을 수 없도록 마련된 것이 사람의 마음이거니와), 모든 사람이 귀중하다고 믿는 사물은 정말로 귀중한 것이라고 인정할 수밖에 없다.

사람들이 무엇을 귀중하다고 여기는지에는 개인에 따라 차이가 많겠지만, 모든 사람이 누구나 귀중하다고 여기는 것이 적어도 한 가지 있다. 그 한 가지란 곧 자기 자신이다. 이 세상에 자기 자신을 귀중하다고 생각하지 않는 사람은 없다. 물론, 자학(自虐) 또는 자비(自卑)의 심리가 없는 것은 아니다. 그러나 자학 또는 자비로써 스스로를 천대하는 사람일지라도, 마음의 깊은 곳에서는 자기를 아끼고 소중히 여긴다.

모든 생물은 자기 자신의 보존을 꾀하도록 마련되어 있으며, 이 점에 있어서는 인간도 예외가 아니다. 특히 인간은 '자아'를 의식하는 까닭에, 자기의 보존을 의식적으로 꾀하게 되며, 이 의식적 노력은 자기 자신을 귀중한 것으로 여기는 관념을 동반한다. 이와 같이 볼 때, "모든 사람은 자기를 귀중하다고 여긴다."는 명제는 일반적 타당성을 갖는 명제로서 받아들여져야 할 것이다.

앞에서 우리는, 모든 사람이 귀중하다고 여기는 사물은 정말 귀중한 것으로 인정할 수밖에 없다는 것과, 모든 사람은 자기를 귀중하다고 여긴다는 사실을 지적하였다. 여기서 필연적으로 풀려 나오는 결론은, 자기 즉 '나'라는 존재를 정말 귀중한 것으로 인정하지 않을 수 없다는 명제다. 데카르트(R. Descartes)는 '나'의 존재가 의심할 수 없음을 우선 밝히고 그 사실을 철학적 탐구의 바탕으로 삼았거니와, 우리는 한 걸음 나아가서 '나'라는 존재의 귀중함을 인정하는 동시에 이 사실을 윤리 문제 탐구의 디딤돌로 삼을 수 있을 것으로 믿는다.

이 세상에는 '나' 이외에도 많은 사람들이 살고 있으며, 그 모든 사람들도 각각 자기를 귀중하다고 생각할 뿐 아니라, 그들은 모든 근본적인 점에 있어서 나와 똑같은 구조와 특질을 가지고 있다. 여기서 우리는 불가불 다른 사람들도 모두 나와 마찬가지로 귀중한 존재임을 인정하지 않을 수 없다.

본질적인 점에 있어서 나와 다를 바가 없는 이상, 그 가치에 있어서도 나와 동등하다는 것을 인정함은 논리의 일관성이 요구하는 바이며, 논리의 일관성이 요구하는 바를 물리치지 못하는 것은 지성을 가진 인간의 근본 특색의 하나이기 때문이다. 따라서 "모든 인간은 귀중한 존재다." 이것은 지금까지의 고찰로써 우리가 얻은 결론의 가장 기본적인 것이다.

이 세상에서 귀중하다고 알려진 것은 인간뿐만이 아니다. 학문도 귀중하고 예술도 귀중하며 재산도 귀중하다. 그 밖에도 생명, 명예, 시간 등 귀중한 것의 종류가 많다. 그러나 이 여러 가지 것들과 인간이 같은 차원에 있어서 '귀중하다'고 생각되기는 어려울 것으로 보인다. 예컨대, 학문과 예술은 인간에 의하여 생산되는 동시에 인간에 의하여 중요시되는 것이다. 만약 인간이 아니었다면 그것들이 생겼을 리도 없고, 생겼다 하더라도 귀중한 것이 되지 못했을 것이다. 돈과 쌀과 시간 따위는 인간에 의해서 사용되는 것이며, 인간을 위하여 유용한 까닭에 귀중하다. 결국 인간 이외에 다른 것들이 귀중성이라는 가치를 갖게 된 것은 인간 때문이요, 인간은 그 가치의 근원이라고 생각된다.

이와 같이 볼 때, 인간의 귀중함과 다른 사물들의 귀중함 사이에는 차원의 차이가 있음을 인정하지 않을 수 없다. 따라서 우리는, "인간은 존엄하다."는 말을 사용하여 인간의 귀중함과 다른 사물들의 귀중함 사이에 구별을 짓는다. 인간은 귀중함을 넘어서서 존엄하다. 그리고 인간만이 존엄하다.

인간의 존엄성의 근거는 인간이 다른 귀중한 것들을 만들어 내고, 또 그것들을 사용한다는 사실에만 있는 것이 아니다. 오히려 이 사실은 부차적인 이유에 가까우며, 더 근본적인 이유가 그 밖에 있다는 사실을 우리는 깊이 살펴야 할 것이다. 왜냐하면, "인간은 존엄하다."는 명제가 단순한 구호나 공연한 외침이 아니라는 사실을 깊이 인식할 때, 우리는 우리가 어떻게 행동하고 어떻게 할 것이냐는 문제에 대답하는 확고한 기초를 얻게 될 것이기 때문이다. 다음에 인간의 존엄성의 근거에 대하여 좀 더 깊은 고찰을 꾀해 보기로 하자.

4)

인간이 존엄하다고 주장하는 근거로서 흔히 인간의 이성(理性)을 지적한다. 그러나 이성을 가졌다는 사실이 왜 존엄성의 근거가 되는 것일까? 이성이라는 기능 자체가 존엄하기 때문이라기보다도, 이성의 기능으로 인하여 인간의 행동이 고유한 특성을 갖는 까닭에, 인간은 존엄한 존재가 되는 것이라고 보인다. 좀 더 분명하게 말하자면, 인간이 이성을 소유하는 까닭에 자기를 인식할 수 있으며, 스스로 옳다고 믿는 바를 따라서 자주적으로 행동하는 도덕의 주체일 뿐 아니라, 유혹과 권력 앞에서도 꺾이지 않고 꿋꿋하게 일어서는 용기와 자존심을 발휘할 수 있다는 사실이, 인간을 존엄한 존재로 보지 않을 수 없게 하는 가장 근본적인 이유라고 생각된다.

첫째로, 갈대와 같이 약하고 작은 인간이 광막한 우주를 인식의 대상으로 삼을 수 있다는 사실도 위대한 일이거니와, 특히 안으로 자기 자신을 들여다볼 수 있는 마음의 여유를 가졌다는 사실은 더욱 놀랍고 장한 일이다. '자신을 안다' 함은 '자신을 대상화(對象化)한다'는 뜻이며, 그것은 자신을 초월할 수 있음을 의미하는 것이니, 여기에 우리는 인간이 매우 작으면서도 무한히 큰 존재임을 느끼지 않을 수 없다.

사람은 누구나 어느 정도 자기 자신을 알고 있다. 인간이, 보기에 따라서는, 지구 위에서 가장 강한 존재이면서도, 한편으로는 매우 허약한 존재에 지나지 않는다는 사실까지도 우리는 알고 있다. 특히 우리는 인간이 조만간 죽어야 할 운명을 지니고 있다는 사실을 알고 있으며, 그것을 아는 까닭에 우리는 같은 운명을 나누어야 할 다른 사람들에 대한 깊은 공감과 사랑을 느낀다.

프랑스의 실존주의 철학자 마르셀(Gabriel Marcel)은, "인간이 유한자(有限者)라는 바로 그 사실 가운데 그의 본질적 존엄성의 원리를 찾을 수 있다."는 역설적 결론을 앞세운 다음, 그러한 주장의 근거로서, "인간은 자기 스스로가 죽어야 할 운명을 지니고 있다는 사실을 깨닫고 있는 것으로 알려진 유일한 존재"라는 사실을 지적하고 있다.[2]

유한자로서의 자기의 운명을 똑바로 내다보면서, 그러나 여전히 높은 이상을 버리지 않고 갈 수 있는 곳까지 가보자고 노력을 기울이는 인간, 그리고 같은 운명 아래 사는 인간 가족을 깊은 사랑으로 바라보는 순간을 가질 수 있는 인간, 이러한 인간을 우리는 '존엄하다'고밖에 생각할 수 없는 것이 아닐까?

둘째로, 인간은 스스로 옳다고 믿는 바를 따라서 행동하는 도덕적 주체다. 밖으로부터의 자극을 따라서 기계적으로 움직이는 무생물이나 본능이 가리키는 바에 따라서 무의식적으로 행동하는 동물과는 달리 인간은 스스로 정한 목표와 스스로 내린 판단에 따라서 주체적으로 행동한다. 그리고 스스로의 판단에 따라서 주체적으로 행동한다는 뜻에서 인간은 자유를 가진 존재이며, 우리가 아는 범위 내에서 유일한 자유의 주체라는 사실 가운데, 우리는 인간을 존엄한 존재로서 인정하지 않을 수 없는 또 하나의 이유를 발견한다.

---

2 G. Marcel, *The Existential Background of Human Dignity*, Harvard University Press, 1963, p.136.

우주의 만물이 노예처럼 맹목적으로 움직이는 가운데, 유독 자기 스스로의 내면적 요청에 따라서 자유롭게 행동하는 인간을, 우리는 존엄하다고 생각하지 않을 수 없는 것이다.

셋째로, 인간은 유혹과 권력 앞에서도 꺾이지 않는 용기와 자존심을 가지고 있다. 이것은 인간이 자유의 주체라는 사실에서 자연히 일어나는 특수한 현상이거니와, 이 용기와 자존심은 우리로 하여금 인간을 존엄한 것으로 보지 않을 수 없게 하는 가장 직접적인 사유다. 유혹과 권력으로도 꺾기 어려우며, 스스로 존귀한 존재로서 자처하는 인간 앞에서, 우리는 두려움과 비장함을 느끼지 않을 수 없는 것이다. 인간은 스스로를 존엄하게 대접하는 까닭에 진실로 존엄하다.

여기서 우리는, 인간이 스스로를 존엄하게 대접하는 굳건한 태도와, 세도나 금력을 잡은 사람들이 권세를 자랑하고 권위주의를 휘두르는 오만한 태도를 혼동해서는 안 될 것이다. 위엄을 과시하기 위하여 화려한 옷차림이나 웅장한 주택 따위로 겉모습을 장식하는 일부 특권층의 태도를 비판하여, "그것은 공허와 기만을 숨기는 것에 지나지 않을지 모르며, … 진실로 자기 자신을 배반하는 것이라 말할 것이니, 비판적인 사람의 눈으로 볼 때, 스스로의 권위에 치명상을 입히는 것이다."라고 설파한 마르셀의 말도 바로 이 점을 지적한 것으로 해석된다.[3]

인간의 존엄성은 권력이나 금력 또는 권위 따위와는 아무런 관계도 없다. 인간의 존엄성이 가장 뚜렷하게 나타나는 것은 오히려 지위도 힘도 없는 외로운 사람이 자기의 신념이 가르치는 대로 말하고 행동할 때에 있어서다. 그러나 가난하고 힘없는 사람들이 그렇지 않은 사람들보다 더욱 존엄하다는

3 같은 책, p.129.

뜻은 물론 아니다. 인간은 빈부나 지위의 차이와는 관계없이, 그가 인간답게 사는 이상, 누구나 모두 한결같이 존엄하다.

근세 이후 서양 세계를 지배해 온 사회사상 내지 윤리 사상의 출발점이 된 것은 '인간의 존엄성'의 개념이었다. 그리고 동양에 있어서도 옛날부터 인간을 귀중한 것으로 보는 전통이 내려왔으며, 여기에 다시 서양의 인권 사상이 도입되어 오늘에 이르렀다. 그럼에도 불구하고, 문명 비평가들은 현대를 '인간의 자기소외' 또는 '인간 부재' 따위의 표현으로 특징지으면서, 오늘날 세계 도처에서 인간이 너무나 천대를 받고 있음을 개탄한다.

이것은 지극히 역설적인 주장 같기도 하나, 전혀 근거 없는 억설이라고 물리치기에는 우리 현실에 불합리한 측면이 너무 큰 것으로 보인다. 아무튼, "인간은 존엄하다."는 명제가 우리에게 당위(當爲)로서 요청하는 바와 오늘의 인간 사회의 현실 사이에 엄청난 거리가 벌어져 있음은 부인할 수 없는 사실이며, 바로 이 사실 속에 현대 인류의 가장 근본적인 문제가 있음에는 의심의 여지가 없을 것이다.

2. 존엄성과 성실

1)

우리는 앞에서 인간이 존엄한 존재임을 밝혔다. 그 사람의 사회적 지위나 문화적 업적에 관계없이, 사람은 누구나 그가 인간이라는 사실로 말미암아 존엄하다고 하였다. 그러나 과연 인간은 누구나 예외 없이 존엄하다고 단언할 수 있는 것일까? 세상에는 극악무도한 인간도 있으며 의리나 염치 따위는 전혀 찾아볼 수 없는 사람도 있지 않은가? 인간의 형태만 갖추었으면 누구나 무조건 존엄하다고 주장하는 것은 한갓 환상적인 낭만주의에 지나지 않는 것이 아닐까? 우리가 추상적인 사고를 일삼는 동안, 우리는 모든 인간이 예외 없이 존엄하다는 것을 말하고 싶을지도 모른다. 그러나 극악무도한 인간이나 파렴치하기 짝이 없는 인간에게서 엄청난 피해를 입었을 때, 과연 그 나쁜 인간을 '존엄하다'고 실감할 수가 있을 것인가?

어떤 극악무도한 사람을 상상하고 그 사람에게도 존엄한 일면이 있다는 것을 생각할 수는 있을지 모른다. 그러나 내가 몸소 겪은 극악무도한 인간에 대해서, 예컨대 나에게 잔인하고 파렴치한 행위를 거듭하여 나를 크게 괴롭히고 있는 사람에 대해서, 존엄성을 실감하기는 매우 어려울 것이다. 그리고 이 경우에 있어서 '실감'이라는 것은 매우 중요한 의미를 갖는다.

왜냐하면, "인간은 존엄하다."는 명제는 하나의 사실판단이 아니라 가치판단이며, 어떤 가치판단이 타당성을 갖기 위해서는 실감이 가장 기본적인 조건으로서 요청되기 때문이다. 어떤 대상이 일정한 가치를 지니고 있다는 판단이 타당성을 인정받기 위해서는, 우선 그러한 가치를 그 대상이 가졌다는 것을 실감할 수 있어야 한다.

우리가 "인간은 존엄하다."고 말할 때, 그 '인간'은 '인간다운 인간'이라는 가정(假定)이 뒤에 있다. 다시 말하면, 인간의 존엄성을 긍정하는 우리의 명제는, "인간이 인간다움을 잃지 않는 한, 인간은 존엄하다."는 뜻으로 해석되어야 한다. 그러나 "인간다움을 잃지 않는다."는 말을 "높은 도덕성을 발휘한다."는 뜻으로 해석한다면, "인간다움을 잃지 않았다."라고 말할 수 있는 사람의 수는 비교적 적을 것이며, 따라서 '존엄하다'는 평가를 받을 수 있는 사람의 수도 크게 제한을 당하게 될 것이다.

그런데 우리가 "인간은 존엄하다."고 말할 때, 그것은 "도덕적으로 높은 경지에 달한 소수의 인격자들은 존엄한 존재다."라는 뜻이 아니라, 적어도 대부분의 사람들은 존엄한 존재라는 뜻이다. 그러므로 우리는 "인간다움을 잃지 않는다."는 말의 뜻을 "도덕적인 인간으로서 성장할 수 있는 가능성을 지녔다."는 의미로 이해해야 할 것이다. 즉, 인간은 인간다운 인간으로서 성장할 가능성을 품고 있는 까닭에 존엄한 존재로서 인정을 받는 것이다.

만약 도덕적으로 높은 경지에 도달한 사람들만이 존엄하다면, 그것은 그가 인간인 까닭에 존엄한 것이 아니라 훌륭한 인간인 까닭에 존엄한 것이 되며, 사실상 '존엄하다'는 평가를 받을 수 있는 사람은 극소수의 인물들에게만 국한될 것이다. 그리고 앞 절에서 우리가 "인간은 존엄하다."고 말했을 때, 특수한 소수의 사람들만이 존엄하다는 뜻으로 말한 것이 아님은 명백하다.

그러나 "사람의 탈만 썼으면 그가 아무리 교활하고 잔인하며 파렴치하다 하더라도 존엄하다."고 주장한다면, 그것은 극히 위선적이거나 자기도취적인 발언이 되고 말 것이다. 그러므로 우리는 인간의 존엄성의 근거를 인간이 간직한 어떤 가능성에서 찾을 수밖에 없으며, 그러한 가능성을 간직하고 있는 한, 사람은 누구나 존엄하다고 보는 해석을 취하지 않을 수 없는 것이다. 따라서 만약 이 세상의 모든 사람에게 높은 가능성을 인정할 수 있다면, 사람은 누구나 예외 없이 존엄하다는 결론으로 이끌려 가게 될 것이다.

앞에서 우리는 '도덕적인 인간으로서 성장할 수 있는 가능성'이라는 막연한 표현을 사용하였다. 이제 우리는 이 막연한 표현이 의미하는 바에 대하여 좀 더 분명한 설명을 해야 할 것으로 보인다. 다시 말하면, '도덕적인 인간'이라는 구절의 뜻을 더 정확하게 밝혀야 할 것이다. '도덕적'이라는 말이 너무나 모호하고 다의적(多義的)이기 때문이다.

필자가 말하는 '도덕적 인간'이란 성현(聖賢) 또는 군자(君子)와 같은 뜻은 아니다. 세상 사람의 대부분이 성현 또는 군자가 될 수 있다고 믿기 어려우며 또 그렇게 많은 성현과 군자가 반드시 필요하다고도 생각하지 않는다. 필자가 말하는 '도덕적 인간'은 보통 사람이면 대개는 도달할 수 있는 평범한 목표이며, 평화로운 사회생활을 위해서 요청되는 최소한의 덕성을 갖춘 사람을 가리키는 데 지나지 않는다.

필자가 사용하고 있는 '도덕적 인간'이라는 말과 가장 뜻이 가까운 말은 '성실한 인간'일 것이다. 항상 철두철미하게 성실한 인간이 된다는 것은 성인 또는 군자에게나 기대할 수 있는 어려운 일이라 하겠다. 그러나 어느 정도의 성실성을 갖는다는 것은 정상적인 환경 속에 사는 정상적인 사람이라면 대개 누구에게나 가능한 일이며, 그것이 가능한 까닭에 인간은 '존엄하다'는 평가를 받을 자격을 가졌다고 보는 것이 우리들의 지금까지의 고찰이었던 것이다.

성실성을 갖는다는 것은 인간이 인간다울 수 있기 위해서 갖추어야 할 가장 기본적인 조건이다. 인간의 가장 근본적 특색의 하나는 그가 높은 차원의 사회생활을 할 수 있다는 사실에서 발견되거니와, 높은 차원의 사회생활이 가능한 것은 서로가 어느 정도 상대편을 신뢰할 수 있기 때문이며, 인간이 서로 남을 신뢰할 수 있는 것은 인간에게 성실성이 있기 때문이다.

이와 같이 볼 때, 인간을 인간답게 만들고 인간으로 하여금 자신을 '존엄하다'고 평가하게 한 것이 인간의 성실성이라는 점에는 별로 의심이 없을 것이다. 그러나 다시 한 걸음 나아가서 "도대체 성실이란 무엇인가?"라는 물음을 제기할 때, 우리들의 상식만으로는 처리하기 어려운 여러 가지 문제가 남아 있음을 본다.

2)

'성실(誠實)'이란 쉽게 말하자면 '정성스럽고 참되어 거짓이 없음'을 말한다. '성실' 두 글자 가운데서 더 큰 비중을 차지하는 것은 '성(誠)'이며, '성'이 유교의 도덕 사상 가운데서 매우 중요한 개념이라는 것은 널리 알려진 사실이다. '성'의 개념을 깊이 다룬 유교의 고전으로서 『중용(中庸)』이 널리 알려져 있는데, 『중용』에서는 '성'을 단순한 윤리적 개념으로 이해함에 그치지 않고 하나의 형이상학적 개념으로 정립함으로써, 윤리의 절대적인 바탕으로 삼을 것을 말하고 있다.

『중용』 제20장 끝머리에, "성실한 것은 하늘의 도(道)다. 성실하고자 힘쓰는 것은 사람의 도(道)다."라는 구절이 있다.[4] 이 구절의 본뜻이 무엇인지 현대적 언어로 밝히기는 쉬운 일이 아닌 것으로 보이나, 대체로 두 가지의 해석이 가능한 것으로 생각된다.

그 첫째는, 성실을 '천리의 본연(天理之本然)'이라고 이해한 주자학(朱子學)의 전통을 따라서, "성실은 천지 자연의 이법(理法)으로서 만물의 실재(實在)와 생성을 좌우하는 기본 원리이며, 이 성실의 원리를 본받아서 진실하고 거짓이 없어 조금도 망녕됨이 없도록 살 것을 힘쓰는 일은 인간의 도리다." 라는 뜻으로 이해하는 것이다. 둘째는 정현(鄭玄)의 해석을 따르는 것으로서, "본래부터 성실의 경지에 도달해 있는 것은 하늘이 낳은 성인(聖人)의 도(道)요, 수양과 노력으로써 성실의 덕을 닦고자 힘쓰는 것은 범용한 일반인의 도(道)다."라는 뜻으로 이해하는 것이다.[5]

앞에 인용한 『중용』의 구절 바로 다음에 나오는 말을 보면, 두 번째 해석이 더 합리적인 것 같은 생각이 들기도 한다.[6] 그러나 『중용』 전편에 산재해 있는 다른 여러 구절들을 종합해 볼 때, 역시 첫 번째 해석을 따르는 것이 무난할 것으로 보인다.[7]

성(誠) 또는 성실을 천지 자연의 근본원리로 보든, 혹은 인간적 행위의 세

---

4 『中庸』, 제20장, "誠者天之道也. 誠之者人之道也."

5 服部宇之吉, 『中庸講義』, 東京, 1940, p.315.

6 "誠者天之道也. 誠之者人之道也." 바로 다음에, "誠者不勉而中, 不思而得, 從容中道. 聖人也. 誠之者, 擇善而固執之者也."라는 구절이 있다. 이 구절로는 '성자(誠者)'를 '천성(天性)의 성인(聖人)'과 동일시한 듯한 인상이 강하다.

계에 국한된 원리로 보든, 그것이 우리 인간을 인간답게 하는 가장 기본적인 원리라고 믿는 것이 유교 사상의 전통임에는 의심의 여지가 없다. 공자(孔子)의 가르침은 지(智)와 인(仁)과 용(勇)을 덕(德)의 가장 주요한 것으로 받들어 왔거니와, 지와 인과 용의 공통된 바탕을 이루는 것이 바로 성(誠)인 것이다. 유교에 있어서 성은 실로 인격(人格)을 완성하고 통일하는 기본 원리다.

성을 천지의 도(道)니 자연의 이법(理法)이니 하여, 형이상학적인 관념을 끌어들인다면, 이야기는 어려워질 것이다. 그러나 형이상학의 문제를 떠나서 일상생활에 있어서의 행위의 원리로서 볼 때, 성이 뜻하는 바가 무엇인지는 우리들의 상식으로도 그 윤곽은 알 수 있다. 쉽게 말해서, 성실이란 무엇보다도 진실하고 거짓이 없음을 가리키는 개념이다. 다만, 여기서 진실하고 거짓이 없다 함은 단순히 남을 속이는 일이 없다는 뜻에 그치는 것이 아니라, 남을 대할 때나 자기 자신에 대해서나 정성을 다한다는 뜻도 포함되어 있다. 거기에는 인간에 대한 깊은 사랑이 깔려 있으며, 처지를 바꾸어 남의 사정을 깊이 고려하는 너그러움이 있다.

성실의 도(道)는 결코 멀리 있는 어려운 것이 아니다. 사람이면 누구나 가지고 있는 '자연의 정(自然之情)'을 따라서 삼가 생각하고 삼가 행동하는 가운데 바로 성실이 있다. 따라서 『중용』에도, "도(道)는 사람으로부터 멀지 않다. 사람이 도라고 하면서 사람으로부터 멀리 떨어져 있다면 그것은 도라고 말할 수 없다."고 한 공자의 말씀을 인용하여, 도덕의 근본원리가 우리들의 마음속에 있음을 강조하고 있다.[8]

7 예컨대, "天命之謂性, 率性之謂道, 修道之謂敎."라는 『중용』의 첫 구절은, 천지(天地)의 이법(理法)과 인간의 본성을 같은 것으로 보고 있으며, 그 밖에, "誠者自成也. 而道自道也. 誠者物之終始, 不誠無物."(제25장), "天地之道, 可一言而盡也."(제26장) 등의 구절로 볼 때, 공자 또는 자사(子思)가 천지의 이법과 인간의 도리를 둘로 보지 않았다고 해석하는 것이 옳을 것 같다.

성실의 길은 멀리 떨어져 있는 것이 아니라 우리 자신에게 가까이 있는 것인 까닭에, 우리는 그것을 헛되이 먼 곳에서 구할 것이 아니라 비근한 일상생활 속에서 찾아야 한다. 자기가 현재 처해 있는 그 자리에서, 자기 앞에 닥친 일에 관하여, 비록 그것이 사소한 일같이 보이더라도, 일거일동을 참되게 함으로써, 말과 행동 사이에 어긋남이 없도록 하는 것이 곧 성실을 실천하는 길이다. 『중용』에 "일상 행해야 할 중용의 덕을 실천하고, 일상생활에서의 말을 삼감으로써, 행동에 부족함이 있으면 힘을 다하여 애쓰고, 말에 지나침이 없도록 힘써 조심한다. 말은 행동을 돌이켜 보고 행동은 말을 돌이켜 본다."라고 한 것은 바로 이 점을 말한 것으로 이해된다.[9]

"말 한마디 할 때마다 조심을 하고, 행동 하나 할 때마다 앞뒤를 생각하라."고 하는 유교의 가르침은, 현대인의 기질에는 환영을 받기 어려울 것이다. 우리에게는 그것이 지나치게 근엄한 것으로 느껴지는 것이다. 현대인은 자유롭고 활달하게 말하고 행동하기를 좋아하며, 언제나 소심하게 긴장하는 것은 자기에게도 괴로운 일이며, 남 보기에도 좋지 않다.

그러나 '성실'의 근본정신이 지나치게 근엄하고 쉴 사이 없는 긴장 속에 조심만을 거듭하는 데 있는 것은 아니다. 현대적인 감각으로 말한다면, '성실'이란 무엇보다도 자기 자신에게 충실한 동시에 남에게도 충실한 마음의 자세를 가리키는 것으로 이해해야 할 것이다. 유교적 해석을 따른다 하더라도, '성실'의 근본은 '진실되고 거짓이 없음'에 있는 것이요, 도학자적인 근엄성이나 실수할 것을 두려워하는 위축된 소심성(小心性)에 있는 것은 아니다.

마음의 깊은 곳이 옳다고 믿는 바를 따라서 말하고 행동하는 것이 다름 아

8 『中庸』, 제13장, "道不遠人. 人之爲道而遠人, 不可以爲道."
9 『中庸』, 제13장, "庸德之行, 庸言之謹, 有所不足, 不敢不勉. 有餘不敢盡, 言顧行, 行顧言."

닌 성실의 덕(德)이라고 보아야 한다면, 성실은 참된 용기를 포함하는 것이며, 적극적인 행위의 원리이기도 하다. 따라서 유교의 지도적 사상가들은 성(誠)을 지(智)와 인(仁)과 용(勇)이 그 가운데 포함되는 큰 원리로 보고, 인격의 완성을 위한 가장 근본적인 덕목(德目)으로서 이해했던 것이다.

3)

성실이란 첫째로 참됨(眞)에 대한 사랑이고, 둘째로는 인간에 대한 사랑이며, 셋째로는 참됨과 인간에 대한 사랑을 실천에 옮기는 강한 용기라고도 해석할 수가 있다. 이와 같이 해석할 때, '성실'을 인생의 길에 있어서 근본적인 원리라고 숭상해 온 것은 비단 유교 내지 우리 동양만의 전통이 아님을 깨닫게 된다. 동서고금의 여러 나라와 여러 시대는 각기 고유하고 특색 있는 윤리 내지 가치의 체계를 발전시켜 왔으나, 어느 나라 어느 시대의 체계에 있어서나 성실은 도덕적 행위의 가장 기본적인 요청으로서 숭상되어 왔던 것이다.

서양의 윤리 사상에 있어서도 '성실(veracity, Wahrhaftigkeit)'은 올바른 인간 생활의 기본 원리로서 예나 지금이나 한결같이 숭상되어 왔다. 소크라테스를 위시한 그리스의 철학자들은 '지(智)는 곧 덕(德)'이라 하여 참된 인식을 매우 중요시했는데, 그들이 말하는 '지', 즉 참된 인식은 단순한 사실에 대한 지식을 일컫는 데 그친 것이 아니라, 올바른 삶을 위한 실천의 지침으로서의 지혜를 포함했던 것이다. 따라서 그것은 우리가 말하고 있는 '성실'과도 근본에 있어서 상통하는 것이라고 보아야 한다.

중세기에 들어와서 서양의 사상계를 장악한 것은 기독교였으며, 기독교에 있어서 가장 주요한 덕으로서 숭상을 받은 것이 '사랑'과 '믿음'이라는 것은 널리 알려진 사실이다. 그리고 '사랑'과 '믿음'이 성실한 마음을 떠나서는 진실한 것이 될 수 없다는 것도 조금만 생각하면 누구나 알 수 있는 평범한 상식이다. 그러므로 서양 중세의 사상 또는 기독교 사상에 있어서도 역시 '성실'은 가장 기본적인 덕목이었다고 말할 수가 있다.

르네상스를 거쳐 근세로 시대가 바뀐 뒤에도, 철학 사상과 사회사상에 있어서 놀랄 만한 변화가 있었음에도 불구하고, '성실'의 덕을 숭상하는 정신만은 그대로 살아서 남았다. '르네상스'라는 정신 혁명을 일으킨 사상의 큰 흐름을 '휴머니즘(humanism)'이라고 부르거니와, 그 휴머니즘의 핵심은 인간이 인간 자신에게 충실하고자 하는 굳센 정신이었다고 말할 수 있다.

제도나 권위 또는 화석화(化石化)한 고정관념의 굴레를 벗어나서, 인간 자신이 진실로 믿는 바를 따라서 생각하고 말하며 행동하기를 결심한 용기가 르네상스라는 크나큰 변화를 가져왔던 것이다. 그리고 인간이 인간 자신의 신념에 충실하고자 하는 마음, 이것은 곧 '성실'의 정신으로 통하는 것이다. 자기 스스로를 속이고 배반하는 것보다 더 크게 '성실'의 정신에 어긋나는 태도를 생각할 수 없는 것이 아닐까?

인간이 자신의 신념에 충실하고자 한 르네상스 이래의 시대정신은 여러 가지 방면에 여러 가지 형태로 나타났다. 문학이나 예술에 있어서는, 종교에 예속되어 있던 종전의 지위를 탈피하여, 예술을 위해서 예술에 몰두하는 자주적 예술가들의 탄생을 보았으며, 작가의 눈에 비친 인간과 자연을 있는 모습 그대로 표현하는 세속주의적이고 인간주의적인 새로운 기풍의 대두를 보았다.

새로운 시대정신이 종교와 교회 내부에서 발휘되었을 때 이른바 '종교개혁(Reformation)'이라는 큰 운동이 전개되었는데, 루터(M. Luther)를 비롯한 종교개혁 지도자들이 한결같이 역설한 것은, 외면적 형식의 종교를 물리치고 내면적 양심의 종교를 세워야 한다는 것이었으며, 그들이 공통으로 강조한 것은, 물질로 행하는 선업(善業)보다도 정신으로 행하는 신앙(信仰)이 본질적으로 소중하다는 가르침이었다. 이 새로운 움직임의 원동력이 된 것은 역시 인간이 자기 자신의 내면적 요구에 충실하고자 하는 마음, 즉 '성실'의 정신이었음이 분명하다.

17세기 이후 활발하게 새로운 방향으로 전개된 대륙 및 영국의 철학 사상에 있어서도, 우리는 역시 '성실'의 정신이 바탕에 깔리고 있음을 찾아볼 수 있다. 조금이라도 의심스러운 것은 모두 배제하고, 오직 확실하고 명백한 것만을 근거로 삼아야 한다고 역설한 데카르트의 '방법론'에 있어서, 그리고 생명을 위태롭게 하는 박해의 위협과 많은 돈이나 높은 지위를 약속하는 크나큰 유혹 앞에서도 흔들림이 없이, 오로지 자기의 신념이 가리키는 길을 따라서 살다가 죽은 스피노자의 생애에 있어서, 우리는 '성실'한 마음의 극치(極致)를 발견한다.

버클리(G. Berkley), 로크(J. Locke), 흄(D. Hume) 등이 대표하는 '경험론(empiricism)'은, 데카르트나 스피노자의 '합리론(rationalism)'과는 근본적으로 맞서는 철학의 체계로 알려져 있으나, 여기에 있어서도 역시 인간이 자신에 대하여 충실하고자 하는 정신이 유감 없이 발휘되고 있음을 간과할 수 없다. 대륙의 합리론자들이 그랬듯이, 영국의 경험론자들도 역시 확실하고 명백한 것만을 철학적 탐구의 발판으로 삼을 것을 꾀하였다.

다만, "확실하고 명백한 것이 무엇인가?"라는 물음에 관해서 합리론자들과 경험론자들이 스스로에게 준 대답이 서로 달랐던 까닭에, 결과에 있어서 그들은 크게 대립되는 두 가지의 철학 진영으로 갈라지게 되었던 것이다. 즉, 이성(理性)에게 선천적으로 주어져 있는 관념(觀念)이 가장 믿을 수 있는 것이라고 생각한 대륙의 학자들은 합리론으로 이끌려 갔고, 감관(感官)에 비친 경험적 관념이 가장 틀림없는 사실이라고 믿은 영국의 학자들은 경험론으로 이끌려 갔던 것이다.

그러나 그들은 모두 인간 자신의 능력을 믿었고, 자신이 믿는 능력을 따라서 충실하게 사유하고 충실하게 행동하려고 애쓴 점에 있어서, 모두 성실한 마음의 주인공들이었다.

대륙의 합리론과 영국의 경험론을 종합하여 근세의 철학을 크게 체계화한 칸트(I. Kant)에 있어서, 우리는 '성실'한 마음의 더욱 뚜렷한 구현을 본다. 칸트의 철학에는 그 모든 방면에 성실의 정신이 깃들어 있다고 보아야 하겠지만, 특히 그의 윤리 사상에 있어서, 그리고 그의 실천 생활에 있어서, 우리는 '성실'한 마음의 모범적인 구현을 보고도 남는다.

칸트가 실천이성(實踐理性)의 근본 법칙으로서 정립한 "네 의지의 준칙(準則)이 항상 동시에 보편적 입법(立法)의 원리로서 타당하도록 행위하라."는 가르침은 "네가 원하지 않는 것을 남에게 하지 말라(己所不欲, 勿施於人)."고 한 공자의 가르침과 같은 정신의 표현이다. 그리고 "너 자신을 포함한 모든 인격에 있어서의 인간성을 항상 동시에 목적으로서 대우하고, 결코 단순한 수단으로 사용하지 말라."는 칸트의 가르침은, 인간의 존엄성을 믿는 근대 인권 사상의 근본정신을 철학적 언어로 집약한 것이라고 볼 수 있다. 공자의 가르침이나 이 인권 사상은 모두 성실한 인간 정신의 산물이며, 성실한 마음 없이 그 참뜻을 이해하기 어려운 철학이다.

2장에서 말한 바와 같이, 현대는 물질문명의 거센 물결 속에서 인간이 자기 자신을 상실할 정도로 어지럽기 짝이 없는 시대다. 인간이 그 본연의 모습을 상실한다는 것은, 인간을 인간답게 하는 것, 즉 성실성을 잃는다는 뜻도 포함한다. 금전과 권력 또는 헛된 이름의 노예가 되는 가운데, 인간 본연의 성실한 마음을 찾아보기 어려운 것이 현대의 가장 큰 불행이라고 식자들은 말한다. 그러나 성실한 마음을 찾아보기 어려움을 걱정하는 바로 그 심정 가운데 역시 성실을 희구하고 성실을 열망하는 마음은 살아 있는 것이다. 어지러운 현실 속에서 비틀거리면서도, 현대인 역시 마음의 깊은 곳에서는 성실을 갈망하고 있는 것이다.

현대의 철학자들이 각각 자기들 나름의 견지에서 성실의 회복을 꾀하고 있다고 말할 수 있겠거니와, '성실'의 문제를 가장 직접적으로 그리고 심각한 각도에서 다룬 사람들은 실존주의(實存主義) 사상가들이라 하겠다. 실존주의 철학자들이 강조한 '성실(Redlichkeit, fidélitét)'의 개념은 일반 서양 윤리학에서 말하는 '성실(veracity)'과 같은 것이 아니며, 더욱이 유교에서 가르친 '성(誠)'과는 거리가 먼 것임에는 틀림없으나, '진실되고 속임이 없이 나 자신의 본연의 모습으로 되돌아가기'를 역설한 점에 있어서, 여러 사상가들의 '성실'의 개념이 각각 다름에도 불구하고, 근본에 있어서는 우리가 말하고 있는 '성실'로 연결되는 것이라고 볼 수 있을 것이다.

실존주의 사상에도 여러 갈래가 있었으니, 모든 실존주의자들이 같은 뜻의 '성실'을 문제 삼은 것이 아니며, 그들이 강조한 역점에도 개인에 따르는 차이가 있었다. 니체(F. Nietzsche)와 같이, 저속한 물질문명 속에서 대중화하고 평균화하여 왜소하게 된 인간의 현재를 초월하고 인간 자체의 본성을 성실하게 추구하면서, 병들고 오염된 인생을 안이(安易)와 자기기만으로 받아들여 어물어물 살아갈 것이 아니라, 솔직하고 용감하게 극도의 회의와 허무를 직시함으로써, 다시 절망을 극복하고 참된 창조적 인생을 되찾으라고 가르친 사람도 있었다.

또한 하이데거(M. Heidegger)와 같이, 퇴폐적인 일상생활 속에서 평범한 세상 사람으로 타락해 있는 현재의 나를 단호한 결단으로써 박차고 나와, 죽음을 앞에 둔 유한자(有限者) 인간으로서 무(無)를 용감하게 받아들이는 본래적인 자기 자신에게로 되돌아와, 상식과 호기심 그리고 애매한 생각 등으로 인하여 가려진 비진리(非眞理)의 상태로부터 나 자신을 탈환함으로써, 인간 내지 실존의 참모습을 그 본래성과 전체성에 있어서 드러내도록 하라고 역설한 철학자도 있었다.

그리고 사르트르(J.-P. Sartre)와 같이, "인간의 실존(實存)은 본질(本質)보다 앞선다."는 전제 위에서 창조자로서의 자유로운 판단으로 가치의 척도를 설정하고, 이 척도를 따라서, 추악하게 타락해 있는 현실을 적극적인 '참여(engagement)'로써 성실하게 개조하라고 호소한 사상가도 있었다. 그뿐만 아니라, 마르셀과 같이, 나와 나 자신, 나와 너, 나와 신(神)이 서로 교제하는 공동적 참여 속에서 내가 바치는 '성실(fidélitét)'의 정도를 따라서 '존재(être)'의 정도가 좌우된다고 전제하고, 우리가 모든 것을 기울여 헌신해야 할 절대자인 신에게 성심과 성의를 다하여 대할 때 신이 내 앞에 존재하게 될 것이라고 선언하여, 성실한 신앙으로써 참되고 영원한 희망을 찾으라고 설교한 스승도 있었다.

이와 같이, '성실성'을 힘주어 주장한 실존주의자들이 마음속에 형성했던 '성실'의 개념은, 그들이 철학 내지 인생의 문제를 바라본 각도의 차이를 따라서 개인적인 차이를 가졌으나, 그들의 사상의 바탕에는 뚜렷하게 일치하는 공통의 흐름이 있었다.

돈과 기계와 헛된 이름으로 병든 현대 물질문명 속에서 타락하고 속물화하여 그 본래의 모습을 상실한 우리 인간이, 솔직한 마음으로 우리 자신을 반성하고 용감한 결심으로 바른 길을 선택하여, 인간다운 인간 본연의 모습으로 되돌아가 성실하게 생각하고 성실하게 행동할 것을 역설한 점에 있어서, 그들의 가르침은 하나의 공통된 흐름을 이루었던 것이다.

3. 인권 사상의 이론과 현실

1)

서양의 사상에 있어서 '인간의 존엄성(the dignity of man)'의 관념은 '인간의 권리'의 관념과 직접 연결되고 있다. 이것은 우리 동양에 있어서, "하늘과 땅 사이에 존재하는 온갖 사물 가운데 가장 존귀한 것은 인간이다."라고 주장했을 뿐 아니라, "사람은 곧 하늘(人乃天)"이라고까지 선언하여, 인간의 귀중함을 강조하기는 했으나, 인간을 소중히 여기는 이 관념이 '인간의 권리'의 사상으로 크게 발전하지 않은 것과 매우 대조적이다. 『인간의 권리』라는 작은 책자 첫머리에서 마리탱(J. Maritain)은, "문명이라는 이름에 부끄럽지 않은 모든 문명에 있어서 가장 본질적인 특색은 인간의 존엄성에 대한 존경과 감수성이다."라고 말하고, 그 말에 이어서, "인간의 권리를 수호하기 위해서라면, 자유를 수호하기 위해서와 마찬가지로, 우리는 기꺼이 목숨을 바쳐야 한다."고 단언하고 있다.[10]

이러한 말의 연결은, 마리탱의 머릿속에서 '인간의 존엄성'과 '인간의 권리'가 표리일체(表裏一體)와 같은 밀접성을 가지고 연결되고 있음을 말하거니와, 이 두 개의 관념을 이렇게 가까이 연결시키는 것은 결코 마리탱의 특수한 생각이 아니라 서양 사람들의 경우 거의 일반적인 상식이다.

동양 사상에 있어서는 인간이 존귀하다는 것을 인정하면서도 그것이 인권 사상으로 발전하지 못했는데, 서양 사상의 경우에는 '존엄성'과 '인권'이 불가분의 관계를 맺게 되는 차이가 생기게 된 것은 결코 우연한 사실이 아니다. 동양에 있어서 인간의 존귀함을 역설한 사람들은 사대부(士大夫) 계급이었으며, 그들은 오랜 역사를 통하여 항상 사회의 가장 우월한 계층으로서의 특권을 누렸다. 사회적으로 우월한 계층에 속했던 까닭에, 동양의 사상가들은 자기 자신을 위해서 '인간의 권리'를 부르짖어야 할 절박한 처지에 놓이는 일이 적었다. '인간의 권리'를 부르짖지 않을 수 없는 절박한 처지에 부딪히는 것은, 원칙적으로 말해서, 억압과 학대를 받는 계층의 사람들이기 때문이다.

물론 지배적인 위치에 있는 사람들도 인도주의(人道主義)의 견지에서 피

10 J. Maritain, *The Rights of Man*, London, 1944, p.5.

지배계급의 '인권'을 의식하고 그것을 주장할 경우가 있다. 그러나 인도주의 또는 동정(同情)에 토대를 둔 '인권'의 관념은 필경 억압을 당하는 사람들 자신의 자아에 대한 사랑에 토대를 둔 그것과는 차원이 다르다.

서양의 경우에 있어서는, '인간의 존엄성'의 관념에서 '인권'의 관념이 연역적으로 추리된 것이 아니라, 오히려 '인권'의 관념을 뒷받침하기 위해서 '존엄성'의 관념을 끌어들였다고 보아야 할 것이다. '인권'의 관념을 낳게 한 가장 근본적인 원천은 '존엄성'의 관념이 아니라, 종교 및 정치의 권력이 일반 대중에 대하여 심한 압박을 가하던 중세의 교회제도와 봉건제도, 그 중세기적 사회제도의 내부적 변질 과정, 그리고 그 변질 과정 속에서 머리를 든 대중, 특히 자유 시민 내지 상공 계급의 자각(自覺) 등이었다.

신(神)의 이름을 빌려서 가한 인간에 대한 압박과 이에 대한 대중의 반발, 서양 사람들에게 강한 야생적이고 반항적인 기질, 자유도시의 발달과 상공 계급의 득세 등이 동양의 경우와 사정을 다르게 한 주요한 요인이며, 이러한 사정의 차이로 말미암아, 동양에서는 일찍이 크게 발달하지 못했던 인권 사상이 근세 서양에 있어서 일어나게 되었던 것이다. 그리고 이 인권 사상을 뒷받침하기 위한 근거로서, 이미 그리스의 철학 사상 가운데 싹터 있던 '인간의 존엄성'의 관념이 전면으로 내세워지게 되었던 것이다.

하여간, 서양 사상에 있어서 '인권'의 관념은 '인간의 존엄성'의 그것과 뗄 수 없는 관계에 있으며, 이 '인권'의 관념은 서양의 사회사상 가운데서 핵심의 위치를 차지할 뿐 아니라, 세계의 정치사(政治史)에도 막대한 영향을 끼쳤다. 이제 우리는 이 '인권'의 관념이 '인간의 존엄성'과 어떻게 관계되어 왔으며, 또 그것이 서양사 내지 세계사 가운데서 어떠한 실천적인 의미를 가졌나에 관해서 잠시 살펴보기로 한다. 그것은 오늘날 우리가 당면하고 있는 이론적 및 현실적 문제를 고찰함에 도움이 될 것으로 생각된다.

근세 서양에 있어서 일어난 인권 사상은, 앞에서도 말한 바와 같이, 억압을 당한 계층의 사람들이 자기 자신의 자유와 생존에 대하여 느낀 권리 의식에 근원을 두었다. 중세기에 있어서 일반 대중에 대하여 억압을 가한 사람들은 가톨릭 교회 조직 안에서 높은 자리를 차지한 사람들과 정치계에 있어서 지배적인 위치에 올랐던 봉건귀족이었다.

따라서 인권 사상이 처음 일어나기 시작했을 당시에 그것은 교회의 권위자들과 정치의 권력자들에 대한 반발의 형태로 나타났던 것이며, 그 반발에 있어서 선봉의 구실을 한 것은 신흥 계급으로서 일어나기 시작한 상공 계급 또는 그들을 대변한 지식층이었다.

인권을 부르짖은 근세의 사상가들이 인권의 중심적 내용으로서 강조한 것은 '자유'와 '평등'이었다. 억압과 구속을 당했던 까닭에 자유를 부르짖었고, 불리한 차별 대우를 받았던 까닭에 평등을 주장하지 않을 수 없었던 것이다. 지배를 받는 사람들의 처지에서 볼 때, 자유와 평등은 불가분의 것으로 느껴졌을 것이며, 거의 같은 뜻의 개념으로서 생각되었을지도 모른다. 당시의 특권계급은 자유를 마음껏 누렸으며, 그 특권계급과 평등한 위치에 선다는 것은 곧 자유의 향유를 의미한다고 볼 수 있었기 때문이다.

그러나 프랑스와 영국 등을 위시해서 이른바 '시민혁명'이 일어나고, 인권을 주장한 사람들이 지배적 세력을 얻은 뒤에는 자유와 평등 사이에 도리어 양립하기 어려운 요인이 숨어 있음이 발견되었다. 지배계급에게 허용되는 무제한의 자유는 곧 사회의 불평등을 초래하기 마련이기 때문이다.

이리하여 자유와 평등은 지식인들의 머릿속에서는 자동적으로 계속 연결되었음에도 불구하고, 이 두 가지 이념이 요구하는 바를 어떻게 실천의 세계에 있어서 양립시킬 것인가 하는 어려운 문제가 일어났고, 오늘날에 있어서도 '참된 자유'와 '참된 평등'을 둘러싸고 많은 논란이 대립되고 있는 실정이다. 이 문제에 대해서는 앞으로 다시 더 상세한 고찰을 할 기회가 있을 것이다.

자유와 평등을 중심 내용으로 삼는 인권 사상을 옹호하는 철학적 근거로서 논자들이 내세운 것은 '자연법(jus naturale)'의 개념이었다. 자연법 사상은 본래 절대 불변의 보편적 이법(logos)이 우주를 지배한다고 믿었던 스토아학파에 의하여 전개되었던 것으로서, 오랫동안 보편적인 윤리와 법을 위한 선천적 원리로 신봉되어 왔던 것이다.

이 '자연법'의 개념이 인권 사상을 위한 철학적 기반이 된다고 생각할 수 있었던 이유는, 자연법이 우주 자연을 지배하는 법칙인 동시에 인간의 본성을 규정하는 법칙이라고 믿어졌기 때문이다. 다시 말하면, 자연법은 우주 자연 속에 깃든 선천적 법칙인 동시에 인간의 본성을 규정하는 보편적 원리이기도 하다는 전제에서, 모든 인간은 그 본질에 있어서 같은 자격과 가치와 권리를 가진 존재라는 결론을 이끌어 낼 수 있기 때문이다.

인간 안에 깃들어 인간의 본성을 규정하는 자연법이 다름 아닌 이성(理性)이며, 모든 사람들은 이 이성의 소유자라는 점에서 동등하다. 그리고 이성을 인간의 본질적 기능이라고 본 것은 그리스 철학 이래의 전통이었다. 근세의 개인주의 사상가들은, 모든 인간이 그 본질에 있어서 동등하다는 사실로부터 모든 인간은 그 권리에 있어서도 평등해야 한다는 주장을 이끌어 냈다. '자연법'의 관념을 근거로 삼고 '자연권(自然權)'의 관념을 세웠던 것이다.

이 '자연권'의 핵심적 내용은 '모든 사람이 평등하게 자기의 행복을 추구할 수 있는 자유'였다. 이리하여, 본래는 형이상학적 개념이었던 '자연법'은 근세의 개인주의자들이 인간의 가장 기본적인 권리라고 믿었던 '자유' 및 '평등'의 관념으로 연결되었던 것이다.

자유와 평등을 강조하는 인권 사상은 자연히 '인간의 존엄성'을 역설하게 되었다. 존엄한 존재라는 사실은 극진한 대접을 받아야 한다는 결론으로 이끌어 가기 때문이다. 인간이 존엄하다는 사실을 인정하면서 그 자유를 억압하거나 불공평한 대접을 감행한다면, 그것은 확실히 부당한 처사로서 규탄을 받기에 충분할 것이다.

기독교 사상가의 경우와 같이, 인간이 존엄하다는 이유로서 인간이 절대자인 신과 직접적인 관계를 가진 정신적 존재임을 주장한 학자들도 있었으나, 많은 사상가들은 인간이 이성적 존재라는 바로 그 사실 가운데 존엄성의 근거를 찾으려고 하였다. 인간이 신과 직접적인 관계를 가졌다는 것도 인간이 정신적 존재라는 사실을 마음속에 두고 하는 말이라면, 결국 인간의 존엄성의 근거로서 사람들이 공통으로 생각한 것은 이성이라고 보아도 무방할 것이다.

요컨대, 자연법 사상가들에 의하여 절대적이며 보편적인 원리로서 숭상을 받은 이성(logos)이 한편으로는 인간의 존엄성의 근거로서, 또 한편으로는 인간의 자연권의 근거로서 높이 평가되었던 것이다.

2)

'인간의 존엄성'과 '인간의 자연권'은 근세 이래의 서구적 사회사상에 있어서 항상 중심의 자리를 차지한 개념이었다. 학자와 사상가, 정치가와 경영자, 고용인과 소비자 등 모든 부류의 사람들은 입을 모아 이 두 개념을 지지했으며, 아무도 감히 이에 반대하지 않았다. 이 두 개념이 지시하는 길을 따라, 자유와 평등이 지배하는 정의로운 사회가 건설되어야 한다고 모두 역설하였다.

입으로만 이러한 것을 역설함에 그친 것이 아니라, 그러한 이념은 여러 나라의 헌법 가운데 성문화되었고, 온갖 제도 위에 반영되었다. 이 두 개념이 현실적으로도 강력한 영향력을 가졌다는 것은, 오늘날 세계 만방 중에서 '민주주의'를 표방하지 않는 나라가 없으며, '민주주의'는 '인간의 존엄성'과 '인간의 자연권'의 필연적 귀결이라는 사실만으로도 증명되고 남는다.

그러나 2장에서 우리는 현대인이 자기 자신의 모습을 상실하고 인간의 존엄성을 스스로 배반하는 현실 속에 파묻혀 있음을 지적하였다. 현대에 이르기 이전에도, 인간의 존엄성과 인간의 자연권이 모든 사람에게 현실적인 의미를 가져 본 적은 없으며, 대개는 오직 언어와 관념의 세계 속에서 그 영광된 권위를 누리는 데 그치는 경향이 있었다. 이것은 분명히 역설적인 사실이다. 인간의 존엄성과 자연권을 주장하고 출발한 근대의 역사가 도리어 인간의 존엄성과 자연권을 말살하는 방향으로 움직였다는 것은 지극히 심한 자기모순이 아닐 수 없다.

오늘도 우리가 인간의 존엄성과 자연권을 언어와 관념의 세계 속에서나마 되뇌고 있는 것은, 어쩌면 그 자기모순을 연막 속에 감추고 싶은 심리에서 쫓기기 때문일지도 모른다. 하여간에, 우리는 이토록 큰 모순과 역설의 근원이 무엇인지에 관해 깊이 고찰하고 반성할 필요가 있을 것으로 보인다.

인간의 존엄성과 자연권이 강조되는 사상사(思想史)의 방향을 배반하고 실제에 있어서는 인간이 인간 이하의 자리로 떨어지게 된 가장 기본적인 원인으로서 우선 지적해야 할 것은, 근세 유럽 세계에서 지배적 세력을 차지한 것이 상공인(商工人)의 계층이며, 상공 계급이 가장 열심히 추구한 가치가 경제적 가치였을 뿐 아니라 그들이 옹호한 경제의 원리가 자유방임주의(自由放任主義)였다는 사실이다.

서양의 역사에 있어서 르네상스라는 정신 혁명이 일어날 수 있었던 것은, 그 시대의 사람들이 인간의 능력과 가치에 대해서 새로운 자각을 갖기 시작했기 때문이었다. 이 새로운 자각은 자유와 평등을 이념으로 삼는 인권 사상을 초래했거니와, 이 인권 사상을 주장하고 나선 것은, 앞에서도 지적한 바와 같이, 상공 계층 및 그들을 대변한 학자들이었다. 종교의 권위와 봉건귀족에 의하여 억압을 당해 오던 하위의 계층으로부터 상위로의 발돋움을 하기 시작한 상공 계급의 위치에서 볼 때, 인권 사상은 가장 반갑고 고마운 사상이 아닐 수 없었던 것이다.

경제적 가치를 추구함에 있어서 가장 높은 열성을 보이기 마련인 상공 계급이 인간의 자연권을 들고 나섰다는 것은, 배금사상과 인권 사상의 결합이 이루어졌다는 것을 의미한다. 그리고 여기에서 말하는 '인권 사상'이 단순히 동물적 생존권만을 가리키는 것이 아니라, '인간의 존엄성'을 그 핵심으로 삼는 사상이라는 사실을 계산에 넣을 때, 철저한 인권 사상과 철저한 배금사상 사이에는 간단하게 융화되기 어려운 이질성이 개재해 있음을 간과할 수가 없다. 왜냐하면, 인권 사상에 있어서는 정신적 가치가 크게 강조되고 있음에 비하여, 배금사상에 있어서는 무엇보다도 물질적 가치에 역점이 주어지고 있기 때문이다.

인권 사상과 배금사상의 융화되기 어려운 이질성은, 상공 계급이 사회적으로 압박을 당하는 처지에 놓였을 동안에는 별로 표면화되지 않았으며, 그 이질성이 현실적으로 중대한 문제를 당장 빚어내지도 않았다. 상공인으로서는 돈을 버는 일에 열중하는 한편, 피지배계급으로서는 인간의 존엄성과 자연권을 부르짖는 일이 어떤 혼선이나 자기모순을 초래함이 없이 순조롭게 진행될 수 있었기 때문이다,

다시 말하면, 상공 계급이 피지배적인 위치에 머물러 있는 동안에는, 그들이 경제적 가치를 추구한 활동으로 말미암아 다른 사람들의 인권이 큰 침해를 당할 정도로 강한 세력에 이르지 못했던 까닭에, 인간의 존엄성과 자연권을 역설한 그들의 주장이 위선 또는 기만을 범하는 결과를 동반하지 않을 수 있었던 것이다. 그러나 프랑스 혁명을 대표로 삼는 이른바 '시민혁명' 내지 '부르주아 민주혁명'이 성공하여 상공 계급이 새로운 지배 세력으로서 등장하게 된 뒤에는, 인권 사상과 배금사상 사이의 이질성이 표면화하는 동시에, 두 가지 이질적인 사상의 결합에서 오는 부조화와 자기모순이 심각한 문제로서의 의미를 갖기 시작했다.

사회적으로 우세한 계층이 자유와 평등을 골자로 삼는 '인권'을 역설한다면, 그것은 자기 자신들의 이익을 위해서라기보다도 사회적으로 열세한 계층을 위해서 베푸는 애타(愛他) 내지 공정심(公正心)으로서의 의미가 클 것이다. 그러나 진정한 애타심과 공정심을 실천에 옮기는 일과, 금전 내지 경제적 가치를 여념 없이 추구하는 일이 순조롭게 양립하기는 어려웠던 것이다.

사회적으로 열세(劣勢)에 처져 있던 시절의 상공 계층이 역설했던 인권 사상은 자연법에 철학적 배경을 구하면서 개인주의 사상을 성장시켰는데, 시민혁명 이전의 이 자연법적 개인주의는 격정적(激情的) 요소가 짙은 급진 사상이었다. 그것은 영국과 프랑스에 있어서 시민혁명을 일으킨 형식적 사상이었다.

시민혁명을 겪은 뒤에도 서양에 있어서 주류(主流)의 자리를 차지한 사회사상은 역시 일종의 개인주의이기는 하였으나, 시민혁명 이후의 '개인주의'는 그 이전의 것과는 질적으로 상당히 다른 내용의 것이다. 시민혁명 이전의 개인주의가 자연법 내지 자연권을 강조하면서 인권의 유린에 항거하는 과격한 사상이었음에 비하여, 그 이후의 개인주의는 널리 '자유주의'의 이름으로 불리는 온화하고 타협적인 성격의 것이었다.

17세기 이후 오늘에 이르기까지 서양의 사회사상의 주류를 이루어 온 '개인주의'가 시민혁명을 계기로 크게 변질하게 된 원인 가운데서 가장 중요한 것은, 그 개인주의를 들고 나온 상공 계급이 이젠 사회적으로 우세한 위치로 올라서게 되었다는 사실일 것이다.

그런데 역사적인 배경을 엄격히 고려하여 살펴보면, 봉건귀족들에게 억압을 당했을 때는 이 지배 세력에게 반발하는 위치에 섰던 상공 계급으로서는 당연히 급진적이고 투쟁적인 자세를 취하지 않을 수 없었겠으나, 시민혁명 이후 봉건귀족의 세력이 상대적으로 후퇴하고 상공 계급이 도리어 우세하게 되었으니, 이 신흥의 지배계급이 급진적 사상을 앞세우고 투쟁해야 할 이유는 전혀 없어지고 말았다.

한편, 품팔이 노동자들은 적어도 19세기 중엽까지는 정치적인 자기 의식에 도달하지 못했으며, 어떤 조직적 세력을 형성하기에 이르지 못했으므로, 이 방면으로부터의 반격도 한동안 일어나지 않았다. 요컨대, 상공 계급은 안정된 지배 세력으로서의 위치를 얻었으며, 이 안정 세력의 인생관을 대변하는 사회사상으로서 '자유주의'라는 이름의 온화하고 타협적인 개인주의를 떠받들게 되었던 것이다.

시민혁명 이전의 개인주의에 있어서 가장 역점이 주어진 것은 자유와 평등을 이념으로 삼는 '인권'의 개념이었다. '자유'와 '평등'은 분리할 수 없는 기본적 요청으로 생각되었으며, '평등'은 '자유'를 위한 필수 조건으로 인정되었다. 그러나 시민혁명이 있은 뒤의 개인주의에 있어서는 역점이 '자유'로 쏠리는 한편, '평등'은 차차 공허한 부수적 관념으로 떨어져 가는 경향을 보였다.

이와 같은 변화를 낳게 한 가장 근본적인 사유는, '개인주의'의 주인공인 신흥 상공 계급의 이익을 위해서 제한 없는 경제적 자유가 바람직했으며, 무제한의 경제적 자유를 부르짖기 위해서는 '평등'을 마음 놓고 강조하기가 어려웠다는 사정에 있었다. 이 점을 좀 더 명백히 하기 위하여, 자유주의 사상의 전형적 발전을 기록한 영국의 경우를 들어서 설명하기로 한다.

1815년에 나폴레옹이 몰락하고 파리에 화해가 성립된 뒤에, 영국의 상품 시장은 나라의 안팎을 막론하고 심한 공황에 부딪쳤다. 이 공황은 영국의 지주계급과 공장 경영주들 사이에 가로놓인 이해관계의 대립을 (이 대립은 나폴레옹 전쟁의 위기에 의하여 한동안 감추어져 왔던 것이지만) 표면으로 나타내는 결과를 초래하였다.

종래 영국의 농업은 곡물에 대한 관세법(關稅法)에 의하여 보호를 받아 온 반면에, 상공 계급에게는 농산물 가격이 떨어지는 것이 유리했으므로, 지주

계급과 공장 경영주 사이에는 불가피한 이해의 대립이 있었던 것이다. 그 당시의 영국은 공업 기술이 다른 나라들을 능가했으므로, 상공 계급은 관세에 대해서 정부나 법률의 보호를 받을 필요가 전혀 없었으니, 그들에게는 법률에 의한 간섭을 받지 않는 것이 가장 유리하였다. 이러한 사정 아래서, 영국의 공장 경영자들은 경제활동에 있어서의 철저한 자유를 주장하게 되었으며, 그러한 주장의 결과로서 나타난 것이 '자유방임주의' 경제의 이론과 실천이었다.

자유방임주의 경제 이론의 궁극적 결론은, 생산과 분배 그리고 교역 등 모든 경제활동에 있어서 완전한 자유경쟁을 허용하되, 국가가 법으로써 경제활동에 통제를 가하거나 관세로써 물가에 간섭해서는 안 된다는 데 요점이 있을 것이다. 완전한 자유경쟁을 허용하여 각 경쟁자로 하여금 최선을 다하여 최대의 이윤을 추구하도록 내버려 두면, 생산과 유통이 활발해지고 나라 전체가 부강해질 뿐 아니라, 그 번영의 혜택이 나라를 형성하는 모든 사람들에게 고루 미치게 될 것이라고 주장하였다.

자유방임주의자들은 이를테면, '이기심의 자연적 조화' 같은 것을 믿었던 것이다. 기업가들은 각각 "이기적 동기에서 움직이고 있지만, 결과적으로는 '보이지 않는 손(invisible hands)'의 안내를 받아 일반적인 선(善)이 증가되고, … 기업가의 이기적인 동기는 국가의 번영과 조화를 이루며, 그럼으로써 정부와 기업가 및 노동계급 등 전체에 혜택을 준다."고 그들은 믿었던 것이다.[11]

그러나 '고전적'이라고 불리는 이들 초기의 자유주의자들의 예언이 한갓

11 J. S. Schapiro, *Liberalism, It's Meaning and History*, 1958, 민석홍 옮김, 『자유주의』, p.29.

공상에 불과했다는 것은 머지않아 역사적 사실에 의하여 밝혀졌다. 그들이 주장한 자유방임주의의 실천은 자본가들을 부유하게 만들기는 했으나, 노동자들에게는 도리어 불행한 결과를 초래하는 경우가 많았다. "그들의 대다수는 아직도 극도의 빈곤 상태에서 생활하고 있었으며, … 실업, 질병, 불구 및 노령(老齡)은 다수의 노동자들로부터 생활 수단을 빼앗아 갔다."[12] 그들은 투표의 권한과 명목상의 '자유'를 누리기는 하였으나, 살림은 여전히 비참한 상태를 벗어나지 못했다.

많은 노동자들에게 인간의 존엄성과 자연권의 관념에 어울리는 생활수준을 보장하지 못한 가장 큰 원인은 치열한 자유경쟁에 있었던 것으로 보인다. 가열한 경쟁 상태에 놓인 공장 경영자로서 경쟁에서 이기는 길은 생산품의 생산비를 낮추는 것이며, 생산비를 낮추기 위해서 가장 효과적인 방법은 인건비, 즉 노동자의 임금을 적게 주는 것이다.

관념 속에서는 인간의 '자연권'을 부인하지 않더라도, 실제에 있어서 노동자에게 인간 대접을 할 수 있기에는 예산의 제약이 너무나 빡빡했다. 그리고 노동자는 노동자대로 실업과 해고의 위협 속에서 자기들끼리 경쟁을 해야 했던 까닭에, 인간의 자연권을 고집하고 버틸 만한 여유가 없었다. 가진 사람도 남의 권익(權益)을 제대로 존중할 수 있을 정도의 여유는 없었으며, 가지지 못한 사람은 자신의 권익을 존중할 수 있을 정도의 여유도 없었던 까닭에, 인권 사상은 실천적 윤리의 기본으로서의 능력을 상실하고 한갓 관념의 세계로 후퇴하고 말았다. 겉으로는 모든 사람의 자유와 평등을 외치면서, 속으로는 냉혹하게 이윤을 추구하는 이기주의의 길을 밟는 위선이 불가피하게 되었던 것이다.[13]

12 같은 책, p.47.

3)

인간이 자기 자신의 본래의 모습을 상실하고 비인간화의 경향으로 기울어지게 된 둘째 원인으로서 지적할 것은, 상공인들이 주도권을 잡은 사회의 문화가 이른바 '금전 문화(money culture)'의 특색을 갖게 되었으며, 금전이 가치 체계의 정상을 차지하는 문화 풍토 속에서 인간의 가치는 상대적으로 떨어져 갔다는 사실이다.

시민혁명 이후 사회의 주도권을 잡은 상공인들은, 자급자족 경제 시대의 생산자와는 달리, 돈을 벌기 위해서 물건을 만들고 판 사람들이다. 화폐의 가치는, 그것이 지배적 계급이 숭상하는 가치라는 사정으로 말미암아, 점차로 높아졌으며, 마침내는 단순한 교환 수단으로서의 가치에 머물지 않고, 그 자체가 절대적인 목적으로서의 가치로 승격하였다. 이러한 경향은 자유방임의 경제체제에 의하여 더욱 강화되었으며, 돈은 곧 힘의 강약을 결정하는 바로미터의 구실을 하기에 이르렀다.

돈이 절대적 목적으로서의 가치로 상승함에 따라서, 인간의 가치는 상대적으로 하락하는 결과를 면하지 못하였다. 돈 또는 재물이 강한 경쟁성을 가

---

13 자유방임주의는 19세기 말엽 이후 많은 비판의 대상이 되었으며, 자본주의 내지 자유주의 경제체제도 거듭된 자기 수정으로 변천하는 시대적 조건에 적응하였다. '고전적 자유주의'로부터 '민주적 자유주의'로의 전환이 이루어졌으며, '민주적 자유주의'는 다시 '사회적 자유주의'로 발전해 가는 추세를 보이고 있다. 오늘날 19세기 초반에 있었던 그대로의 자유방임 정책을 채택하고 있는 나라는 거의 없으며, 이른바 자유 진영에 속하는 대부분의 국가에 있어서도 '자유'와 '통제'를 혼합하는 경제정책을 쓰고 있는 것으로 알려져 있다.
그러나 이러한 점진적 개혁에도 불구하고, 우리들의 근본적 상황의 바탕에는 구태의연한 것이 흐르고 있다. 부분적으로 고쳐져 가는 점이 있는 반면에, 현대 물량문명의 폐단으로 말미암아 더욱 악화되어 가는 측면도 있기 때문이다. 여하간, 앞에서 논한 내용은 오늘날 우리 현실에서도 멀리 떨어진 이야기는 아닐 것으로 믿는다.

진 가치라는 사실은, 돈을 벌기 위해서 모든 수단을 동원할 필요를 낳게 했으며, 우리들 인간 자신까지도 '돈벌이'라는 목적을 위한 수단으로서 사용되기에 이르렀기 때문이다. 인간을 위해서 돈이 쓰이는 것이 아니라, 돈을 위해서 인간이 혹사를 당하는 현상이 일어난 것이니, 인간의 비인간화를 재촉하는 가치의 전도가 아닐 수 없다.

돈이 체계의 정상을 차지하는 가치의 전도는 나날이 발달한 과학적 기술과 합작하여 이른바 물량문화(物量文化)를 초래하였다. 현대는 물량문화가 극도에 달한 시대라고 하거니와, 이 물량문화의 여러 가지 특색은 우리 인간으로 하여금 인간 본래의 모습을 상실하게 하도록 갖가지 악영향을 미치고 있다. 물량문화 속에서 가장 중요한 위치를 차지하는 것은 물질(物質)과 다량(多量)이다. 따라서 정신과 질적 우수성 그리고 개성은 자연히 뒤로 물러서게 된다.

경제계 또는 정치계에서 승리한 사람들이 인생의 승리자로서 존경과 선망의 대상이 되는 반면에, 학문과 예술 그리고 인격 따위의 정신적 탁월은 모르는 사이에 망각지대로 밀려난다. 이러한 현상은 곧 인간적 가치의 몰락을 의미하는 것이며, 인간이 인간적 가치를 소홀히 생각한다는 것은 인간이 자기 자신을 배반하고 자신의 모습을 상실하고 있음을 말해 주는 것이다.

금전만능의 풍토 속에서 인간의 자기 상실을 초래하는 또 하나의 현상으로서 '상품화 현상'이라고 부를 수 있는 풍조를 지적하지 않을 수 없다. 돈이 절대적 가치로서의 중요성을 갖는 사회 안에서는 모든 사물을 돈벌이의 수단으로 보는 사고방식이 발달하는 동시에, 모든 사물을 상품처럼 생각하고, 모든 사물을 그 상품 가치에 따라서 평가하는 경향이 일어난다. 이 경향은 근래에 와서 특히 심하게 되어서, 우리 인간까지도 상품처럼 생각하는 풍조를 낳기에 이르렀다.

인간까지도 상품처럼 생각할 때, 우리는 인간의 가치를 그 인품과 능력을 따라서 측정하기보다도 그가 남의 눈에 어떻게 보이며 어느 정도 남의 호감을 살 수 있는가에 따라서 측정하는 심리에 사로잡힌다. 이러한 심리는 우리로 하여금, 상품을 선전하듯이 자기 자신을 선전하는 것을 당연하다고 여기게 하며, 실질적인 업적을 쌓는 일보다도 전시효과에 더 신경을 쓰게 한다. 그러므로 안으로 사람됨을 충실하게 하는 일은 소홀히 하며, 외관을 장식하고 '간판'을 화려하게 하는 일에 힘을 기울이는 풍조 속에서, 사람들이 그 본연의 모습을 상실하고, 다만 남의 눈치와 의견에 영합하여 좌우로 나부끼게 되는 것은 당연한 귀추가 아닐 수 없다.[14]

가치 체계의 정상으로부터 인간적 가치를 추락시키고 '인간의 비인간화'라는 역설적 현상을 빚어낸 가장 근본적인 원인으로서 우리는, 첫째, 자유방임주의를 옹호하고 나선 상공 계급의 득세와 배금사상, 그리고 둘째, 금전문화 내지 물량문화의 형성과 이에 따르는 '상품화 현상'을 지적했는데, 이 두 가지 외에도 인간의 자기 상실을 촉구한 원인으로서 몇 가지 더 생각할 수 있는 것들이 있다. 그러나 그 대부분은 앞에서 말한 두 가지 원인으로부터 파생된 것이거나, 그것들과 밀접하게 연결되어 있는 것들이다.

만약 그러한 것들을 비인간화의 이차적 원인이라고 편의상 부른다면, 이차적 원인의 첫째로서 우리는 자연과학의 발달에 따라서 보급된 물질주의적 세계관을 들 수 있다. 자연과학의 학설들이 반드시 종교의 원리나 정신적 가치의 세계를 부인하는 것이 아니라고 말할 수도 있으나, 오늘의 자연과학의 바탕이 된 세계관은 대체로 물질주의의 그것이라고 보아도 크게 틀리지 않을 것이다.

---

14 '상품화 현상'에 의하여 형성된 인간형이 바로 프롬이 말한 '장사꾼의 성격'이며, 이 '장사꾼의 성격'에 관해서는 이미 2장 3절에서 언급한 바 있다.

그리고 물질주의적 세계관을 따를 때 반드시 인간의 존엄성을 부인하거나 인간의 가치를 낮게 평가해야 할 논리적 필연성이 있는 것은 아니나, 정신의 가치를 높이 떠받든 종래의 윤리설들이 물질주의적 세계관을 배척하는 경향이 강했다는 사실과, 생물학적 인간관이 인간의 생물학적 욕구를 긍정적으로 받아들이게 하는 심리 작용 등으로 인하여, 오늘의 물질주의적 세계관은 음양으로 물질 내지 금전의 가치를 강조하고 관능의 쾌락을 찬양하는 경향을 조장하였다.

물론, 물질의 가치가 강조되고 관능의 쾌락이 찬양된다는 그 사실만으로 반드시 인간적 가치의 격하가 논리적으로 불가피하게 되는 것은 아니다. 그러나 다른 여러 가지의 요인들과 합세하여, 금전만능과 쾌락지상(快樂至上)의 풍조가 극도에 달했을 때, 현실적인 결과로서 급기야는 '인간의 비인간화'라고 불리는 현상에까지 이르는 가치의 전도를 경험하게 되었던 것이다.

비인간화를 촉진한 이차적 원인의 둘째로서 지적할 것은, 인구의 증가와 과학 기술의 발달을 따라서 도처에 생기고 있는 도시화 및 기계화의 현상들이다. 대도시의 생활은 몹시 분주하며 기계적이다. 시간에 쫓기며 기계적으로 살아가는 가운데, 사람들은 조용히 인생을 음미하거나 다른 사람들과 깊은 인정을 교환하며 순화된 인간관계를 맺고 즐길 시간과 마음의 여유가 없다. 도시 생활에서 지친 몸과 마음을 위로하는 길은 오로지 돈만 주면 살 수 있으며 잠시나마 긴장을 풀어 주는 오락과 유흥에서 찾을 수밖에 없다. 상품화하고 기계화한 도시의 문명은 매스미디어를 타고 전국 방방곡곡으로 퍼져가니, 농어촌의 생활양식과 사고방식까지도 도시의 그것을 닮아 간다.

생산과정 및 유통 과정의 기계화 내지 자동화도 인간의 자기 상실을 촉구하는 강력한 요인의 하나다. 모든 것이 기계를 사용하여 조작되는 메커니즘 속에서 인간도 기계의 일부처럼 움직여야 한다. 대량생산의 제조 과정 속에서 어떠한 제품이 쏟아져 나오는가는 오로지 기계의 성질에 달려 있으니, 수

공업 시대에 있어서 생명처럼 여겨지던 제작자의 개성이나 제품의 예술적 향기를 찾아보기는 힘들다.

이러한 상황 속에서 노동자들은 자신이 하는 노동의 의의나 보람을 그 생산 자체에서 발견할 수 없으며, 고용주로부터 받는 약간의 임금에서 오로지 그것을 찾아야 한다. 사람이 자기가 하는 일이나 사회 안에서 맡은 소임에 대해서 의의나 보람을 느끼지 못할 때, 그는 자기에 대한 존경심을 잃게 되며, 자기에 대한 존경심을 잃을 때, 사람들은 인간으로서의 특색의 일부를 잃는다.

비인간화의 이차적 원인으로서 끝으로 한 가지 더 지적할 것은, 20세기의 세계는 각지에 전란(戰亂)이 잦았고, 따라서 사회가 장기적 안정을 얻지 못한 경우가 많았다는 사실이다. 전쟁이 잦고 장기적 사회 안정을 얻지 못한 까닭에, 사람들은 10년 또는 20년이 걸릴 정신의 개발이나 문화의 건설보다도 당장 목적을 달성할 수 있는 찰나주의(刹那主義)로 끌리기 쉽다. 찰나주의로 흐른다는 것은 일관된 인생의 목표와 생활의 중심을 잃는 것이니, 이것은 인간의 근본적 특색의 하나인 정신적 성장의 추구를 포기하는 결과를 초래한다.

4 장
새 윤리의 기본 방향

1. 인간과 인생을 위한 윤리
2. 바람직한 인간상
3. 바람직한 사회상

4장 새 윤리의 기본 방향

1. 인간과 인생을 위한 윤리

1)

3장에서 우리는 인간의 가장 기본적인 특색이 이성적 사유와 도덕적 주체성에 있음을 밝히고, 나아가서 인간의 존엄성의 문제를 다루었다. 그리고 인간의 존엄성과 성실이 불가분의 관계에 있음을 보았으며, 근세 이후 인간이 그 성실성을 상실하여, 관념과 언어의 세계에서는 인간의 존엄성과 자연권을 역설하면서 실제 행동에 있어서는 인간을 한갓 물건 내지 상품의 지위로 떨어뜨리게 된 과정을 사상사적 견지에서 살펴보았다.

우리가 이러한 고찰을 한 것은, 우리들의 전도된 가치 체계 또는 혼란에 빠진 윤리를 바로잡기 위한 준비로서, 인간이 본연의 모습을 상실하게 된 과정에 대한 이해가 필요하다고 보았기 때문이다. 이제 우리는 1장에서 3장에 이르는 우리들의 반성적 고찰을 토대로 삼고, 새로운 윤리의 방향을 모색할 단계에 이르렀다. 우리는 우선 '윤리'라는 것의 본질이 무엇인가 하는 기초적인 문제의 고찰로부터 이 새로운 단계를 시작하는 것이 좋을 것으로 보인다.

"윤리의 본질은 무엇인가?"에 관해서 옛날부터 여러 가지 견해들이 대립되어 왔다. 사람들이 지켜야 할 행위의 규범(norm) 또는 그 규범의 체계를 가리켜 윤리라고 부름에는 이론(異論)의 여지가 없으나, 그 행위의 규범이 어디서 왔으며, 그 규범을 지킬 의무의 근거가 무엇인지에 관해서는 학자들 사이에 많은 의견이 대립되어 왔다. 대립되어 온 여러 학설 가운데서 전통적으로 우세한 위치를 차지한 것은, 윤리의 선천성을 주장하는 절대론(絕對論)이었다. 절대론적 윤리설에도 여러 갈래가 있으나, 그들에 있어서 공통된 점은, 윤리는 영원히 불변하는 선천적 법칙으로서 시간과 공간을 초월하여 누구에게나 타당성을 갖는다는 주장이다.

만약 절대론적 윤리설의 주장이 옳다면, 엄밀한 의미에 있어서 '새 윤리'라는 것은 있을 수 없을 것이다. 동서고금을 통하여 절대적 보편성을 갖는 오직 하나의 윤리가 있을 뿐이요, 근본원리에까지 변동을 가져오는 '새 윤리'라는 것은 있을 수가 없다. '새 윤리'가 있다면, 오직 구체적 상황에 대한 적용 또는 응용에 있어서 새로운 면을 가졌다는 뜻에서 '새롭다'고 말할 수 있음에 지나지 않을 것이다.

우리는 앞에서 현대의 윤리가 혼란에 빠져 있음을 말했거니와, 만약 만고불변하는 하나의 절대적 윤리가 존재한다면, 우리의 문제는 엄밀한 의미에 있어서 새로운 윤리를 세우는 문제가 아니라, 잃었던 본래의 윤리를 다시 찾는 일이 될 것이다. 그러나 반대로, 만약 절대 불변의 선천적 윤리라는 것이 없다면, 우리의 문제는 글자 그대로 '새로운' 윤리를 우리들 인간의 창의(創意)와 지혜 그리고 주체적 결단을 따라서 스스로 창조하는 문제가 될 것이다.

필자가 믿기로는, 도덕 내지 윤리는 인간성에 근거를 두고 인간의 사회생활 가운데서 경험적으로 생긴 역사적 산물이다. 그것은 바로 인간적인 것이며, 인간 이상의 것도 그 이하의 것도 아니다. 윤리의 근거가 인간성에 있다고 할 때, 그 '인간성' 가운데는 모든 인간에게 보편적이며 개인의 경험을 초월한다는 뜻에서 선천적(先天的)인 요소도 있을 것이며, 이 보편적이고 '선천적'인 요소가 우리의 윤리를 위한 근거로서 매우 큰 비중을 차지한다는 점에 대해서는 의심의 여지가 없다. 그리고 인간성 안의 보편적이고 선천적인 요소가 윤리의 근거로서 큰 비중을 차지한다는 그러한 뜻에서 윤리를 선천적인 규범이라고 부른다면, 그에 대해서 필자도 굳이 반대하지 않을 것이다.

그러나 만약 윤리의 근거가 인간을 초월한 어떤 절대적 존재에게 있으며 윤리의 규범은 인간 밖으로부터 인간에게 주어진 것이라는 뜻에서 윤리는 절대적이라고 말한다면, 또는 윤리의 근거가 인간의 본성 안에 있다는 것은 인정하되, 인간의 본성이라는 것은 인간의 경험과는 관계없이 처음부터 정해져 있다는 뜻에서 윤리를 선천적인 것이라고 말한다면, 우리는 그러한 주장에 동의하기가 어렵다는 점을 밝히지 않을 수 없다.

인간도 동물인 까닭에 항상 어떤 욕구를 추구하며, 지능을 가진 까닭에 자신의 욕구와 그 욕구가 충족되는 과정을 의식할 경우가 많다. 그리고 자기의 욕구가 충족되기를 좋아하는 반면에, 욕구가 충족되지 못하는 것은 못마땅하게 생각한다. 그뿐만 아니라, 그는 욕구의 충족을 위해서 도움이 되는 사물이나 행동 및 그것을 방해하는 사물이나 행동에 대해서까지도, 혹은 좋게 생각하고 혹은 나쁘게 생각하는 평가의 태도를 취한다.

따라서 욕구의 충족을 좋아하고 그 불만을 싫어하는 원초적 심리가, 욕구의 충족과 관계를 가진 다른 사물과 행동에까지 전파되는 것이다. 그리고 지금 우리가 문제로 삼고 있는, '윤리' 또는 '도덕'의 이름으로 불리는 것도, 실은 욕구의 충족과 관계가 있는 모든 사물에 대하여 인간이 취하는 평가의 태도를 바탕으로 삼고 형성된 일종의 사회 현상이다.

개인이 자기의 욕구 충족을 위해서 도움이 되는 행동을 바람직하게 여기고 방해가 되는 행동을 못마땅하게 여기는 심리가 곧 도덕적 평가의 기준을 형성하는 것은 물론 아니다. 도덕적 평가의 바탕이 되는 것은, 개인적 이해관계를 따라 좌우되는 개인적 호오(好惡)의 심리가 아니라, 사회 전체의 이익을 염두에 두고 관찰할 때 느껴지는 시인(是認) 또는 비난의 감정이다. 다만, 사회 전체의 이익을 소중히 여기는 심리와 개인의 이익을 소중히 여기는 심리는 모두 욕구의 충족을 좋아하는 원초적 심리의 두 가지 형태에 불과하다는 뜻에서 근본이 같다.

아리스토텔레스 이래 거듭 지적되어 온 바와 같이, 인간은 본래 사회적 존재인 까닭에, 개인적 욕구의 충족까지도 사회의 공동생활을 통해서 이루어진다. 다시 말하면, 한 개인의 욕구가 만족스럽게 충족되는가, 안 되는가 하는 문제도 그 한 사람의 행동 여하에만 달려 있는 것이 아니라, 그와 사회적 관계를 맺고 있는 다른 사람들의 행동에도 크게 의존한다. 그뿐만 아니라, 같은 사회 안에는 여러 사람들이 공동으로 희구하는 목표가 적지 않다. 따라서 사람들은 항상 남의 행동에 대하여 서로 깊은 관심을 기울이게 되며, 그 깊은 관심은 곧 평가와 간섭으로 발전한다.

일반적으로 말해서, 한 사회의 공동 목표의 달성 및 그 사회의 여러 성원들의 욕구 충족을 위해서 도움이 된다고 판단되는 행동에 대해서는 찬양의 반응을 보이고, 그 반대의 행동에 대해서는 비난의 반응을 보이게 된다. 이러한 찬양과 비난의 반응이 어떤 고정관념을 만들어 내기에 이르렀을 때, 관습(慣習)의 탄생을 보게 되며, 관습이 오랜 자기 수정의 과정을 거쳐서 합리적이고 세련된 형태를 갖추기에 이르렀을 때, 그것이 바로 그 사회의 윤리 또는 도덕으로서의 자리를 차지하는 것이다.

이러한 현상을 좀 더 자세히 말하면, 사회생활을 영위하는 사람들의 행동 가운데는 그 사회의 일반적 이익을 도와주는 경향이 현저한 것이 있는가 하면, 그 반대의 경향이 현저한 것도 있다. 도움이 되는 경향이 강한 행동들은 사회적 시인(social approval)을 받게 되고 그 반대의 경향이 강한 행동들은 사회적 비난(social disapproval)을 받게 되는데, 그 시인과 비난이 거듭되는 가운데, 어떤 행동은 '언제나 옳다'는 고정관념을 낳게 하고 어떤 행동은 '언제나 그르다'는 고정관념을 낳게 한다.

일단 그런 고정관념이 형성된 다음에는, 그러한 행동이 사회에 미치는 영향을 떠나서 그 행동 자체가 추구의 목적이 되는 동시에, '마땅히 해야 할 행동' 또는 '마땅히 하지 말아야 할 행동'으로서의 굳은 가치를 인정받기에 이르는 것이다. 그러나 주어진 어떤 행동이 사회생활을 위해서 도움이 되는지 또는 방해가 되는지에 관한 판단이 언제나 객관적 타당성을 가질 만큼 틀림없는 것은 아니다. 특히 미개한 사회에 있어서는 오비이락(烏飛梨落) 격의 우연한 사건에 엉뚱한 인과관계를 인정하는 수가 많다.

따라서 행위의 시비에 관해서 매우 불합리한 고정관념이 생기는 경우가 적지 않으며, 비록 불합리할 것까지는 없더라도, 이렇다 할 이유도 모르고 어떤 행위를 맹목적으로 강요 또는 금지하는 현상이 생긴다. 그리고 또 어떤 행동의 양식은 오랜 전통을 이루고 행해 내려왔다는 이유로 말미암아 습관적으로 답습되기도 한다. 이와 같은 불합리성, 맹목성 또는 습관성 등이 개재한 전통적 사회규범을 우리는 '관습'이라고 불러, 더 합리적이고 더 세련된 규범으로서의 '도덕'과 구별한다.

비록 '도덕' 또는 '윤리'의 이름으로 불리는 사회규범이라 할지라도, 그것이 그 사회나 국가 전체의 이익과 완전히 일치할 경우는 드물다. 그것은 한 나라의 법이 그 나라 전체의 이익과 언제나 완전히 일치하기 어려운 것과 비슷한 사정이다. 한 나라의 현행 도덕이 국가 전체의 이익과 완전히 일치하기 어려운 이유로서 일반적으로 지적될 수 있는 것에 두 가지가 있다. 그 하나는, 시대가 바뀌고 사회의 실정이 달라짐에 따라서, 과거에는 적합하던 사회규범도 점차 그 적합성을 상실할 수가 있다는 사실이다. 그리고 또 하나는, 한 사회나 국가의 현행 도덕의 내용을 결정함에 있어서, 가장 지혜로운 사람들의 생각만이 작용하는 것이 아니라, 그 사회 또는 국가에 있어서 우월한 세력을 가진 사람들의 의사 내지 희망이 지나친 비중을 차지하고 반영될 경우가 많다는 사실이다.

현행 도덕이 반드시 완전한 것이 아닐지도 모른다는 사실은, 현행 도덕을 비판의 대상으로 삼고 분석 검토하여, 더 완전한 도덕의 체계를 세우도록 꾀하는 노력이 한편으로 진행될 필요가 있다는 결론을 불가피하게 한다. 이는, 한 나라의 법률을 더 완벽한 것으로 만들려는 노력이 항상 필요한 것과 마찬가지의 요청이다.

그러나 현행 도덕이 반드시 완벽한 것이 아니며, 따라서 비판과 개조를 허용하는 상대적 규범이라 함은, 현행 도덕을 함부로 무시하고 위반해도 무방하다는 뜻은 결코 아니다. 비록 현행 법전에 미비하거나 불합리한 점이 있다 하더라도, 더 완벽한 법률이 제정될 때까지는 현행법을 무시할 수 없듯이, 더 나은 도덕의 체계가 대신 설 때까지는 현행 도덕을 함부로 무시하지 않는 것이 바람직할 경우가 많다. "악법(惡法)도 법이다."라고 갈파하여 법의 판결을 끝내 존중한 소크라테스의 준법정신은 도덕의 경우에도 다소간 적합한 교훈이 될 것이다.

2)

도덕은 행복한 생활 또는 슬기로운 인생을 위한 처방이라고 볼 수가 있다. 그러나 모든 종류의 생활의 처방을 우리는 도덕 또는 윤리라고 부르지 않는다. 일반적으로 말해서, 단순한 기술에 속하는 처방 내지 행동 지침은 도덕적인 가르침 속에 포함되지 않는다. 다시 말하면, 일정한 목적이 구체적으로 확정되었을 경우, 그 목적의 달성을 위한 수단과 방법의 문제는 도덕적 문제라고 보지 않는 것이 보통이다.

도덕 또는 윤리의 문제가 생기는 것은 추구해야 할 목적이 구체적으로 확정되지 않았을 경우에 있어서다. 그리고 추구해야 할 목적이 확정되지 않았다 함은, 두 가지 이상의 욕구가 대립한 상태를 지속하고 있을 경우를 의미한다.

욕구의 대립은 한 개인의 마음속에서도 일어나고, 개인과 개인 또는 집단과 집단 사이에도 일어난다. (때로는 개인과 집단 사이에 대립이 생길 수도 있다.) 한 개인의 마음속에서 두 가지 욕구가 대립해 있는 동안 그 사람은 행동을 결정할 수 없으며, 두 개인 또는 두 집단 사이에 욕구의 대립이 있을 경우에도 두 개인 또는 두 집단이 충돌 없이 행동할 수 없다.

한 사람의 마음 안에 또는 여러 사람이 모여 사는 사회생활 가운데서 욕구의 충돌이 생겼을 경우에, 그 충돌은 무슨 방법으로든 해소되어야 하거니와, 그 충돌을 가장 원만하게 그리고 가장 합리적으로 해소하는 방안을 강구하는 것이 곧 도덕의 문제다. 도덕의 법칙은 이미 일어난 충돌을 해결하기 위한 처방이 될 수도 있고, 욕구의 충돌을 미리 예방하는 처방으로서의 구실을 할 수도 있다.

욕구의 충돌을 원만하게 해결하는 길을 강구하는 것이 도덕의 문제이며, 욕구의 충돌은 한 개인의 마음 내부에서도 생길 수 있는 것이라면, 도덕의 문제 가운데는 개인적인 성질의 것도 있다고 보아야 할 것이다. 또, 그러한 뜻에서 우리는 사회윤리 또는 국민 윤리와 구별되는 '개인윤리'를 인정할 수도 있다. 그러나 현실 생활 가운데서 일어나는 욕구의 대립 중에서 가장 심각한 문제가 되는 것은 개인과 개인 또는 집단과 집단 사이의 대립이며, 한 개인의 마음 내부에서 생기는 갈등도 그 사회적 대립의 내화(內化) 또는 투영(投影)의 결과라고 볼 수가 있다.

예컨대, 강도나 살인을 계획하는 사람은 마음속에 심한 갈등을 의식할 것이다. 그러나 그러한 갈등이 생기게 된 근본 원인은 강도나 살인을 꾀하는 사람의 욕구와 강도나 살인을 당하는 사람들이 자기를 방위하고자 하는 욕구가 잠재적으로 대립해 있다는 사실에서 찾을 수 있다. 재산을 유지하고 생명을 지키고자 하는 것은 누구나 가지고 있는 일반적 욕구다.

이와 같은 일반적 욕구는 강도나 살인 따위의 행동을 미워하고 배척하는 '도덕관념' 또는 '사회 의사(意思)'로서 뭉치게 된다. 이 사회 의사가 개인의 마음속으로 침투했을 때 그것이 곧 '양심(良心)'을 형성하게 되는 것이며, 우리가 '사회 의사'와 어긋나는 행동을 계획 또는 수행할 경우에는, 우리 마음속에서 내 욕구와 사회 의사가 격렬한 충돌을 일으키게 된다. 이것을 우리는 흔히 '양심의 가책'이라고 말하거니와, 양심의 가책이라는 내부의 갈등도 사실은 외부 세계에 있어서의 개인과 개인 또는 개인과 사회 사이의 욕구의 대립에 근원을 두고 있는 것이라고 말할 수 있다.

가령, 어떤 학과를 선택할 것인가, 또는 어떤 직업을 선택할 것인가 하는 따위의 문제로 고민할 경우는 순전히 개인 내부의 문제처럼 생각되기 쉬우나, 실은 그러한 경우도 사회적 관련성이 전혀 없는 것은 아니다. 부모나 배우자의 희망이 내 마음에 영향을 줄 수도 있고, 혹은 그 밖의 어떤 사람들 사이에 생긴 의견의 대립이 내 마음에 작용함으로써, 나로 하여금 두 가지의 학과나 직업 사이를 헤매게 한다.

"가장 바람직한 학과 또는 직업은 무엇인가?"라는 문제에 대해서, 만약 세상 사람들의 의견이 완전히 일치했다면, 나도 그러한 문제로 고민하는 일은 없을 것이다. 결국 모든 욕구의 대립에는 사회성이 있다고 말할 수 있으며, 따라서 모든 도덕의 문제에도 사회성이 있다고 보아야 할 것이다.

앞서 3장에서 지적한 바와 같이, 모든 인간은 존엄하고 귀중한 존재다. 따라서 어떠한 사람의 욕구도 완전히 좌절당해서는 안 될 것이며, 가능하다면 모든 사람들의 욕구가 남김 없이 충족되는 것이 바람직하다. 그러나 모든 사람의 모든 욕구를 남김 없이 충족시킨다는 것은 사실상 불가능한 일이므로,

되도록 여러 사람들의 많은 욕구들을 공평하고 조화롭게 만족시키는 것이 현실적으로 바랄 수 있는 최고의 목표라고 보아야 할 것이다.

우리가 지금 추구하고 있는 '윤리' 내지 '도덕'은 바로 저 충돌하는 욕구들을 가능한 최대한으로 공평하고 조화롭게 만족시킬 수 있는 행위의 처방에 해당한다. 따라서 가장 타당성이 있는 도덕이란, 그것을 지켰을 때 실제로 많은 욕구가 공평하고 조화롭게 충족되는 결과를 가져다주는 도덕이 아닐 수 없다.

도덕이란 충돌하는 욕구를 조절하여 되도록 많은 사람들의 욕구를 조화롭게 충족시키기에 필요한 행위의 처방 또는 그러한 처방의 체계라고 하였다. 이와 같은 결론을 받아들일 때, 우리는 '도덕'이라는 말을 넓은 의미로 해석해야 한다는 또 하나의 의견에 도달한다. 종래의 학자들 가운데는 도덕을 단순한 동기나 양심의 문제, 또는 법률 등으로부터 독립된 고유한 분야처럼 생각하는 경향이 있었다.

이러한 경향은 일반 상식인에게도 침투하여, "도덕이나 윤리의 입장에서 본다면 그것은 옳지 못한 짓임에 틀림이 없으나, 정치가의 입장에서 본다면 나무랄 수 없는 일이다." 따위의 불합리한 발언을 예사로운 것으로 만들었다. 그러나 우리의 견지를 따른다면, 정치와 경제 그리고 그 밖의 사회문제 가운데서 근본적인 것들은 동시에 윤리의 근본 문제이기도 하다. 욕구의 충돌이 가장 심하게 일어나는 것은 바로 정치와 경제가 지배하는 현실적 사회생활이기 때문이다.

도덕과 정치 또는 경제를 분리시키는 것이 얼마나 위험한 생각인가는, 그러한 분리가 빚어낼 결과가 무엇인가를 살펴볼 때 곧 명백해진다. 만약 그것들이 분리될 수 있는 것이라면, 도덕적으로 옳지 못한 일이 정치나 예술의 견지에서 볼 때는 옳을 수도 있을 것이며, "정치인이나 예술가는 부도덕한 행동을 해도 좋다."는 억설이 성립하게 될 것이다. 이렇게 되면, 도덕을 지킬 의무는 도학자나 목사와 같은 사람들에게만 있게 되며, 도학자나 목사들도 정치나 경제의 사회 현실을 무시하고는 살 수 없는 까닭에, 결국 그들마저도 위선자가 되지 않을 수 없는 궁지에 몰린다.

그뿐만 아니라, 도덕이 정치나 경제 또는 예술 따위와 분리될 때, 그 도덕은 실천적으로 사회를 이끌어 갈 만한 능력이 없는 공염불(空念佛)이 되고 말 것이다. 정치나 경제 등의 사회문제와 동떨어진 단순한 도덕적 문제란 별로 없기 때문이다.

이상에서 우리는 '바람직한 인생' 또는 '원만한 사회생활'을 위한 처방으로서의 도덕의 측면을 강조하였다. 그러나 그러한 강조는 도덕을 단순한 수단으로만 보고 그 자체에 목적으로서의 가치가 전혀 없는 것으로 단정하는 오류를 범할 만큼 지나쳐서는 안 된다. 도덕은 그 발생의 연유로 본다면, 인생을 위한 처방으로서 출발한 것임에 틀림이 없다.

그러나 도덕이 오랜 역사와 전통을 가진 오늘날에 있어서는 도덕 그 자체에도 자기 목적적 가치가 생겼다고 보아야 할 것이다. 그것은 학문이나 예술이 처음에는 인생을 위한 어떤 문제 해결의 도구로서 탐구되기 시작했다 하더라도, 오늘에 와서는 그 자체에 목적으로서의 가치가 생겼음을 인정해야 하는 것과 마찬가지의 사정이다. 훌륭한 도덕을 갖는 일은 훌륭한 인생을 갖기 위한 방법으로서 귀중할 뿐 아니라, 그 자체가 슬기롭고 아름다운 인생의 일부이기도 하다.

3)

도덕이 인간을 초월한 곳에 근거를 둔 선천적이고 신성한 규범이 아니라 인간 생활을 위한 처방으로서 경험적으로 성장한 인간적 규범이라면, 그 권위의 근거가 어디에 있으며, 우리가 도덕률을 따라야 할 의무의 근거가 어디에 있는가? 그것은 도덕의 권위를 떨어뜨릴 뿐 아니라, 도덕 그 자체의 의의를 부인하는 위험한 학설이 아닌가? 이러한 의문과 걱정을 표명하는 사람들이 있다. 그러나 이러한 의문은 그 자체가 도덕의 본질을 잘못 이해한 낡은 생각에 입각한 것이며, 우리의 주장을 곡해한 선입견에 유래한 것이다. 우리의 주장이 올바로 이해될 때, 도덕의 중요성은 더욱 뚜렷해지고, 우리가 그것을 지켜야 할 이유도 더욱 분명해질 것이다.

우리 인간에게 인생보다 더욱 중요한 것은 없다. 그러나 인생이 중요하다 함은 단순한 생존이 더할 나위 없이 귀중하다는 뜻은 아닐 것이요, 아름답고 슬기롭게 사는 인생이 가장 귀중하다는 뜻일 것이다. 그렇다면, 아름답고 슬기로운 인생을 위한 처방으로서의 도덕의 귀중함도 스스로 명백하며, 우리가 그것을 준수해야 할 이유도 따라서 뚜렷하다. 도덕은 곧 생활의 지혜, 즉 아름답고 슬기로운 인생으로 이끌어 줄 지혜이기 때문이다.

만약 도덕이 인간에 앞서서 선천적으로 주어진 규범이요, 그 자체가 신성한 까닭에 존중해야 한다면, '선천적인 것' 또는 '신성한 것'을 크게 숭상하는 사람에게는 도덕을 준수해야 할 이유가 분명하나, 그렇지 않은 사람에게는 그 이유가 박약할 것이다. 그러나 도덕이 슬기로운 생활을 위한 처방이라면, 도덕을 존중해야 할 이유는 누구에게나 명백하다. 아무도 인생 자체에 대해서 무관심하거나 슬기롭지 못한 인생을 원할 수는 없기 때문이다.

도덕이 결국 인간성에 근거를 두고 인간에 의해서 만들어진 것이고 경우에 따라서는 변할 수도 있다는 사실로 말미암아, 그 권위가 의심될 수는 없다. 만약 인간 이외의 어떤 존재에 의하여 만들어진 도덕이 있다면, 우리는 그것을 외면할 수도 있을 것이다. 남이 만든 것에 대하여 우리 인간이 책임을 질 필요는 없을 것이기 때문이다.

그러나 우리 인간을 위해서 우리 인간성에 토대를 두고 생겨난 도덕이라면, 우리로서는 그것을 귀중히 여기지 않을 수가 없다. 이것은 법률의 경우에 있어서, 우리 자신이 참여해서 만든 법률일수록 그것을 지킬 책임이 우리에게 크다고 보아야 하는 것과 마찬가지의 논리다. 도덕이 변할 수도 있다는 사실로 말미암아 그 권위가 상실될 수 없다는 것도, 법률이 고쳐질 수 있다고 해서 그 권위가 떨어질 수 없는 것과 마찬가지의 사정이다. 우리는 낡은 도덕률(道德律)을 버리고 새로운 도덕률을 받들 수는 있다. 그러나 모든 도덕을 버리고 살 도리는 없다.

도덕을 지키는 것은 남을 위해서 또는 전체를 위해서는 좋은 일일지 모르나, 지키는 사람 자신을 위해서는 손실을 가져올 경우가 많지 않은가? 예컨대, 도덕은 보통 정직하게 살 것을 요구하거니와, 정직하고 고지식한 사람일수록 손해를 많이 보는 것이 우리 사회의 현실이 아닌가? 도덕을 지키는 것 그 자체가 신성한 의무라면 모르지만, 그렇지 않고 도덕이 생활의 지혜에 불과한 것이라면, 손해를 보면서까지 그것을 지킬 필요가 없지 않은가? 이상과 같은 의문을 느끼는 사람이 있을지 모른다.

그러나 이와 같은 의문도 알고 보면 잘못된 판단에 입각한 것이다. 그 잘못된 판단이란, "무엇이 진정으로 나를 위하는 길인가?"에 대한 그릇된 인식이다. "무엇이 진정으로 나를 위하는 길인가?"라는 이 물음에 대한 그릇된 인식에는 크게 두 가지가 있다. 그 하나는 당장에 눈앞에 보이는 이해관계만을 염두에 두는 편협한 마음, 즉 근시안적 관찰에 입각한 것이다. 당장 눈앞에 닥쳐오는 결과만을 따진다면, 도덕적인 처신이 손해를 가져오는 것같이 보이는 경우가 많을 것이다. 그러나 긴 안목으로 본다면 결국 도덕적인 처신이 현명한 행위라는 것이 결과적으로 밝혀질 경우가 많다.

'도덕적'이라 함은 요컨대 '사회생활에 있어서 협조적'이라는 뜻에 가까우며, 인간은 본래 사회적인 동물인 까닭에 협조적 풍토 속에서만 번영을 누릴 수 있기 마련이다. 그리고 개인은 사회 내지 국가 전체의 번영 속에서 그 뜻을 이룰 수 있으며, 자기가 속하는 집단의 몰락을 대가로 치르고 행복을 얻기는 어렵다. 그런 뜻에서 우리는 공동의 운명 아래서 살고 있다.

특수한 예외적 사태도 없지는 않을 것이나, 한 개인의 이익과 그가 속하는 집단의 이익은 대체로 일치한다. 그것은 어떤 개인이 집단 전체의 이익에 배반되는 행위를 했을 경우를 생각해 보면 곧 알 수 있을 것이다. 전체를 배반한 사람은 그 집단의 다른 사람들로부터 음양으로 지탄을 받을 것이며, 은근한 배척을 당할 것이다. 그리고 인간이란 본래 사회적 동물인 까닭에, 남의 지탄과 배척 속에서 행복을 누릴 수는 없게 되어 있다.

개인의 이익과 집단의 이익 사이의 평행적 상관관계를 짐작하는 데 도움이 되는 하나의 방법은, 한 집단의 성원 모두가 부도덕하게 행동할 경우를 상상해 보는 일이다. 결국 전체도 몰락하고 개인도 몰락하는 결과에 이르고 말 것이다. "그러나 세상 사람이 모두 부도덕하다면 곤란하겠지만, 나 한 사람쯤은 무방하지 않은가?" 이러한 반문이 여기에 적합하지 아니함도 명백하다. 남에게 허락할 수 없는 생활 태도를 나에게만 허용한다는 것은, 논리의 일관성의 요구에 어긋나기 때문이다.

"진실로 나를 위하는 길이 무엇인가?"에 대한 그릇된 인식의 또 하나는 '위하는 길' 또는 '이익'이라는 개념을 너무 좁게 이해하는 데서 오는 그것이다. 즉, 물질적인 소득만을 '이익'으로 생각하고, 그것을 얻는 것만이 '나를 위하는 길'이라고 생각하면 잘못이다. 물질의 이익도 물론 중요한 것임에는 틀림이 없다. 그러나 정신적인 슬기로움과 인간적인 아름다움을 가꾸어 가며 사람답게 산다는 것이 더욱 중요한 까닭은 정신적인 성장이나 인격의 실현을 위한 바탕으로서의 뜻이 크기 때문이다.

2. 바람직한 인간상

1)

새 윤리의 기본 방향을 모색하기 위한 준비로서, 우리는 윤리의 본질이 무엇인가를 살펴보았다. 그리고 우리의 결론은 "윤리란 슬기롭고 행복한 인생을 위한 처방 내지 지혜인 동시에 슬기로운 인생의 중요한 일부분이다."라는 말로 요약될 수 있을 것이다. 윤리나 도덕을 위해서 우리가 인생을 사는 것이 아니라, 인생을 위해서 건실한 윤리의 확립이 요청되는 것이다.

이러한 결론이 받아들여진다면, 우리가 모색하는 새 윤리의 방향은 '바람직한 인간상(人間像)'에 관한 우리들의 청사진을 따라서 결정될 것이다. "어떠한 사회 속에서 어떠한 활동을 하는 것이 가장 바람직한 인간의 모습인가?"라는 이 물음은 슬기롭고 행복한 인생의 좌표를 묻는 물음인 동시에 윤리의 근본적 기준을 묻는 물음이기도 하다.

윤리에 관한 모든 문제는 결국 "우리는 어떻게 행동해야 할 것인가?"라는 물음으로 귀착한다. 그리고 우리의 모든 행동은 필경 어떤 욕구의 충족을 위해서 일으켜진다. 모든 행동의 근본 동기가 어떤 욕구를 충족시키고자 함에 있다면, 욕구의 충족을 떠나서 행위의 시비(是非)의 문제를 논할 수 없을 것이다. 만약 여기 인간의 모든 욕구를 충족시킬 수 있는 어떤 행동의 체계가 있다면, 그 행동의 체계가 도덕적으로 가장 옳은 체계임을 의심할 여지가 없을 것이다. 반대로 만약 인간의 어떠한 욕구도 충족시켜 주지 못하는 행동이 있다면, 그 행동이 옳지 못한 행동이라는 것도 의심할 여지가 없을 것이다.

그러나 실제에 있어서는 모든 욕구를 남김 없이 충족시켜 줄 수 있는 행동의 체계도 없으며, 어떠한 욕구의 충족에도 도움이 되지 않는 행동도 없다. 우리가 일으키는 모든 행동은 반드시 어떤 욕구를 충족시키는 데 도움이 된다. 예컨대, 폭행이나 강도와 같은 범죄 행위까지도 그 행위자의 어떤 욕구를 일시적이나마 충족시켜 주는 효과를 가져온다. 그러나 그러한 범죄 행위는 피해자들 및 그 가족과 친지들에게 많은 불만을 안겨 줄 뿐 아니라, 결국에 가서는 자기 자신에게까지도 크게 불만스러운 사태를 초래한다.

일반적으로 말해서, 모든 행동에는 그것의 직접적 결과와 간접적 결과가 뒤따른다. 그 직접적 결과는 적어도 그 행위가 고의적일 경우에는, 반드시 그 행위자의 어떤 욕구를 충족시켜 주는 효과를 동반한다. 그러나 그 간접적 결과는 그 범위가 매우 넓은 동시에 욕구와의 관계도 매우 복잡하고 다양하다.

가령, 어떤 회의석상에서 내가 중대한 발언을 한다면, 속 시원하게 털어놓고 싶었던 나의 욕구는 우선 만족될 것이다. 그리고 이 발언을 들은 다른 사람들 가운데는 만족감을 느끼는 사람도 있을 것이며 불쾌감을 느끼는 사람도 있을 것이다. 만약 내 발언이 어떤 표결에 결정적 영향을 미치게 될 경우에는, 그 가결 또는 부결의 결과로서 여러 사람들이 이익의 만족을 경험하기도 하고, 혹은 손해의 불만을 경험하기도 할 것이다.

모든 행동이 필연적으로 욕구의 충족과 그 불만을 아울러 초래하는 것이 사실이라면, 우리는 더 중요한 욕구를 우선적으로 충족시키는 동시에 중요성이 비교적 적은 욕구의 충족은 뒤로 미루거나 단념할 수밖에 없을 것이다. 그러므로 우리에게 가장 절실한 것은 우선적으로 충족시켜야 할 중요한 욕구와 뒤로 미루어도 좋은 비교적 사소한 욕구를 구별하는 일이 아닐 수 없다. 즉, 욕구 충족의 우선순위를 체계적으로 결정해야 하는 것이다.

인간도 일종의 생물인 까닭에, 그 생명의 유지와 직접 관계하는 욕구는 절대 우선적으로 충족되어야 한다. 생명이 끊어지는 날에는 인간으로서의 존재도 종말을 고하는 동시에, 그 밖의 인간적 욕구를 충족시키는 문제도 따라서 해소되고 말기 때문이다. 그러므로 우리는 건강과 생명, 그리고 종족의 유지를 위해서 필요한 욕구를 '기본적 욕구'라고 부르는 동시에, 국민의 기본적 욕구를 충족시킬 수 있도록 하는 일을 국가 내지 사회의 공동 책임으로 인정하는 것이 현대의 일반적 상식이다.

그러나 다른 동물들과는 달리 인간은 지능 내지 이성을 가진 존재인 까닭에 단순한 생존만으로는 만족하지 않는다. 생물학적 생존과 아울러, 예술, 종교, 학문, 스포츠, 오락 등을 포함한 문화적 생활을 추구하는 것도 인간의 본성에 속한다.

요컨대, 인간은 생물학적 욕구와 문화적 욕구로 나눌 수 있는 인간적인 욕구의 충족을 꾀해 가며 살아간다고 말할 수 있으며, 우리가 '윤리' 또는 '도덕'이라고 부르는 것도 인간적 욕구의 충족을 원만히 이룩하는 데 필요한 처방인 동시에 문화적 가치의 한 대표적 분야이기도 한 것이다.

인간이 가진 욕구 가운데서 생물학적 욕구 이외의 것을 편의상 '문화적 욕구'라고 부른다면, 문화적 욕구의 중추를 이루는 것의 첫째는 자기에게 잠재해 있는 능력을 발휘하여 창조적 업적을 남기고자 하는 욕망이고, 그 둘째는 인간끼리 서로 사귀며 서로 돕고 다정하게 살기를 원하는 사회적 성질의 욕망이다. 예외적인 경우도 없는 것은 아니나, 대체로 말해서, 사회적 욕망이 원만히 충족될 때 창조적 욕망도 크게 달성될 가능성이 크다.

생물학적 욕구를 어느 정도 충족시킴으로써 최소한의 건강과 생명을 유지하는 일은 문화적 욕구의 충족을 위해서 절대로 필요한 조건이다. 그리고 우리들의 문화적 욕구가 건전한 방향으로 원만하게 충족될 경우에는 생물학적 욕구의 충족을 위해서 요구되는 물질적 조건이 유리하게 갖추어질 공산이 크다. 짧게 말해서, 인간이 가진 여러 가지 종류의 욕구의 충족 상호간에는 밀접한 상관관계가 있다.

충족을 요망하는 욕구들의 우선순위(priority)에 관해서 안심하고 말할 수 있는 것은, 우선 생존과 건강의 유지를 위해서 필요한 욕구들이 먼저 충족되어야 한다는 사실이다. 생존과 건강의 유지는 생물학적인 욕구 이외의 다른 욕구들의 충족을 위해서도 절대로 필요한 것이며, 그것이 없이는 보람찬 창작 생활이나 즐겁고 뜻있는 사회생활도 실현하기 어렵기 때문이다.

그러나 생물학적 욕구의 충족이 가장 기본적인 것이며 따라서 높은 우선순위를 차지한다 함은 관능적 쾌락이 가장 귀중하다는 뜻은 물론 아니다. 생물학적 욕구가 충족될 때 흔히 관능적 쾌락을 느끼는 것은 사실이나, 생물학적 욕구를 충족시키는 일이 그토록 중요한 이유는 그것이 우리의 건강과 생명의 유지를 가져다주기 때문이요, 관능의 쾌락을 주기 때문은 아니다. 관능의 쾌락도 그 자체로 보아서 좋은 것임에 틀림이 없으나, 건강이나 생명의 귀중성에 비하면 오히려 부차적인 가치에 지나지 않는다. 우리는 건강과 생명을 관능적 쾌락의 수단으로 생각할 수는 없다.

건강과 생명을 아껴야 하는 첫째 이유는 그것들이 본래 귀중한 것이기 때문이고, 그 둘째 이유는 그것들이 다른 모든 인간적 가치의 실현을 위한 바탕이 되기 때문이다.[1] 3장에서 이미 언급한 바와 같이, 우리가 인간을 특별히 존귀한 존재로서 평가하는 근본 이유는, 인간이 지성 내지 이성을 소유하며 인간의 특유한 기능을 발휘하여, 도덕, 학문, 예술, 종교, 사회 등 갖가지 문화적 가치를 실현한다는 사실에 있다. 생명과 건강은 다른 생물들도 일반적으로 가지고 있는 것이다. 그런데 생명이 길고 육체가 건강하다는 점에 있어서는, 인간보다도 우월한 생물이 지구 위에 무수하게 많다.

인간의 탁월성은 그가 풍부한 지성과 감성을 살려 문화적 가치를 실현함에

1 여기서 '인간적 가치'라 함은 인간의 육체와 정신에 깃들 수 있는 모든 가치를 묶어서 가리키는 말이다. 건강과 생명도 인간적 가치의 일부이며, 그 밖에 육체의 아름다움, 스포츠의 탁월한 운동기능, 도덕적 인격, 학문적 지식, 예술적 기능 등 인간에게 속하는 모든 탁월성의 발휘는 곧 인간적 가치 실현의 일부가 된다.

있어서 나타난다는 사실은, 인간의 문화적, 사회적 욕구를 충족시키는 일이 생물학적 욕구를 충족시키는 일에 못지않게 중요하다는 결론을 불가피하게 한다. 인간은 생물학적 욕구의 충족을 통하여 건강과 생명을 유지하고, 그 건강과 생명을 토대로 삼아 스스로 타고난 소질을 유감 없이 연마하고 발휘할 때, 비로소 보람을 느끼고 행복을 얻게 된다.

2)

생물학적 욕구 이외의 인간적 욕구를 통틀어서 '사회적, 문화적 욕구'라 부르고, 타고난 소질을 연마하고 발휘함으로써 스스로 성장하기를 꾀하는 욕구를 '자아실현의 욕구'라고 부른다면, 자아실현의 욕구는 사회적, 문화적 욕구의 핵심을 이루는 것이라고 볼 수 있을 것이다. 그러나 사회적, 문화적 욕구의 전부가 자아실현의 욕구는 아니며, 그 가운데는 자아의 실현을 오히려 방해하는 성질의 것도 있다는 사실이 우리의 문제를 매우 복잡한 것으로 만든다. 예컨대 권세욕, 금전욕, 명예욕, 경쟁욕 따위는 간접적으로 자아의 실현을 조장할 수도 있으나, 때로는 자아의 실현을 저해하는 요인이 되기도 한다.

따라서 사회적, 문화적 욕구를 무차별하게 전부 만족시킨다는 것은 사실상 불가능할 뿐 아니라, 그것은 반드시 바람직한 일도 아니다. 여기서 필연적으로 생기는 것이 "사회적, 문화적 욕구 가운데서 어떠한 종류의 것을 더 우선적으로 충족시켜야 하는가?"라는 문제이며, 이 문제는 우리들의 가치관의 문제를 매우 복잡한 것으로 만드는 것이다.

어떠한 종류의 욕구든, 인간이 가진 욕구를 만족시키는 일은, 그 자체만을 생각한다면, 좋은 일이라고 보아야 할 것이다. 욕구 불만의 상태와 욕구 충족의 상태를 비교한다면, 항상 후자가 바람직한 것임에 의심이 없기 때문이다. 그러므로 욕구가 충족되는 곳에는 언제나 가치의 실현이 있다고 말할 수가 있다.

그러나 앞에서도 지적한 바와 같이, 욕구라는 것은 흔히 충돌하기 쉬운 까닭에, 하나의 욕구를 충족시킬 때 그 욕구의 충족이 자기 자신의 다른 욕구 또는 다른 사람의 욕구의 충족을 방해할 경우가 많다. 결국 일반적으로 말해서, 어떤 욕구가 충족될 때는 그곳에 가치의 실현이 있는 동시에 가치의 파괴도 따른다는 이야기가 되는 것이다. 여기서 필연적으로 야기되는 것이 "어떤 가치가 더 높은 가치 또는 더 큰 가치인가?" 하는 가치 비교의 문제다.

윤리학의 문제는 필경 "어떠한 행위가 옳은 행위인가?" 하는 물음으로 귀착하거니와, 이 물음에 대해서 일반적으로 줄 수 있는 추상적 대답은 "그 행위에 의해서 실현되는 가치로부터 그 행위에 의해서 파괴되는 가치를 제하고 남는 가치가 가장 클 때, 그 행위는 옳은 행위다."라고 표현될 수 있는 것이다.

어떤 가치가 높은 가치이며, 어떤 가치가 낮은 가치냐에 관해서 사람들의 의견은 여러 갈래로 대립되고 있다. 예컨대, 명예와 학식을 비교할 때 학식을 명예보다 중요하다고 믿는 사람도 있으며, 그 반대의 믿음을 가진 사람도 있다. 또, 사랑과 왕관을 비교할 때 사랑을 더 높이 평가하는 사람도 있고, 반대로 왕관을 더욱 소중히 여기는 사람도 있다. 하여간 가치 서열에 대한 사람들의 신념은 가지각색이며, 결국 사람들의 가치 체계는 각자의 주관을 따라서 상당한 내용의 차이를 갖는 것이 보통이다.

"가치 서열을 어떻게 정하는 것이 옳으며, 어떤 가치 체계가 가장 올바른 가치 체계인가?" 이것은 철학의 문제 가운데서도 매우 어려운 문제에 속하며 도대체 가치 서열에 있어서 옳은 것과 그른 것을 구별하고 가치 체계의 타당성 여부를 판정하는 기준이 설 수 있느냐에 대해서 의문을 품는 철학자도 많다. 하여간, 가치 체계의 타당성을 판정하기에 부족함이 없는 객관적 기준을 발견하여 모든 가치들의 서열을 올바로 확정하는 동시에, 학술적으로 논란의 여지 없는 가치 체계의 이론을 확립하는 일은 지극히 어려운 과제일 뿐 아니라, 널리 일반에게 읽히기를 원하고 시작된 이 책에서 다루기에는 적합하지 않은 문제다. 다만 가치 체계에 관하여 완전에 가까운 이론을 세우기는 비록 어려운 일이나, 이 문제에 관해서 의심 없이 다음 몇 가지 점만은 밝혀 말할 수가 있다.

첫째, 모든 사람들은 자기 나름대로의 가치 서열 내지 가치 체계를 가지고 있다. 가치 서열 내지 가치 체계에 관해서 그 타당성 여부를 따질 수 있는 객관적 기준이라는 것은 있을 수 없다고 주장하는 사람들까지도 자기 나름으로 가장 옳다고 믿는 가치 서열 내지 가치 체계를 가지고 있다. 가치판단의 타당성을 의심할 수는 있으나, 가치판단을 전혀 내리지 않는다는 것은 누구에게도 불가능하다. 가치판단을 내린다는 것은 인간이 살아감에 있어서 피할 수 없는 제약(制約)이며, 따라서 우리도 여하간에 어떤 가치 체계를 갖지 않을 수 없다.

둘째, 우리 인간을 위해서 인간 이상으로 귀중한 것은 적어도 경험적인 세계 안에서는 생각할 수가 없다. 가치라는 것 자체가 생기게 된 근본 원인이 스스로를 아끼고 사랑하는 인간의 마음속에 있기 때문이다. 인간적 가치, 즉 인간의 정신과 육체에 깃든 여러 가치들의 총화는 마땅히 우리들의 가치 체계에 있어서 그 정상에 위치해야 한다.

셋째, 낮은 가치와 높은 가치 사이에 충돌이 생겼을 경우에는 높은 가치를 선택해야 하며, 큰 가치와 작은 가치 사이에 있어서는 큰 가치가 우선적으로 선택되어야 한다.

넷째, 한 개인의 부분적 욕구를 충족시키는 것보다는 인격 전체의 욕구를 충족시키는 것이 더 큰 가치를 실현하는 길이다. 한 사람의 욕구를 충족시키는 것보다는 여러 사람의 욕구를 충족시키는 것이 더 큰 가치를 실현하는 길이다. 요컨대, 전체의 욕구를 충족시키는 것은 부분의 욕구를 충족시키는 것보다 값진 일이다.

이와 같은 네 가지 원칙에 대해서도 의심을 하려 들면 할 수가 있을 것이다. 동의어 반복이 아닌 모든 명제에 대해서, 우리는 논리의 모순을 범함이 없이, 회의를 제기할 수 있기 때문이다.

그러나 진정한 실감을 가지고 이 네 가지 원칙에 대해서 의심을 느끼는 사람은 적을 것이다. 이 네 가지 원칙은 거의 자명한 것으로서 우리에게 호소해 오기 때문이다.

3)

앞에서 우리는 첫째로 인간은 누구나 가치 서열 내지 가치 체계를 가지기 마련이라는 사실을 지적하였다. 우리 자신도 예외가 될 수는 없는 것이니, 여하간 어떤 가치 체계에 의거하여 살아가야 하며, 이미 우리는 우리 나름의 어떤 가치 의식을 가지고 살아가고 있다. 현재 우리가 가지고 있는 가치 체계를 올바른 것이라고 우리 스스로 믿을 수 있다면, 우리는 구태여 "어떤 가치 체계가 바람직한가?"를 다시 물을 필요가 없을 것이며, 현재 그대로 앞으로도 살아가기만 하면 그것으로 족할 것이다. 그러나 우리는 1장에서 우리의 가치 체계가 매우 혼란한 상태에 있음을 살펴보았으며, 많은 식자들이 '새로운 가치 체계'의 수립을 희구하고 있다는 사실을 지적하였다. 그리고 이제 우리는 '바람직한 인간상'의 모습에 대한 고찰을 토대로 삼고 더 나은 새 가치 체계의 방향을 모색하는 단계에 이르고 있는 것이다.

우리에게 명백한 둘째 원칙은, 적어도 경험의 세계에 관한 한, 우리 인간을 위해서는 인간보다 더 귀중한 것이 있을 수 없다는 명제였다. 이 원칙은 우리들의 가치 체계가 올바른 것이 되기 위해서는 '인간적 가치'가 체계의 정상을 차지해야 한다는 사실을 밝혀 주는 동시에, 우리들의 현재를 지배하고 있는 행동의 체계가 '가치의 전도(顚倒)'라는 오류 위에 세워지고 있음을 다시 확인해 준다.

우리는 이미 1장에서, 현대인의 행동을 결정하는 가치 체계에 있어서 그 정상 내지 주가치(主價値)의 위치를 차지하는 것은, 많은 사람들의 경우에 있어서, 금전 또는 권력 그리고 관능의 쾌락이라는 사실을 보았던 것이다. 금전과 권력에 대한 야심, 관능적 쾌락의 유혹, 그리고 현대 물질문명의 온갖 톱니바퀴에 끼어서 인간 본래의 모습을 상실한 인간이 자기 자신을 회복하는 일은 새로운 인간상을 모색하는 현대인에게 주어진 가장 근본적인 과제다.

가치문제에 관한 명백한 원칙으로서, 우리가 앞에서 셋째로 제시한 것은 "낮은 가치와 높은 가치 사이에 충돌이 생겼을 경우에는 높은 가치를 선택해야 하며, 큰 가치와 작은 가치 사이에 있어서는 큰 가치가 우선적으로 선택되어야 한다."는 것이었다. 그러나 이 원칙을 너무 소박한 해석으로 받아들이는 일이 없어야 할 것이다. 특히 금전 내지 물질 또는 지상(地上)에서의 세속적인 행복을 과소평가해도 좋다는 뜻으로 이해하는 일이 있어서는 안 될 것이다.

바로 앞에서 우리는 '인간적 가치'가 체계의 정상을 차지해야 한다는 점을 명백히 하였다. 그러나 여기서 하나 더 첨가해야 할 것은, 인간적 가치의 실현이라는 큰 목적이 달성되기 위해서는 그것에 적합한 수단의 뒷받침이 있어야 한다는 사실과, 현대에 있어서 인간적 가치의 실현을 위하여 가장 중요한 수단이 되는 것은 물질 또는 경제의 힘이라는 사실이다.

경제력의 뒷받침이 없이 어떤 큰 목표의 달성을 꾀할 때, 그것은 한갓 허황된 공상에 머물기 쉬운 것이 현대의 일반적 상황이라면, 우리는 경제력 개발의 중요성을 더한층 강조해야 마땅할 것이다. 우리가 주장하는 바의 요점은 경제 내지 물질의 가치를 소홀히 여기자는 데 있는 것이 아니라, 물질이나 경제의 가치를 인간의 가치보다도 더 높은 자리에까지 올려 놓는 본말의 전도가 있어서는 안 된다는 데 있다.

우리가 넷째로 제시한 원칙은, "부분의 욕구를 충족시키는 것보다는 전체의 욕구를 충족시키는 것이 더욱 값지다."는 것이었다. 이 원칙은 한 개인에 있어서도 적용되는 동시에 사회나 국가 전체에 관해서도 적용되어야 한다. 특히 이 원칙에 관련해서 우리가 강조해야 할 것은, 소수의 사람들의 욕구를 충족시키기 위해서 여러 사람들의 욕구가 희생을 당하는 불합리가 있어서는 안 된다는 점이다. 우리는 앞서 인간의 존엄성을 논한 바 있거니와, "인간은 존귀하다."는 명제는 어떤 일부의 사람들에게만 해당하는 명제가 아니라, 모든 사람들에게 고루 적용시킴을 원칙으로 삼아야 할 명제라고 이해된다.

그렇다면 어떤 특수한 사람들의 욕구만이 특별한 대접을 받을 이유는 없을 것이며, 모든 사람들의 욕구가 평등한 대접을 받는 것이 옳다는 결론이 불가피하게 된다.

이 결론은 우리가 현재 지향하고 있는 민주주의(民主主義)의 이념과 잘 들어맞는다. '민주주의'라는 말이 비록 여러 가지 뜻으로 쓰인다 할지라도, 모든 사람의 관심과 권익이 공평하게 존중되어야 한다는 뜻을 포함하지 않은 '민주주의'를 생각하기는 어렵다. 모든 사람들의 뜻이 이루어질 수 있는 사회를 실현하고자 하는 것은, 적어도 인권 사상이 대두된 이후에 있어서 인류의 공통된 양심이며, '민주주의'를 말하는 사람들로서는 절대로 거부할 수 없는 공동의 목표다.

4)

이제까지 고찰한 내용을 종합적으로 정리한다면, 새 시대에 있어서 바람직한 인간의 모습이 대체로 그 윤곽을 드러낼 것으로 보인다. 첫째로, 우리는 새로운 가치 체계에 있어서 가장 높은 자리를 차지하는 것은 인간적 가치라는 원칙을 명백하게 보았다. 만약 우리가 이 원칙에 충실하기를 원한다면, 돈과 권력, 허영과 명성, 그리고 순간적인 쾌락을 좇는 가운데 자기 스스로의 본연의 모습을 망각하는 현대의 인간상을 긍정적으로 받아들이지는 못할 것이다.

그리고 정치와 경제에 있어서의 성공을 인생의 궁극적인 목표인 양 찬미하는 속물근성의 범람 속에서 학문과 예술, 도덕과 양심, 건강과 생명 등 인간적인 가치가 천대를 받는 오늘의 현실을 당연한 것으로서 묵인하지도 못할 것이다. 옛날의 슬기로운 사람들이 그랬듯이, 새 시대의 사람들도 자연의 신비를 감상하고 예술의 향기를 이해하며 지성적인 대화를 즐기는 등 마음의 여백을 간직할 것을 우리는 바라지 않을 수 없다.

그러나 우리는 옛날의 귀족들이 그랬듯이, 남이 땀 흘린 노동에 기생(寄生)하여 한가로이 놀면서 풍류나 사냥을 즐기는 계층이 또다시 나타나도 좋다고 믿는 것은 아니며, 어떤 금욕주의자들 또는 은둔자들이 그랬듯이, 육체와 물질을 거부하고 막연한 공상 내지 환상 속에 현실을 도피하는 태도를 오늘에 되살려야 한다는 뜻도 아니다.

새 시대의 사람들은 육체나 물질을 소홀히 해서는 안 된다고 믿는 것이 우리들의 생각이며, 육체를 보호하고 물질을 생산하기 위한 노력과 노동의 의무는 모든 사람들이 고루 나누어야 한다는 것이 우리들의 신념이다. 우리는 인간이 물질과 기계의 노예가 되어서는 안 된다는 점을 거듭 강조한다. 그러나 물질과 기계 그리고 육체의 힘을 소홀히 여길 때, '인간적 가치'의 실현을 지향하는 우리들의 소망은 한갓 환상에 그치고 만다는 사실도 깊이 명심하기를 게을리하지 않는다.

물질 내지 경제의 뒷받침 없이는 교육을 거의 포기하지 않을 수 없는 것이 현대의 일반적 실정이며, 학교교육을 완전히 떠나서 인간적 성장을 꾀하기는 어렵다는 것도 우리들의 상식이다. 그뿐만 아니라, 한 나라에 있어서 실현된 인간적 가치의 총화를 우리는 흔히 '국민 문화'라는 개념으로 집약하거니와, 국민경제의 발전에 토대를 둠이 없이 국민 문화만이 기적처럼 꽃핀 예를 별로 들어 보지 못한다.

경제문제와 관련하여 특별히 강조되어야 할 것은 '노동'의 의의가 깊은 각도에서 재음미되어야 한다는 사실이다. 우선 노동을 천시(賤視)하고 기피하는 낡은 관념이 불식되어야 할 것이며, 어떤 노동은 천한 것으로 여기고 다른 노동은 귀한 것으로 여기는 구별의 관념도 극복되어야 할 것이다. 그리고 그것이 가능하기 위해서는, 노동 그 자체 안에서 의의와 보람이 발견될 수 있어야 할 것이며, 노동의 대가로 지급되는 보수에 불공평함이 없어야 할 것이다.

오늘날에 있어서는, 옛날의 '양반'들이 그랬듯이, 가만히 놀고 먹는 것을 자랑스러운 일이라고 생각하는 사람들이 거의 없어졌으며, 누구나 부지런히 일해야 한다는 관념이 널리 퍼져 있는 것은 매우 다행스러운 일이다. 그러나 극도로 전문화되고 기계화된 오늘의 분업 노동 속에서, 사람들은 자기가 하는 일이 전체 사회생활 속에서 어떤 공헌 또는 파괴를 하는 것인지 깊이 음미할 여유가 없는 경우가 많으며, 자기가 하는 일 그 자체 안에서 보람을 발견하기보다는 노동의 대가로 지불되는 임금 속에 유일한 위안의 근거를 발견하는 것이 보통이다.

예컨대, 큰 공장에서 조그만 부품을 만드는 일에 종사하는 사람들은 그 부품이 무엇에 어떻게 사용되는 것인지 모를 수도 있는 까닭에, 자기가 하는 일의 보람을 그 일이 갖는 전체적 의의와 관련시켜서 느끼기가 어렵다. 또 옛날의 장인(匠人)들은 자기가 만드는 작품의 예술성 속에 가장 큰 보람을 느끼는 것이었으나, 오늘의 기술공(技術工)들은 대량생산을 위주로 삼는 기계화 과정 속에서 작품에 대한 예술가적인 애착과 보람을 느끼기 어려운 실정에 놓여 있다. 따라서 노동의 의의 내지 보람을 주로 금전적 보수에서 발견할 수밖에 없게 되거니와, 그 금전적 보수도 노동의 종류에 따라서 그 액수의 차이가 너무나 많으므로, 어떤 종류의 노동은 중요시하는 반면에 다른 종류의 노동은 천시하는 경향이 여전하게 남아 있다.

노동이 단순한 밥벌이의 수단이 아니라, 노동의 과정 자체가 인생의 중요한 목표의 일부가 될 수 있도록 해야 할 것이며, 그러기 위해서는 모든 일꾼들로 하여금 주체적 참여 의식을 가지고 일에 종사할 수 있도록, 사업 전체를 기획하는 단계에서부터 각별한 배려가 베풀어져야 할 것이다. 그리고 특별히 어떤 종류의 노동은 누구나 꺼리는 폐단을 가급적 줄이기 위해서, 힘이 많이 들고 하기 어려운 일일수록 많은 보수가 돌아가도록 새로운 조처가 취해져야 할 것이다.

이상과 같은 우리들의 고찰은, 모든 사람들의 욕구와 권익이 공정하고 평등한 대접을 받아야 한다는 민주주의의 기본 이념으로 우리를 이끌어 간다. 우리는 앞에서, 전체의 욕구를 만족시키는 일은 부분의 욕구를 만족시키는 것보다 더욱 값지다는 사실을 지적했거니와, 큰 가치와 작은 가치 사이에 충돌이 있을 경우에는 큰 가치를 선택하는 것이 옳다는 사람들의 셋째 원칙에 비추어 보더라도, 일부 특수한 사람들의 욕구를 우선적으로 만족시키기 위해서 다른 많은 사람들의 욕구 내지 권익을 소홀히 대접할 수 없음은 의심의 여지가 없다.

기회의 균등과 분배의 공정이 보장되는 정의로운 사회를 실현하는 일은 우리가 신봉하는 민주주의의 가장 큰 목표라고 생각되거니와, 우리들이 이제까지 전개한 논리의 귀결도 이 민주주의의 기본 이념과 부합한다는 것을 보게 되었다. 내 욕구와 내 이익만을 생각하여 다른 사람 또는 전체로서의 국가 내지 사회를 안중에 두지 않는 이기주의적 생활 태도를 극복하는 일은, 현대의 새로운 인간상이 실현해야 할 근본적인 당면 과제의 하나다.

5)

우리는 인간적 가치를 가장 귀중한 가치로서 추구하는 것, 즉 상실된 인간 자신을 다시 회복하는 일을 새 시대의 바람직한 인간상의 기본적 조건으로 강조하였다. 그러나 인간적 가치의 귀중함을 강조하고 인간의 회복을 관념적으로 역설하는 것만으로 그친다면, 별로 뜻이 없을 것이다. 진실로 중요한 것은 인간적 가치를 실제로 실현하는 일이요, 인간의 회복을 현실적으로 달성하는 일이 아닐 수 없다.

우리는 물질적 가치가 그 본래의 위치에 적합한 존중을 받는 동시에, 모든 사람들이 각자의 소질과 능력에 알맞은 노동의 기회를 가져야 하며, 일하는 과정 그 자체 속에서 노동의 보람을 찾을 수 있도록 노동의 조건이 고쳐져야 한다는 사실을 지적하였다. 그러나 이러한 사실을 관념상으로 이해하고 입으로 그것을 역설함에 그친다면, 별로 뜻이 없을 것이다. 우리에게 정말 중요한 것은, 우리가 옳다고 믿는 바에 가까운 상태가 눈앞에 실현되는 일이다.

우리가 옳다고 믿는 까닭에 그렇게 되기를 바라는 상태가 진정 실현될 수 있기 위해서는 여러 가지 조건이 갖추어져야 하는데, 인간의 이상을 실현하기에 필요한 조건 가운데서 가장 중요한 것은 인간 자신의 성실한 노력이다. 인간의 이상은 결국 인간 스스로의 노력으로 달성해야 할 쟁취의 목표이며, 인간으로 하여금 인간다운 노력을 끊임없이 할 수 있게 해주는 것은 '성실'의 이름으로 불리는 미덕인 것이다.

널리 '문화적 가치'로 불리는 어떤 업적이 달성되기 위해서나, '현실의 개조'라는 범주에 포함되는 업적이 성취되기 위해서나, 첫째로 필요한 것은 인간 스스로의 성실한 노력이다. 인간의 성실한 노력이 없는 곳에는 한 편의 탁월한 학술 논문이 결실할 수 없으며, 한 점의 우수한 미술품이 제작될 수도 없다. 나라의 경제가 건전한 발달을 이룩하기 위해서도 우선 앞서야 할 것은 인간의 성실한 노력이며, 기회의 균등과 분배의 공정이 보장되는 정의로운 사회가 건설되기 위해서도 첫째로 요청되는 것은 사람들의 성실한 노력이다.

오늘날 대부분의 사람들은 자기가 세운 목표의 달성을 위해서 비상한 노력을 하고 있다. 사회 경쟁이 치열한 속에서, 노력하지 않을 수 없는 환경의 힘에 밀려서라도, 사람들은 각각 무엇인가를 위하여 애를 쓰고 있다. 만약 열심히 노력하는 것만으로 훌륭한 인간이 되기 위한 충분한 조건이 될 수 있다면, 오늘의 한국인은 대부분이 훌륭한 사람들이라고 불릴 수 있을 것이다.

그러나 사람됨이 훌륭하고 안 하고를 결정하는 것은 그 사람이 하는 노력의 정도라기보다 그가 하는 노력의 도덕적 성격이다. 사기나 강도 따위의 흉악한 범죄를 저지르는 사람들도 그 범죄를 성공적으로 수행하기 위해서 비상한 노력을 한다. 그러나 그 노력이 그릇된 방향으로 빗나가는 까닭에, 범죄 행위의 전체는 비난의 대상이 된다. 올바른 목적을 올바른 수단으로써 달성하고자 하는 성실한 노력만이 그 노력의 주인공을 훌륭하게 만드는 것이다.

그런데 바로 이 '성실성'이 오늘날 우리들에게 부족한 것이다. 공정한 사회를 건설하고 인간적 가치를 크게 실현하고자 하는 성실한 노력이 아니라, 눈앞의 이익을 탐내는 이기주의적 노력에 가까운 까닭에, 우리들의 활동은 도리어 많은 혼란과 어려운 문제를 야기한다. 그러므로 바람직한 새 인간상이 갖추어야 할 또 하나의 요건으로서 우리는 성실성을 강조하지 않을 수 없다.

우리가 '성실성'을 바람직한 인간상이 갖추어야 할 또 하나의 요건으로 추가하는 이유는, 인간적 가치를 크게 실현하고 공정한 사회를 건설하기 위해서는 성실한 노력이 필요하다는 사실에만 있는 것이 아니다. 다시 말하면, 우리는 '성실'의 덕(德)을 단순한 도구적 가치의 으뜸으로서만 높이 평가하는 것이 아니다. 성실은 그 자체가 인간적 가치의 으뜸이다. 3장에서 이미 말한 바와 같이, 인간을 인간답게 하는 기본이 바로 성실성에 있다. 성실하게 산다는 것은 인간답게 산다는 것을 의미하는 것이니, 성실성으로 말미암아 다른 좋은 결과가 생기는 일이 없다 하더라도, 성실하게 산다는 사실 그 자체 속에 본래적 가치가 깃들어 있는 것이다.

성실하게 산다는 것, 그 한 가지만으로 인생을 만족할 수는 없을 것이다. 그러나 성실함을 떠나서 진실로 뜻있는 삶을 가질 수는 없다. 성실함이 때로는 일시적인 '손해'를 가져올지도 모른다. 그러나 성실한 태도가 필경은 좋은 결과를 초래하리라는 것을 아직도 믿을 수 있다는 사실에 인간의 내일이 달려 있으며, 성실한 사람은, 그가 성실한 사람이 되었다는 그 사실 속에 이미 큰 보람을 얻고 있는 것이다.

3. 바람직한 사회상

1)

우리는 이 장 2절에서 '바람직한 인간상'의 모습을 주로 개인적 측면에 중점을 두고 고찰하였다. 앞에서 고찰한 '바람직한 인간'의 개인상을 대략 다음과 같이 요약할 수 있을 것으로 보인다.

(1) 그는 인간적 가치를 가치 체계의 정상에 놓고, 인간의 육체와 정신 속에 잠재해 있는 소질 내지 능력을 개발하여 훌륭한 자아를 실현하는 일을 가장 귀중한 목표로서 추구한다.

(2) 그는 인간적 가치의 실현을 위한 토대로서 물질의 가치를 중요시하며, 근면한 노동으로써 필요한 물질을 확보하고자 노력한다. (인간적 가치의 실현을 위한 수단을 인간 자신보다도 더욱 중요시하는 본말의 전도를 범하지 않을 뿐 아니라, 필요한 수단을 소홀히 여김으로써 이상을 한갓 공상으로 타

락시켜 버리는 어리석음을 범하지도 않는다.)

(3) 그는 모든 인간이 본래 다 같이 귀중하다는 사실을 명심하고, 모든 사람들이 균등한 기회와 공평한 분배를 얻어 각자의 뜻을 이룰 수 있는 공정한 사회를 지향한다.

(4) 그는 자기 자신에 대해서나 타인 또는 사회 일반에 대해서나 항상 성실한 마음으로 처신한다.

물론, 이상은 너무나 간략한 내용이며, 바람직한 개인의 상(像)을 좀 더 자세하게 나타내기 위해서는 그 밖에도 여러 가지 조건 내지 특성이 첨가되어야 할 것이다. 건강한 신체, 풍부한 정서, 정확한 판단력, 불굴의 용기와 인내력, 여유만만한 유머 등 첨가되어야 할 것이 끝없이 많다. 다만 우리는 앞에서 말한 네 가지 사항을 바람직한 개인이 갖추어야 할 가장 기본적인 성격으로서 제시한 데 지나지 않으며, 비록 매우 불충분한 서술이기는 하나 그런대로의 의의를 인정할 수 있을 것으로 믿는다.

개인의 의지와 결심은 바람직한 인격이 실현되기 위해서 요청되는 중요한 조건의 하나다. 그러나 개인의 결심만으로 자기가 소망하는 대로의 인간이 될 수 있는 것은 아니다. 좀 더 정확하게 말한다면, 우리는 자기가 원하는 대로 결심하고 원하는 대로 행동할 수 있는 완전한 자유를 보유하고 있는 것이 아니라, 갖가지의 객관적 여건들이 우리의 결심과 행동에 제약을 가한다.

예컨대, 돈이나 권력보다 인간이 귀중하다는 것을 알고 그러한 인식을 따라서 항상 처신할 것을 원한다 하더라도, 내가 사는 사회가 만약 돈이나 권력이 없이는 조금도 움직이기 어려운 사회라면, 나는 본의야 어떠하든 간에 우선 돈이나 권력을 잡는 일에 노력을 집중할 것이다. 그리고 돈이나 권력을 쥐는 일이 치열한 경쟁으로 말미암아 매우 어려운 목표일 경우에는, 돈이나 권력을 잡는 일에 모든 정력과 시간을 바쳐야 하므로, 돈과 권력의 토대 위에서 실현하고자 했던 인간적 가치는 부지불식중에 망각 속에 파묻혀 버리고 말 것이다.

또, 가령 우리가 부지런히 일하고 정직하게 살기를 원한다 하더라도, 부지런함과 정직함만으로는 도저히 살아갈 수 없을 정도로 무질서한 세상이라면, 우리는 조만간 부지런하고 정직하기를 단념하는 한이 있더라도 다른 어떤 자기 보존의 길을 택할 것이다. 요컨대, 바람직한 인간상이 탄생할 수 있기 위해서는 그러한 인간상의 탄생을 가능하게 할 만한 사회적 여건이 어느 정도는 갖추어져야 한다.

그렇다면, 앞에서 우리가 묘사한 바와 같은 개인상을 출현하게 하기 위해서는 어떠한 사회적 여건이 갖추어져야 하는 것일까? 우리는 그러한 여건이 갖추어진 사회를 편의상 '올바른 사회'라고 부르기로 하고, 이 '올바른 사회'의 윤곽을 대충 구상해 보기로 하자.

그러나 '올바른 사회'와 '바람직한 개인'을 서로 떨어진 두 가지의 사실로 볼 성질의 것은 아니다. 올바른 사회는 상당한 숫자의 훌륭한 개인들에 의해서만 건설될 수 있으며, 한 사회의 성원들이 대부분 훌륭한 인격을 형성해 가며 살 수 있기 위해서는 그 사회가 어느 정도 올바른 질서를 유지하고 있어야 한다. 요는 '바람직한 인간상'의 문제를 개인적 측면에서 볼 때는 훌륭한 개인의 문제가 될 것이요, 전체적 측면에서 본다면 올바른 사회의 문제가 될 것이다.

따라서 훌륭한 개인들을 길러 내는 일과 올바른 사회를 건설하는 일은 동시에 추진될 인간의 목표이며, 어느 것을 먼저 하고 어느 것을 나중에 할 성질의 것이 아니다. 여기서 우리가 '올바른 사회'의 윤곽을 밝혀 보려고 꾀하는 것도, '바람직한 인간상'의 문제를 주로 개인적 측면에서 고찰한 바 있는 우리로서, 같은 문제를 사회 전체의 각도에서 고찰함으로써 앞의 미흡했던 점을 보충하고자 함에 지나지 않는다.

우리는 앞에서 새 시대의 바람직한 개인들은 "모든 사람들이 균등한 기회와 공평한 분배를 얻어 각자의 뜻을 이룰 수 있는 공정한 사회를 지향한다."는 명제를 세웠다. 우리가 여기서 다루고자 하는 올바른 사회의 문제는 바로 이 명제에 연결되는 것이며, 이 명제 속에 나타난 '공정한 사회'의 개념을 좀 더 상세하게 고찰하고자 함에 해당하는 것이기도 하다.

2)

모든 것이 풍부하고 안정되어 노력이나 모험을 할 필요가 없을 정도로 평온 무사한 사회에서는 발전 또는 성장을 기대하기 어려우며, 그러한 사회 안에 사는 사람들은 도리어 행복에서 멀리 떨어진다. 따라서 러셀(B. Russell)도 "보통 사람들의 경우 경쟁이 없는 곳에서 행복을 얻을 수는 없다."고 말하면서, "조용한 인생은 아마 권태로운 인생일 것이다."라고 하였다.[2] 그러나 현재 우리가 살고 있는 사회는 너무나 경쟁이 치열하고 자극이 강하다.

그러므로 '바람직한 인간'의 출현을 위해서 일반적으로 필요한 여건 가운데 사회적 경쟁 내지 사회적 자극은 이미 지나칠 정도로 많이 주어져 있는 셈이니, 이 문제에 대해서는 더 이상 말하지 않아도 좋을 것으로 보인다.

바람직한 사회, 즉 국민 각자가 자기의 뜻을 성취하고 행복하게 살 수 있는 사회가 갖추어야 할 근본 조건으로서 근세 이래 전통적으로 강조되어 온 것은 자유(自由)와 평등(平等), 그리고 우애(友愛)의 세 가지였다. 이 세 가지는 하나의 이념으로서는 오늘도 나무랄 데가 없는 것으로 보인다.

만약 모든 사람들이 자유와 평등을 누리며 그 위에 더욱 인간적인 사랑을 주고받는 사회가 실현될 수 있다면, 그것이 현대의 우리를 위해서도 바람직

2 B. Russell, *Authority and the Individual*, London, 1949, pp.22-23.

한 사회임에 의심의 여지가 없다. 그것은 바로 인간적 가치의 앙양을 약속하는 사회이며, 민주주의가 본래 희구하던 사회다.

그러나 '자유' 및 '평등'의 두 개념은 모두 그 뜻이 모호할 뿐 아니라, 흔히 말하는 자유와 평등 사이에는 양립하기 어려운 일면, 즉 서로가 서로를 저해하는 일면을 가지고 있다. 그러므로 우리는 우리가 희구하는 자유와 평등의 뜻을 분명히 하는 동시에, 자유와 평등의 두 요구를 조화시키는 문제를 고찰할 필요를 느낀다. 우선 자유의 문제부터 논해 보기로 하자.

자유에 대한 욕구는, 생존에 대한 욕구가 그렇듯이, 인간의 욕구 가운데서 가장 기본적인 것이다. 가장 절실한 욕구인 까닭에, 자유에 대한 욕구는 다른 욕구들보다도 우선적으로 충족되기를 요청한다. 생존과 아울러 자유를 인간의 기본적 권리로서 인정하게 된 이유도 여기에 있다.

자유는 그 자체가 인간의 절실한 소망일 뿐 아니라, 인간의 다른 소망들을 달성하기 위한 기본적인 조건이기도 하다. 학문, 예술, 종교, 정치, 경제, 그리고 그 밖의 어떠한 분야에 있어서나, 인간이 타고난 자질을 연마하여 훌륭한 문화적 업적을 남길 수 있기 위해서는, 인간에게 적어도 어느 정도의 자유로운 활동이 허용되어야 한다. 짧게 말해서, 자유가 없는 곳에는 문화의 창조가 있을 수 없으며, 따라서 진정한 의미의 인생도 있을 수가 없다. 인간의 생활과 다른 동물들의 그것이 근본적으로 다른 점은, 전자에는 문화적 창조가 있고 후자에는 그것이 없다는 사실에 있기 때문이다.

옛날의 문화는 일부 특권계급이 누린 자유를 토대로 삼고 형성되었다. 많은 노예들이 동원되기도 하였으나, 그 노예들은 한갓 도구로서 사용된 것에 지나지 않으며, 엄밀한 의미에 있어서 그 문화 창조에 참여한 것은 아니다. 한마디로 말해서, 그것은 귀족의 문화였다. 그러나 인간은 누구나 동등하게 귀중한 존재이며 모든 사람들은 각자의 잠재력을 발휘하여 문화의 창조라는 인류의 공동 사업에 적극적으로 참여할 권리를 가졌다는 것이 민주주의를 믿는 우리들의 공통된 신념이다.

이와 같이 믿는 까닭에, 근세 이래의 거의 모든 사상가들은 만인의 자유를 정치, 경제, 윤리, 그리고 그 밖의 모든 분야에 있어서의 기본 원리로서 강조해 왔던 것이다. 하여간, 모든 사람들의 자유를 공평하게 보장해 주는 일이 새 날의 올바른 사회 내지 국가가 책임져야 할 기본적인 임무의 하나라는 것은 의심의 여지가 없다.

그러나 모든 사람들의 모든 자유를 허용한다는 것은, 현재의 인간성에 근본적인 변화가 오지 않는 한, 사실상 불가능한 일이다. 사람들의 욕구가 서로 충돌함에 따라서 나와 남의 자유도 필연적으로 충돌하기 마련이기 때문이다. 특히 현대의 물질문명 속에 있어서는 금전과 권력 그리고 관능의 쾌락과 같은 경쟁성이 강한 가치를 가장 귀중한 목표로서 추구하는 경향이 강한 까닭에, 사람들의 욕구는 더욱 번번하게 충돌하고, 너와 나의 자유는 더욱 민감하게 서로 간섭한다. 여기서 필연적으로 문제가 되는 것은 사회생활 속에서 밀접하게 서로 관계하며 살아가는 사람들 각 개인에게 허용할 수 있는 자유의 한계이며, 각자의 자유가 올바른 한계를 넘지 않도록 하는 길이 무엇인가 하는 문제다.

사람들에게 일반적으로 허용하는 것이 바람직한 자유를 '참된 자유'라 부르고, 그 한계를 벗어나는 행동을 '방종(放縱)'이라고 부르는 사람들의 용어를 따른다면, 사람들에게 허용할 수 있으며 또 허용함이 마땅한 자유란 곧 '방종이 아닌 자유'라고 말할 수 있을 것이다.

그렇다면 사람들이 말하는 '참된 자유'와 '방종'을 구별하는 한계선은 무엇으로 정할 것인가? 정당한 법과 타당성 있는 도덕이 지배하는 사회라면, 일단 법과 도덕으로써 그 한계선의 대강을 정할 수 있을 것이다. 즉, 법과 도덕의 테두리 안에서 최대한의 자유가 보장되는 것이 바람직하다고 말할 수 있을 것이다. 그러나 나라의 법이 정당하지 못하거나 사회의 도덕이 타당성을 잃었을 경우에는, 그 나라에 있어서 현재 통용되고 있는 법과 도덕으로써도 '자유'와 '방종'을 구별하는 경계선으로 삼을 수가 없을 것이다.

우리의 문제는 이제 "어떠한 법이 정당한 법이며, 어떠한 도덕이 타당성 있는 도덕인가?" 하는 물음으로 연결되고 있는데, 이 물음에 대한 철학적 해답을 꾀하는 것은 이 작은 책자의 범위를 넘어서는 일이라고 생각되므로 긴 논의는 일단 보류하기로 한다.

우리들의 현재의 문맥을 위해서는 '정당한 법' 및 '타당성 있는 도덕'에 관한 일반적 통념을 상기하는 것만으로 우선 만족할 수밖에 없을 것이다. 우리들의 통념을 따른다면, 한 나라의 안녕과 질서 그리고 발전을 도모하며 온 국민들의 권익을 공평하게 옹호하기에 적합한 법이 정당한 법이며, 국가 내지 사회의 번영을 촉진하고 사람들로 하여금 각자의 뜻을 이루어 가며 행복한 사회생활을 할 수 있도록 이끌어 주는 도덕이 타당성 있는 도덕이라고 말할 수 있을 것이다.

이 절의 출발점이 된 것은 "바람직한 나라의 첫째 조건은 국민에게 자유를 보장함이다."라는 전제였으며, 이제 우리가 당면한 문제는 "국가가 국민에게 현실적으로 보장해야 할 자유의 한계가 무엇인가?"라는 물음인 것이다. 이 물음을 두고 생각하는 가운데 우리는 "법과 도덕의 테두리 안에서 최대한의 자유가 보장되어야 한다."는 막연한 대답을 우리들 자신에게 주었으며, 이 막연한 대답에 의하여 한 가지 명백해진 것이 있다. 그것은, 지극히 특수한 경우를 제외한다면, 사상과 언론의 자유는 누구에게나 보장되어야 한다는 사실이다.

법 또는 도덕이 제약을 가하는 대상이 되는 것은 원칙적으로 실천적 행동이요, 사상이나 언론은 아니다. 마음속에 있는 사상에 대해서는 본래 제약이나 제재를 가할 수가 없으며, 사상의 정직한 표현으로서의 언론에 대해서도 자유는 원칙적으로 보장되어야 한다는 것이 우리들의 상식이다. 우리가 남의 행동을 정당하게 제한할 수 있는 것은, 그의 행동이 사회의 질서를 파괴하거나 국가의 이익에 역행함으로써 타인의 권익을 침범할 경우에 한한다. 그리고 사회의 질서를 파괴하고 타인의 권익을 침범하는 것은 좁은 의미의 '실천적 행동'이요, 사상의 정직한 표현으로서의 언론은, 그 자체만으로는, 질서를 파괴하거나 권익을 침범하지 않는다.

물론 사상 가운데는 위험성을 내포한 것도 있으며, 그것이 좋지 못한 행동의 원인이 되어 사회의 질서를 파괴하고 타인의 권익을 침범하는 결과를 가져오기도 한다. 그리고 그 사상의 부당성과 위험성이 명백하며 사회와 국가에 대하여 미치는 악영향이 지대할 경우에는, 국가는 법으로써 그러한 사상의 선전을 금지하는 예가 있다. 그러나 매우 특수한 경우를 제외한다면, 사상과 언론의 자유를 막지 않는 것이 민주주의 국가의 일반적 원칙이다. 불온한 사상이나 부당한 언론이 나타났을 경우에는, 힘으로써 그것을 누르는 것보다는 건전한 사상과 올바른 언론으로써 그것을 봉쇄하는 것이 민주주의의 정도(正道)다.

사상을 폭력으로써 막는 것은 민주주의 원칙에 어긋날 뿐 아니라, 좋지 못한 사상을 근절해 버리는 데 효과적인 방법도 아니다. 백일하에 내놓고 정정당당한 이론으로써 물리쳤을 때 부당한 사상 내지 언론은 자연히 대중의 지지를 잃고 무력하게 되는 것이며, 힘에 의한 강제적 탄압으로 후퇴를 당한 사상 내지 언론은 보이지 않는 곳으로 숨어 다니며 사람들의 호기심과 동정을 살 염려가 있기 때문이다.

이 문제는 물론 이상론(理想論)만으로는 처리하기 어려운 복잡성을 내포하고 있으며, 민도(民度)의 수준이 상당한 높이에까지 도달했을 경우가 아니면, 모든 정책적 조치를 함부로 반대할 수 없는 일면을 가지고 있다. 그러나 사상과 언론을 제한하는 조치가 타당성을 갖는 것은, 지성의 발달이 부족한 어린이들의 경우나 민도가 낮은 미개 지역의 경우와 같이, 수준 이하의 사회에 있어서의 임시 조처로서 타당성을 갖는 데 지나지 않으며, 적어도 우리가 현재 지향하고 있으며 머지않아 실현되어야 할 사회는 사상과 언론의 자유가 완전히 보장되는 민주 사회가 아닐 수 없다.

비록 실천적 행동이라 할지라도, 사회의 질서나 타인의 권익에 대하여 큰 손실을 가져오는 것이 아닌 한, 자유는 원칙적으로 보장되어야 한다. 겉으로는 국가와 사회의 이익을 빙자하고 안으로는 일부 개인 또는 당파의 이익을 도모하여 국민의 행동에 대하여 필요 이상의 간섭을 가하는 것은, 비록 그것이 입법(立法)의 절차를 정식으로 밟았을 경우라 할지라도, 용납될 수가 없다. 소수 또는 약자의 것이라 할지라도 정당한 권익은 끝까지 옹호되어야 하며, 그것을 침해하는 법은 입법 그 자체가 민주주의에 어긋나는 것이다.

기본권의 자유가 법률의 조문으로만 보장되는 것은 의미가 없다. 자유는 현실적으로 보장되어야 하며, 법률의 적용은 만인에게 공평해야 한다. "모든 국민은 법 앞에 평등하다."는 것은 이미 묵은 상식에 속하거니와, 사회의 현실은 반드시 이 상식대로 움직이지 않는다. 강한 자는 법을 어기고도 무사하며, 약한 자는 법을 지키고도 유린을 당하는 사례가 없지 않다. 법의 보호가 만인에게 고루 미치도록 하는 것은 우리가 지향하는 '올바른 사회'의 또 하나의 조건 내지 임무가 아닐 수 없다.

국민들의 온갖 권익을 법의 힘만으로 지킬 수는 없다. 내 이익을 위해서 남의 자유를 침범하는 일이 없도록 하는 자율(自律)이 국민 각자에게 절실하게 요청된다. 남의 자유를 침범하는 것이 부당하다는 사실을 국민의 대부분이 관념상으로 알고 있다 하더라도, 금전이나 권력과 같은 경쟁적 가치를 가장 귀중한 목표처럼 추구하는 물질문명의 풍조가 지배하는 동안, 그러한 관념적 지식이 사람들의 행동을 현실적으로 결정하지는 못할 것이다. 따라서 우리는 앞에서 가치 체계 전반의 새로운 수립이 요청되고 있음을 강조했던 것이다.

3)

18세기 유럽의 인권 사상가들은 '자유'와 '평등'을 나란히 내세웠다. 마치 이 두 가지는 같이 붙어 다니는 것처럼 생각하는 경향조차 있었다. 그리고 당시에 '자유'를 외친 사람들이 귀족계급에게 압박을 당하던 피지배계급이었다는 사실을 고려할 때, 그것은 매우 자연스러운 경향이다. 왜냐하면, 피지배계급의 부자유는 주로 그들의 불평등한 지위에 기인하기 때문이다.

다시 말하면, 사회적으로 불공평한 대우를 감수하지 않을 수 없는 불리한 처지에 놓였다는 사실이 봉건사회에 있어서 피지배계급의 자유가 유린되는 가장 큰 원인이었던 까닭에, 그들이 자유를 누리기 위해서는 우선 평등한 사회적 지위를 쟁취할 필요가 있었던 것이다. 따라서 그들에게 있어서 '자유'와 '평등'은 거의 동의어에 가까운 관계를 가지고 있었다.

그러나 시민혁명을 거쳐서 사회적 세력 관계가 뒤집힌 다음에는 사정이 근본적으로 달라졌다. 봉건귀족들에게 압제를 당하던 상공 계급이 이제 사회의 주도권을 잡았으니, 그들 자신을 위해서 '평등'을 부르짖을 필요는 사실상 없어지고 말았다. 그렇다고 갑자기 '평등'의 이념을 포기하고 불평등을 공공연하게 긍정하는 변화가 생기지는 않았다.

인간이 본래 평등한 권리를 가졌다는 것은 상공 계급 자신이 강조해 왔던 주장이며, 이미 그것은 하나의 일반적 통념으로 되어 있었던 까닭에, 인간의 평등을 당위로서 인정하는 관념에 큰 변동이 생길 수는 없었던 것이다. 그리하여 '평등'에 대한 이념은 여전히 계속하여 주장되었으며, 다만 지배계급으로서의 상공 계층이 주장한 '평등'은 점차 현실적인 절실성을 잃고 한갓 관념의 세계로 후퇴하는 경향을 보였다. 대의와 명분을 위해서는 '평등'을 역설할 필요가 있었을지 모르나, 자기 자신의 이익을 위해서는 그것이 도리어 거추장스러운 이론으로서의 의의를 갖기 시작했던 것이다.

한편, '자유'의 이념도 시민혁명 이전과 다름없이 계속 요청되고 강조되었으나, 신흥 상공 계층에 의하여 주장된 '자유'의 의미는 그 내면에 있어서 근본적인 변화를 일으켰다. 즉, 그들이 피지배적인 위치에 있었을 때 부르짖은 '자유'는 강자의 압박을 거부하는 소극적 자유였으나, 이제 시민혁명에 성공한 뒤에 그들이 강조한 자유는 강자가 더 강하게 되기에 필요한 적극적 자유에 가깝다. 다시 말해서, 그것은 평등을 전제로 삼는 자유가 아니라, 도리어 불평등을 발판으로 삼는 자유였다. 이리하여 자유와 평등은 이젠 동의어적 병행의 관계를 벗어나서, 도리어 서로가 서로를 방해하는 대립의 일면을 가지게 되었다.

자유와 평등 사이의 상호 배반적 관계는, 자유경쟁이 사회적 불평등의 근본적 원인이 되고 있는 우리들의 현실이 가장 알기 쉽게 설명해 준다. 자유방임을 주장한 고전 경제학자들은 '보이지 않는 손'의 작용이 이기주의적 경쟁의 결과를 조화와 균형으로 이끌어 줄 것이라고 낙관하였으나, 역사적 사실은 그들의 예언을 배반하였다. 경쟁하는 사람들의 힘의 차이는 승자와 패자의 거리를 멀리 떼어 놓았으니, 결국 강자들의 자유로 말미암아 사회의 현실은 '평등'의 이념을 멀리 이탈하는 결과에 이르렀던 것이다.

자유의 강조가 불평등을 조장하는 결과를 초래했다는 사실은, 자유와 아울러 평등의 실현을 위한 사회적 노력이 성실하게 바쳐져야 한다는 것을 의미한다. 모든 사람이 평등한 대우를 받아야 마땅하다는 것은, 우리가 모든 인간이 동등하게 존귀하다는 엄연한 사실을 부인하지 않는 한, 의심의 여지가 없다. 동등하게 존귀함을 인정하면서 불평등한 현실을 그대로 시인한다면, 그것은 명백한 자기모순이 될 것이기 때문이다.

평등은 "모든 인간은 동등하게 존귀하다."는 명제에 근거를 둔 논리적 요청일 뿐 아니라, 질서와 안정을 희구하는 우리들에 있어서 극히 현실적인 요청이기도 하다. 개인의 행복을 위해서나 국가의 번영을 위해서나, 사회의 안정과 질서는 필수의 조건이며, 안정과 질서에 대한 가장 큰 위협은 불평등한 대접에 대하여 불만을 느끼는 사람들의 반발이다.

따라서 우리가 그 실현을 갈망하는 바람직한 인간상의 사회는 평등의 원칙이 지켜지는 공정한 사회이어야 한다는 점에는 의심의 여지가 없다. 다만 문제가 되는 것은, '평등' 또는 '공정'이 약간 다의적(多義的)인 개념이어서, 우리가 말하는 '평등' 내지 '공정'이 엄밀하게 무엇을 의미하는지 명백하지 않다는 사실이다.

'평등'의 원칙을 풀어서 말한다면, "처지와 형편이 같은 두 사람은 차별 없는 대접을 받아야 한다."라는 표현으로 일단 바꾸어 놓을 수 있을 것이다. 아무리 '평등'이 요청된다 하더라도, 모든 사람을 글자 그대로 똑같이 대접한다는 것은 사실상 불가능하며 또 바람직한 일도 아니다. 가령, 국민 전부에게 대통령의 자리를 고루 나누어 준다거나 국가의 재산을 모든 인구에게 똑같이 분배한다는 것은 불가능할 뿐 아니라, 좋은 일도 아니다. 처지와 형편이 다를 때에는 사람들이 받는 대접에도 차이가 따르는 것이 바람직할 경우가 많다. 따라서 '처지와 형편이 같은'이라는 제한이 붙게 되는 것이다.

사람들의 처지와 형편이라는 것은 개인을 따라서 어느 정도의 차이가 있는 것이 보통이며, 처지와 형편이 엄밀하게 똑같은 두 사람이라는 것은 원리상 있을 수가 없다. 그러므로 처지와 형편의 모든 차이를 차별 대우의 정당한 이유로서 인정할 수는 없으며, 처지와 형편의 차이 가운데서 차별 대우의 정당한 사유가 될 수 있는 것과 없는 것을 구별할 필요가 생긴다.

사람들이 필요로 하는 바의 차이가 차별 대우의 사유가 된다는 것은 대체로 받아들여질 수 있는 의견이다. 책이 필요한 사람에게는 책을 주고, 악기가 필요한 사람에게는 악기를 주며, 농기구가 필요한 사람에게는 농기구를 주는 것은 확실히 사리에 적합한 일이다. 우리가 평등을 요청하는 가장 근본적인 이유는 모든 사람들이 각자의 뜻을 이루어 행복에 도달하기를 바란다는 사실에 있다. 그리고 각자의 필요로 하는 바가 다르다는 것은 각자의 행복을 위해서 요구되는 조건이 다르다는 뜻이다. 그러므로 필요에 의거하여 분배를 달리한다는 것은 모든 사람들의 행복이 고루 실현되도록 하는 방법에 지나지 않는 것이니, 대국적 관점에서 볼 때, 그것은 평등의 이념에 합치되는 것이라고 생각된다.

그러나 사람들이 필요로 하는 것을 무엇이든 공급한다는 것은, 물자와 인력(人力)에 한계가 있는 까닭에, 사실상 불가능한 일이다. 여기서 "누구의 어떠한 필요를 우선적으로 대접하는가?" 하는 물음이 불가피하게 된다. 이 물음에 대한 대답의 하나로서 상당한 지지를 받고 있는 것이, "각자의 능력과 업적을 따라서 분배하라."는 주장이다. 능력이 높고 업적이 많은 사람들이 필요로 하는 바에 대하여 우선권을 인정하자는 이 주장은 확실히 사리에 맞는 것 같으며, 여러 나라에 있어서 어느 정도 실천에 옮겨지고 있는 원칙이기도 하다.

그러나 이 원칙을 아주 완전무결한 것으로 인정할 수 없다는 것은, "사람은 누구나 본래 귀중한 존재이며, 모든 사람은 행복하게 살 권리를 가졌다."는 우리들의 더 큰 원칙에 비추어 볼 때 명백하다. 능력이 약하고 업적이 별로 없는 사람이라고 해서 행복을 누릴 자격 또는 생존의 권리를 완전히 부인할 수는 없다. 따라서 분배의 기준을 능력과 업적에만 둘 수는 없음이 분명하다.

"필요에 따라서 분배한다."는 원칙을 우리가 고집하지 못하는 이유는, 현실적으로 그것이 불가능하다는 사실에 있는 것이며, 하나의 이상(理想)으로서는 그것은 어디까지나 정당한 인간적 노력의 목표가 아닐 수 없다. 하나의 이상으로서는 "필요에 따라서 분배한다."는 원칙을 버리지 않으면서, 현실에 적용하기 위해서는 "능력과 업적을 따라서 분배한다."는 원칙을 받아들이지 않을 수 없는 것이 우리들의 기본적인 견해인 것이다. 결국, '평등'의 원칙에 관해서 우리는 두 가지의 기준을 마음속에 간직하고 있는 셈이다. 여기서 필연적으로 일어나는 문제는, 이 두 가지 원칙을 어떻게 연결시켜 하나의 원리로서 종합할 것인가이다.

이 문제에 대하여 필자는, "각자의 필요를 따라서 분배한다."는 이상을 실현하기 위한 방편으로서 '능력과 업적에 따르는 분배'의 원리를 받아들이는 길이 있다고 생각한다. 모든 사람들에게 필요한 것을 되도록 풍족하게 공급해 주기 위해서는, 사람들의 능력을 최대한으로 활용하여 많은 업적을 올리도록 해야 한다. 그리고 유능한 사람들의 능력을 살려 그들의 업적을 높이기 위해서는, 그들에 대한 지원을 우선적으로 실행할 필요가 있다.

다만 이러한 우대의 근거는, 그렇게 하는 것이 '각자의 필요를 따라서 분배하는 공정한 사회'를 실현하는 지름길이라는 사실에 있다. 그러므로 어떠한 능력과 어떠한 업적이 더 중요시되어야 하느냐는 문제도 저 궁극목적에 비추어서 풀려야 할 것이다.

"누구의 어떠한 필요에 대하여 우선권을 인정하는가?" 하는 물음에 대해서 우리가 줄 수 있는 또 하나의 대답이 있다. 그것은 "더 원초적이고 기본적인 욕구일수록 우선적으로 충족시켜야 한다."는 대답이다. 의식주와 같은 기본적 욕구의 충족은 이른바 '고상한 욕구'의 충족보다도 앞서야 한다. 왜냐하면, 원초적이고 기본적인 욕구의 충족은 인간의 생존과 행복을 위한 가장 근본적인 필요조건일 뿐 아니라, 더 '고상한 욕구'의 충족을 위한 토대가 되는 것이기 때문이다.

원초적 욕구에 대하여 우선권을 인정한다는 것은 모든 사람의 행복을 동등하게 존중한다는 평등의 이념에도 부합한다. 예술 또는 학문 따위의 문화적 욕구는 기본 생활의 문제가 이미 해결된 사람들 가운데서 다시 특수한 개성을 가진 사람들에 의하여 발동되는 것이지만, 의식주와 같은 원초적 욕구는 빈부나 남녀노소의 구별 없이 누구나가 갖는 것이다. 누구에게나 있는 이 보편적인 욕구를 우선적으로 충족시켜야 한다는 것은, 우리가 모든 사람에게 동등한 생존권을 인정하는 이상 자명한 일이다. 민족주의를 표방하는 나라에 있어서도, 일부 특권층의 사치스러운 욕구를 만족시키기 위하여, 많은 서민들의 기본 생활이 위협을 받아도 이를 방치하는 경우가 없지 않다. 그러나 이것은 참된 민주주의 정신에 위배되는 현상이 아닐 수 없다.

서민의 최저 생활을 보장하되 그 보장이 자선사업과 같은 선심(善心)의 발동이라는 형태로 주어지는 것은 바람직하지 않다. 그것이 바람직하지 않은 첫째 이유는, 자선사업이나 선심을 통한 해결은 일시적 미봉책에 지나지 않으며, 그 둘째 이유는, 듀이가 강조하여 지적한 바와 같이, 선심은 그것을 받는 사람의 자존심을 해치고 그들의 의뢰심과 태만을 조장하기 쉽다는 사실에 있다.[3]

모든 사람의 기본 욕구가 우선적으로 충족되도록 분배하되 불구(不具)와 노유(老幼) 같은 특수한 경우를 제외하고는, 그 분배는 각자의 사회적 공헌에 대한 당연한 보수의 형태로 실시되어야 한다. 그렇게 하기 위해서는 일할 수 있는 능력을 가진 사람들에게 일할 기회가 균등하게 주어져야 하며, 각자가 한 일에 대해서는 억울하지도 않고 과분하지도 않은 보수가 지급되어야 할 것이다.

'평등'의 문제를 경제적 분배에만 국한된 문제로 생각하는 것은 크게 잘못이다. 인간은 물질생활의 안정과 평준만으로 삶의 보람을 느낄 수는 없다. 사회 또는 국가의 한 성원으로서 능력과 분수에 적합한 자리를 얻어 자기의 소질을 발휘해 가며 공동의 사업에 적극적으로 참여할 때, 비로소 사람들은

---

3 J. Dewey, "The Economic Basis of New Society", *Intelligence in the Morden World*, J. Ratner ed., pp.417–418.

고독과 소외감을 벗어나 사는 보람을 느낀다. 그러므로 물질의 분배에 있어서 불공평이 없는 것만으로 한 사회가 충분히 공정하다고 평가될 수는 없으며, 모든 성원들에게 일할 수 있는 기회와 자리를 공평하게 나누어 준다는 것도 '바람직한 사회'를 위해서 매우 중요한 조건의 하나가 아닐 수 없다. 프롬의 다음 인용은 이 점을 매우 적절한 표현으로 밝혀 주고 있다.

"건전한 사회는, … 사람들로 하여금 자기가 감당할 수 있으며 남의 눈에도 뜨일 만한 자리에서 일할 수 있게 해주고, 자기 자신이 주인공일 뿐 아니라, 사회생활에 있어서 능동적이고 책임 있는 참여자가 될 수 있게 해주는 사회다. 그것은 인간의 단결을 촉진하는 사회이며, 성원들로 하여금 서로 사랑하는 마음으로 유대를 가지도록 하며 또 그 유대를 강화해 주는 사회다. 건전한 사회는 모든 사람으로 하여금 자기가 하는 일에 있어서 생산적 활동에 종사하도록 도와주고, 이성(理性)의 신장(伸張)을 촉진하며 사람들로 하여금 집단적 활동 속에서 자신의 내적 요구를 표명할 수 있도록 해주는 사회다."[4]

4)

자유와 평등은 '바람직한 사회'의 가장 기본적인 조건이다. 그러나 이 두 가지 조건이 만족되는 것만으로 우리 인생이 충분한 행복에 도달할 수는 없다. 예민한 감수성과 복잡한 정서를 가진 사회적 동물로서의 인간은 개인적인 자유와 평등 이외에, 다른 사람들과의 우호적이고 친애하는 관계를 염원한다. 따라서 우리는 바람직한 사회의 셋째 조건으로서 '우애'를 추가했던 것이다.

---

4 E. Fromm, *The Sane Society*, New York, 1955, p.242.

근세 이후의 개인주의의 발달은 개인의 자유와 평등한 인간관계의 실현이라는 점에 있어서 많은 공적을 남겼으나, 그 반면에는 인간을 고독한 존재로 만드는 부작용이 수반하였다. 자유와 평등을 강조하고 나선 개인주의는 본래 개인의 권리 의식에서 출발했던 것이며, 각 개인의 동등한 권리의 주장은 사람과 사람을 융화시키는 정서적 유대를 약화시키는 한편, 이해와 득실 또는 거래의 차디찬 관계가 인간관계의 주축으로서의 자리를 차지하게 되었다.

내 권리를 주장하고 남의 의무를 따지는 풍토 속에서 명령과 복종의 종적 인간관계가 무너지고 자유와 평등의 횡적 인간관계가 조장된 것은 다행한 일이었으나, 한편 각자의 권리의 성(城)을 높이 쌓고, 개인마다 자기의 독립된 영토를 지키려고 신경을 곤두세워 싸우는 가운데 사람과 사람의 사이가 멀어지고 모두가 고독한 군중으로 전락한 것은 몹시 불행한 일이다.

헤르만 헤세(Hermann Hesse)의 상징적인 시가 말했듯이, 사람들은 짙은 안개 속에 묻힌 산의 나무들처럼 서로가 서로를 보지 못하며, 서로가 서로를 이해하지 못한다. 현대의 개인들은 각각 깊은 고독 속에 잠겨 있다. 이 깊은 고독 속에서 누리는 자유와 평등이 과연 어느 정도의 행복을 약속하는 것일까? 현대는 우리에게 또 하나의 새로운 반성을 촉구한다.

인간은 옛날부터 사회적인 동물이었다. 사회적인 존재인 까닭에 이웃과의 따뜻한 관계를 염원했으며, 때로는 이해관계를 초월한 사랑을 필요로 했다. 오늘도 인간은 여전히 사회적인 동물이며, 따라서 여전히 우정과 사랑을 염원한다. 그뿐만 아니라, 각 개인이 직접적으로 관여하는 인간관계가 가족이나 친족과 같은 좁은 범위에 국한되었던 옛날과는 달리, 더 넓은 범위의 교섭을 가지며 살아야 하는 현대에 있어서, 사람들은 더 높은 차원의 우정 내지 인간애를 필요로 하고 있다.

필요를 느낀다는 사실 한 가지만으로 그 필요한 것을 현실적으로 안겨 주지는 못한다. 우정과 인간애가 절실하게 요망된다는 것을 느끼고 알면서도 그것을 갖지 못하는 점에, 물질문명 속에 사는 현대인의 고민이 있다. 필요하다고 느끼는 것을 실제로 가질 수 있기 위해서는, 필요한 것을 실현하고자 하는 개인의 노력이 있어야 할 뿐 아니라, 그러한 노력이 계속될 수 있으며 또 성과를 거둘 수 있는 사회적 여건이 준비되어야 한다.

우정 내지 인간애를 실현하기 위한 계속적인 노력을 가능하게 하고 또 그 노력이 성과를 거둘 수 있기 위하여 갖추어져야 할 사회적 여건의 가장 중요한 것으로서, 적어도 두 가지를 지적할 수가 있다. 그 하나는 그 사회에 있어서 지배적인 가치 체계가 우정 내지 인간애의 이념과 조화될 수 있는 것이라야 한다는 사실이며, 또 하나는 사람들이 협동과 단결로써 달성할 뚜렷한 공동의 목표가 서 있어야 한다는 사실이다.[5] 물론 이 두 가지의 조건은 밀접하게 내면적으로 연결되고 있는 것이나, 서술의 편의를 위해서는 일단 나누어서 생각할 수 있을 것이다.

인간은 누구나 우정 내지 인간애를 많든 적든 마음속에 간직하고 있다. 그러나 그것이 발휘되지 못하는 경우가 많은 것은 더 강한 욕구 내지 동기에 의하여 압도당하기 때문이다. 그리고 어떠한 종류의 욕구 내지 동기가 사람들의 행동을 좌우하는 지배적인 힘을 갖느냐 하는 것은, 그 사회의 문화적 특색 및 그 사회에 있어서 우세한 가치 체계에 달려 있다. 현대 우리들의 인심이 강박하고 메마른 것도 우리가 사는 사회의 지배적 가치 체계가 그것을 강요하기 때문이다.

이미 1장에서 지적한 바와 같이, 현대의 물질문명 속에서 우리들의 행동을

5 여기서 '가치 체계'라 함은 관념적인 소망의 체계를 말하는 것이 아니라, 실제로 행동의 세계를 지배하는 욕구의 체계를 말한다.

좌우하는 가장 강력한 동기의 근원이 되는 것은 금전과 권력 그리고 관능적 쾌락 따위의 경쟁성이 강한 목표에 대한 욕망이다. 배타성이 강한 목표의 달성을 위하여 치열한 경쟁을 벌이는 동안, 남의 처지를 따뜻하게 고려할 인간다운 마음의 여유를 갖기는 어려운 일이며, 따라서 자연히 피차의 인심이 강박해질 수밖에 없는 것이다.

앞에서 우리는 인간적 가치로 하여금 가치 체계의 정상을 차지하게 해야 한다고 말하였다. 그리고 인간적 가치는 경쟁성이 별로 없으며, 한 사람의 인간적 성장은 다른 사람들의 인간적 성장까지도 촉진한다는 사실을 지적하였다. 인간적 가치가 가치 체계의 정상을 차지하게 되는 날, 사람들은 무자비한 경쟁에 말려들어 가지 않아도 좋을 것이며, 따라서 마음의 여유를 가지고 이웃 사람들의 처지를 고려할 수 있을 것이다.

그뿐만 아니라, 사랑과 이해로써 남을 대할 수 있는 마음의 여유를 갖는다는 것 자체가 훌륭한 인간적 가치의 실현을 의미하는 것이다. 많은 사람들이 인간적 가치의 실현을 가장 소중한 목표로서 추구할 때, 우정과 인간애로 이웃을 대할 수 있는 사회에 접근하게 될 것이며, 그러한 사회로 접근한다는 사실은 곧 인간적 가치 실현의 중요한 일부가 된다는 뜻이다.

여러 사람들이 하나의 공동 목표를 향하여 함께 일할 때, 그 사회에 자연히 동지애적(同志愛的) 우정이 생긴다는 것은 두루 알려진 사실이다. 공동 목표를 구심점으로 삼는 '우리'라는 느낌이 서로서로 아끼는 사랑의 감정으로 발전하는 것이다. 우리나라에는 지금 뚜렷한 민족적 공동 목표가 있다. 다만, 온 겨레가 힘을 합하여 달성해야 할 공동의 목표가 사실상 존재한다는 것만으로 충분한 것은 아니다. 더욱 중요한 것은, 국민 모두가 이 공동 목표를 의식하고 각자의 사명을 느끼며, 그 길을 위하여 힘을 합하고자 하는 마음의 자세가 서는 일이다.

5 장
혁신의 주역

1. 지도층의 솔선수범

2. 지도층의 협동

3. 성실한 마음과 제도화의 결합

5장 혁신의 주역

1. 지도층의 솔선수범

1)

사회를 혁신하여 새로운 가치 체계를 세우는 일, 그리고 부강한 나라를 건설하여 개인의 행복을 뒷받침하고 민족문화를 빛내는 일은 결국 우리들 자신의 노력에 의해서 달성될 목표이며, 자연의 힘이나 남의 힘에 의해서 도달하기를 기대할 수 있는 요행이 아니다. 특히, 대중사회(大衆社會)를 지향해 가고 있는 현대 민주주의 국가에 있어서는, 모든 국민이 이 공동 목표의 달성을 위해서 노력해야 하며, 소수의 힘만으로는 큰 성과를 거두기가 어렵다.

그러나 비록 모든 사람이 함께 해야 할 공동의 과제라고는 하나, 모든 국민 각자에게 똑같은 무게의 책임을 지울 수는 없으며, 더 무거운 책임을 져야 할 사람들과 비교적 가벼운 책임만을 져도 좋을 사람들과의 구별은 있어야 할 것이다. 움직임에 참여하는 사람들의 수가 많으면 많을수록 강하고 지혜로운 지도 세력이 필요한 것이며, 그 지도 세력이 져야 할 책임은 일반 대중의 그것보다 한결 무겁지 않을 수 없다. 그렇다면 우리나라에 있어서 개조와 혁신을 향한 행진을 일으키고 그 선두에서 기수(旗手)로서의 무거운 책임을 져야 할 사람들은 누구일까?

1960년대 초기의 우리나라에서 '인간 개조'의 구호가 크게 외쳐진 일이 있다. 그것을 외친 사람들로서는 그 구호가 실천에 옮겨지기를 희망했던 것이나, 사실은 아무런 성과를 거두지 못한 채 흐지부지하게 되고 말았다. 그것이 유야무야한 결과밖에 얻지 못한 근본 원인은 이 나라의 경제 사정이 빈곤하다는 사실에 있다는 것이 집권층을 포함한 식자들의 거의 공통된 의견이었다. 이러한 의견은 정부의 시책에도 크게 반영되어 이른바 '경제 제일주의'의 정책이 수립되고, 또 그것이 실천에 옮겨졌다. "항산(恒産)이 없으면 항심(恒心)도 없다."는 뜻의 맹자의 가르침을 따라서, 우선 경제생활부터 안정시켜야 한다는 방침이 세워졌던 것이다.

두 차례에 걸친 '경제개발 5개년 계획'이 수행되는 가운데, 경제 수준의 상당한 상승을 본 것은 매우 다행한 일이었다. 그러나 경제 사정이 나아지면 사람들의 마음가짐도 좋아지리라는 기대는 충족되지 못했다. 사람들의 정신적 자세는 여전히 삐뚤어져 있었으며, 보기에 따라서는 오히려 더 나빠졌다는 인상을 받기도 하였다.

그뿐만 아니라, 경제개발의 성과 자체에도 많은 문제점이 있었다. 건실하고 과학적인 기업 정신의 부족과 정직하고 양심적인 상업도덕의 결핍은 생산과 유통 과정에 있어서 많은 낭비와 비능률, 그리고 혼란을 초래하였다. 한편, 날로 더해 가는 사치와 허영심은 경제성장보다도 빠른 속도로 소비생활의 수준을 상승하게 함으로써, 민족자본의 축적이라는 경제개발의 당면 목표를 멀리 벗어나는 결과를 초래하였다. 이러한 시행착오는 결국 올바른 정신 자세의 바탕이 없는 곳에서는 경제의 개발도 제대로 되기 어렵다는 반성을 촉구하였다.

1968년 초의 대통령 기자회견에서 '제2경제'라는 새로운 말을 통하여 정신적 자세의 중요성이 강조된 것은 바로 이러한 반성의 조류 속에서 일어난 사건이었다. 그리고 1969년 12월에 '국민교육헌장'이 제정, 선포된 것도 역시 같은 반성과 착안의 연장이었다고 해석된다. 따라서 또다시 정신의 중요성이 강조되기 시작한 것이며, 보기에 따라서는 '인간 개조'를 외치던 옛 지점으로 되돌아온 셈이다.

이제 우리 앞에 일종의 순환론이 전개되고 있음을 볼 수 있다. 우리는 그 순환론을 다음과 같은 대화로써 서술할 수 있을 것이다.

A : 국가의 번영과 개인의 행복이라는 우리들의 공동 목표를 달성하기 위하여 가장 필요한 조건이 무엇입니까?

B : 풍부한 물질과 건전한 정신입니다. 즉, 국민의 경제생활이 안정되고 정신 자세가 바로 선다면, 번영된 국가 안에서 행복한 개인 생활을 누린다는 우리들의 이상에 접근할 수 있을 것입니다.

A : 풍부한 물질 또는 경제생활의 안정이라는 그 첫째 조건이 현재 우리나라에 갖추어져 있다고 보십니까?

B : 내가 보기에는 그렇지 못한 것 같습니다.

A: 그렇다면, 물질을 풍부히 하여 경제생활을 안정시키자면 어떻게 해야 합니까?

B : 국민의 정신 자세를 바로잡아야 합니다.

A : 국민의 정신 자세를 바로잡자면 어떻게 해야 합니까?

B : 우선 국민의 경제생활을 안정시켜야 합니다.

이 대화를 뒤집어서 요약한다면, "경제생활이 안정되지 못한 까닭에 마음가짐이 바르지 못하고, 마음가짐이 바르지 못한 까닭에 경제생활이 안정되지 못하며, 경제생활이 안정되지 못한 까닭에 마음가짐이 바르지 못하고 ….”라는 이야기가 될 것이다. 결국 하나의 악순환에 걸려 현재의 상태를 벗어나기 어렵다는 결론에 가깝다. 이 궁지를 벗어날 수 있는 길이 과연 우리에게 없는 것일까?

“안정된 재산이 없으면 한결같은 마음을 갖기도 어렵다.”[1]고 하는 『맹자(孟子)』의 명언을 뒤집어서 긍정적으로 표현했다고 볼 수 있는 『관자(管子)』의 “곡식 창고가 가득 차 있으면 예절을 알고, 먹고 입을 것이 넉넉하면 영예와 치욕을 분간한다.”[2]라는 말이 참이라면, 궁지로부터 벗어날 수 있는 길이 열릴 것도 같다.

왜냐하면, 우리나라에는 이미 경제생활의 안정을 얻었다고 볼 수 있는 계층이 있으며, 그들이 만약 예절을 알고 영욕(榮辱)을 분간함으로써 솔선수범하여 새로운 기풍을 일으키기 시작한다면, 그 악순환으로부터 헤어날 실마리가 잡힐 것이기 때문이다.

비록 우리나라가 빈곤하다고는 하나, 모든 국민이 전부 가난한 것은 아니다. 그리고 『관자』의 말과 같이, 먹고 입을 것이 넉넉한 사람은 정신의 자세를 바르게 가질 수 있는 것이라면, 우리나라에 있어서도 경제적 안정을 얻은 사람들만은 올바른 정신을 따라서 살아 주기를 기대한다 해도 무리한 요구가 아닐 것이다.

그러나 경제생활의 안정을 얻은 사람은 바른 정신자세를 갖기가 쉽다는 것은 어느 정도 사실이나, 물질생활의 안정을 얻은 사람이라면 누구나 자동적으로 마음이 바르고 어질게 되는 것은 아니다. 때로는 그릇된 가치관을 따라

1 『孟子』, 梁惠王, “無恒産而, 有恒心者, 唯士爲能.”
2 『管子』, 牧民, “倉廩實則 知禮節, 衣食足則 相榮辱.”

서 행동한 까닭에 치부(致富)를 하게 된 사람도 있으며, 그러한 사람들의 경우 그 그릇된 가치관의 습성을 버리기는 쉬운 일이 아니다.

현재 우리나라의 실정을 보더라도, 먹고 입을 것이 넉넉한 사람들은 반드시 올바른 정신의 자세로써 행동하며 살아간다고 일률적으로 말하기는 어려운 형편이다. 솔직하게 말해서, 경제적으로 윤택한 계층의 깊은 반성이 요청되는 바 적지 않은 것이다.

2)

오늘날 우리나라에 있어서 '인간 개조' 또는 '새로운 인간상'을 외치고 나선 것은 지도층 또는 식자층(識者層)에 속하는 사람들이었다. 그리고 '지도층' 또는 '식자층'으로 불리는 사람들이 반드시 모두 경제적으로 윤택하다고 말할 수는 없다 하더라도, 우리 한국 사람들 전체의 평균적인 생활수준에 비추어 볼 때, 대체로 중류 이상에 속한다고 할 수 있을 것이다. 따라서 '인간 개조' 또는 '새로운 인간상'을 외치고 나선 지도층 내지 식자층은 응당 자기 자신의 개조에 대하여 먼저 반성과 관심을 기울였어야 할 것이며, 말과 이론뿐만 아니라 실제 행동으로 솔선수범하는 실천이 있었어야 옳을 것이다.

물론 입과 붓대로뿐만 아니라 실제 행동으로 바른 길을 밟으려고 애쓴 사람들이 없는 것은 아니다. 그러나 대체로 말해서, 인간 개조와 새 인간상을 외친 사람들은 남의 걱정을 하기에 바빠 자기 자신의 정신 상태를 가다듬는 일에는 비교적 소홀했다고 반성해야 할 것이다. 그리고 간혹 솔선수범을 하는 사람이 있었다 하더라도, 그들의 행동은 체계를 갖춘 철학적 신념과 현실을 올바로 파악한 사회과학적 분석에 입각한 것이 아니라, 낡은 전통 윤리에 토대를 둔 즉흥과 감상에 입각한 소박하고 단편적인 실천이었던 까닭에, 전체의 풍조를 바꿀 수 있을 정도로 큰 영향력을 가질 수가 없었다.

근래 우리들에게 비판의 정신이 발달해 가고 있음은 다행한 일이다. 그러나 지금 우리들에게 있어서 발달한 비판의 정신은 주로 밖으로 화살을 겨눈 비판의 정신이며, 안으로 자기 자신을 반성하는 비판력은 비교적 허약한 상태에 머물러 있다. 정부는 국민의 정신 상태를 비판함에 있어서 예리하고, 국민은 정부의 실정(失政)을 규탄함에 있어서 날카롭다. 젊은 세대는 늙은 세대를 성토하고, 늙은 세대는 젊은 세대를 비난한다. 보행자는 운전사의 잔인성을 지적하고, 운전사는 보행자의 무질서에 책임을 돌린다. 고용인은 고용주의 탐욕과 비정(非情)을 호소하고, 고용주는 고용인의 나태와 비행(非行)을 폭로한다.

그러나 모두들 자기 자신에 대해서는 매우 관대하고 방어적이다. 그러고 보니, '인간 개조'의 이념은 대체로 다른 사람들에게 적용될 구호에 지나지 않으며, 자기 자신의 행동과는 별로 관계가 없는 것이나 다름없는 결과가 되고 만다. 결국 남에 대하여 "당신 정신 좀 바로 가지시오!" 하고 외칠 뿐, 스스로 행동을 통하여 '새 인간상'의 길로 접어드는 사람은 보기 힘든 사태가 빚어지는 셈이다.

민주주의를 지향하고 있는 우리로서 강제와 타율로 '새 인간상'을 만들어 낼 수는 없다. 어디까지나 본인 스스로의 자각과 자율을 통하여 개조의 길이 실천되어야 한다. 그러므로, 서로 다른 사람들의 정신자세 내지 가치관을 비판하기에만 영민함을 과시하고, 몸소 자기 자신을 고치고자 하는 노력이 소홀히 될 때, 결과는 구호와 선전에 그칠 뿐 아니라, 우리들의 현실은 중상(中傷)과 불화 그리고 위선과 불신에 의하여 더욱 악화되고 말 것이다.

굶주리고 헐벗은 사람이라고 도덕적 책임이 면제되는 것은 아니다. 그러나 한 사람이 지는 도덕적 책임은 그가 차지하는 사회적 지위 및 경제적 사정에 따라서 경중(輕重)의 차이가 있다. 사회적으로는 높은 지위를 차지했거나 경제적으로 윤택한 사람들 또는 그 두 가지를 겸한 사람들은, 그 사회가 잘되고 못 되는 데 대하여 특별히 무거운 책임을 져야 마땅하다. 그들은 어느 정도 마음의 여유를 가지고 사리(事理)를 판단하며 행동할 수 있을 뿐 아니라, 그들의 행동이 사회에 미치는 영향력이 매우 크기 때문이다.

사회적으로 높은 지위라는 것은 비교적 낮은 지위를 지켜 주는 많은 사람들의 힘에 의하여 유지되는 것이며, 개인이 소유하는 재산도 따지고 보면 대자연과 여러 사람들의 노동의 힘이 합하여 이루어진 것임을 생각할 때, 상류에 위치하는 사람들의 무거운 도덕적 책임은 더욱 명백하다. 만약 현재의 인간이 낡은 껍질을 벗고 새로운 모습으로 탈바꿈해야 한다는 우리들의 생각이 옳은 것이라면, 그 혁신의 행진을 위하여 가장 무거운 짐을 져야 할 사람들은 사회의 상층을 차지하는 사람들이 아닐 수 없다.

지도층의 솔선수범은 철학적 가치 체계의 기반 위에서 일관성 있게 행해져야 한다. 일시적인 즉흥이나 감상에서 나오는 자선 행위나 지엽 말단에 힘을 주는 데 그치는 '새 생활 운동' 따위는 근본적인 해결책이 아니다. 물론 비근한 일상생활에서부터 고쳐 나가는 것이 중요한 일임에는 틀림이 없다. 그러나 비근한 생활 주변에서의 개혁은 더 높은 차원의 전체적 개혁 이념에 곧바로 연결되어 있어야 한다.

근본적인 문제에 있어서 부정이나 불합리를 감행하면서 사소한 일에 관하여 '양심적'인 행동을 한다면, 그것은 도리어 대중을 현혹하는 위선에 가까우며, 우리 현실을 근본적으로 고치는 힘이 되지 못한다. 우선 새 가치 체계를 위한 전체의 청사진이 있어야 하며, 그 청사진의 지침을 따라서 많은 지도층이 근본적인 결심을 굳혀야 한다.

금력 또는 권력을 누리고 있는 특권층이 솔선수범으로 새 가치 체계의 수립을 위해서 앞장을 선다는 것은 원칙상 불가능한 일이라는 이론이 있다. 새 가치 체계를 새운다는 것은 현존하는 사회제도의 모순을 시정하는 결과를 가져올 것을 예상하는 것이며, 그것은 불평등과 불합리에 토대를 둔 특권을 스스로 파괴하는 의미를 포함하는 까닭에 특권층이 자진해서 그러한 운동에 가담할 리가 없다는 것이다. 즉, 특권층에게는 현재대로의 상태가 유리한 까닭에 어떠한 종류의 혁신에도 찬동하지 않는다는 것이다. 이와 같은 이론은 오늘날 상당히 유력한 것이며, 또 충분한 경험적 근거를 가지고 있는 학설이다.

그런데 매우 중요한 것은, 특권층이 개혁을 기피하는 경향도 금력이나 권력을 인간 이상의 것으로 생각하는 그릇된 가치관에 근원을 두었으며, 특권층은 원칙상 혁신을 원할 수 없다는 그 학설 자체도 역시 같은 가치관의 소산이라는 사실이다. 금력이나 권력을 가장 소중한 것으로 여기는 가치관을 따른다면, 공정하고 민주주의적인 사회를 만듦으로써 경제적 균형을 초래하고 권력을 분산시키는 것은 특권층에게는 손해가 될 것이며, 따라서 원하지 않는 바가 될 것이다.

그러나 인간적 가치를 가장 중요한 것으로 믿으며 공정하고 민주주의적인 사회를 이룩한다는 것이 금력이나 권력을 얻는 일보다도 더욱 값지다는 사실을 아는 사람의 견지에서 본다면, 자기의 개인적인 재산이나 권력이 감소되는 한이 있더라도, 사회를 개혁하는 일에 적극적으로 참여함이 당연하다는 판단에 도달할 것이다. 우리 자신이 현재 가지고 있는 가치관이 잘못되었음을 반성하고 있는 우리의 견해를, 반성의 대상이 되고 있는 그 낡은 가치관에 의거해서 반박한다면, 우리의 논쟁은 오직 평행선을 긋고 끝없이 대립할 것이다.

부당한 특권을 누리는 사람이 그 특권의 부당성을 인식하고, 그 특권의 근거가 되고 있는 사회적 모순을 제거하는 일에 앞장을 선다는 것은 매우 어려운 일임에 틀림이 없다. 그러나 그것이 심리학적으로 있을 수 없는 일이라고 주장하는 것은 지나친 말이다. 비록 그러한 슬기와 용기를 가진 사람이 많지는 않으나, 그러한 예가 전혀 없는 것은 아니다.

현대의 선진국에 있어서 평화적인 사회 개혁이 진행되고 있는 역사적 사례를 우리는 보고 듣는다. 만약 세상의 특권층에 속하는 사람들 가운데 자진하여 개혁의 사업에 협조하는 예가 전혀 없었더라면, 어떠한 개혁도 그토록 조용하게는 진행되지 못했을 것이다. 자기 자신의 힘으로 싸워서 특권을 장악하게 된 사람이 자진하여 그 특권을 포기하기는 매우 어려울 것이다. 그러나 그들의 자손들 가운데는 자기 조상이 세운 부당한 제도를 미워하는 양심이 싹틀 수도 있는 법이다.

그러나 모든 것을 특권층의 양심과 자각에만 맡겨야 한다는 뜻은 아니다. '민주주의'라는 것은 자기의 당연한 권리를 주장할 줄 아는 대중의 용기와 투쟁이 없이는 실현되기 어려운 목표다. 정당한 권리를 굽히지 않고 주장하는 대중의 용기는 부당한 특권에 애착을 갖는 사람들에게 각성을 촉구하는 데 매우 중요한 구실을 할 것이다. 정당한 권리를 주장하는 대중의 소리에 호응하는 지도층의 양식(良識)과 결의가 있느냐 없느냐에 따라서, 혁신의 움직임이 평화적으로 진행되느냐 또는 불행한 폭력 사태로 전락하느냐가 결정된다 하여도 과언이 아니다.

혁신의 바람을 일으켜 부정과 부패를 막고, 현실의 모순을 제거하여 공정하고 명랑한 사회를 세우는 일은, 높은 차원과 긴 안목으로 본다면, 특권층의 슬기롭고 적극적인 참여에 의하여 평화적으로 수행되는 것이 특권층 자신을 위해서도 가장 바람직한 일이다. 왜냐하면 특권층을 위해서 가장 중요한 것은 질서와 평화의 유지이기 때문이다.

여기서 우리가 특별히 주목해야 할 것은, 대중의 의식 수준이 낮았던 까닭에 자기의 권리를 주장하는 사람이 많지 않았던 옛날과는 달리, 사회의 불합리하고 모순된 상태를 그대로 오래 유지한다는 것은 현대에 있어서 불가능하다는 사실이다. 아마 몇 십 년쯤은 부정을 은폐하고 모순을 관철할 수도 있을지 모른다. 그러나 그 이상 더 오랜 세월을 끌기는 어려울 것이다.

2. 지도층의 협동

1)

앞에서 우리는 지도층이 솔선수범함으로써 새 인간상의 실현을 꾀해야 한다고 주장했으나, '지도층'이라는 개념이 어떠한 범위의 사람들을 가리키는지에 관해서는 명백히 언급하지 않았다. '지도층'이라는 말은 사실 매우 모호한 말이며, 아마 엄밀하게 객관적인 정의를 내린다는 것은 불가능할 것이다. 각 사회의 특색과 보는 사람의 주관을 따라서 '지도자'라고 불릴 수 있는 사람들의 범위가 달라질 것이기 때문이다. 그러나 우리나라와 우리 사회의 실정과 통념을 따를 때, 어느 정도 막연하게나마 '지도층'의 테두리를 생각해 본다는 것은 전혀 무리한 시도는 아닐 것이다.

어떤 사람이 '지도자'라고 불릴 수 있기 위해서 필요한 최소한의 조건은 누군가가 그를 '지도자'라고 생각한다는 사실일 것이다. 다시 말하면, 세상의 누구에 의해서도 '지도자'라고 생각되지 않는 사람은 지도자의 범주 속에 포함될 수가 없다. 누군가에 의해서 '지도자'라고 생각되는 사람들을 형식논리에 의거하여 분류한다면, 세 가지의 경우를 구별할 수 있을 것이다. 첫째는 자타(自他)가 모두 '지도자'라고 인정하는 사람들의 경우이며, 둘째는 자기를 제외한 다른 사람들에 의하여 '지도자'로서 인정을 받는 사람들의 경우이고, 셋째는 남들은 그렇게 생각하지 않는데 자기 자신이 지도자로서 자처하는 사람들의 경우다.

그러나 이것은 논리적 가능성을 말하는 것이며, 실제로 존재하는 것은 대부분이 첫째의 경우에 해당할 것이다. 왜냐하면 남들로부터 지도자라는 인정을 받게 되면 자연히 자기 자신도 지도자라는 의식을 갖게 되며, 또 정신이상이나 그 밖의 특수한 경우를 제외하고는, 다른 사람은 아무도 지도자로 인정해 주지 않는데 자기 혼자만 자기를 지도자라고 믿는 사람도 없을 것이기 때문이다. 따라서 자타가 모두 지도자로 인정하는 사람을 우선 지도자의 범위를 정하는 잠정적 한계로 생각해도 좋을 것이다.

'지도자로서 인정을 받는 사람'이라 함은 반드시 어떤 인격(人格)을 가리켜서 하는 말일 뿐 아니라, 사회적 지위를 가리키는 말이기도 하다. 가령, 대학 교수라든지 목사와 신부 그리고 고급 공무원 따위의 지위는 일반적으로 지도자로서의 책임이 따르는 지위로 인정되고 있다. 이러한 인정을 받고 있는 지위에 앉은 사람은 그 지위에 대한 책임을 져야 하는 것이며, 한 자연인으로서는 지도자로서의 존경이나 신망을 받지 못하고 있다 할지라도, 지도층의 책임을 나누어야 할 것이다.

자연인으로서의 인격으로 말미암아 '지도자'라는 인정을 받고 있는 상태도 실은 넓은 의미로는 일종의 사회적 지위라고 볼 수가 있다. 그러므로 한 사람이 지도자로서의 책임을 질 사람이냐 아니냐 하는 것은, 그가 차지하고 있는 사회적 지위에 달린 문제라고 묶어서 생각할 수 있을 것이다. 즉 우리의 결론은, "자연인으로서 인격 또는 직업 내지 제도상의 위치로 말미암아 지도자로서의 구실을 할 것이 기대되고 있는 사람은 지도자로서의 책임을 나누어야 한다."는 말로 표현할 수 있을 것이다. 한 사람이 사회로부터 받고 있는 기대와 그가 스스로 자부하는 사회적 포부가 그 사람이 지는 사회적 책임의 정도를 결정한다.

지도자로서의 인정 또는 기대를 받는 인물 내지 지위에도 여러 계층이 있다. 한 가정 안에서 그러한 인정 또는 기대를 받고 있음에 그치는 사람도 있고, 한 지역사회에서 그러한 위치에 놓인 사람도 있으며, 국가 전체 또는 국제적인 규모에 있어서 그러한 인정 내지 기대를 받고 있는 인물 또는 지위도 있다. 그리고 한 사람이 어떠한 범위 안에서 지도자로서의 인정 내지 기대를 받고 있느냐에 따라서 그의 지도자로서의 위치와 책임의 정도가 달라진다.

그러나 비록 정도의 차이는 있다 할지라도, 지도자로서의 인정과 기대가 있는 곳에는 항상 응분의 책임이 따른다고 보아야 할 것이다.

2)

'정치가'의 범주 속에 포함되는 사람들은 지도자로서의 책임을 스스로 자청한 사람들이며 다른 사람들로부터도 그러한 기대를 받고 있는 사람들이다. 그리고 현대사회에 있어서의 정치가는 국가의 흥망(興亡)과 국민 생활의 화복(禍福)에 미치는 영향이 막대하며, 정치가들에게 기대를 걸거나 관심을 갖는 사람들의 범위가 나라 전체에 걸쳐 있다는 사실을 고려할 때, 일반적으로 정치가들이 져야 할 책임의 무게를 대략 짐작할 수 있을 것이다.

정치가로서 솔선수범해야 할 일이 많은 가운데 특히 역점을 두고 요청해야 할 것은 민주주의 정신의 실천이다. 민주주의 국가의 실현은 우리들의 공통된 목표이거니와, 민주주의 국가가 실현될 수 있기 위해서는 특히 정치가들이 앞장서서 민주주의 정신을 실천에 옮겨 주어야 한다. '민주주의'란 모든 생활의 측면에 있어서 의거해야 할 사고와 행동의 원칙이기는 하나, 특히 정치적 의미가 강한 개념인 까닭에, 정치의 분야에 있어서 민주주의가 실현됨이 없이 다른 분야에서 그것이 실현되기를 바랄 수는 없다. 그리고 정치 분야에 있어서의 민주주의는 우선 정치인들 자신의 성실한 노력이 앞설 때 비로소 그 실현이 가능하다.

민주주의의 근본은 인간의 존엄성에 대한 인식과 주권재민(主權在民)의 사상이다. 따라서 민주주의를 지향하는 나라에 있어서 정치인이 첫째로 모범을 보여야 할 일은 국민의 인간성을 존중하고 국민을 주인으로서 받드는 겸손한 태도다. "주권은 국민에게 있다."는 명제는 결코 한갓 명목에 불과한 수식어가 아니라, 목숨을 걸고 실천해야 할 엄숙한 원칙이다.

복잡하고 다사한 나라의 살림을 모든 국민이 항상 균등하게 참여함으로써 처리할 수가 없는 까닭에, 능력과 신망이 있다고 생각되는 일부의 국민대표에게 대권(大權)을 위임하여 나라의 살림을 맡아 보도록 한다는 것은, 삼척동자도 아는 민주주의의 상식이다. 만약 우리가 이 초보적 상식을 부인하지 않는다면, 국민을 대표하는 정치인들이 국민에 대해서 취해야 할 기본자세가 무엇인가 하는 것은 스스로 명백할 것이다.

어려운 나라의 살림을 맡아서 침식을 잊고 애쓰는 정치인들에게 존경과 감사로써 대하는 것은 국민 측에서 취해야 할 당연한 태도다. 우리의 대표를 아끼고 사랑하는 것은 은혜를 입고 편안하게 살 수 있는 국민들이 갖게 되는 자연스러운 감정이다. 그러나 그것은 어디까지나 국민들 측에서 자발적으로 취해야 할 도덕적 태도이며, 위정자 측에서 국민에게 요구할 성질의 것은 아니다.

만약 위정자 측에서 스스로 높은 자세를 취하고 국민 위에 군림한다면, 그것은 옛날의 전제주의(專制主義)로 되돌아감을 의미한다고 볼 수 있을 것이다. 다행히도 오늘날 민주주의를 표방하는 나라에 있어서는 의식적으로 자신을 국민의 상전이라고 믿는 위정자는 거의 없다. 그러나 권력이 가진 특수한 생리로 말미암아, 무의식 가운데 국민이 주권자임을 망각한다는 것은 있을 수 있으므로, 끊임없는 반성이 필요한 것이다.

민주주의 국가의 정치인에게 솔선수범이 요청되는 둘째 덕목은 '공익 우선'의 정신이다. 현대사회의 여러 가지 어려운 문제가 사사로운 이익을 앞세우는 이기주의의 풍조와 깊이 관련되고 있음은 만인이 아는 사실이며, 금전 또는 권력과 같은 경쟁성 강한 목표를 최고의 가치인 양 열심히 추구하는 가치관 속에서는 이기주의의 발달이 불가피한 현상임도 이미 지적한 바와 같다.

지나친 이기주의가 사회생활에 미치는 영향이 심각함을 아는 까닭에, "공익을 먼저 위해야 한다."는 소리도 한층 드높으나, 그것은 어디까지나 한갓 '소리'로서 메아리칠 뿐이다. 그러나, '공익 우선'의 외침이 언제까지나 위선적 구호에 그쳐서는 안 될 절실한 요청이라면, 누군가가 솔선하여 이 외침을 실천에 옮겨야 할 것이다. 그리고 이 솔선수범의 책임이 가장 무겁게 지워져야 할 사람들은, 나라의 살림을 맡은 위정자의 집단이 아닐 수 없다.

위정자는 본래 '공익 우선'을 실천하겠다는 공공연한 약속을 국민에게 내세우고 나선 사람들이며, 정치의 본질 자체도 개인의 영달과 세도를 위한 것이 아니기 때문이다. 만약 위대한 정치가가 있어 사사로운 이익을 뒤로 돌리고 공익을 앞세우는 모범을 보인다면, 그의 행적은 널리 모방될 것이며 그의 업적과 영광은 길이 청사(靑史)에 빛날 것이다.

민주주의 국가의 정치인이 솔선해서 실천해야 할 또 하나의 덕목은 '공정'이다. 민주주의의 이상은 공정한 사회를 실현함에 있다는 사실을 상기할 때, '공정'의 덕이 민주주의 지도자가 갖추어야 할 필수조건임은 명백하다. 우세한 위치에 있는 지도층에서 '공정'의 원칙을 외면할 때, 공정한 사회를 실현한다는 것은 애당초부터 바랄 수가 없다. 불공정한 행위는 법으로 막아야 하는데, 만약 법의 힘을 장악한 지도층에서 불공정을 강행했을 경우에는 그것을 제재할 만한 통제력이 없기 때문이다.

'공정'의 정신은 사회생활의 모든 분야에 있어서 발휘되어야 한다. 그러나 그 가운데서도 특히 중요한 것은, 정권 그 자체를 둘러싼 경쟁에 있어서 공정하고 정정당당한 방법으로 싸우는 일이다.

정치인에게 요청되는 바와 거의 같은 솔선수범이 고급 공무원에게도 요청된다. 고급 공무원은 정권을 장악한 정치인들과 불가분의 관계를 유지하면서 정치인들이 세운 계획을 일선에서 실천에 옮기는 사람들이다. 따라서 그들의 권한은 막대하며, 그들의 행동이 국민 생활에 미치는 영향은 절대적이다. 만약 고급 공무원이 자신의 사사로운 이익을 위해서 위임된 권한을 남용한다면, 부정과 부패가 사회의 풍조를 지배할 것이며, 그것이 심할 경우에는 나라의 기틀마저 흔들리게 된다.

하급 공무원까지도 '지도자'의 집단에 속한다고 볼 것인지에 관해서는 개인에 따라 견해의 차이가 있을 것이다. 그러나 우리나라와 같은 후진국의 경우에는, 하급 공무원까지도 넓은 의미의 지도층에 포함시키는 것이 옳다고 생각된다. 이른바 하급 공무원에 속하는 사람들도 그 교육 수준과 사회적 지위가 국민의 평균 수준보다는 높은 것이 보통이며, 하급 공무원이 일하고 있는 그 지역에서는 지도적 임무에 종사할 경우가 많기 때문이다.

하급 공무원은 그 권한이 그리 큰 것은 아니나, 그들의 수가 많다는 것과 일반 서민층과 직접 교섭하는 일이 많다는 사실로 말미암아, 그들이 사회에서 차지하는 위치는 의외로 크다. 따라서 우리는, 고급 공무원에게 대해서 요청하는 바와 대동소이한 처신을 하급 공무원에게도 요망하지 않을 수 없다. 다만 우리가 하급 공무원의 애국적인 봉사를 기대할 수 있기 위해서는, 우선 그들의 생활이 안정되어야 하며, 고급 공무원의 기강(紀綱)이 그들의 모범이 되기에 부족함이 없도록 확립되어야 한다는 사실을 명심해야 할 것이다.

3)

오늘의 물질문명과 자본주의 체제 속에서 경제인들이 차지하는 비중과 영향력은 매우 크다. 따라서 만약 우리가 평화적인 혁신이 이루어지기를 희망한다면, 경제인들이 솔선하여 사회의 모순과 불안을 제거하는 일에 적극적으로 참여해야 한다. 지도층의 경제인이 항상 명심해야 할 것은, 사유(私有)의 기업체에도 공공 기관으로서의 기능과 책임이 있다는 사실이다. 아무리 사사로운 기업체라 할지라도 순전히 한 사람만의 힘으로 설립되고 운영되는 경우는 거의 없다. 설립 과정에 있어서나 운영 과정에 있어서나, 모든 기업체는 정부의 보호와 여러 사람들의 협력에 의존하는 바 크다.

단 한 사람의 힘으로 공장이나 회사를 세우고 또 그것을 운영한다는 것이 본래 불가능한 일이라면, 모든 공장이나 회사에는 이미 사회성이 깃들어 있다고 보아야 할 것이며, 따라서 거기에는 공공 기관으로서의 성격과 사회적 책임이 수반한다고 보아야 한다. 사회의 질서를 유지함에 필요한 범위 안에서 우리가 재산권의 합법성을 인정하는 것은 매우 적절한 일이다. 그러나 "이것은 내 것이다."라는 말은 겸손하고 생각 깊은 마음으로 이해할 때 비로소 그 철학적인 의미를 파악할 수 있다.

모든 기업체가 사회적 공기(公器)로서의 일면을 가졌다면, 모든 기업인은 국가의 이익과 사회의 질서를 항상 염두에 두고 경제활동에 종사해야 할 것이다. 생산과정의 합리화, 생산품의 질적 향상, 신용 있는 거래, 공정한 분배 등 기본적 경제 윤리의 실천은 국가의 이익 및 사회의 질서와 직결된다. 경제인의 사회적 책임은 비단 생산과 유통 및 분배의 과정에만 있는 것이 아니라, 그것은 소비생활의 측면에까지 연장된다.

부유한 경제인들이 하는 소비생활의 양상은 국민 전체의 소비생활의 양상을 크게 좌우한다는 사실을 고려할 때, 그들에게 요청되는 솔선수범은 소비생활의 영역에까지 확대되지 않을 수 없는 것이다. 기업 자체의 건전한 발전을 위해서 필요한 지출이라면, 그것이 비록 높은 수치에 달하더라도, 산하의 종업원과 일반 국민은 납득이 갈 것이다. 그러나 궁궐처럼 웅장한 저택과 주지육림(酒池肉林)의 술집 사이를 왕래하면서 극도의 사치와 낭비를 일삼거나, 기업 확충에 재투자해야 할 이윤을 부동산의 매입과 외국 은행에의 저금 따위로 돌려 쓴다면, 대중의 불만과 불평을 막기 힘들 것이다.

학자와 예술가 및 언론인을 주축으로 삼는 지성인(知性人)의 지도적 책임은 일반이 생각하는 것보다도 무겁다. 물질과 금전의 힘이 사회의 향방을 좌우하는 오늘의 현실 속에서, 지성인들은 흔히 소외감에 젖기 쉬우며, 지도자로서의 사명과 책임을 자청하기보다는 냉소와 방관으로 문제를 외면하는 경향이 있다. 그러나 지성인들이 소극적이며 위축된 심리 상태에 놓여 있다는 사실이 그들의 사명과 책임을 면제해 주는 것은 아니다.

권력 구조로부터 멀리 이탈해 있으며 경제적으로 빈곤한 상태에 처해 있는 지성인들이 위축된 심리 상태에 놓인다는 것은 한편 자연스러운 현상임에 틀림이 없으나, 그러한 위축된 상태에 대해서는 지성인들 자신도 많은 책임을 나누어야 할 것이다. 물질적 가치가 체계의 정상을 차지하는 사회구조 속에서 지성인의 위치가 저하되는 것은 불가피한 현상이기도 하다. 그러나 물질이 인간을 압도하는 전도된 가치 체계를 굳힘에 있어서 현대의 지성인들은 중요한 공범자로서의 허물을 저질렀다. 이른바 '지성인'들은 금전과 권력 앞에 스스로 비굴한 태도를 취하고 금력과 권력으로부터 소외된 자신들의 처지를 스스로 조소함으로써, 인간적 가치를 수호할 마지막 보루마저 포기했던 것이다.

지성인은 인간적 가치가 무엇보다도 귀중하다는 것을 스스로의 당당한 생활 태도로써 보여줄 책임을 가진 사람들이다. 슬기롭고 굳건한 정신은 그 자체가 무한한 빛의 근원이며 아무도 밖으로부터 그 광채를 막을 수가 없다. 오늘날 인간적 가치가 크게 퇴색한 것도 실은 인간 자신이 자기의 값을 부정한 어리석음에 기인한 것이었다. 그 어리석음을 깊이 반성하고 인간적 가치를 그 본래의 높이로 복귀하게 할 임무는 우리 인류가 공통으로 나누어야 할 책임이거니와, 특히 지성인들은 구체적 모범으로써 인간적 가치의 존귀함을 보여줄 가능성과 책무를 크게 가진 사람들이다.

빈곤과 무력(無力)을 이유로 그 본래의 사명을 다할 수가 없다고 불평하는 지식인 또는 예술가들이 있다. 그러나 여기서 우리가 잊어서는 안 될 것은 우리나라 전체의 생활수준에 비추어 볼 때, 학자와 문필가 그리고 언론인들은 그래도 중류 이상에 위치하고 있다는 사실이다. 만약 가난한 까닭에 지성인으로서의 본연의 자세를 지킬 수 없다고 주장하는 사람이 있다면, 그의 사고방식 자체가 너무나 속물근성에 물들어 있다고 보아도 지나치지 않을 것이다. 맹자가 "항상된 재산이 없으면 항상된 마음도 없다."고 말하지 않고, "항상된 재산이 없이 항상된 마음을 가지는 것은 오직 선비에게나 가능한 일이다(無恒産而, 有恒心者, 唯士爲能)."라고 말하여, '선비'의 특색을 언급한 것은, 오늘의 우리에게도 암시하는 바 크다.

지성인의 계층에 관련하여 한마디 언급해 둘 것은, 대학생들의 사회적 중요성이다. 젊은 지성으로서 공부에 종사하고 있는 대학생들을 '지도자'로서 대접하거나 그들 자신이 스스로 그렇게 자처하는 것은 좀 이를 것이다. 그러나 그들이 머지않아 우리 사회에서 차지할 위치와 그 사명을 생각할 때, 사회는 그들의 가능성을 존중히 여겨야 할 것이며, 대학생들 자신은 높은 차원에서 현실을 바라보는 긍지와 자중자애(自重自愛)로써 내일에 대비하는 겸허한 노력을 아울러 가져야 할 것이다.

새로운 가치 풍토를 조성함에 있어서 교육자와 종교가들이 져야 할 솔선의 책임은 삼척동자의 상식으로도 명백하다. '교육자'라는 직책, 또는 '종교가'라는 처지가 그들에게 특별한 기대와 부담을 면할 수 없게 하기 때문이다. 우리는 '지성인'에 관해서 한 바와 거의 같은 말을 교육자와 종교가에 대해서도 말할 수 있을 것이다. (교육자와 종교가의 대부분이 동시에 지성인이기도 하다는 사실이, 이 두 집단의 밀접한 관계를 말해 준다.)

다만, 교육자와 종교가는 본래 이론가로서보다도 실천가로서의 책임이 큰 까닭에, 일반 지성인들보다도 더욱 절박한 위치에서 그 본분을 다해야 한다는 어려움을 짊어지고 있다. 이 점에 관해서 특별히 명심해야 할 것은, 교육자와 종교가가 그들의 어려운 처지에 불성실한 태도로 대처할 때, 흔히 '위선(僞善)'이라는 악덕이 탄생한다는 사실이다.

'지성인'이 어떤 직업의 이름이 아니듯이, '교육자'와 '종교가'도 보통 말하는 '직업'의 이름이 아니다. 그것이 단순한 직업의 이름이 아닌 까닭에, 학교의 교사나 교회의 목사는 단순히 직업적으로 그 자리를 지켜서는 안 된다. 일당이나 월급으로 받는 봉급에 알맞을 정도의 일을 하면 그것으로 일단 책임이 끝나는 생계의 수단으로서의 직업과는 달리, 교사나 목사는 받는 봉급에 비해서 많은 사명과 책임을 져야 하는 특수한 위치에 있는 사람들이다.

교육자도 먹어야 하는 까닭에, 봉급에 대해서 무관심할 수가 없다. 그러나 모든 것을 봉급에 관련시키기에 앞서서, 교육자로서의 고유한 책임이 있다는 사실을 명심해야 할 것이다. 그토록 무거운 짐을 지고 있는 사람들인 까닭에 안심하고 일할 수 있도록 생활을 안정시켜 주는 일은, 교육자들 자신이 주장하고 나서기에 앞서서, 국가나 사회가 미리 해결해야 할 문제다.

이상에서 우리는 지도층을 구성하는 대표적인 집단 몇 가지를 들어 각 집단에 대해서 간략한 고찰을 꾀하였다. 그러나 엄밀하게 말하자면, 모든 집단 내부에 그 집단의 지도자들이 있는 것이며, 한 집단이 전체로서 다른 집단들의 지도를 맡을 책임을 지는 것은 아니다. 다만, 국가도 일종의 집단이라고 볼 때 이 국가라는 집단의 지도층을 생각할 수 있으며, 정치가와 지성인을 비롯한 몇몇 범주의 사람들은 국민 전체와 비교적 많은 교섭을 갖게 되며 또 영향력도 크다는 점을 고려해서, 막연한 의미의 '지도층'을 구성하는 중요한 집단이라고 보아도 무방하리라고 생각한다.

각 집단에는 그 집단을 이끌어 가는 지도자들이 있다. 각 집단의 지도자들이 말로써가 아니라 실천적 행동으로써 각각 자기의 집단을 선도할 때, 그 집단들이 훌륭하게 발전하고 국가 전체도 따라서 번영을 얻게 되거니와, 그러한 집단들 가운데서 특히 중요한 것의 예로는 군대를 들 수 있을 것이다. 현재 우리 한국에 있어서 군대는 그 수가 막대할 뿐 아니라, 국가 안에서 차지하는 위치도 매우 중요하다. 군대는 일반 국민과 격리된 집단이 아니라, 전

국민이 국방의 의무를 지는 징병제도와 제대 후에도 군대와의 유대를 지속하는 예비군의 제도를 통하여, 국민 전체와 밀접하게 연결되어 있는 집단이다.

따라서 군대의 질서와 기강은 곧장 일반 국민에게 연장된다 하여도 과언이 아니며, 군인의 정신적 자세가 국민 윤리에 미치는 영향도 막대하다고 보아야 할 것이다. 이러한 점을 감안할 때, 고급 장교들의 지도자적 책임이 매우 크다는 사실을 절실하게 느끼게 된다. 고급 장교들의 모범은 군대 안에서만 영향을 미치는 것이 아니라, 국민 전체에 대해서 중대한 영향력을 갖기 때문이다.

끝으로 한마디 보탤 것은 여성 단체 및 그 지도자들의 중요성이다. 우리나라에서는 각종 직장에서 일을 하는 사람들이 주로 남자인 까닭에, 앞에서 말한 지도층의 이야기는 대부분 남자들에 관한 것이요, 여성과는 관계가 적은 이야기 같은 인상을 주었을지도 모른다. 그러나 오늘날 우리들이 처하고 있는 사회의 풍조와 가치 체계의 문제를 생각할 때 여자들의 중요성을 과소평가할 수는 없다.

여자들은 그 수가 남자들과 비등할 뿐 아니라, 자녀의 교육 및 소비생활의 패턴에 대해서 결정적인 영향력을 가지고 있다. 그리고 여자들의 사고방식 내지 가치관이 남자들의 행동에 미치는 영향도 상상 이상이다. 이러한 관점에서 볼 때, 그리고 민주주의의 기본 정신을 감안할 때, 각종 여성 단체 및 그 지도자들의 중대한 사명을 간과할 수가 없는 것이다.

4)

"지도층을 구성하는 것은 어떠한 부류의 사람들인가?"라는 문제보다도 더욱 중요한 것은, 지도층이 단결하여 협동하느냐, 안 하느냐는 문제다. 어떠한 사람들을 지도층에 속한다고 보든지 간에, 지도층의 단결 여부에 국가의 운명이 달려 있음에는 의심의 여지가 없다. 지도층의 단결은 국민의 단결을 결과할 것이며, 그 분열은 국민 전체의 분열을 초래할 것이다. 지도층의 인사들이 국민에게 단결을 호소하면서, 자기들 사이의 단결조차 성취하지 못한다면, 그 호소는 매우 위선적이며 자가당착적인 구호에 불과할 것이다.

우리나라의 지도층은 현재 단결과 협동이 잘되고 있는 편이 아니라고 관찰된다. 정치인들이 여당과 야당으로 갈라지는 것은 불가피할 뿐 아니라 바람직한 일이기도 하다. 기업체와 기업체 사이에 경쟁이 생기는 것도 현대의 체제 아래서는 나무랄 수 없는 일이다. 그러나 여당과 야당의 대립도 대국적 견지에서는 함께 국가를 위한다는 일면이 있어야 할 것이며, 기업체 상호간의 경쟁도 크게는 국민경제의 발전에 이바지한다는 점에서 협동하는 바가 있어야 할 것이다.

바로 이 점에 있어서 우리의 현실은 당위를 멀리 벗어나고 있다. 여당과 야당의 싸움은 나라와 국민 전체의 이익보다도 한 정당의 이익을 추구하는 동기에 의하여 좌우되고 있다는 인상이 짙으며, 같은 정당 안에서의 분파 싸움은 정치계에 투신한 사람들의 기본적 관심이 국가의 운명보다도 개인의 영달(榮達)에 있다는 느낌을 준다.

경제인들의 경쟁의 경우도 근본은 대동소이하다. 국내의 경쟁자를 타도하기 위하여 외국의 기업체와 제휴하는 행동이나, 조잡한 물품을 외국에 수출하여 폭리를 취함으로써 한국의 다른 생산 업체의 제품까지도 국제시장에서 신용을 잃게 하는 상업 행위는, 한국의 경제인들이 대국적 견지에서 협동하는 바 있어야 한다는 우리의 요청을 배반하는 짓의 대표적인 예다.

지도층의 협동의 문제 가운데서 가장 중대한 것은 지식인 내지 지성인과 집권층의 협동의 문제다. 현대 국가에 있어서 지식인과 정치인은 매우 중요한 기능과 사명을 가진 두 계층이다. 특히 후진국에 있어서 지식인은 선진국의 학술과 기술을 가장 먼저 습득한 사람들이다. 그들은 무엇을 어떻게 하는 것이 옳은지의 문제에 대해서 한 걸음 앞선 생각을 가지고 있다. 그러나 그들은 옳다고 생각하는 바대로 실천할 수 있는 힘을 갖지 못했을 경우가 많다. 국민으로부터 권력의 위임을 받지 않았기 때문이다. 그 권력의 위임을 받은 사람들은 집권당의 정치인과 그들이 임명한 고급 관료들이다.

정치인들과 관료들은 권한을 장악한 사람들일 뿐 아니라, 실천 문제에 관해서 일을 과단성 있게 추진할 수 있는 능력도 가지고 있다. 결국 이론의 문제에 관해서는 지식인들이 한 걸음 앞서 있고, 실천에 관해서는 정치인과 관료들이 앞서 있다. 따라서 지식인들의 이론적 실력과 정치인들의 실천적 실력을 결합하여 우리들 공동의 문제를 처리하는 것이 바람직한 결과를 얻기에 가장 적합한 길이라는 결론이 생긴다.

현재 우리나라에 있어서 지식층과 집권층의 협동이 매우 잘돼 가고 있는 것으로는 보이지 않는다. '어용학자(御用學者)'라는 말이 살아 있고, 그것이 학자들의 수치감을 자극하기에 가장 효과적인 단어라는 한 가지 사실만으로도, 두 집단 사이에 심리적 알력이 존재한다는 것을 짐작하기에 충분할 것이다.

그리고 지식층과 집권층 사이에 일어나는 불협화음의 큰 원인으로서는, 조선 말기 이래의 우리나라 정치사, 8·15 이후에 날로 더해 가는 상호 불신의 풍조, 높은 관점에서 전체를 냉철하게 파악하기보다는 감정과 선입견을 앞세워 부분의 문제에 집착하는 협량(狹量), 개인과 당파의 이익에 지나친 비중을 안겨 주는 아전인수(我田引水)의 사고방식 등을 생각할 수 있을 것이다.

협동 내지 협조는 반드시 찬성과 추종에 의해서만 이루어지는 것이 아니다. 건전하고 타당성 있는 비판은 지성인이 집권층에게 보낼 수 있는 협조의 가장 큰 것이다. 지성인은 민주주의 사회의 감사역(監査役)에 해당한다. 회사의 감사역이 사무 감사를 통하여 회사에 이바지하듯이, 민주국가의 지성인은 비판을 통하여 나라에 봉사한다.

다만, 그 비판은 어디까지나 공정하고 객관적으로 타당해야 한다. 그리고 집권층은 지성인의 공정한 비판을 허심탄회하게 받아들임으로써 진실로 위대한 지도자가 된다. 민주주의의 성실한 지도자는 진지한 비판을 환영하며 비판의 자유를 보장함으로써 민족의 역량을 통합한다.

3. 성실한 마음과 제도화의 결합

1)

새로운 가치 풍토의 조성은 솔선수범으로 대중을 이끄는 지도층의 노력으로부터 시작되어야 한다. 그러나 이기주의의 극복을 지향하는 새로운 가치체계를 위해서 솔선수범한다는 것은, 그 사람 자신에게는 어떤 '손실'을 의미한다는 관념이 앞선다.

이러한 관념은 유리한 사회적 위치에 있는 사람으로 하여금 현재를 긍정하게 하는 힘으로서 작용하는 동시에 혁신에 대한 의욕을 둔화시킨다. 그뿐만 아니라, 일부 소수의 양심적 결심만으로 사회의 풍조가 크게 바뀔 수는 없는 것이며, 많은 사람들이 다 같이 새로운 길을 실천할 때 비로소 새로운 가치 풍토의 실현을 바라볼 수가 있다. 그러므로 여러 사람들의 실천을 새 길로 인도하는 어떤 외적 자극의 힘이 작용할 필요가 있다. 이러한 외적 자극의 힘으로서 작용할 수 있는 것 가운데서 가장 보편적인 것이 바로 '제도(制度)'라는 법적 규범이다. 어떤 새로운 실천이 옳다는 것이 명백할 때는, 그 실천을 일반적인 것으로 만들기 위한 타율(他律)의 원리로서 하나의 새로운 제도가 만들어져야 한다.

예컨대, 가난한 젊은이들도 재질과 노력만 있으면 공부할 수 있는 장학제도, 근로인의 노후를 보호하는 데 필요한 사회보장제도, 적당한 인재를 적소에 임용하고 업적과 능력에 따르는 공정한 진급을 약속하는 임용과 승진의 제도, 그리고 고용인의 신분과 생활을 보장하는 데 필요한 노동조건에 관한 제도 등이 법적으로 확립될 필요가 있다.

가장 중요한 것은 사람들로 하여금 좌절과 소외의 불행을 당하지 않도록 하기에 필요한 제도를 수립하는 일이다. 프롬이 주장한 바와 같이, "건전한 사회는 아무도 다른 사람의 목적을 위한 수단이 아니고, 예외 없이 자기 자신이 목적이며, 따라서 자기 자신의 인간적 능력의 발휘 이외의 다른 어떤 목적을 위해서 이용되거나 행동하는 일이 없는 사회다."[3]

다시 말하면, 인간이 가치 체계의 정상을 차지하고, 인간적 가치의 실현을 위해서 정치와 경제 및 그 밖의 것들이 봉사하는 사회가 건전한 사회다. 그것은 사람들 모두가 국가의 발전과 문화의 창조와 같은 공동 과업에 자유로운 행위자로서 적극적으로 참여하는 사회이기도 하다. 그리고 이러한 의미의 건전한 사회를 실현하기에 필요한 제도를 수립하는 일은, 단순히 물질적 생활을 보장하는 데 그치는 사회보장제도보다도 더욱 근본적이다.

2)

'제도'가 법조문 안에만 적혀 있고 현실 생활에서는 실행되지 않는다면 그것은 진정한 의미의 제도가 아니다. 한갓 죽은 문서가 아닌 산 제도가 세워지기 위해서는, 관계하는 사람들의 성실한 마음이 그 제도를 받들어야 한다.

3 E. Fromm, *The Sane Society*, p.241.

제도는 객관적 기준을 밝히는 하나의 형식이요, 그 형식에 충실한 내용을 담는 것은 성실한 마음이다. 그러므로 올바른 방안의 제도화와 그 제도를 존중하는 성실한 마음이 결합할 때, 비로소 개선된 사회의 실현을 기대할 수가 있다.

필요한 제도를 법으로 제정하는 일이 바르게 되기 위해서도 우선 관계 당국의 성실한 마음이 앞서야 한다는 사실을 생각한다면, 결국 가장 근본이 되는 것은 사람들의 성실한 마음이라고 하여도 지나치지 않을 것이다.

성실한 마음의 근본은 인간이 인간 자신의 본질에 충실하고자 하는 마음이며, 나와 남을 가림이 없이 인간의 인격을 존중히 여기는 마음이다. 만약 인간이 존엄하다는 사실에 대한, 즉 나뿐 아니라 모든 사람이 그 바탕에 있어서 존귀하다는 사실에 대한 투철한 인식이 있다면, 우리는 자연히 성실한 마음으로 사람을 대하게 될 것이다. 그리고 이미 3장에서 밝힌 바와 같이, 인간이 존엄하다고 인정되는 근본적 이유의 하나는 그가 성실한 마음을 가질 수 있다는 사실에 있다.

진실로, 인간의 존엄성에 대한 인식은 인간의 성실성을 촉구하는 실천의 원리이며, 인간이 성실한 마음을 가질 수 있다는 가능성은 인간의 존엄성을 뒷받침하는 이론적 근거다. 요컨대, 성실한 마음은 인간의 회복을 위한 사회제도를 안으로 여물게 하는 내실(內實)의 원리이며, 인간의 존엄성에 대한 인식은 우리를 성실한 마음으로 인도하는 반성의 원리다. 그리고 성실한 마음으로 인간과 인생을 대한다는 사실은, 그 자체가 인간이 그 본래의 모습으로 되돌아가는 근본이기도 하다.

맺음말

우리는 현재 매우 중대한 시기에 처해 있다. 우리 민족과 국가가 흥망의 갈림길에 놓여 있다고 하여도 과언이 아닐 것이다. 이 중대한 시기를 무난히 극복하여 민족의 중흥과 개인의 행복을 이룩하느냐, 또는 다시 한 번 치욕의 역사를 되풀이하여 자손만대에 불행한 유산을 남기느냐 하는 문제는 오로지 우리들 자신의 마음가짐과 행동 여하에 달려 있다. 그렇다면 우리는 앞으로 어떠한 마음가짐으로 어떻게 행동해야 할 것인가?

이 물음에 제대로 대답할 수 있기 위해서는 지금까지 우리를 지배해 온 마음가짐과 행동의 경향을 반성적 각도에서 살펴볼 필요가 있다고 믿었던 까닭에, 우리는 먼저 지금까지의 우리들의 생활 태도 가운데서 가장 현저한 경향들을 뽑아내 보았다.

우리 한국 내지 동양의 전통적 가치관과 특히 깊은 관계를 가진 행동 또는 사고의 경향으로서 우리는 첫째, 가족주의적 사고와 행동, 둘째, 이지에 대한 감정의 우선, 셋째, 외관과 형식의 숭상을 지적하였다. 이 세 가지의 경향은 자랑스러운 예술의 발달을 촉진하며 한국적인 미풍양속의 밑거름이 되는 등의 좋은 점도 가졌으나, 반면에 여러 가지 폐단을 동반하는 약점도 가지고 있음을 보았다.

그 폐단 가운데서 가장 중대한 것은 합리성과 공정성을 크게 손상한다는 사실이었다. 과학적이고 합리적인 생활 태도를 통하여 근대화를 이룩하는 일과 기회의 균등 및 분배의 공정을 통하여 사회정의를 실현하는 일을 민족의 당면한 과제로 삼고 있는 우리들에게 이 폐단은 매우 심각하고 치명적인 것이 아닐 수 없다.

근래 더욱더 활발해지고 있는 국제적 교류를 통하여 크게 받아들여진 유럽 및 미국의 물질문명도 우리들의 사고방식과 행동 양식에 결정적인 영향을 미쳤다. 서구적 물질문명의 영향과 깊은 관계를 가지고 발달한 행동의 경향으로서, 우리는 다음 세 가지를 지적하였다. 첫째, 금전만능 내지 배금(拜金)의 풍조, 둘째, 관능적 쾌락의 추구, 셋째, 이기주의적 경향. (이 세 가지 경향이 오로지 서양 문명의 영향으로 발생했다고 본 것은 아니다. 이 세 가지 경향은 인간의 본성에 뿌리를 둔 것으로서 우리나라에도 옛날부터 있었던 것이다. 다만, 그 정도가 극심한 지경에 이르렀다는 점에 현대사회의 특색이 있으며, 그것이 이토록 심하게 된 데는 서양 문명의 영향이 컸다고 보는 것이 우리들의 관찰이었다.)

돈 또는 재물을 좋아하고 관능의 쾌락을 사랑하며 자기의 이익을 추구하는 등 이 세 가지의 경향은, 그 자체로 볼 때 나쁜 것이 없을 뿐 아니라, 오히려 자연스럽고 당연하다고 생각할 성질의 것이다. 경제적 가치를 중요시하는 것은 지상(地上)에서의 현실 생활에 충실하고자 하는 건실한 생활 태도의 반영이며, 관능의 쾌락을 좋아하는 것은 인간도 일종의 동물이라는 사실에 비추어 볼 때 매우 자연스러운 일이다. 그리고 사람들이 자기 자신의 이익을 추구하는 것도 인간의 본성을 따르는 당연한 현상이다. 그러나 그러한 경향들이 극심한 정도에 이를 경우에는 여러 가지 중대한 폐단을 초래하게 된다. 그리고 현재의 상황은 그 중대한 폐단을 초래하는 단계에 이른 것으로 보이는 까닭에 여기 심각한 문제가 있는 것이다.

금전만능의 풍조와 관능적 쾌락의 추구 및 이기주의적 경향에 따르는 폐단으로서 우리는, 첫째, 관념과 행동의 유리에서 오는 이중인격의 형성과 사회적 불신의 풍조, 둘째, 지나친 사회 경쟁에서 오는 살벌한 인심과 쌍방이 모두 피해를 입고 마는 이기주의의 역설, 셋째, 강한 자는 점점 부유해지는 반면에 약한 자는 점점 빈곤해지는 사회적 불균형, 넷째, 돈과 권력 그리고 기계의 노예로 전락하는 인간의 자기 상실 등을 지적하였다.

이 가운데서도 특히 중대한 것은 인간의 자기 상실 내지 비인간화라고 생각되었던 까닭에 우리는 이 문제에 대하여 더 자세한 고찰을 시도했으며, 인간의 본연의 모습이 주체적 행위자로서의 자유와 성실성에 있음을 보았다. 그리고 이 자유와 성실성으로 말미암아 인간은 존엄한 존재라는 사실을 힘주어 고찰하였다.

그러면 우리는 어떠한 원리를 따라서 앞으로 우리의 가치 체계를 혁신해야 할 것인가? 현재까지 우리가 살아온 생활 태도에 대한 반성을 토대로 삼을 때, 다음 몇 가지의 결론이 불가피함을 본다.

첫째, 앞으로의 새로운 가치 체계에 있어서는 인간적 가치가 체계의 정상을 차지해야 한다. 여기서 '인간적 가치'라 함은 생명, 건강, 용모의 아름다움, 학식, 인품, 예술적 소양과 기량, 운동경기에서의 탁월한 기능, 참된 사랑 또는 깊은 우정과 같은 슬기로운 인간관계, 그리고 여러 종류의 문화 창조 등 인간 및 인간의 활동에 깃들어 있는 모든 가치를 통틀어서 일컫는 것이며, 이 '인간적 가치'가 돈이나 권력 또는 그 밖의 다른 모든 비인간적 가치보다 우위를 차지해야 하는 것이다.

둘째, 경제적 가치의 중요성을 다시 확인하고 경제개발에 더한층 역점을 두되, 경제적 가치는 어디까지나 인간적 가치의 실현을 위한 기초라는 사실을 명심하여, 경제적 가치를 그 본래의 자리에 머물게 해야 한다. 치열한 국제적 경쟁의 소용돌이 속에 던져져 있는 현대에 있어서 우리가 만약 경제의 중요성을 망각한다면, 우리는 후진성을 극복할 수 없을 뿐 아니라, 강대국에 대한 경제적 예속을 면하지 못할 것이다. 그리고 경제력의 뒷받침 없이는 '인간적 가치의 실현'이라는 우리들의 올바른 목표도 한갓 환상으로 그치고 말 것이다.

이러한 관점에서 볼 때, 우리나라가 이제까지 경제문제에 각별한 관심을 기울여 온 것은 백번 옳은 일이며, 앞으로도 경제의 개발과 성장을 위해서 더 진지하고 합리적인 노력이 경주되어야 할 것이다. 그러나 재물은 어디까지나 인간을 위해서 있는 것이다. 경제를 중요시하는 나머지 경제 밑에 인간이 깔려서 눌리게 되는 본말(本末)의 전도가 생겨서는 안 될 것이며, 경제적 가치는 어디까지나 인간적 가치의 실현을 위한 수단 내지 기반이라는 그 본래의 위치를 떠나는 일이 없어야 할 것이다.

셋째, 대국적이고 원대한 안목으로써 공동체의 번영을 초래하는 동시에, 번영된 공동체 안에서 각 개인의 행복이 증진되도록, 민족적인 단결과 협조에 실천적 역점이 주어져야 할 것이다. 오늘날 우리에게 단결과 협조가 크게 요청되고 있다는 것은 누구나 알고 있는 상식이며, 기회 있을 때마다 그것이 강조되고 있는 것도 사실이다. 그러나 실제에 있어서는 단결과 협조가 그리 잘 되고 있는 편이라고는 보기 어렵다.

단결과 협조가 강조되고 있음에도 불구하고 그것이 잘 되지 않는 이유는, 재물과 권력 또는 관능의 쾌락 따위의 경쟁성이 강한 가치들을 인생에 있어서 가장 값진 것인 양 추구하는 경향이 심하기 때문이다.

경쟁성이 강한 목표를 사이에 두고 서로 앞을 다투는 까닭에 이해관계는 항상 대립하기 마련이며, 이해관계가 대립하는 까닭에 단결과 협력은 자연히 어려울 수밖에 없다. 따라서 진정한 단결과 협력이 가능하기 위해서는 우선 인간적 가치를 체계의 정상으로 회복시키는 가치관의 혁신이 앞서야 한다.

인간적 가치는 재물이나 권력과 같은 경쟁성이 없을 뿐 아니라, 한 사람의 인간적 가치의 상승은 다른 사람들의 모범이 됨으로써 그들의 상승에도 도움이 되는 까닭에, 인간적 가치의 실현을 인생의 가장 보람찬 목표로서 추구하는 경향이 확고한 사회에 있어서는 단결과 협조는 매우 자연스럽게 이루어질 수 있다. 그것이 우리의 이상을 실현함에 있어서 가장 적절한 길이라는 것을 만인이 실감하게 되기 때문이다.

넷째, 새로운 행동의 체계에 있어서는 합리적 생활 태도 및 합리적 해결 방식이 추구되어야 할 것이다. 가족주의적 사고와 행동이 가정 밖에까지 연장되는 경향이 있는 우리의 생활 태도 및 처사에는 불합리한 측면이 지나치게 많다. 우리가 적합한 형태의 근대화를 통하여 현재의 후진성을 극복해야 할 과제를 짊어지고 있음을 부인하지 못하는 한, 우리의 생활 태도와 처사에 있어서의 불합리한 측면이 크게 시정되어야 할 것임은 명백한 상식이다.

합리적 정신의 발휘에 관해서 우리는 두 가지 경우를 나누어서 생각할 수 있다. 하나는 물질생활 또는 자연환경에 대처하는 문제에 있어서 합리성을 추구하는 일이요, 또 하나는 다른 사람들과의 인간관계 또는 사회생활의 문제에 대처함에 있어서 합리성을 추구하는 일이다. 전자는 보통 말하는 '합리적 생활 태도'의 문제에 해당하는 것이며, 후자는 저 어려운 '사회정의'의 문제에 직결되는 것이다. 과학적 계획성을 따르는 합리적 생활 태도를 통하여 전근대적인 폐습을 청산함으로써 능률과 실질(實質)을 높이는 한편, 기회와 분배를 위시한 갖가지 인간관계에 있어서 공정과 평등을 실현하는 일은 우리가 달성해야 할 공동 목표의 가장 근본적인 부분에 속한다.

우리의 사고방식 내지 행동 양식을 바람직한 방향으로 혁신하는 일은 우리 스스로의 장한 결심과 꾸준한 노력을 통해서만 성취될 수가 있다. 한 국가 전체의 가치 풍토를 개조하는 일은 국민 전체가 책임을 나누어야 할 과제이며, 일부 특수층의 힘만으로 달성될 수 있는 성질의 것이 아니다. 그러나 모든 단체 사업에 지도적 주역이 필요하듯이, 가치 풍토의 개혁에도 슬기로운 지도력이 전체를 이끌어 주어야 한다. 그 지도층을 구성할 사람들이 누구인가는 간단하게 대답하기 어려운 문제다.

우리나라에 있어서 영향력이 많은 지위에 있는 사람들, 예컨대 정치가, 언론인, 교육자, 그리고 유력한 경제인 따위의 흔히 '지도층'이라고 불리는 사람들에게 일단 지도적 책임을 지울 수는 있을 것이다. 그러나 이러한 논의는 매우 상식적인 사고에 불과하며, 직업의 종류를 따라서 현재 우세한 사회적 지위에 있는 사람들에게 일률적으로 정신적 지도의 임무를 기대하는 것은 진실로 현실적인 생각은 아니다.

일반적으로 말해서, 현재 사회적으로 유리하고 우세한 위치에 있는 사람들에게 사회 개혁의 주역이 되어 주기를 기대하는 데는 상당한 무리가 있다. 왜냐하면, 현재 사회적으로 유리하고 우세한 위치에 있는 사람들은 현실 사회가 갖는 좋지 못한 관례와 부조리한 제도 등에 의하여 어떤 혜택을 입고 있을 경우가 많으며, 사회 개혁을 동반해야 할 가치 체계의 혁신은 그들이 누리고 있는 특권적 혜택의 자진 포기를 의미하기 때문이다.

그러나 사회적으로 전혀 무력한 사람들이 개혁의 주역을 맡기는 더욱 어려운 일이다. 힘이 부족하기 때문이다. 그러므로 역시 현재 영향력이 강한 위치에 있는 사람들에게 혁신의 주역을 기대할 수밖에 없다는 결론으로 되돌아오게 된다. 현실의 모순과 부조리로 말미암아 이익을 보는 사람들도, 대국적이고 원대한 안목으로 볼 때는, 현실을 개혁하는 것이 옳은 일일 뿐만 아니라 자기를 위해서도 바람직한 업적임을 깨닫는다.

그것을 깨달은 사람들은, 일시적인 불편과 불리함을 무릅쓰고라도, 현재의 불합리한 현실 속에 안주하기보다는 밝은 내일을 약속하는 새로운 길을 선택할 결심을 하게 된다. 필경, 그러한 결심을 한 사람들이 새로운 가치 체계를 지향하는 운동에 있어서 기수(旗手)의 구실을 할 수밖에 없을 것이다.

원대한 안목으로 인생을 내다보는 사람들은 어떠한 직업을 가진 사람들 가운데서도 찾아볼 수가 있다. 사람들이 속하는 직업이나 단체를 따라서 일률적으로 그들을 평가하는 것은 옳지 않은 일이다. 세력을 가진 정치가나 부유한 경제인에게도 양심과 애국심이 강한 사람이 있을 수 있으며, 교육자나 종교가 가운데도 비열한 위선자가 있을 수 있다. 그러므로 어떤 직업을 가진 사람들 또는 어떤 집단에 속하는 사람들은 누구나 혁신 운동의 주역으로 단정하고 다른 직업과 다른 집단에 속하는 사람들은 증오의 대상으로 규정하는 따위의 사고방식에는 찬동하기 어려움을 본다.

요컨대, 각계각층에 흩어져 있는 뜻있는 사람들이 결합하여 새 바람의 진원(震源)을 형성해야 하는 것이며, 그러한 진원의 형성이 자연적으로 이루어지기를 기대하기 어렵다면, 누군가가 조직적인 움직임의 첫 발동을 걸어야 할 것이다. 그리고 역사적 사명을 느끼고 새 바람의 진원을 형성한 사람들의 역량과 열성이 얼마나 크냐에 따라서, 이 새 바람에 호응하는 대중의 열기와 그 세력의 범위가 결정될 것이다.

가치 체계의 혁신에 관한 모든 문제는 결국 넓은 의미의 '인간 교육'의 문제에 귀착한다고 볼 수 있다. 여기 교육의 문제, 특히 인간 교육의 중대성을 새삼 느끼거니와, 인간 교육에 있어서 스승으로서 책임을 져야 할 사람들은, 그가 학교의 교사이든 가정의 부모이든, 또는 직장의 상사이든, 우선 자기 자신을 재교육하는 일에 새로운 결심과 노력을 아끼지 않아야 할 것이다.

참고문헌

『中庸』
『論語』
『孟子』
김태길, 『윤리학』, 박영사, 1964.
______, 『새로운 가치관의 지향』, 민중서관, 1969.
박종홍, 『한국의 사상적 방향』, 박영사, 1968.
장덕순 외, 『한국인』, 배영사, 1969.
服部宇之吉, 『中庸講義』, 1940.

Aristoteles, *Ethica Nicomachea.*
Brandt, R. B., ed., *Social Justice*, 1962.
Buber, M., *Ich und Du*, 1923.
Dewey, J., *Human Nature and Conduct*, 1922.
______, *Individualism, Old and New*, 1930.
______, *Theory of Valuation*, 1939.
______, *Intelligence in the Mordern World*, J. Ratner ed., 1939.
Fromm, E., *Man for Himself*, 1947.
______, *The Sane Society*, 1955.
Hare, R. M., *The Language of Morals*, 1952.
Harris, R. T., *Social Ethics*, 1962.
Heidegger, M., *Was ist Metaphysik*, 1930.
Jaspers, K., *Die geistige Situation der Zeit*, 1931.
Kant, I., *Grundlegung zur Metaphysik der Sitten*, 1785.
______, *Kritik der praktischen Vernunft*, 1788.
Marcel, G., ed., *Fresh Hope for the World*, 1960.
______, *The Existential Background of Human Dignity*, 1963.
Maritain, J., *The Rights of Man*, 1944.
Niebuhr, R., *Moral Man and Immoral Society*, 1932
______, *Man's Nature and His Communities*, 1965.
Ortega y. Gasset, *The Revolt of the Masses*, 1932.

Perry, R. B., *General Theory of Value*, 1954.
Russell, B., *The Conquest of Happiness*, 1942.
______, *Authority and Individual*, 1949.
Santayana, G., *The Life of Reason*, 1922.
Sartre, J.-P., *L'existentialisme est un humanisme*, 1946.
Schapiro, J. S., *Liberalism, It's Meaning and History*, 1958.
Scheler, M., *Die Stellung des Menschen im Kosmos*, 1920.
Weber, M., *Die protestantishe Ethik und der Geist des Kapitalismus*, 1904-1905.

인간회복 서장

머리말

한국인으로서 한국의 현실과 장래에 대하여 무관심한 사람은 거의 없다. 한국의 현실이 더 나은 방향으로 변화하기를 바라는 것이 우리들의 공통된 희망이며, 현실의 바람직한 변화가 생길 수 있기 위해서는 우리들의 가치 체계가 우선 바로 서야 한다는 것이 식자(識者)들의 일치된 의견이다.

가치 체계 여하에 따라서 국가의 흥망이 좌우된다 하여도 과언이 아니라는 것을 믿는 사람의 하나인 필자가, 한국인의 가치관의 문제에 손을 대고 이모저모에서 만지작거려 온 지도 벌써 꽤 여러 해 되는 모양이다. 다른 학자들이 써놓은 책이나 논문을 읽기도 하고, 한국의 현실 속에 생활하는 가운데 보고 들은 것들을 통하여 피부로 느끼기도 하였다. 한국의 현실에 관한 여러 문제들을 다루는 학술적인 모임에 참석하여 의견을 발표하기도 하고 남의 견해에 귀를 기울이기도 하였다.

그러는 가운데, 여러 가지 생각이 머리를 스쳐 가기도 하고, 일종의 신념 비슷한 것이 안으로 우러나는 듯한 느낌을 가진 적도 있었다. 그러한 생각들과 느낌을 정리하여 조그만 논문으로 엮은 것이 「우리들의 가치 의식과 한국의 장래」였다. 이 논문이 우리나라의 가치 체계의 문제를 비교적 종합적으로 다룬 데 비하여, 이 책에 같이 묶은 다른 논문들은 부분적인 특수 문제를 주제로 삼은 글들이다. 편집에 있어서는 되도록 중복을 피하고 서로 보완하는 의의를 갖도록 꾀했으나, 뜻대로 되었는지 의심스럽다. 앞서 발간한 졸저『새로운 가치관의 지향』(1969)에 수록된 논문은 하나도 여기 다시 실리지 않았다.

변변치 않은 저술을 삼성문화문고의 하나로 출판할 것을 결정해 주신 삼성문화재단에 감사를 드린다.

1973년 4월 14일

김 태 길

차례

1장 우리들의 가치 의식과 한국의 장래

— 새 인간상의 좌표를 위한 시론

1. 한국의 현실과 가치 체계의 문제
2. 현대 한국인의 가치관의 일반적 특색과 그 문화사적 배경
3. 한국인의 기존 가치관에 대한 평가
4. 새 가치 체계의 방향
5. 혁신의 주역과 그 전략
6. 결어

1장 우리들의 가치 의식과 한국의 장래

— 새 인간상의 좌표를 위한 시론

1. 한국의 현실과 가치 체계의 문제

1)

한 나라의 흥망과 성쇠를 좌우하는 여러 가지 요인들 가운데서, 그 나라 국민들의 정신적 자세 내지 가치관보다도 더욱 결정적인 힘을 가진 것은 없다. 개인의 성공과 실패가 그 사람의 마음가짐과 행동에 거의 달려 있듯이, 국가의 흥망도 그 나라 사람들의 현우(賢愚)와 생활 태도에 따라서 대체로 결정된다.

8·15 이래 우리 한국이 걸어온 과정에 대해서는 논자에 따라서 그 평가에 차이가 생길 수 있을 것이나, 어느 정도 양식을 갖춘 사람이라면 적어도 다음 두 가지 사실만은 부인하지 않을 것이다.

(1) 우리는 국가의 균형된 발전과 번영, 그리고 개인의 자아실현과 행복을 위해서 유익한 여러 기회와 조건을 충분히 살리지 못했다.

(2) 우리는 현재 경제, 정치, 사회 등 여러 분야에 걸쳐서 온갖 어려운 문제에 부딪치고 있으나 낡고 혼란된 가치관에 사로잡혀, 이 심각한 난국을 극복

하기에 적합한 정신의 자세를 아직 바로 세우지 못하고 있는 실정이다.

이 두 가지 사실에 대한 반성은 뜻있는 사람들로 하여금 새로운 도의(道義) 내지 가치관의 수립을 외치게 하였거니와 도의를 앙양하고 정신 자세를 바로 세우는 일이 한국 국민 전체의 근본적 공동 과제로서 우리 앞에 놓여 있음은 의심의 여지가 없는 것으로 보인다.

묵은 가치관에 잘못이 있다고 하며, 새 인간상의 탄생이 요청된다고 한다. 그러나 묵은 가치관의 어떤 점이 잘못되었다는 것일까? 새로운 가치 체계를 논하기에 앞서서 우선 묵은 체계의 결함이 밝혀져야 할 것이며, 그것이 밝혀질 수 있기 위해서는 우리가 말하는 '묵은 가치관'의 기본적인 특색 내지 구조를 정확하게 알아야 할 것이다. 우리가 현재 가지고 있는 가치관은 도대체 어떠한 특색과 구조를 가지고 있는 것일까? 이 물음에 제대로 대답할 수 있기 위한 준비로서, '가치관'이라는 말의 뜻을 분명히 해두는 것이 좋으리라고 생각된다.

'가치관'이라는 말의 본래의 뜻은 가치에 관한 사상 내지 생각에 가까운 것이었다고 보인다. 인생관 또는 세계관 따위의 말이 그렇듯이 '가치관'도 본래는 일종의 관념, 즉 머릿속에 있는 어떤 생각을 가리키는 말이었다. 그러나 오늘날 우리가 '가치관이 잘못되었다' 또는 '가치관을 고쳐야 한다'고 주장할 때, 우리는 단순한 내면적 심리 현상으로서의 관념의 세계를 문제 삼는 것이 아니라, 오히려 행동의 세계에 초점을 두고 있는 경우가 많다. 그러므로 우리는 '가치관'이라는 말이 행동의 경향 또는 행동을 일으키는 원동력으로서의 심리적 요인, 즉 의식적일 수도 있고 무의식적일 수도 있는 행동의 동기를 가리킬 경우도 있다는 사실을 인정해야 할 것으로 보인다.

요컨대 '가치관'이라는 말은 서로 다른 두 가지 뜻으로 쓰인다. 첫째로, 선악 또는 시비 따위의 실천적 문제에 대해서 가지고 있는 생각을 의미하기도 하고, 둘째로, 사람들로 하여금 어떤 행동을 일으키게 하는 심리적 요인을 의미하기도 한다. 첫째 뜻의 가치관을 우리는 '관념으로서의 가치관'이라고 부를 수 있을 것이며, 둘째 뜻의 것을 '행동의 원동력으로서의 가치관'이라고 부를 수 있을 것이다.[1]

'관념으로서의 가치관'과 '행동의 원동력으로서의 가치관' 사이에 밀접한 관계가 있음은 물론이다. 짧게 말해서 전자는 후자를 결정하는 매우 중요한 인자(因子)의 하나다. 만약 관념으로서의 가치관이 확고부동한 신념의 경지에 이른다면, 그것은 그대로 행동의 원동력으로서의 가치관의 구실을 할 것이다.

그러나 현실적으로는 그것이 확고부동한 신념 이전의 단계에 머무르는 경우가 많은 까닭에 저 두 가지 '가치관' 사이에 차질이 생기는 것이며, 일반적으로 '관념으로서의 가치관'이 부실할 경우에는 우리들의 실천의 세계에도 오류와 혼란이 따르기 마련이다. 그러므로 관념으로서의 가치관의 중요성을 망각하거나 두 가지 가치관의 구별을 지나치게 강조해서는 안 될 것이다.

다만 우리들에게 궁극적으로 중요한 것은 행동의 세계이며 관념과 행동이 언제나 일치하지는 않는 까닭에, 저 두 가지 '가치관'을 일단 구별해 두는 것이 명백한 서술과 정확한 이해를 위해서 도움이 되리라고 판단하는 것이다.

우리가 한국인의 가치관을 문제 삼을 때 관심의 초점을 차지하는 것은 행동의 세계이며 행동의 세계를 결정하는 유력한 요인이라고 보는 까닭에 관념의 향방에 대해서도 깊은 관심을 금하지 못한다.

---

1 '관념으로서의 가치관'과 '행동의 원동력으로서의 가치관'을 구별할 수 있다 함은 이 두 가지가 외연적으로 서로 배척한다는 뜻은 아니다. '관념으로서의 가치관'이 동시에 행동의 원동력으로서의 구실을 할 경우도 많다. 다만 생각에만 그치고 행동에까지 이르지 못하는 '가치관'도 있으며, '옳다'는 의식 또는 관념을 동반함이 없이 행동을 일으킬 경우도 있다는 사실을 지적하고자 하는 것이다.

따라서 우리가 한국인의 묵은 가치관을 비판적 각도에서 분석할 경우에도 우리는 '행동의 원동력으로서의 가치관'을 중심으로 고찰하되, '관념으로서의 가치관'에 대해서도 주의를 기울여야 할 것이다.

2)

오늘을 사는 우리의 가치 체계를 걱정하는 사람들 가운데는 문제의 핵심을 우리나라의 역사가 처해 있는 과도기적 시점에 관련시켜서 이해하는 경향이 있다. '근대화'라는 과제를 앞에 놓고 숨가쁘게 움직이는 한국에 있어서 옛날부터 내려오던 전통적 윤리는 이미 무너지고, 서양으로부터 받아들인 근대적 가치관은 아직 우리 실정에 맞지 않는 까닭에 사회생활이 확고한 규범을 잃고 혼란에 빠져 있다는 것이다. 문제의 핵심을 이와 같이 동서의 이질적인 두 가치 체계의 부딪침에서 발견하는 사람들은, 문제 해결의 방법도 동양적인 것과 서양적인 것의 알력을 해소하는 방향에서 모색되어야 한다고 흔히 암시한다. 동양의 전통 논리의 장점과 서양의 근대적 가치관의 장점을 조화시키고 종합하는 방향으로 새로운 길을 찾아야 한다는 것이다.

오늘날 한국인이 당면한 가치관의 문제를 우리가 처해 있는 역사적 상황에 비추어 이해하려는 태도는 너무나 당연한 것이며, 동양의 오랜 지혜와 서양의 새로운 경험을 살리는 가운데 문제 해결의 관건을 찾으려는 생각도 매우 적절한 의견임에 틀림이 없다.

그러나 문제의 핵심을 동양과 서양의 두 이질적 가치관의 충돌의 결과로서만 이해한다면, 문제의 한 측면만을 강조하는 상식적인 견해에 머무를 것이며, 그 문제 해결의 열쇠를 동양적인 것과 서양적인 것의 평면적 절충 내지 종합에서 찾을 수 있다고 낙관한다면 현실에 대한 관찰이 피상적이라는 비판을 면치 못할 것이다.

오늘날 가치관의 문제가 심각한 것은 동양의 전통과 서양의 문물이 부딪치는 일부 지역에만 국한된 특수 현상이 아니라, 동서양을 막론하고 널리 발견되는 일반적 현상인 것으로 보인다.

우리 한국인이 당면한 가치관의 문제도 저 현대사적 가치관의 문제와 밀접하게 연결되어 있으며, 따라서 그것은 옛날의 동양적 전통으로 되돌아감으로써 해결할 수 있는 것이 아닐 뿐 아니라, 서양의 이른바 선진 문명을 모방함으로써도 해결할 수 없는 어려움을 간직한 문제라고 보아야 할 것이다.

과거의 경험 속에 담긴 지혜가 새 날의 문제 해결을 위해서 막대한 도움이 될 수 있다는 것은 의심의 여지가 없는 상식이다. 그러나 현대가 직면한 실천 문제의 해답을 오로지 과거의 원리를 되풀이 하는 가운데 찾아볼 수 없음은 더욱 명백하다. 우리의 문제는 현재를 분석하는 정확한 관찰과 미래를 지향하는 창의적 구상의 토대 위에서 그 해결이 모색되어야 할 것이다.

다만 현재의 진상은 과거와 연결되는 역사적 문맥에 따라서 파악되어야 하며, 미래의 목표 또한 조상들의 실패와 성공의 기록을 살피는 가운데 구상되어야 하는 까닭에 우리는 동양의 전통과 서양의 문물에 대해서도 응분의 관심을 게을리할 수 없을 따름이다.

우리가 당면한 가치관의 문제는 좁은 뜻의 문화적 고찰을 요구할 뿐 아니라, 정치와 경제, 사회와 교육, 종교와 예술 등 여러 분야의 문제들을 살피는 넓은 시야와 인간 심리의 심층에 대한 깊은 통찰까지도 요구한다. 따라서 그것은 어떤 전문 분야에 속하는 한 개인이 충분하게 다루기 어려운 문제이며, 여러 분야의 전문가들이 공동으로 연구할 과제라고 이해된다.

필자의 이 글도 앞으로 실현될 것을 기대하는 공동 연구를 위한 조그만 자료를 준비하고자 하는 의도에서 시작된 시론(試論)에 지나지 않는다.

필자는 앞으로 다음과 같은 물음들을 염두에 두고 필자의 능력이 허락하는 범위 안에서 고찰을 전개하고자 한다.

(1) 현재 한국인에게서 일반적으로 발견되는 가치관 내지 행동 경향의 중요한 특색으로서 어떠한 것들이 있을까?

(2) 현재 한국인에게서 일반적으로 발견되는 가치관의 중요 특색은 어떻게 평가되어야 할 것인가?

(3) 새로운 가치 체계는 어떠한 방향으로, 어떠한 원리에 따라서 모색될 것인가?

(4) 가치 체계의 개조를 위하여 주역의 임무를 맡아야 할 사람들은 어떠한 계층이며, 그 전략의 기본은 무엇일까?

2. 현대 한국인의 가치관의 일반적 특색과 그 문화사적 배경

1)

사람들의 사고방식과 행동 양식은 성별, 연령, 지역 등에 따라서 다르며, 개인의 기질과 성격에 따라서도 현저한 차이를 보인다. 그러므로 한 국가 또는 민족의 성원 모두가 한결같이 나누어 가진 가치관의 특색은 찾아보기 힘들다. 다만 천차만별한 사고방식과 행동 양식 가운데도 시대와 민족의 특색을 나타내는 우세한 경향은 있기 마련이니, 우리 한국인의 가치관에 관해서도 그 기조를 흐르는 몇 가지 일반적 경향을 찾아보는 것이 반드시 무리한 시도는 아닐 것이다.[2]

2 앞으로 필자는 김태길, 『한국 대학생의 가치관』, 보건사회부 사회보장심의위원회의 조사 보고서 『한국인의 가치관』(이 조사는 1969년에 시행한 것으로서 필자도 참여하였음), 홍승직, 『지식인과 근대화: 한국인의 태도 조사』 및 필자의 개인적 관찰을 토대로 삼고, 한국인의 가치관의 일반적 특색을 정리하고자 한다. 그러나 이 논문의 성격과 지면의 제약을 고려하여, 숫자적 근거를 밝히는 일은 생략하기로 한다.

현대 한국인에게 흔한 사고방식과 행동 양식의 대표적인 것을 살펴볼 때, 우리는 그것들 사이에 이질적인 것들의 혼합과 그로 말미암은 부조화를 발견한다. 우리들의 사고방식 내지 행동 양식의 대표적인 것들 사이에 이질성과 부조화가 흔히 발견되는 근본적인 이유의 하나는 그것들이 유래한 근원이 서로 다르다는 사실에서 찾아볼 수 있을 것이다.

단적으로 말해서 우리들의 가치관의 어떤 것은 동양적 전통의 강한 영향 아래 발달된 반면에 다른 어떤 것은 서구적 근대 사조의 강한 영향을 받고 형성된 것이며, 그들 영향의 두 원천이 본래 근본적 이질성을 내포했던 까닭에 원천을 달리하는 사고방식 내지 행동 양식 상호간에 이질성과 부조화가 나타나게 된 것으로 해석할 수 있을 것이다. 이 점을 고려하여, 필자는 한국인의 가치관의 일반적 특색을, 주로 동양적 전통의 영향 아래 발달한 것과 주로 서구적 근대 사조의 영향을 받고 형성된 것으로 나눔으로써 서술의 편의를 도모하고자 한다.

동양적 전통의 유산을 강하게 반영한 한국인의 가치관의 일반적 특색 가운데서, 필자는 다음 세 가지를 가장 현저하고 중요한 것으로 본다. ① '가족주의적'이라고 부를 수 있는 사고 내지 행동의 경향, ② 사고 및 행동에 있어서 이지(理智)를 앞지르는 감정의 우세, ③ 외관과 형식을 존중히 여기는 성향.[3]

동양에 있어서의 가족주의는 오랜 전통을 가졌다. 그것은 가족을 생활의 기본단위로 삼은 오랜 사회제도를 배경으로 삼고 형성되었으며, 혈연관계와 가족 윤리를 인륜의 근본으로서 숭상한 유교 사상의 후원을 받고 성장하였

---

3 이상 세 가지의 경향이 동양적 전통의 영향을 강하게 반영시킨 것이라 함은, 그것들이 동양적 전통에 더 가깝다는 뜻에 지나지 않으며, 서양의 전통에는 가족주의나 감정의 우세 또는 형식의 존중이 전혀 없다는 뜻은 아니다. 요컨대 상대적 정도의 차이를 말하는 것이며, 절대적 양분법을 취하는 것이 아니다. 이 점은 다음에 '서구적 가치 풍토의 영향'을 논할 경우에도 다를 바가 없다.

다. 우리나라의 경우 가족주의는 특히 조선시대에 더욱 강화된 것으로 알려져 있다.

조선시대는 유교가 국교로서 신봉되었을 뿐 아니라, 그 중엽 이후는 국운의 쇠퇴와 사회의 혼란을 심각하게 겪은 시대이기도 하다. 국가와 사회의 모습에 실망한 백성들이 관심의 중심을 가족생활에 고정시킨 것은 자연스러운 추세였다고 이해되거니와, 같은 추세는 나라의 주권을 빼앗긴 일제시대에도 높은 의식 수준에 달한 일부 지사(志士)의 경우를 제외하고는 그대로 지속되었다.

'가족주의(familism)'란 어떤 이론 체계의 이름이 아니라, 가족에 대한 애착 내지 관심이 다른 의욕과 동기를 압도하고 행동의 주도권을 잡는 생활 태도를 가리키는 말이다. 가족주의적 생활 태도는 가족의 번영 또는 가문의 영예를 무엇보다도 소중히 여긴다. 따라서 그것은 한편으로는 개인주의와 대립하게 되며, 다른 한편으로는 민족주의 내지 국가주의와 대조를 이룬다.

오늘의 한국은 한편으로는 서구적 개인주의의 물결이 휩쓸어 들어오고, 다른 한편으로는 국가의 이익과 민족의 단결이 강조되는 상황 속에 있다. 이러한 상황인 까닭에 한국의 가족주의도 점차 그 세력이 쇠퇴하는 경향을 보이고 있기는 하나, 아직도 그 잔영은 상당히 농후한 색채를 유지하고 있는 것으로 보인다.

가족주의적 생활 태도는 가족 또는 친족의 문제에 관련해서만 남아 있는 것이 아니라 그 밖의 생활 영역에 있어서도 여러 형태로 나타나고 있다. 예컨대 같은 학교, 같은 고향, 같은 단체에 속하는 사람들이 자기들끼리 뭉치는 가운데 배타적 성격을 띠는 경향도 가족주의의 한 변형으로 볼 수 있을 것이다.

가족주의적 사고방식 내지 행동 양식의 다른 표현으로서는, 우리나라에 있어서 우세한 온정주의적 태도 및 아직도 도처에서 발견되는 권위주의와 종적(縱的) 인간관계를 지적할 수 있다. 가족이란 본래 편의나 이익을 위해서 계획적으로 결성한 단체가 아니라 성(性)과 혈연의 유대를 통하여 자연적으로 발생된 공동체인 까닭에, 그 내부의 질서유지를 위해서 중요한 것은 법이나 규칙보다도 온정과 사랑이다. 가족 내부에 어떤 알력이 생겼을 경우에는 경위를 밝혀 시비와 곡절을 따지는 것보다도 감화와 양보로써 문제를 해결함이 정도(正道)로서 환영을 받는다.

우리나라의 가족주의는 본래 봉건적 가족제도를 바탕으로 삼고 형성되었던 까닭에, 사람과 사람의 관계를 상하의 종적 관계로서 이해하는 경향을 수반했으며, 윗사람들에게는 권위주의적 태도가 몸에 배게 되었다. 근래 민족주의의 새로운 물결을 타고 사람과 사람의 사이를 평등한 횡적 관계로서 이해하는 관념이 보급되는 한편, 가부장적 권위주의도 점차 약화되는 경향을 보이고 있기는 하나, 아직도 여러 인간관계에 있어서 그 잔재를 찾아볼 수 있다.

2)

동양적 전통의 영향을 크게 받고 형성된 우리들의 가치관의 두 번째 특색으로서 지적된 것은, 행동과 사고에 있어서 이지보다 감정이 우세하게 작용하는 경향이었다. 감정이 뜨겁고 정서가 풍부한 것은 우리 한국인의 한 가지 특색이며, 이 특색은 여러 분야에서 여러 가지 형태로 나타나고 있다.

한국 민족은 옛날부터 인정이 두터운 민족으로 알려져 왔거니와, 이 인정미는 현대에 있어서도 크고 작은 인간관계를 통하여 발휘되고 있다. 우리 민족은 문화의 다른 분야에 있어서보다도 예술에 있어서 탁월하다는 것이 대체로 일치된 관찰이거니와, 이것도 우리 민족성 안에 깃든 뜨거운 감정과 관련이 깊은 것으로 해석된다. 기질 속에 타고난 뜨거운 정열은 슬기로운 도덕의 원천일 뿐 아니라, 세련된 예술적 정서의 바탕이기도 하다.

그러나 우세한 감정이 언제나 좋은 방향으로만 나타나는 것은 물론 아니다. 합리적이고 냉정한 태도가 요구되는 경우에 있어서까지 감정을 앞세워 흥분하는 사례가 많으며 객관적 기준을 따르는 공정 무사한 처사가 요청되는 마당에서, 정실(情實)에 끌려 공과 사를 혼동하는 경우도 없지 않다.

우리들의 사고방식 내지 행동 양식 가운데서 동양의 전통과 깊은 관련을 가진 것으로서 세 번째로 든 것은, 외관 또는 형식을 내용과 실질에 앞서서 중요시하는 기풍이었다. 고래로 유교에서는 예절을 숭상해 왔거니와, 유교의 영향을 크게 받은 우리 한국에 있어서도 예절을 도의의 근본으로서 존중하는 전통이 형성되었다. 그리고 예절이란 본래 행동의 형식과 절차를 심하게 따지는 규범인 까닭에, 예절 숭상의 전통은 생활 전반에 걸쳐서 외관과 형식을 존중하는 기풍으로 발전하였다. 이 기풍은 오늘의 한국에도 현저하게 남아 있을 뿐 아니라, 동양의 전통과는 관계가 먼 새로운 사태의 자극을 받고 불건전한 풍조로 연결되는 일면을 보이기에 이르렀다. 즉 광복 이후의 우리나라가 건실한 발전을 이루지 못하고 내실의 허약을 외형의 허식으로써 감추고자 하는 심리와, 선전을 일삼고 전시효과만을 노리는 오늘의 상품 문화적 풍조의 자극을 받음으로 인하여, '내용의 충실을 도모하기 위한 방안으로서의 형식의 존중'이라는 유교 본래의 정신을 망각하고 외형 그 자체를 위해서 외형을 존중하는 폐단을 야기하기에 이르렀다.

우리나라에 있어서 외관과 형식을 앞세우는 경향은 의식주 어디에서나 발견할 수 있다. 의생활에 있어서 속옷보다도 겉옷에 더 치중하는가 하면, 식탁을 차릴 경우에는 내용과 실질보다도 겉모양과 가짓수에 더욱 신경을 쓴다. 그리고 건물에 있어서도 실내의 시설이나 실용적 고려보다도 대문, 담장, 겉벽 따위의 겉으로 드러나는 부분에 역점을 둘 경우가 많다.

이상에서 고찰한 세 가지 경향, 즉 가족주의와 감정의 우세 및 외형의 숭상이라는 세 가지 경향은 상호간에 밀접한 내면적 관계를 가지고 있다. 가족주의와 외형의 숭상이 유교적 윤리 사상을 공통의 배경으로 삼고 있음은 이미 언급한 바 있거니와, 사고와 행동에 있어서 감정이 우세한 영향을 미치는 경향도 다른 두 가지 경향과 내면적으로 연결되고 있음을 발견한다.

가족주의는 본래 자연의 정에 이끌리는 생활 태도이며, 따라서 온정주의를 수반하는 동시에 경위를 밝혀 따지는 것을 탐탁하게 여기지 않는다. 이는 곧 정에 호소하여 생각하고 행동하는 경향으로 연결되는 것이니, 가족주의와 감정의 우세 사이에 밀접한 내면의 관계가 있음을 볼 수 있다.

그리고 세 번째 특색으로서 지적한 외형의 존중은 내용과 실리에 치중하는 태도와 맞서는 경향이다. 이어 내용의 충실과 실리를 거두는 지름길이 알뜰하게 경제적이며 치밀하게 합리적인 생활 태도임을 생각할 때, 외형을 존중하는 태도와 이지보다도 감정을 앞세우는 태도 사이에도 밀접한 내면의 연결이 있음이 명백하다.

서양 사람들이 논리적 추리에 강한 데 비하여 동양 사람들은 직관적 판단에 있어서 강점을 가졌다고 하거니와, 이 직관적 사고와 관련해서도 저 세 가지 특색 사이에 내면적 관계가 있음을 찾아볼 수 있다. 직관적 사고란 논리적 추리에 비하여 감성적 기능에 의존하는 바가 크다. 그것은 감정적 사고와 멀지 않은 거리에 있으며, 경위를 따짐으로써 시비를 가리기보다는 온정과 감화를 숭상하는 가족주의와도 일맥상통한다. 그리고 직관적 사고방식이, 합리성과 실리를 추구하는 태도보다는 외관과 형식을 숭상하는 태도와 서로 통하기 쉽다는 것도 의심의 여지가 없다.

3)

오늘날 한국인의 생활 태도, 특히 도시인의 생활 태도에는 전통적인 의미로 동양적이라고 보기 어려운 몇 가지 특색이 나타나고 있다. 이 새로운 특색들은 현대의 물질문명을 배경으로 삼고 발달한 것으로 보이며, '서구적'이라기보다는 '현대적'이라고 부르는 것이 정확할지 모르나, 현대 물질문명의 본산이 유럽 내지 미국이라는 사실을 고려하여, 역시 '서구적 가치 풍토에 근원을 둔 생활 태도'라고 불러도 무방할 것이다.

주로 근래 도입된 서구적 가치 풍토의 영향을 받고 형성된 것으로 보이는 한국인의 생활 태도 가운데 필자는 다음 세 가지를 특히 주목할 것으로서 지적하고 싶다.

(1) 금전만능의 풍조

(2) 관능적 쾌락에 대한 우선적 추구

(3) 개인주의 내지 이기주의적 행동 경향

우리 조상들의 전통적 가치관에 의하면 금전 또는 물질에 대한 탐욕은 권장할 만한 태도가 못 된다. 의식주에 필요한 범위 안에서 분수에 맞는 생계를 꾀하는 것은 당연한 마음가짐으로서 긍정되었으나, 금전이나 재물 그 자체를 본래적 가치로서 추구하는 것은 저속한 삶의 태도로서 물리침을 받았다. 풍류와 예술, 학문과 도덕 등 정신적 탁월에 높은 가치를 인정해 온 것은 동양적 전통의 기본 특색이다.

그러나 근래에 이르러 사태는 많이 달라진 것으로 보인다. 우리는 아직도 관념과 언어의 세계에서는 금전 내지 물질을 가벼이 여기는 기풍을 견지하는 한편 정신적 가치의 우위를 강조하는 버릇이 있다. 그러나 실제적 행동의 세계에 있어서 가장 지배적인 동기의 구실을 하는 것은 금전 또는 물질에 대한 욕망이다. 이 점을 가장 알기 쉽게 설명해 주는 것은, 오늘날 사람들로 하여금 내가 원하는 행동을 실천하게 하는 가장 효과적인 방법이 돈과 재물로써 유혹하는 수법이라는 사실이다. "이 세상에 돈 가지고 안 되는 일이 없고 돈 없이 되는 일도 없다."는 유행어가 단순한 농담으로 들리지 않고 어떤 실감을 동반한다는 사실은 주목할 현상이다.

금전과 재물에 대한 극도의 숭상을 가장 여실히 나타내는 것은, 어떤 사람이 평가의 대상이 될 경우에, 그 사람이 소유하는 재산 또는 경제적 활동의 능력이 큰 비중을 차지한다는 사실이다. 아직도 언어의 세계에 있어서는, 인물 평가의 진정한 기준이 될 수 있는 것은 오로지 그 사람의 내면적 인품이라고 말하는 버릇이 있지만, 실제 행동으로 사람을 대접하는 마당에서는, 그가 소유하는 재산과 경제적 능력에 큰 비중을 두는 것이 우리들의 실정이다.

금전 내지 재물에 대한 숭상을 반드시 서구 사조의 영향 때문이라고 보는 것이 과연 옳은 관찰인지에 관해서는 의심의 여지도 없지 않다. 서구 사조의 영향이 아니었더라도, 사회구조와 생활 조건의 변화에 따라서 경제적 가치의 우위가 불가피했으리라는 주장도 성립할 수 있을 것이다.

그러나 우리의 사회구조와 생활 조건이 오늘과 같은 양상으로 변화한 것 자체에도 서구 문명의 영향이 컸다고 보아야 할 것이며, 황금만능의 서구적 풍조가 영화와 신문 등의 매스미디어를 통하여 흘러들어 왔다는 사실도 부인하지 못한다. 이러한 점을 종합적으로 고려한다면, 금전과 재물을 극도로 숭상하게 된 원인의 적지 않은 부분이 서구적 가치 의식의 도입에 있었다고 보아도 좋을 것이다.

금전 또는 재물을 숭상하는 경향과 관련하여, 권력 또는 지위에 대한 욕망이 몹시 강하다는 현상에 대해서도 이 자리에서 언급해 두는 것이 좋을 듯하다. 재물에 대한 애착이 거의 대부분의 사람들에게서 찾아볼 수 있는 일반적 현상임에 비하여 권력에 대한 관심은 권력의 세계와 직접 또는 간접으로 관계를 가진 특수층에 있어서 현저하게 나타난다는 정도의 차이는 있으나 권력과 지위에 대한 욕망도 오늘날 우리 심리 가운데 상당한 자리를 차지하고 있는 것으로 보인다. 정치계에 있어서의 권력투쟁은 말할 것도 없으며, 정치 이외의 세계에 있어서도 권력 또는 지위를 둘러싼 경쟁은 어디서나 치열하다.

권력의 자리를 탐내는 것은 결코 새로운 현상이 아니며, 이것은 함부로 서구적 물질문명의 영향 때문이라고 해석할 성질의 것이 아니다. 벼슬자리에 오르는 것을 가문의 영광이라고 찬양했으며, 관존민비의 관념이 오랜 전통을 이루었던 우리나라는 옛날부터 관권에 대한 관심이 높은 나라였다. 이러한 전통은 오늘도 여전히 살아 있을 뿐 아니라, 금전만능의 풍조의 자극을 받고 더욱 강화된 듯한 느낌조차 있다. 다시 말해서, 현대 우리 사회에 있어서 금력과 권력의 함수관계가 매우 긴밀하다는 사정으로 말미암아, 금전만능의 풍조가 권력에 대한 욕구를 더욱 자극한 듯한 인상이 강하다.

4)

현재 우리나라 사람들의 생활 태도를 관찰할 때, 우선 현저하게 눈에 띄는 것은 관능의 쾌락을 추구하는 경향이다. 먼 장래를 내다보고 원대한 목적을 위해서 참고 노력하는 길보다도, 우선 당장의 순간을 즐길 수 있는 길을 택하는 경향이 대체로 강하다. 대소 도시에 있어서 유흥업소가 해마다 늘어나는 현상이나 흥미 위주의 인쇄물이 양서를 물리치고 출판계를 장악하는 현상 등은 그러한 경향을 입증하는 대표적인 것이라고 볼 수 있을 것이다.

관능의 쾌락을 좇는 것은 우리 한국에만 국한된 현상이 아니라, 온 세계에 걸친 일반적 현상이다. 사실 그것은 인간의 본능에 바탕을 둔 현상이며, 현대에 있어서만 특유한 경향으로서 떠들 성질의 것도 아니다. 다만, 섹스를 비롯한 육체의 쾌락을 공공연하게 찬미하고 이를 노골적으로 추구하는 풍조가 오늘과 같은 지경에 이른 것은 과거에 그리 흔하지 않았다는 점에서, 이 현상이 우리의 주목을 끄는 것이다. 특히 유교의 영향을 받고, 관능의 쾌락을 권장하기보다는 이를 억제해 온 우리나라의 전통에 비추어 볼 때, 여기 심상치 않은 문제가 있음을 간과할 수 없다.

향락을 추구하는 풍조와 금전 내지 재물을 숭상하는 기풍 사이에는 밀접한 관계가 있는 것으로 보인다. 황금만능의 풍조가 물질주의 세계관과 결합하기 쉬우며, 물질주의 세계관이 쾌락주의 인생관으로 기울어지기 쉬운 것은 심리학적 상식이다. 그러나 더욱 중요한 것은, 금전이 최고의 가치처럼 추구되는 자본주의 사회에 있어서, 문화 전체의 성격이 상품 시장의 색채를 띠기 쉽다는 사실이다.

사람들이 돈을 가장 열심히 추구하는 사회에 있어서는 모든 것이 상품화하는 경향이 있다. 학문, 예술, 교육, 운동, 기술 그리고 심지어는 종교까지도 돈벌이의 수단으로 화한다. 그러나 이것들보다도 더욱 팔아먹기에 적합한 것은 관능적 쾌락이다.

학문 또는 예술과 같은 정신적 가치를 실현하는 데도 돈이 필요한 것은 사실이나, 돈과 아울러 많은 시간과 노력을 바쳐야 한다. 이에 비하여 관능의 쾌락은 돈만 주면 당장 손쉽게 얻을 수 있을 뿐 아니라 그 자리에서 곧 감각적 위로를 주는 까닭에, 상품으로서의 매력이 크다. 특히 도시화 문명에 시달려 피로한 사람들에게는 말초신경적 쾌감에 대한 수요가 크다. 이리하여 금전 문화는 관능적 쾌락의 값을 올리고, 관능적 쾌락에 대한 수요는 금전에 대한 욕구를 더욱 자극하는 순환이 이루어진다.

금전과 권력 그리고 관능의 쾌락은 모두 경쟁성이 매우 강한 가치들이다. 일부가 그것을 차지하면 다른 사람들의 몫은 그만큼 줄어든다. 따라서 금전과 권력 그리고 관능의 쾌락을 유심히 추구하는 풍토 안에서는, 그것들을 둘러싸고 항상 치열한 경쟁이 발생한다. 이 치열한 사회 경쟁은 우리들의 행동 양식에 또 하나의 경향을 초래했으니, 그것이 바로 이기주의의 경향이다. 사람들은 모두 저마다 자기의 재산과 지위 그리고 쾌락을 위해서 최선을 다해야 하는 까닭에 남의 사정을 돌아볼 여유가 없을 뿐 아니라, 자기와 운명을 같이할 공동체의 이익을 망각하는 지경에 이르기도 한다.

우리나라의 이기주의는 근대 서양의 개인주의 내지 자유주의가 들어온 것과 밀접한 관계를 가지고 발달하였다. 서양의 개인주의가 본래 뜻했던 이념은, 모든 개인들의 권익과 자유를 다 같이 존중한다는 것이었으므로, 남의 권익은 안중에 두지 않는다는 뜻의 좁은 이기주의와는 원칙적으로 구별되는 것이었다. 그러나 서양의 개인주의가 자유방임의 경제 제도와 결합함으로 말미암아, 그것이 이기주의의 색채를 더해 갔으며, 그 두 개념의 이론적 구별이 현실적으로는 모호해진 느낌이 있다.

다만 서양의 경우에 있어서는 합리적 사고의 전통이 강하고 계몽된 대중의 자기 권익에 대한 주장이 활발했으므로, 강자들의 이기주의의 횡포를 어느 정도 견제할 수가 있었다. 그러나 우리 한국의 경우에 있어서는, 합리적 사고의 전통이 부족하고 대중의 권리 의식이 약했을 뿐 아니라, 8 · 15 이후의 사회적 혼란까지 겹쳤던 까닭에, '자유주의' 또는 '개인주의'의 이름으로 도입된 서구의 사조가 절제 없는 이기주의로 전락하는 경향을 막지 못한 결과가 되었다.

오늘날, 금전과 관능의 쾌락을 추구하고 남의 권익을 돌보지 않는 사람들도 그러한 태도를 공공연하게 옳다고 말하지는 않으며, 아마 마음속에서도 그 길이 옳다고 확신하지는 않을 것이다.

머릿속에서 조용히 반성하는 순간에는, 아직도 인격이나 의리나 학식 따위의 것이 돈이나 향락보다 귀중하다고 생각하는 경향이 있으며, 토론에 참가하거나 남의 행동을 평가할 경우에는 이기적 행동을 비난하는 것이 보통이다. 그러나 자기가 실제로 어떤 행동을 취할 단계에 이르러서는, 자기 스스로의 생각이나 말과는 달리, 돈이나 향락을 위해서 인격 또는 의리를 손상하기도 하고, 내 이익을 위해서 남의 권익을 침범하기도 한다.

짧게 말해서, '관념으로서의 가치관'은 여전히 전통적 체계의 테두리를 지키고자 하는데, '행동의 원동력으로서의 가치관'은 다른 길로 달아나는 것이다. 이와 같은 관념과 행동의 유리(遊離)는 어느 시대 어느 사회에도 다소는 있기 마련이나, 그 정도가 매우 심하다는 사실에 오늘날 우리 가치 체계의 문제점의 하나가 있는 것으로 보인다.

끝으로 한 가지 더 언급해 둘 것은 근래 도입된 서구적 가치관 가운데서 합리주의적 사고방식이 비교적 많은 사람들에 의해서 높은 평가를 받고 있다는 사실이다. 서양의 근대화가 합리주의적 사고와 행동에 힘입은 바 크다는 사실에 주목하고, 우리도 그 점을 본받아야 한다고 주장하는 사람들이 많다.

그러나 이 합리주의에 대한 긍정 내지 찬양은, '관념으로서의 가치관' 즉 당위 의식에 머무르는 경우가 많으며, 실제 행동으로 그것을 실천하는 습성에까지 이른 사람은 비교적 드물다. 금전과 향락 그리고 이기주의를 대하는 태도의 경우와는 반대로, 관념은 오히려 서구적인 것으로 달리는데 행동은 도리어 동양적 전통에 머무르는 경향을 보이는 것이다.

3. 한국인의 기존 가치관에 대한 평가

1)

이제까지 우리는 한국인의 가치관 또는 생활 태도의 일반적 특색을 개관했거니와, 다음에는 평가적 각도에서 기존의 가치관의 장단점을 살펴보기로 하자. 우선 그 준비 작업으로서 가치관을 평가하는 기준 또는 '바람직한 가치 체계의 조건'에 대하여 간단하게나마 고찰해 두어야 할 것으로 보인다. 평가는 평가의 기준을 전제 조건으로서 요청하기 때문이다.

가치관 또는 가치 체계의 평가 기준의 문제는 철학의 영역에서도 가장 궁극적인 문제에 속한다. 철학의 모든 궁극적 문제가 그렇듯이 가치관의 평가 기준의 문제에 대해서도, 어떤 전제를 기본 원리로서 증명 없이 받아들이지 않는 한, 논란의 여지 없는 해답에 도달할 수가 없다.

다시 말해서 어떤 평가의 기준이 옳고 그름을 오로지 경험적 사실과 일반적 논리에만 의존하여 증명하기는 원리상 불가능한 일이며, 반드시 어떤 전제를 하나의 신념으로서 우선 받아들이고 출발해야 한다.

바람직한 가치 체계의 기준을 논함에 있어 우선 받아들일 것을 제언하고 싶은 기본 전제는, 윤리나 가치의 체계도 결국은 우리 인간을 위한 것이어야 한다는 원칙이다. 다시 말해서 "우리 인간으로 하여금 만족스러운 생활을 하게 함에 있어서 가장 많은 도움을 주는 가치 체계가 가장 바람직한 가치 체계다."라는 명제를 근본 전제로서 받아들이자는 것이다.

그러나 위의 명제 그 자체는 바람직한 가치 체계의 조건을 명시하는 뚜렷한 기준의 구실을 할 수가 없다. 왜냐하면 '만족스러운 인간 생활'이 무엇이냐를 결정하는 것은 필경 우리의 가치관에 달려 있는 까닭에, "만족스러운 인간 생활을 위해서 적합한 가치 체계가 바람직한 가치 체계다."라는 명제에는 순환론의 성격이 깃들어 있기 때문이다.

한편 저 명제는, 비록 바람직한 가치 체계의 조건을 명백히 밝혀 주지는 못한다 하더라도, 그 조건을 밝히는 데 상당한 도움을 줄 수는 있다. '바람직한 인간 생활'을 완전히 정의할 수 있기 위해서는 그 기준이 될 가치관이 먼저 확정되어야 할 것이나, 그 가치관이 확정되지 않더라도, '바람직한 인간 생활'의 조건에 관해서, 양식을 가진 사람이라면 누구나가 동의할 몇 가지 기본 원칙에 도달할 수는 있을 것이기 때문이다.

'바람직한 인간 생활'이 어떠한 생활인가 하는 물음을 앞에 두고 우선 생각하지 않을 수 없는 것은 인간의 욕구다. 만약 세상의 모든 사람이 소망하는 생활이 있다면, 다시 말해서 모든 사람들의 모든 욕구를 만족시킬 수 있는 생활이 있다면, 그러한 생활은 바람직한 생활이라고 보아야 할 것이다.

"모든 사람들의 모든 욕구를 만족시켜 주는 생활이 반드시 바람직한 생활은 아니다."라고 주장하는 것이 형식논리상으로 불가능한 것은 아니다. 그러한 생활이 바람직하지 않다는 것을 진심으로 믿는 사람은 없을 것이다. 그러나 실제에 있어서 모든 사람의 모든 욕구를 만족시켜 주는 생활이란 있을 수 없다. 그러므로 모든 사람의 모든 욕구를 만족시키는 생활은 바람직한 생활이라는 주장은 현실적으로는 무의미하다. 다만 이 주장의 논리만을 살리고 그 내용에 약간의 수정을 가함으로써 우리는 다음과 같은 명제를 현실적으로 의미가 있는 결론으로서 얻을 수 있을 것이다.

적은 사람의 욕구를 만족시키는 것보다는 많은 사람들의 욕구를 만족시키는 것이 바람직하고, 한 개인의 부분적 욕구를 만족시키는 것보다는 그 사람의 인격 전체의 욕구를 만족시키는 것이 바람직하다.[4]

위에서 도달한 우리의 결론은 바로 민주주의의 이상과 일치하는 것이기도 하다. '민주주의'라는 개념의 해석에 대해서는 서로 다른 견해가 있을 수 있을 것이나, 다음 두 가지 점만은 아무도 반대하지 않을 것이다. 첫째로 민주주의는 정신과 육체의 통일로서의 인간, 즉 전인(全人)으로서의 인간이 가장 존귀한 존재라는 것을 믿는다. 둘째로 모든 사람이, 그가 인간이라는 사실로 말미암아 다 같이 존귀하다는 것을 믿는다. 이 두 가지 믿음이 결합하여 모든 인간은 귀중한 존재로서의 대접을 받아야 한다는 결론을 빚어 내거니와, 이 결론은 모든 사람들의 인격적 욕구를 되도록 크게 만족시키는 것이 바람직하다는 뜻을 그 안에 품고 있다. 그리고 여기서 말하는 '인격적 욕구' 가운데는 생물학적 기본 욕구와 '정신적 욕구'라고 흔히 불리는 높은 차원의 욕구가

4 이와 같은 주장은 이미 페리(R. B. Perry)에 의하여 표명된 바 있다. 가치를 '모든 욕구의 모든 대상(any object of any interest)'이라고 정의한 그는 욕구의 포괄성을 가치 비교의 최고 원리라고 주장하였다. R. B. Perry, *The General Theory of Value*, Harvard University Press, 1954, p.115, p.617, pp.657-658 참조.

모두 포함된다고 보아야 할 것이다.

바람직한 가치 체계를 위한 기준으로서 또 한 가지 제시할 수 있는 것은 논리의 일관성의 요청이다. 바람직한 가치 체계에는 논리의 일관성이 있어야 한다는 것은 명백하다. 우리는 지금 가치 체계에 관한 이론을 논하고 있거니와, 이론을 따진다는 것 자체가 논리의 일관성을 전제로 삼는다. 지성을 가진 인간으로서 이론적인 문제를 다룰 때, 우리는 이미 논리의 일관성을 존중할 것을 암묵리에 전제하고 출발하는 것이다.

논리의 일관성의 요청이 바람직한 가치 체계의 조건으로서 제시하는 첫째 원칙은 관념의 체계와 행동의 체계가 되도록 일치해야 한다는 것이다. 앞에서 우리는 관념의 체계로서의 가치관과 행동의 체계로서의 가치관을 구별한 바 있거니와, 이 두 가지는 합하여 하나의 전체로서의 가치 체계를 형성한다. 이 전체로서의 가치 체계가 논리의 일관성을 가지기 위해서는, 우선 관념의 체계와 행동의 체계 사이에 큰 모순이 없어야 할 것이다. 쉽게 말해서 머릿속에서 옳다고 생각하는 바와 실제로 행동하는 바가 일치해야 한다.

관념과 행동이 유리해서는 안 된다는 것은 단순한 논리의 요구에 그치는 것이 아니라, 여러 사람들의 인간적 욕구를 만족시킨다는 실천적 목적을 위해서도 요청되는 원칙이다. 관념과 행동이 유리한다는 것은 개인적으로는 위선 또는 인격의 분열을 의미하는 것이며, 사회적으로는 상호 불신 풍조의 가장 큰 원인이 되는 것이다.

관념과 행동의 유리를 막아야 한다는 원칙에서 파생되는 또 하나의 기준이 있다. 그것은 우리들의 관념적 가치관이 우리 현실에 대한 적합성을 가져야 한다는 것이다. 관념과 행동이 어긋나는 근본 이유는, 우리가 옳다고 믿는 바대로 행동하기를 방해하는 현실적 여건에 있다. 따라서 행동이 관념의 지시에 따라 그대로 실천할 수 있기 위해서는, 관념이 지시하는 바가 현실의 여건을 도외시한 것이어서는 안 되며, 그러한 뜻에서 관념으로서의 가치관은 현실에 대한 적합성을 가져야 한다. 다만 여기서 명심해 두어야 할 것은, '현실에 대한 적합성을 갖는다' 함이 모든 현실을 있는 그대로 긍정하고 따라간다는 뜻이 아니라는 점이다. 우리의 관념이 옳다고 믿는 바를 따라서 현실을 개조하고자 하는 의지가 작용하는 곳에 인간의 인간다움이 있는 것이며, 우리가 지금 우리들 자신의 가치관을 문제 삼는 근본 동기도 저 개조의 의지에 있었던 것이다. 그러므로 관념으로서의 가치 체계와 현실의 조화는, 현실에 대한 일방적 타협에 의해서 모색될 것이 아니라, 현실을 관념의 높이로 끌어올리는 방향으로 모색되어야 할 것이다. 다만 현실을 관념의 높이로 끌어올리는 작업은 현실적 여건과 인간적 능력의 한계의 제약을 받는 것이며, 노력을 해도 도달할 수 없는 목표를 제시할 때, 그러한 관념은 현실에 대한 적합성을 결여한 것으로서 물리침을 받아야 할 것이다.

논리의 일관성의 요청이 바람직한 가치 체계의 조건으로서 제시하는 또 하나의 원칙은 관념의 체계와 행동의 체계가 각각 그 체계의 내부에 있어서 논리적 정합성을 가져야 한다는 것이다. 예컨대 어제 말한 바와 오늘 말한 바 사이에 모순이 있거나 상황에 본질적 차이가 없는 두 곳에서 한 행동 사이에 모순이 있는 것은 바람직한 일이 아니다. 그리고 나에게 적용하는 규범과 남에게 적용하는 규범이 서로 달라도 안 된다. 일반적으로 말해서 양립할 수 없는 두 가지 원칙을 주장하거나 서로 모순된 원칙에 따라서 행동하는 것은, 논리의 일관성의 요청을 배반하는 것이 아닐 수 없다.

2)

앞에서 우리는 가치 체계의 평가를 위한 몇 가지 기준 내지 조건을 고찰했거니와, 그러한 기준에 비추어 볼 때 현재 우리 생활의 바탕을 이루고 있는 가치관 내지 가치 체계는 어떻게 평가되어야 할 것인가? 2절에서 살펴본 한국인의 가치관의 몇 가지 특색을 하나하나 떼어서 생각할 때, 그 특색들은 각각 긍정적으로 받아들일 수 있는 좋은 일면을 간직한 것으로 보인다.

첫째로, 가족주의의 경향은 사람이 한 개인의 테두리를 넘어서서 타인과 깊게 융화되는 유대의 원리를 그 안에 품고 있다. 만약 이 유대의 원리가 좁은 집단에 애착하는 배타성을 극복하고, 더 넓은 범위의 융화를 촉진하는 협동과 단합의 원리로서 승화될 수 있다면, 그것은 "되도록 많은 사람들의 많은 욕구를 조화롭게 만족시킨다."는 우리의 이상 — 우리들이 제시한 첫째 평가 기준에 해당하는 민주주의 이상 — 을 위해서 크게 도움이 될 것이다.

'감정의 우세'라는 둘째 특색에 대해서도 비슷한 주장을 할 수 있을 것이다. 본래 가족주의의 바탕을 이룬 것이 '자연의 정'이었으며, 단순히 이지와 법만으로 살 수 없는 것이 사회적 동물로서의 인간이라면, 우세한 감정의 승화된 형태로서의 인정(人情)은, 물질문명 속에 자기를 상실해 가는 인간이 그 본연의 모습을 회복하는 데 큰 도움을 줄 수 있을 것이다. 그뿐만 아니라 풍부한 감정은, 인간이 자아를 실현하는 중요한 길의 하나인 예술의 영역에 있어서도 귀중한 자원의 구실을 한다.

우리가 셋째로 지적한 '외관과 형식의 존중'도, 예술의 영역을 위해서 과거에도 많은 도움을 주었으며 또 앞으로도 우리 민족문화의 발전을 위한 역량으로서 작용할 수 있을 것이다. 그리고 더 귀중한 것은, 외관과 형식을 존중히 여기는 경향이 슬기로운 중용의 정신과 결합할 때, 그것이 내용과 실질을 향상시키고 충실케 하는 그릇으로서의 구실을 한다는 사실이다.

서구 문명의 도입과 깊은 관련을 가진 한국인의 생활 태도로서 첫째로 지적한 금전만능의 기풍도, 그것만을 따로 떼어서 볼 때, 반드시 나쁘게만 평가할 성질의 것이 아니다. 인간이란 본래 물질에 의존해서 살도록 마련되어 있거니와, 특히 밀도 높은 인구가 복잡한 사회생활을 영위하는 현대에 있어서 경제에 대한 깊은 관심이 없이는 생존 그 자체가 위협을 받는다. 한국의 살 길도 경제적 후진성을 탈피하는 방향으로 모색되지 않을 수 없다는 사실을 고려할 때, 금전과 물질에 대한 국민의 깊은 관심은 마땅히 찬양되어야 할 일면을 가졌다고 보인다.

관능의 쾌락도 욕구가 충족될 때 생기는 것이니, 그 자체로 볼 때는 좋은 것들의 범주 안에 들어간다고 보아야 할 것이다. 옛날에는 쾌락을 죄악시하고 금욕을 올바른 삶의 길로서 권장하는 사상이 세력을 떨친 시대도 있었으나, 인간도 일종의 동물임을 인정하는 현대 과학의 견지에서 볼 때, 금욕 그 자체에 본래적 가치가 깃들었다고는 생각되지 않는다. 향락이 지나칠 때 수반되는 폐단을 이유로 쾌락을 경계하는 것은 옳을지 모르나 쾌락 그 자체가 나쁘다고 보기는 어렵다. 쾌락을 긍정하는 태도는 지상의 생활을 긍정하는 건전한 태도로서 시인되어야 할 것이다.

이기주의도, 그것이 자아를 보전하고자 하는 본성의 발로이며 삶의 의욕의 활발한 표현이라는 점에서, 마땅히 긍정적으로 받아들여져야 할 일면을 가졌다. 조그만 자아에 애착하는 나머지 더 큰 자아를 망각하는 것은 어리석은 짓임에 틀림이 없으나, 인간이 자기를 아끼고 사랑하는 의욕 그 자체는 건강하고 자연스러운 현상으로서 긍정되어야 할 것으로 믿는다.

우리의 가치 체계를 구성하는 요소들 하나하나를 따로 떼어서 생각할 때 그것들이 크게 나무랄 데가 없을 경우에도, 그것들이 결합되어 이루어진 전체로서의 가치 체계는 많은 결함을 가질 수도 있다. 훌륭한 가치 체계를 위하여 가장 중요한 것은, 그 체계를 구성하는 여러 요소들이 하나의 타당성 있는 근본원리의 일관성 있는 매개를 통하여 조화로운 관계를 이루고 통합되는 일이다.

이 점은 바로 '바람직한 가치 체계의 조건'의 하나로서 이미 지적한 바 있는 '논리의 일관성의 요청'의 문제로 연결된다. 하나의 근본원리를 일관된 토대로 삼고 조화롭게 통합된 가치 체계는 자연히 논리의 일관성을 갖는 반면에 그렇지 못한 가치 체계는 혼란에 빠지기 마련인 것이다. 그리고 어떤 가치 체계가 논리의 일관성을 잃고 혼란에 빠져 있다면, 그것은 그 체계가 하나의 근본원리의 일관된 토대 위에 조화로운 통합을 이루지 못한 증거라고 보아도 좋을 것이다.

3)

현재 우리들의 가치 체계는 논리의 일관성의 요청을 별로 만족시키지 못하는 것으로 보인다. 식자들은 흔히 우리들의 가치 체계가 혼란에 빠졌다고 개탄하거니와, '가치 체계가 혼란에 빠졌다' 함은, 앞에서 언급한 바 있는 '관념과 행동의 유리'를 지적함은 물론이요, 또 그 밖에도 여러 가지 현상을 염두에 두고 하는 말이다. 그리고 그러한 현상들은 모두 논리의 일관성의 요청을 배반하는 성질의 것이다.

우리가 '가치 체계의 혼란'을 말할 때 첫째로 염두에 두는 것은, 사람들의 가치관에 개인차가 많다는 사실이다. 가치관이 사람에 따라서 약간의 차이점을 갖는 것은 자연스럽고 좋은 현상이라 하겠으나, 대국적 견지에서 볼 때, 같은 문화적 배경을 가지고 같은 사회 안에 살고 있는 사람들의 가치관은 가장 기본적인 측면에 있어서 공통성을 갖는 것이 보통이며, 또 그것이 그 사회의 안정과 평화를 위해서 바람직하다. 그러나 우리나라의 경우는, 여러 실천적 문제에 대한 견해와 신념에 개인차가 지나치게 심한 것으로 관찰된다.

특히 젊은 세대와 늙은 세대 사이의 생활 감정의 차이는 거시적 협동에 지장을 가져올 정도로 현저하며, 대도시와 농어촌의 생활 태도의 차이도 많은 문제점을 내포하고 있다.

가치 체계의 혼란은 전체로서의 사회에만 있는 것이 아니라, 한 개인의 마음 내부에도 있다. 다시 말하면 같은 사람도 때에 따라서 그가 주장하는 바 또는 행동하는 바에 변동이 심하다. 어느 때는 매우 급진적인 언행을 하는 사람이 다른 때는 매우 보수적인 경향을 보이기도 하고, 평상시에 늘 합리주의를 역설하던 사람이 때로는 매우 불합리한 처사를 옹호하기도 한다. 요컨대 어제와 오늘, 또는 이곳과 저곳 사이에 논리의 일관성이 부족한 것이다.

논리의 일관성의 결여 또는 가치 체계의 혼란은, 혼란한 사회 현실의 반영인 동시에, 사회 현실의 혼란을 조장하는 요인이기도 하다. 우리들의 가치 체계가 사회적 조화와 논리적 일관성을 결여함이 심하다는 사실은, 우리들의 가치 체계로 하여금 우리가 당면하고 있는 공동의 문제들을 해결하는 원리로서의 구실을 못하게 할 뿐만 아니라, 우리들이 당면하는 공동의 문제 그 자체를 더욱 어렵게 만드는 결과를 부르기도 한다. 바꾸어 말하면, 논리의 일관성의 요청을 만족시키지 못하는 우리들의 가치 체계는 형식상의 결함을 가졌을 뿐 아니라 우리의 현실을 더욱 어려운 것으로 만든다는 실질적 결함도 아울러 가지고 있다. 다음에는 실질적 견지에서 볼 때 우리의 가치 체계가 어떠한 난점을 가지고 있는지에 관하여 좀 더 상세한 고찰을 해보기로 하자.

4)

우리 사회의 현저한 특색의 하나는 모든 사람들이 치열한 경쟁을 겪고 있다는 사실이다. 치열한 경쟁에 휘말리게 되는 근본 원인은, 사람들이 가장 열심히 추구하는 목표가 강한 경쟁성을 가졌다는 점에서 발견된다. 우리는 이미 금전과 물질, 권력 또는 관능의 쾌락 따위의 것들이 행동의 세계에 있어서 강력한 추구의 대상이 되고 있음을 지적한 바 있거니와, 그것들은 경쟁성이 매우 강한 가치인 까닭에, 그것들이 인생의 가장 귀중한 목표처럼 추구되는 사회에 있어서 치열한 경쟁은 불가피한 현상이다.

정정당당한 선의의 경쟁은 경쟁하는 쌍방을 모두 한층 높은 경지로 이끄는 좋은 결과를 가져오기 쉽다. 그러나 우리가 흔히 경험하는 경쟁의 대부분은 특혜적 이권 또는 국내 소비시장의 쟁탈전 따위의 것으로서, 본래 공명정대한 경쟁이 어려운 성질의 것일 뿐 아니라, 우리나라에는 사회생활의 여러 분야에 있어서 공명정대한 경쟁을 위한 윤리적 전통이 미약하다. 그러므로 우리들의 사회 경쟁은 비열한 이기주의의 풍토 위에서 벌어지고 있으며, 그 결과는 대체로 파괴적이다.

도의심(道義心)의 바탕이 허약한 풍토 위에서 전개되는 경쟁은, 승리를 위해서는 수단을 가리지 않는 폐단을 동반하기 쉬우며, 경쟁이 과열하면 자기가 세운 삶의 궁극목적까지도 망각하고 눈앞의 승리에만 급급하게 되는 경향이 있다.

그리고 수단을 가리지 않고 눈앞의 승리에만 급급한 경쟁이 경쟁자 쌍방을 모두 파멸로 이끄는 사례를 우리는 우리 주변에서 흔히 본다. 지나친 투자와 지나친 선전 등으로 생산비를 너무 높인 까닭에, 업자들끼리의 경쟁에서는 이기게 되었으나 결국은 손해를 보고 쓰러지는 기업체의 경우가 그것이며, 입학시험 경쟁에서 이기기는 했으나 지나친 시험 준비 때문에 건강을 해치는 젊은이들의 경우도 바로 그것이다.

지나치게 치열한 경쟁으로 말미암아 쌍방이 모두 피해를 보고 마는 현상이 일반화할 때, 그 사회나 국가는 몰락의 길을 밟게 될 것이며, 사회나 국가가 몰락할 때는 그 안에 사는 개인들도 따라서 불행하게 되는 악순환이 경험될 것이다.

공동체의 번영과 타인의 처지를 안중에 두지 않는 이기주의의 지나친 경쟁의 결과로서 초래되는 현상 가운데서 가장 심각한 문제를 내포하는 것은 사회적 불균형이라는 현상이다. 금력 또는 권력과 같은 경쟁적 가치를 둘러싸고 앞을 다투는 사람들의 실력에는 심한 개인차가 있다. 체력과 두뇌에도 사람에 따라 큰 우열의 차이가 있으며, 개인들의 경쟁을 후원하는 사회적 배경에도 심한 차이가 있다. 힘의 차이가 많은 사람들이 수단을 가리지 않고 가혹한 경쟁을 할 경우, 그 승패는 대체로 일방적이다. 그리고 그 결과는 심한 사회적 불균형이라는 현상으로서 나타나게 된다.

우리나라에 있어서도 현재 사회적 불균형이 심각한 문제를 제기하고 있음은 거듭 지적되고 있는 상식이다. 오늘날 우리 한국은 도시와 농촌의 격차가 지나치게 크며, 부자와 빈자의 생활이 너무나 차이가 난다. 흔히 말하듯이 현대와 전근대가 나란히 이웃해 있으며 웅장한 저택과 비참한 판잣집이 멀지 않은 거리를 두고 마주 서 있다.

인생에는 본래 경쟁과 승패가 따르기 마련이며, 사람들의 사회적 지위에 높고 낮음이 생기는 것은 불가피한 현상이라는 이론도 제기될 수 있을 것이다. 사실 모든 사람들이 완전히 평준화된 생활을 즐긴다는 것은 현재로서는 공상에 가까운 꿈에 지나지 않는다. 그러나 불가피한 어느 정도의 사회적 불균형을 용인하지 않을 수 없다는 사실이, 지나친 이기주의와 불합리한 사회구조에 기인하는 극단적인 불균형을 정당화하는 근거가 될 수는 없다. 사회정의의 이념이 지시하는 바에 따라서 가능한 한도까지 사회적 불균형을 시정하도록 노력하는 것은 우리들 민주 시민의 공통된 의무가 아닐 수 없다.

균형된 사회 발전이 바람직한 것은, 비단 어렵고 가난한 사람들만을 위해서만은 아니다. 사회적으로 유리한 처지에서 영화를 누리는 사람들을 위해서도 사회적 불균형은 애써 극복해야 할 공동의 과제이다. 특권을 누리는 사람들의 인도주의를 위해서 그렇다는 뜻이 아니다. 오로지 실리만을 따진다 하더라도, 현재 유복한 사람들은 사회적 불균형을 크게 경계해야 할 이유를 가졌다. 왜냐하면 균형을 잃은 사회는 곧 불안정한 사회이며, 안정을 잃은 사회는 폭동, 전쟁, 혁명 따위의 큰 변동의 가능성을 내포하기 때문이다. 그리고 급격한 사회변동이 생겼을 경우에 가장 큰 타격을 입는 것은 현재 지배적 위치를 차지한 사람들이다. 현존하는 사회질서의 지속에 의하여 누구보다도 이익을 얻는 것은 상류에 위치한 사람들이며, 바닥에 깔린 사람들은 오히려 급격한 사회변동을 계기로 자신의 처지에도 변동이 오기를 기대하는 심리가 크다. 요컨대 지속적 평화는 모든 사람들을 위해서 바람직한 것이나, 특히 지배적 상류층에 위치하는 사람들을 위해서 절실하게 소망되는 것이며, 지속된 평화를 실현하기 위하여 가장 중요한 조건은 균형된 사회 발전을 이룩하는 일이라는 사실이 깊이 고려되어야 한다는 뜻이다.

5)

재물과 관능의 쾌락 따위의 경쟁성이 강한 가치를 삶의 목적인 양 열심히 추구하는 가치 체계의 더 근본적인 폐단은, 그것이 '인간의 비인간화' 또는 '인간의 자기 상실'이라고 흔히 불리는 현대적 비극으로 우리를 인도한다는 사실이다.

인간에게 가장 중요한 것은 인간이며, 따라서 우리는 언제까지나 인간이기를 희구한다. 인간이 언제까지나 인간이기를 지속한다 함은 인간으로서의 본질을 끝까지 지킨다는 뜻이 아닐 수 없으니, 인간으로서의 본질을 지킴은 우리들의 가장 절실한 요청이라 하겠다. 많은 사람들이 믿어 왔으며 오늘도 믿고 있듯이, 인간이 만물 가운데서 가장 존귀한 존재라면, 인간이 그 본질을 지켜야 할 이유는 더욱 명백하다.

"인간의 본질은 무엇인가?"라는 물음에 대해서 사람들이 내리는 대답은 반드시 일치하지 않을 것이나, 인간이 자유의 주체라는 사실을 그의 기본적 특색 가운데서 중요한 것이라고 보는 견해에 반대하는 사람은 적을 것이다. '자유의 주체'라 함은 자기 자신의 의사 또는 스스로 세운 목표에 따라서 행동하는 자주적 존재라는 뜻이니, 그것은 남을 위한 단순한 수단으로서 이용될 수 없는 것, 다시 말하면 자기 자신을 위해서 존재하는 것이며, 그 자체 속에 목적으로서의 가치를 지닌 존재이기도 하다.

그러나 불행히도 오늘의 인간은 자유의 주체로서의 그 본연의 모습을 잃어가고 있다. 때로는 단순히 무엇을 위한 수단으로 전락하기도 하고, 때로는 외적 조건에 얽매여 수동적으로 움직이는 가운데 방향감각을 잃는다. 인간을 한갓 노예처럼 묶어 놓는 굴레에도 여러 가지가 있을 것이나, 그 가운데서도 매우 중요한 것으로서 우선 금전 및 (금전을 중심 삼는) 물질문명을 들 수 있을 것이다. 돈이나 물질은 본래 인간을 위한 수단으로서 소중한 것이었으나, 그것들에 대한 사람들의 욕구가 극도로 높아짐에 따라서, 도리어 인간보다도 귀중한 것 같은 착각을 일으켜, 인간 위에서 인간을 지배하는 지경에까지 이르렀다는 느낌이 있다.

가난한 사람들은 우선 생존에 필요한 재화를 벌기 위해서 골몰한 가운데, 자기 자신의 모습을 상실한다. 상품을 생산하는 기계의 신호에 따라서 노동에 종사하는 가운데, 어느덧 기계의 한 부분과 같은 구실을 하는 자리에 익숙하게 된다. 큰 공장에서 일을 하는 사람의 경우에 있어서는, 자기가 만들고 있는 부품이 사회에 어떻게 공헌하는 것인지조차도 모를 경우가 있다. 그러므로 자기가 종사하는 노동의 과정 그 자체 안에서 보람을 찾기는 매우 어려운 일이며, 오로지 임금을 얻기 위한 수단으로서 노동에 종사해야 한다. 더구나 노동에 종사하는 시간이 잠자는 시간을 제외한 하루의 대부분을 차지하는 까닭에, 노동시간 이외의 다른 시간 가운데서 삶의 보람을 찾는다는 것도 어려운 일이다. 따라서 결국 '죽지 못해 산다'는 하소연이 어울리는 서글픈 생존으로 나날을 보내는 형편이 되고 만다.

부유한 사람들은 부유한 자리를 유지하고 또 더 부유하게 되기를 바라는 욕망으로 말미암아 그들대로 돈과 재물의 노예가 된다. 오늘과 같이 경쟁과 불안이 심한 시대에 있어서 큰 재산을 유지한다는 것은 쉬운 일이 아니다. 그리고 가지면 가질수록 더 많이 갖고 싶은 것이 소유욕의 심리이기도 하다. 그러므로 돈을 가진 사람이 돈에 얽매이기 쉬운 것은, 그것을 갖지 못한 사람의 경우보다도 오히려 그 정도가 심하다. 인생을 위해서 재물을 갖는다는 본래의 취지를 벗어나서, 도리어 재물을 위해서 인생을 사는 것에 가까운 지경에까지 이른다. 필경 돈이 사람의 상전으로서 군림하는 것이며, 자유의 주체로서의 인간의 모습은 빛을 잃는 셈이다.

돈의 노예가 된 사람들의 대부분은 시간의 노예이기도 하다. 돈을 중심으로 삼는 경쟁 사회에 있어서 시간은 가장 중요한 조건의 하나이기 때문이다. 이 점에 관해서 "시간은 돈이다."라는 미국의 격언은 매우 상징적이며, "돈은 시간이다."라고 말하는 대신, "시간은 돈이다."라고 뒤집어 말한 것이 조금도 이상하게 느껴지지 않는다는 사실은 더욱 의미심장하다. "돈은 시간이다."라고 말한다면, 그것은 돈의 도구적 가치(instrumental value)를 강조한 것으로 이해할 수 있을 것이나, "시간은 돈이다."라는 말은 생명의 한 측면이라고 볼 수 있는 시간보다도 돈을 더욱 중요시하는 우리들의 의식구조와 현대 문명의 심층에 자리잡은 어떤 부조리를 반영한 것으로 주목되는 것이다.

시간에 몰린다는 것은 부지런히 일하고 있다는 증거라고 볼 수 있다는 뜻에서 좋은 현상이기도 하다. 그러나 지나치게 한가로움이 불행을 의미하듯이 지나치게 시간에 몰리는 것도 불행한 일이다. 스스로 작성한 계획에 따라서 차근차근 일해 가는 과정에서 적당히 바쁜 것은 매우 바람직한 일이나, 밖으로부터 강요된 사정으로 말미암아 전혀 선택의 여지 없이 분주한 것은 결코 다행한 일이 아니다.

도대체 누구를 위해서 분주한 것인지 자기도 모를 어떤 외부적 강요에 의해서 시간의 노예가 될 때, 우리는 벌써 자신의 주인공이 아니다. 복잡한 사회의 한 성원으로서 살아야 하는 우리는 각자의 직분을 다하기 위하여 침식을 잃고 부지런히 활동해야 할 경우가 많은 것이 사실이다. 그러나 때로는 자기의 시간을 가지고 자기의 삶을 음미해 볼 수 있는 마음의 여백을 가질 필요도 있다. 그럼에도 불구하고 오늘의 우리 생활에 있어서는 — 특히 대도시의 생활에 있어서 — 자기의 시간이 점점 줄어드는 동시에 마음의 여백이 거의 없어져 가는 추세를 보인다. 그리고 이 추세는 인간이 자기를 상실해 가는 징조의 대표적인 것으로 이해되는 것이다.

우리에게 오늘날 굴레를 씌우는 또 하나의 장치로서 '유행'을 들 수 있다. 유행이란 어느 시대 어느 사회에도 있는 자연스러운 사회 현상일 뿐 아니라 그것이 건전할 경우에는 문화의 발전을 위해서도 도움이 된다. 그러나 오늘의 유행은 단순한 자연현상이라기보다도 금전 문화의 풍토 위에서 돈벌이에 열중한 사람들의 인위적 조작에 의하여 촉진된다는 점에 그 병리학적 특색이 있다.

제조업자와 상인들은 상품을 팔기 위해서, 자연스러운 풍속의 변천을 앞질러 가며 새로운 유행을 만들어 낸다. 새로움을 위한 새로움을 무리하게 꾸며 만드는 까닭에, 불합리하고 병적인 것이 선전될 경우도 적지 않으나, 매스미디어의 마력에 의하여 그 기형성은 은폐되고 도리어 매력의 초점으로 화한다. 그리고 소속감과 유대감이 미약한 현대의 인간관계 안에서 고독을 무의식 속에 깊이 간직해야 하는 군중들은, '소비는 미덕'이라는 구호에 현혹되어 가며, 저 기형적인 유행을 비싼 값으로 사들이는 것이다.

유행의 심리는 옷차림과 머리 모양 그리고 가구 따위에만 작용하는 것이 아니라, 우리들의 의식 내지 사상의 영역에까지 침투한다. 여론의 이름을 빌린 일종의 유행이 우리의 독자적 사유를 방해하는 것이다. 본래 건실한 여론은 지성과 양식에 입각한 자주적 사유의 변증법적 종합을 통해서 얻어지는 중지(衆知)의 결론에 해당하는 것이다. 그러나 오늘의 대중은 끊임없이 닥쳐오는 어려운 문제들에 대해서 자신의 머리로 깊이 생각하기를 원치 않으며, 이른바 저명인사들의 발언 또는 그것을 전달하는 매스미디어의 암시에 쉽게 말려든다. 이리하여 중지의 종합이라기보다도 사고의 유행으로서의 성격이 강한 '여론'의 탄생을 본다.

이러한 '여론'은 개인 각자가 깊이 생각한 끝에 동의한 결과로서 얻어진 신념의 총화가 아니라, 암시와 유행의 심리에 따라서 형성된 것으로서 부화뇌동의 성질을 띠는 까닭에, 현실을 움직이는 강력한 지도 이념의 구실을 하기 어렵다. 그것은 깊은 신념으로서 우리의 마음속에 뿌리를 내리지 못한 관념인 까닭에, 강한 실천의 의지를 동반하지 않는 것이다. 그리고 또 그것은 머지않아 유행의 바람이 반대의 방향으로 불 때는 쉽사리 허물어질지도 모르는 허약한 관념이기도 하다.

사람들이 유행의 바람에 따라 이리저리 나부낀다는 것은, 각자의 개성을 잃고 남의 것을 모방하는 풍조가 강하다는 것을 의미한다. 그리고 모방의 풍조가 강하다는 것은, 사람들이 각자의 주체성을 상실하여 그 본연의 모습으로부터 멀어져 감을 의미한다. 한 민족 또는 국가에 주체성이 요구되듯이 개인에게도 주체성은 필요한 것이며, 그것을 잃을 때 인간으로서의 본연의 모습도 희미해지는 것이다.

사람들이 자기의 개성과 신념을 굳게 지키지 못하고 여러 사람들이 가는 길로 휩쓸려 버리는 이유의 하나는 자기에 대한 타인의 의견 또는 평가에 대하여 몹시 민감하게 반응하는 성격에 있다고 보인다. 우리는 남들이 나를 어떻게 보느냐에 유달리 많은 신경을 쓴다. 다른 사람들의 눈에 좋게 보이기를 열망하며, 그들에게 좋은 인상을 주고자 애를 쓴다. 따라서 항상 남의 눈치를 살피게 되며, 눈치를 살피기에 여념이 없다 보면, 자기 스스로의 개성과 신념을 죽이고 남들이 가는 길로 적당히 추종하는 결과에 이르기 쉽다.

다른 사람들에게 잘 보이기를 바라는 것은 사회적 존재로서의 인간이 공통으로 가진 경향이며, 현대인만의 특수성이라고 단정할 성질의 것은 아니다. 그러나 에리히 프롬(Erich Fromm)도 지적하고 있듯이 자기의 개성과 신념을 거의 망각하고 오로지 남의 눈치와 평가에만 신경이 예민한 것은 최근 수십 년 동안에 일어난 새로운 경향이다. 프롬에 따르면 현대 우리 사회에서는 모든 것이 돈벌이를 위한 상품으로 화하는 추세를 보이는 가운데, 인간도 하나의 상품으로서 자처하는 현상을 보이고 있다.

자신의 성공을 갈망하는 것은, 본인의 실력 그 자체보다도 그를 대하는 다른 사람들의 의견과 평가이며, "우리가 우리 자신을 얼마나 요령 있게 팔아먹느냐에 따라서 … 우리의 포장이 얼마나 잘되어 있느냐에 따라서, 우리의 성공이 좌우되는" 것이 상품 문화가 지배하는 현대사회의 실정이다.[5] 자기의 가치를 내재하는 능력과 인품에 의하여 측정하지 않고 남의 기호, 즉 교환가치에 의하여 측정하는 성격을, 프롬은 '장사꾼의 성격(marketing orientation)'이라 부르고 현대인의 대부분이 이 성격의 소유자라고 관찰하고 있다.[6]

4. 새 가치 체계의 방향

1)

이제까지 우리는 현대 한국인의 사고방식 및 행동 양식의 일반적 특색을 살펴보았으며, 이어서 그 장점과 단점의 대강을 고찰하였다. 그러나 이 글의 기본 목표는 새로운 가치 체계의 방향을 모색함에 있었으며, 지금까지의 고찰은 그 준비 작업으로 볼 수 있는 성질의 것이다.

우리의 평가적 고찰이 부정적 측면에 역점을 두게 된 것도, 새로운 것의 모

---

5 E. Fromm, *Man for Himself*, New York, 1947, pp.69-70.
6 같은 책, pp.67-68 참조.

색을 위하여 가장 필요한 것이 묵은 것의 잘못된 점을 파악하는 일이라고 믿었기 때문이다. 다음은 지금까지의 고찰을 토대로 삼고, 장차 바람직한 가치 체계의 기본적 방향을 더듬어 보기로 하자.

올바른 윤리의 원칙에 부합되는 가치 체계가 곧 바람직한 가치 체계이며, 올바른 윤리란 만족스러운 사회생활을 위한 지혜에 해당한다. 그리고 인간으로서 인간다운 생활을 하기에 충분히 적합하지 못하다는 사실에 우리들의 묵은 가치 체계의 가장 근본적인 결함이 있었다. 그러므로 장차 세워져야 할 새 가치 체계는 무엇보다도 우선 인간의 회복을 가져오는 것이어야 한다.

인간이 자기를 회복하기 위해서는 인간적 가치가 가치 체계의 정상을 다시 차지해야 한다. 돈 또는 권력 따위의 수단적 가치가 (본래적 가치로서의 인간 위에 군림하여) 인간을 억압하는 본말의 전도에 묵은 가치관의 근본적 결함이 있다는 우리의 관찰이 타당성을 갖는 것이라면, 새 가치 체계의 첫째 과제는 저 뒤바뀐 가치 서열을 그 본래의 위치로 되돌려 놓는 일이 아닐 수 없다.

인간적 가치를 가치 체계의 정상으로 올린다 함은, 관념 또는 언어의 세계에 있어서 "인간적 가치가 가장 귀중하다."고 생각하거나 말하는 데 그치는 것을 의미하지 않는다. 행동과 실천에 있어서 인간적 가치를 최고의 가치로서 추구하기에 이를 때, 비로소 인간적 가치가 그 본래의 자리를 회복했다고 말할 수 있을 것이다. 그리고 여기서 '인간적 가치'라는 말은 매우 넓은 의미로 쓰이고 있으며, 인간의 정신 및 육체에 깃들 수 있는 모든 가치를 통틀어 가리킨다. 다시 말하면 개인이 가진 도덕적 인품, 학식, 예술적 기능 등은 말할 것도 없거니와 사람의 생명, 건강, 육체의 아름다움 그리고 스포츠 기능 따위도 '인간적 가치'의 범주 속에 포함되는 것으로 보아야 한다. 그뿐만 아니라 사회정의와 평화 그리고 찬란한 민족문화 등을 비롯한 여러 가지 사회적 업적도 인간적 가치의 중요한 것으로서 헤아려야 할 것이다.

여기서 우리는 한 가지 어려운 이론적 문제에 부딪치고 있음을 본다. 즉 인간 또는 인간적 가치를 가치 체계의 정상에 위치해야 할 것으로 평가하는 근거를 어느 정도 밝힐 수 있어야 할 것으로 보인다. 그러나 이 문제도 가장 궁극적인 문제의 하나로서 엄밀한 증명을 허락하지 않는 문제이며, 오직 설득적 근거를 제시하는 정도로 만족할 수밖에 없을 것이다.

인간이 귀중한 존재라는 판단을 뒷받침하는 근거의 하나로서 우리는 우선, 인간이 인간 자신을 경험적 세계에 있어서 가장 귀중한 존재라고 느끼는 것은 인간 심리의 필연이라는 사실을 지적할 수 있을 것이다. 자아 보존의 본능적 욕구와 자아의식을 아울러 가진 모든 개인은, 자기 자신 즉 '나'라는 존재를 정말 귀중한 것으로서 느끼도록 마련되어 있다.

그리고 일단 자기 자신이 귀중하다는 것을 인정한 이상, 다른 사람들도 모두 귀중하다는 것을 인정하지 않을 수 없다. 왜냐하면 다른 사람들도 심신의 근본 구조에 있어서 나와 본질적으로 다를 바가 없는 존재이며, 본질이 같은 두 대상에 대하여 서로 다른 평가를 내린다는 것은 논리에 맞지 않기 때문이다.

인간이 존귀하다고 주장하는 근거로서 흔히 인간의 이성을 지적한다. 그러나 이성을 가졌다는 사실이 왜 존귀성 내지 존엄성의 근거가 되는 것일까? 이성이라는 기능 자체가 존귀하다기보다도, 이성의 기능으로 인하여 인간의 행동이 고유한 특색을 갖게 되며 그 행동의 특색이 인간을 존귀한 것으로 만드는 근거가 된다고 보아야 할 것 같다. 좀 더 부연해 말한다면, 인간은 이성을 소유하는 까닭에, ① 세계와 자기를 인식할 수 있으며, ② 스스로의 신념을 따라서 자주적으로 행동하는 도덕의 주체일 뿐 아니라, ③ 유혹과 권력 앞에서도 꺾이지 않고 꿋꿋하게 일어서는 용기와 자존심을 발휘할 수 있다는 사실이, 인간을 존귀한 것으로 보지 않을 수 없게 하는 중요한 이유가 된다고 생각한다.

첫째로, 갈대와 같이 약하고 작은 인간이 광막한 우주를 인식의 대상으로 삼을 수 있다는 사실도 위대한 일이거니와, 특히 안으로 자신을 들여다볼 수 있는 마음의 여유를 가졌다는 사실은 더욱 놀랍고 장한 일이다. '자신을 안다' 함은 '자신을 대상화한다'는 뜻이며, 그것은 자기를 초월할 수 있음을 의미하는 것이니, 이에 우리는 매우 작은 것으로 보이기 쉬운 인간이 실은 무한히 큰 존재임을 인정하지 않을 수 없다.

사람은 누구나 자기 자신을 어느 정도 알고 있다. 인간이란, 보기에 따라서는 지구 위의 가장 강한 존재이기도 하지만, 한편으로는 매우 허약한 존재에 지나지 않는다는 사실까지도 우리는 알고 있다. 특히 우리는 인간이 조만간 죽어야 할 운명을 지니고 있다는 사실을 알고 있으며, 그것을 아는 까닭에 우리는 같은 운명을 나누기 마련인 다른 '인간 가족'에 대한 깊은 공감과 사랑을 느낀다.

가브리엘 마르셀(Gabriel Marcel)은, "인간이 유한자라는 바로 그 사실 가운데 그의 본질적 존엄성의 원리를 찾을 수 있다."는 역설적 결론을 앞세운 다음, 그러한 주장의 근거로서, "인간은 자기 스스로가 죽어야 할 운명을 지니고 있다는 사실을 깨닫고 있는 것으로 알려진 유일한 존재"라는 사실을 지적하고 있다.[7] 유한자로서의 자신의 운명을 똑바로 바라보면서, 그러나 여전히 높은 이상을 버리지 않고 갈 수 있는 곳까지 가보자고 노력을 기울이는 인간, 그리고 같은 운명 아래 사는 다른 사람들에 대한 인간으로서의 사랑을 깊이 느끼기도 하는 인간, 이러한 인간을 우리는 존귀하다고 생각하지 않을 수 없는 것이다.

둘째로, 인간은 스스로 옳다고 믿는 바에 따라서 행동하는 도덕적 주체다.

7 G. Marcel, *The Existential Background of Human Dignity*, Harvard University Press, 1963, p.136.

밖으로부터의 자극에 따라 완전히 피동적으로 움직이는 무생물이나, 본능이 가리키는 바에 따라 맹목적으로 행동하는 일반 동물과는 달리, 인간은 스스로 정한 목표와 스스로 내린 판단에 따라서 주체적으로 행동한다. 그리고 주체적으로 행동할 수 있다는 뜻에서 인간은 자유를 가진 존재이며, 자유의 주체라는 이 사실 가운데, 우리는 인간을 존엄한 존재로서 인정하지 않을 수 없는 또 하나의 이유를 발견한다.

셋째로, 인간은 유혹과 권력 앞에서도 꺾이지 않는 용기와 자존심을 가지고 있다. 이것은 자유의 주체라는 사실에서 자연히 따라오는 현상이거니와, 이 용기와 자존심은 우리로 하여금 인간을 존엄한 것으로 느끼지 않을 수 없게 하는 가장 직접적인 사유다. 유혹과 권력으로 꺾기 어려우며, 스스로 존귀한 존재로서 자처하는 인간 앞에서 우리는 두려움과 비장함을 느끼지 않을 수 없는 것이다. 인간은 스스로를 존엄하게 대접하는 까닭에 진실로 존엄하다.

여기서 우리는 인간이 스스로를 존엄하게 대접하는 굳건한 태도와, 세도나 금력을 잡은 사람들이 권세를 자랑하고 권위주의를 휘두르는 오만한 태도를 혼동해서는 안 될 것이다. 위엄을 과시하기 위하여 화려한 옷차림이나 웅장한 주택 따위로 겉모습을 장식하는 특권층의 태도를 비판하여, "그것은 공허와 기만을 숨기는 것에 지나지 않을지 모르며 … 진실로 자기 자신을 배반하는 것이라 할 것이니, 비판적인 사람의 눈으로 볼 때, 스스로의 권위에 치명상을 입히는 것"이라고 설파한 마르셀의 말도 바로 이 점을 지적한 것으로 해석된다.[8]

8 같은 책, p.136.

2)

인간 또는 인간적 가치의 우위를 강조함은 금전과 물질 또는 권력 따위의 외면적 가치가 배척되어야 할 악이라는 뜻은 물론 아니다. 인간적 가치가 실현될 수 있기 위해서는 물질생활의 뒷받침이 절대로 필요한 것이니, '인간의 회복'을 역설하는 우리의 주장이 한갓 공론으로 그치지 않기 위해서도, 경제적 가치의 중요성을 망각하는 일은 없어야 할 것이다. 다만 우리가 항상 명심해야 할 것은 금전 내지 물질은 인간을 위해서 중요한 수단적 가치이며, 목적으로서의 가치는 어디까지나 인간에게 있다는 사실이다. 묵은 가치관의 잘못은 물질 내지 경제를 중요시한 바로 그 사실에 있는 것이 아니라, 물질이 도리어 인간을 압도하게 된 주객의 전도에 있었다. 따라서 새 가치 체계가 역점을 두고 지향할 바는, 물질 또는 경제의 중요성을 부인함에 있는 것이 아니라 인간과 물질의 관계를 올바로 회복하는 일에 있다.

권력의 문제에 관해서도 우리는 위에서 말한 바와 같이 비슷한 주장을 할 수 있을 것이다. 현대 민주국가에 있어서 권력의 원천이 되는 것은 국민 각자의 인권 또는 시민권이며, 이 각자의 주권을 국민 생활의 질서와 능률을 위해서 소수에게 위임했을 때 생긴 것이 곧 정치권력이다.

이와 같이 이해할 때, 권력도 그 본질에 있어서 인간을 위한 수단이며, 현대의 사회생활이 복잡다단한 만큼, 매우 중요한 수단이라는 것도 명백하다. 그러므로 권력을 중요시하는 태도 그 자체는 도리어 당연한 것이며, 다만 문제가 생기는 것은 권력을 목적으로서 추구하거나, 또는 그것을 공동체의 번영 내지 성원의 행복을 위하여 사용하지 않고 사사로운 목적을 위해서 남용할 경우에 있어서뿐이다.

물질생활의 안정과 권력의 올바른 사용을 위해서 절실하게 요청되는 것은 합리적 정신이다. 우리 동양의 전통적 가치 체계에 있어서 합리적 정신이 부족하다는 것은 이미 지적한 바 있거니와, 이 점에 있어서는 서구적 합리주의로부터 배워야 할 교훈이 적지 않은 것으로 보인다. '합리적 정신' 또는 '합리주의'라는 개념도 여러 가지 측면을 가지고 있는데, 우리는 특히 두 가지 측면에 역점을 두고 합리주의의 정신을 살려야 한다고 생각한다.

첫째로, 경제생활의 합리적 운영이 절실하게 요청되고 있다. 우리나라가 경제에 있어서 후진성을 면하지 못하고 있다는 사실을 고려할 때, 특히 이 점이 강조되지 않을 수 없다. 겉으로 국제주의 내지 세계주의를 표방하는 나라들까지도 실제로는 각기 자기 나라의 이익을 추구하기에 여념이 없는 역사의 현 단계에 있어서, 우리 한국은 여러모로 불리한 여건 아래서 국제 경쟁에 임하고 있거니와, 그 경쟁의 중심이 경제적 이득이라는 사실을 상기할 때, 국민경제의 발전이 얼마나 절실한 과제인지는 명백하다. 그리고 합리적 운영을 떠나서 국민경제의 발전을 기대할 수 없다는 것도 이미 주지의 상식이 되어 있다.

경제생활의 합리적 운영은 생산과 분배 그리고 소비 등 모든 측면에서 이루어져야 할 것이다. 생산의 여러 과정은 기업 정신과 과학적 경영의 원칙에 따라서 수행되어야 할 것이며, 가족주의적 사고방식, 특혜 조처, 사사로운 결탁 등 불합리한 요인들이 개입해서는 안 될 것이다. 분배는 공정의 원칙에 따라 이루어져야 하며, 소비생활에 있어서도 사치와 낭비 그리고 허례 등의 불합리한 습성을 탈피해야 할 것이다.

합리성에 관련하여 또 한 가지 역점이 주어져야 할 것은 공정 또는 사회정의의 측면이다. 그리고 이 측면은 일상생활에 있어서 합리적 태도를 취하는 문제보다도 더욱 중요한 문제를 내포한다고 필자는 믿는다.

'합리성' 및 '공정'은 모두 다소의 다의성을 가진 개념이기는 하나, 모든 불공정은 합리성을 갖추지 못했다고 볼 수 있다는 뜻에서, 즉 모든 불공정한 것은 동시에 불합리한 것이라고 볼 수 있다는 뜻에서, 전자는 후자를 포섭하는 개념이라고 해야 할 것이다. 따라서 정치와 경제, 종교와 예술 그리고 교육 등 여러 분야의 현실적 문제들을 합리적으로 처리하는 것은, 공정한 사회 또는 사회정의의 수립을 위해서 필수불가결한 조건이다. 우리는 이 글의 3절에서 우리 한국에 사회적 불균형이 심하다는 사실을 지적한 바 있거니와, 이 사실을 극복하기 위해서 우리들의 전통적 가치관 내지 사고방식에 있어서 미약했던 합리적 정신이 앞으로는 크게 육성될 필요가 있음을 본다.

공정 내지 사회정의가 절실하게 요청되는 이유에 대해서는 이미 언급한 바 있으므로, 여기서는 '공정' 또는 '사회정의'의 개념을 어느 정도 밝혀 두는 것이 적합하리라고 생각된다. '사회정의'란 곧 사회의 공정성을 의미하는 것으로 볼 수 있으니, 여기서는 '공정'이라는 개념에 초점을 두고 잠시 고찰해 보기로 하자.

'공정'의 원칙은 풀어서 말한다면, "처지와 형편이 같은 두 사람은 차별 없는 대우를 받아야 한다."라는 표현으로 일단 바꾸어 놓을 수 있을 것이다. 아무리 차별 없는 대우가 요청된다 하더라도, 모든 사람을 엄밀하게 똑같이 대접한다는 것은 사실상 불가능하며, 또 바람직한 일도 아니다. 예컨대 국민 전부에게 대통령의 자리를 고루 나누어 주는 것은 불가능한 일이며, 갓난아이와 장정에게 똑같은 양의 똑같은 음식을 주는 것은 바람직한 처사가 아니듯이, 처지와 형편이 다를 때에는 사람들이 받는 대접도 달라지는 것이 불가피하거나 바람직할 경우가 많다. 따라서 '처지와 형편이 같은'이라는 제한이 붙게 되는 것이다.

엄밀하게 말해서 모든 사람들의 처지와 형편에는 다소간의 차이가 있기 마련이며, 모든 종류의 처지와 형편의 차이를 차별 대우의 정당한 사유로서 인정할 수는 없다. 즉 처지와 형편의 차이 가운데서 차별 대우의 정당한 사유가 될 수 있는 것과 없는 것을 구별할 필요가 생긴다. 그렇다면 차별 대우의 정당한 사유가 될 수 있는 사정의 차이란 어떠한 것일까?

이 물음에 대한 대답으로서 매우 유력한 것의 하나는 "각자의 필요(needs)에 따라서 분배해야 한다."는 것이요, 그 또 하나는 "각자의 능력과 업적에 따라서 분배를 달리해야 한다."는 것이다.[9] 각각 일장일단을 가지고 있는 것으로 보이는 이 두 가지 원칙을 참고로 해가며, 우리들 자신의 해답을 꾀해 보기로 하자.

사람들이 필요로 하는 바의 차이가 차별 대우의 사유가 된다는 것은 대체로 수긍이 가는 의견이다. 책이 필요한 사람에게는 책을 주고, 농기구가 필요한 사람에게는 농기구를 주는 것은 확실히 사리에 맞는 일이다. 우리가 공정을 요청하는 가장 근본적인 이유는 모든 사람들이 각자의 뜻을 이루어 행복에 도달하기를 바란다는 사실에 있으며, 사람들이 필요로 하는 바에 개인차가 있다는 것은 각자의 행복을 위해서 요구되는 조건이 다르다는 뜻이다. 그러므로 필요에 의거하여 분배를 달리한다는 것은 모든 사람들의 행복이 고루 실현되도록 하는 방안에 해당하는 것이니, 대국적 견지에서 볼 때, 그것은 공정의 이념에 합치되는 것이라고 판단되는 것이다.

그러나 사람들이 필요로 하는 것을 모두 공급한다는 것은, 물자와 인력의 한계로 말미암아 사실상 불가능하다. 여기서, "누구의 어떠한 필요를 우선적으로 대접하느냐?" 하는 물음이 불가피하게 되거니와, 이 물음에 대한 대답으로서 상당한 지지를 받고 있는 것이, "각자의 능력과 업적에 따라 분배하

---

9 블라스토스(G. Vlastos)는 '공정한 분배'의 원칙으로서 오늘날 흔히 주장되는 것을 다음과 같은 다섯 가지로 나누었다. ① 각자의 필요(needs)에 따라서 분배한다. ② 각자의 가치(worth)에 따라서 분배한다. ③ 각자의 능력과 업적(merit)에 따라서 분배한다. ④ 각자의 사업(work)에 따라서 분배한다. ⑤ 각자가 체결한 계약에 따라서 분배한다. G. Vlastos, "Justice and Equality", R. B. Brandt, *Social Justice*, New Jersey, 1962, p.35 참조. 이상 다섯 가지 가운데서 특히 여기 말한 두 가지(첫째와 셋째)를 중요시하는 이유에 관해서는 김태길, 『새로운 가치관의 지향』, 1969, p.330 참조.

라."는 주장이다. 능력이 크고 업적이 많은 사람들이 필요로 하는 바에 대하여 우선권을 인정하자는 이 주장은 확실히 사리에 맞는 것 같으며, 여러 나라에서 어느 정도 실천되고 있는 원칙이기도 하다. 그러나 이 원칙을 완전한 것으로 인정하기 어렵다는 것은, "사람은 누구나 행복하게 살 권리를 가진 귀중한 존재"라는 우리들의 더 큰 원칙에 비추어 볼 때 명백하다. 능력이 약하고 업적이 적은 사람이라도 생존의 권리와 행복을 누릴 자격은 가진 것으로 보아야 한다. 따라서 분배의 기준을 능력과 업적에만 둘 수 없는 것이다.

"필요에 따라서 분배한다."는 원칙을 우리가 고집하지 못하는 이유는, 현실적으로 그것이 불가능하다는 사실에 있는 것이며, 하나의 이상(理想)으로서는 그것은 어디까지나 인간적 노력의 정당한 목표가 아닐 수 없다. 하나의 이상으로서는 "필요에 따라서 분배한다."는 원칙을 버리지 않으면서, 현실에 적응하기 위해서는 "능력과 업적에 따라서 분배한다."는 원칙을 받아들이지 않을 수 없는 것이 우리들의 기본적 견지인 것이다. 결국 우리는 공정의 원칙에 관해서 두 가지 기준을 마음속에 간직하고 있는 셈이며, 여기서 필연적으로 일어나는 문제는, 저 두 가지 원칙을 연결하여 하나의 원리로서 종합할 수 없을까 하는 그것이다.

이 문제에 대하여 필자는, "각자의 필요에 따라서 분배한다."는 이상을 실현하기 위한 방편으로서 '능력과 업적에 따르는 분배의 원칙'을 받아들이는 길이 있다고 생각한다. 모든 사람들에게 필요한 것을 되도록 풍족하게 공급하기 위해서는, 사람들의 능력을 최대한으로 활용하여 많은 업적을 올리도록 해야 한다. 그리고 유능한 사람들의 능력을 살려 그들의 업적을 높이기 위해서는 그들에 대한 지원을 우선적으로 실행할 필요가 있다. 다만 이러한 우대의 근거는, 그렇게 하는 것이 "각자의 필요에 따라서 분배한다."는 이상을 실현하는 지름길이라는 사실에 있는 것이며, 어떠한 능력과 어떠한 업적이 더 중요시되어야 하느냐는 문제도 저 궁극목적에 비추어서 풀려야 할 것이다.

"누구의 어떠한 필요에 대하여 우선권을 인정하느냐?" 하는 물음에 대해서 우리가 줄 수 있는 또 하나의 대답이 있다. "더 원초적이며 기본적인 욕구일수록 우선적으로 충족되어야 한다."는 대답이다. 의식주와 같은 기본적 욕구의 충족은 이른바 '고상한 욕구'의 충족보다도 앞서야 한다. 왜냐하면, 원초적이며 기본적인 욕구의 충족은 생존과 행복을 위한 필수 조건일 뿐 아니라, 더 '고상한 욕구'의 충족을 위한 토대가 되는 것이기 때문이다.

원초적 욕구에 대하여 우선권을 인정하는 것은, 모든 사람의 행복을 동등하게 존중한다는 평등의 이념에도 부합된다. 예술이나 학문 따위의 문화적 욕구는 기본 생활의 문제가 이미 해결된 사람들 가운데서 다시 특수한 개성을 가진 사람들에 의해서 발동되는 것이지만, 의식주와 같은 원초적 욕구는 각계각층의 모든 사람들이 갖는 것이다. 누구에게나 있는 이 보편적 욕구를 우선적으로 충족시켜야 한다는 것은 우리가 모든 사람에게 동등한 생존권을 인정하는 이상 명백한 일이다.

서민의 기본 생활을 보장하는 데 필요한 분배가 자선사업과 같은 선심의 발동이라는 형태로 주어지는 것은 바람직하지 않다. 선심을 통한 해결은 일시적 미봉책에 지나지 않으며, 또 듀이(John Dewey)가 강조하여 지적한 바와 같이, 선심을 받는 사람의 자활 능력을 저해하기 때문이다.[10] 그러므로 불구(不具)와 노유(老幼) 같은 특수한 경우를 제외하고는, 각자의 사회적 공헌에 대한 당연한 보수의 형태로 생활이 보장되어야 하며, 그렇게 하기 위해서는 일할 수 있는 능력을 가진 사람들에게 일할 기회가 균등하게 주어져야

10 J. Dewey, "The Economic Basis of New Society", *Intelligence in the Modern World*, J. Ratner ed., 1939, pp.417–418 참조.

한다.

공정의 문제를 물질의 분배에만 국한된 문제로 생각하는 것은 잘못이다. 인간은 물질생활의 안정과 평준만으로 삶의 보람을 느낄 수는 없다. 사회 또는 국가의 한 성원으로서 능력과 분수에 맞는 자리를 얻어, 자기의 소질을 발휘해 가며 공동의 사업에 적극적으로 참여할 때, 사람들은 비로소 고독과 소외감을 벗어나 사는 보람을 느낀다. 그러므로 물질의 분배에 있어서 불공평이 없는 것만으로 한 사회가 충분히 공정하다고 평가될 수는 없으며, 모든 성원들에게 일할 수 있는 기회와 자리를 공평하게 나누어 주는 것도 공정한 사회를 위해서 중요한 필수 조건이 아닐 수 없다.

3)

우리는 앞 절에서 합리적인 사고와 행동을 강조하고 사회 또는 국가 전체도 합리성의 원칙에 따라서 운영되어야 한다고 주장하였다. 그러나 합리성을 강조하는 나머지 사람들이 항상 세세한 이해타산에 급급하고, 모든 일을 권리와 의무로 따지는 가운데, 개인들의 인품이 옹졸해지는 한편 사회 전체는 인정이 메마른 냉담한 집단으로 굳어져 버리는 것은 우리들이 본래 소망하는 바가 아니다. 일찍이 합리주의적 사고와 행동이 발달한 서구 사회에 있어서, 근래 개인주의와 물질주의의 발달이 이에 보태졌음을 계기로 하여, 사람들 사이의 내면적 유대가 약화되는 동시에 사회 전반에 인정미가 결핍되어 가는 경향을 보였다는 사실이 우리에게 주는 교훈은 매우 크고 또 깊다.

인간을 사회적 동물로 규정한 고전적 명제는 지극히 평범하면서도 무한히 깊은 뜻을 품었다. 사회적 동물인 까닭에, 사람들은 다른 사람들과 섞여야 하는 것이며, 원만하고 만족스럽게 섞일 수 있기 위해서는 단순한 이지와 논리를 초월하는 다른 인자의 작용이 필요하다. 그 필요한 다른 인자들 가운데서 가장 중요한 것이 우리 동양에서 전통을 자랑하는 인정 또는 인간미라고 필자는 믿는다. 우리는 앞에서 한국인에게 가족주의의 전통이 아직도 강함을 지적하고 그 장점과 폐단을 살펴본 바 있거니와, 그 가족주의 속에 깃든 융화의 심정을 더 큰 공동체를 위한 내면적 유대의 원리로서 발전시키는 일은, 앞으로 새 가치 체계를 모색함에 있어서 우리가 역점을 두어야 할 과제의 하나라고 보아야 할 것이다.

동양의 전통이 자랑하는 인정과 서양의 전통이 자랑하는 합리적 정신을 한층 높은 차원에서 변증법적으로 종합하는 일은, 우리들의 새 가치 체계의 문제에 있어서 매우 중요한 과제의 하나다. '나'에 대한 옹졸한 집착을 극복하고 더 큰 자아로서의 '우리'로 탈피하게 하는 친화의 원리인 인정을 살리되 정실(情實) 또는 편애로 흐르는 일이 없으며, 경위와 시비를 밝히고 능률과 실질을 높여 주는 합리적 정신을 살리되 각박하고 고독한 인간관계를 초래함이 없는 건강한 사회를 건설하는 것은 비록 그것이 어려운 이상(理想)이라 할지라도, 우리들의 궁극적 목표가 아닐 수 없다.

여기서 우리에게 가장 절실한 문제는, 어떻게 하면 동양의 인정과 서양의 합리성의 단점을 극복하고 그 장점만을 높은 차원에서 아울러 살릴 수 있느냐 하는 실천적 원리의 문제다. 생각건대 지금 우리들의 논점이 되고 있는 변증법적 종합이 가능하기 위해서는, 우리들이 함께 지향하는 공동 목표에 대한 정열이 개인적 이해의 대립에서 오는 경쟁의식을 압도할 수 있을 정도로 강해야 할 것이다.

다시 말하면 우리 모두가 자발적 정열로써 참여할 수 있는 미래지향의 공동 목표가 뚜렷하게 의식되고 있는 한편, 대립된 이해관계로 말미암은 경쟁의식이 공동 목표로 향한 정열에 비하여 훨씬 미약해야 한다. 만약 우리들의 의욕을 유발하는 미래지향의 확고한 공동 목표가 없다면, 현재를 긍정하는 안이한 사회생활 속에서 온유한 인정은 유지될 수 있을지 모르나, 능률과 업적 그리고 공정한 사회의 건설을 위한 합리적 노력의 기풍이 일어나기는 어려울 것이다. 한편 개인 또는 작은 집단의 이기적 목적을 위한 경쟁심이 우리 생활 태도의 주도권을 잡는다면, 대립된 권리 의식의 상호 견제와 세련된 이기심의 현명한 자제력을 통하여 냉철한 합리주의 정신이 사회질서를 위한 원리로서의 구실을 할 수는 있을 것이나, 인간 사회에 있어서 인정을 매개로 삼는 친화의 관계가 깊어 가기는 어려울 것이다.

문제의 관건은 온 국민이 정열을 기울여 행동할 수 있는 공동의 목표가 서느냐 아니냐에 달려 있다. 그러나 온 국민을 위한 공동 목표가 선다 함은 무슨 뜻이며, 우리의 공동 목표로서 바람직하다고 볼 수 있는 것은 대체로 어떠한 성격의 것일까?

여기서 필자가 말하는 공동 목표는 국민 각자가 그것의 실현을 위하여 정열로써 참여하기를 자원하게 될 어떤 미래상이며, 일반 국민의 자유의사와는 관계없이 타율적으로 정해진 어떤 전체주의적 과업을 말하는 것은 아니다. 필자는 어디까지나 "사람 위에 사람 없고, 사람 아래 사람 없다."고 하는 인권 사상의 견지에 서서, 개인의 자아실현과 국가의 번영을 상호 의존의 관계로서 정립하는 가운데, 온 국민을 위한 공동 목표가 추구되어야 한다고 믿는다. 개인의 희생을 대가로서 요구하는 전체의 목적은 민주국가의 공동 목표로서는 적합하지 않으며, 오직 국민 각자의 뜻이 그 가운데서 이루어질 것을 약속하는 더 공정하고 더 건전한 미래상만이 우리들의 바람직한 공동 목표가 될 수 있다.[11]

어떤 미래상의 실현을 우리가 염원하는 것만으로 그것이 곧 우리의 공동 목표가 되는 것은 아니다. 그 실현을 위하여 모두가 단결하고 협동할 때, 염원된 미래가 우리의 공동 목표로서 정립된다. 그런데 우리가 어떤 미래상을 위하여 단결하고 협동하는 일은 그것을 염원하는 일처럼 쉬운 것은 아니다. 예컨대 우리 모두는 나라의 평화적 통일을 염원하고 나라의 부강을 염원한다. 그러나 그 염원의 달성을 위해서 단결하고 협동하는 일은 생각처럼 쉬운 일이 아니다.

일반적으로 말해서 금전과 권력 그리고 관능의 쾌락 따위의 경쟁성이 강한 가치들을 가장 귀중한 삶의 목적처럼 추구하는 사회 풍토 속에서는, 단결과 협동이 이루어지기 어렵다. 단결하고 협동해야 한다는 당위 의식이 눈앞의 이익으로 달리는 욕심에 의해서 압도되는 까닭에, 구호만이 크게 외쳐지고 실천은 따르지 않는 사태가 계속되기 쉽다. 앞서 우리는 새 가치 체계의 첫째 요청으로서, 인간 및 인간적 가치가 체계의 가장 높은 곳을 차지해야 한다고 주장한 바 있거니와, 이제 우리는 그 주장이 공동 목표를 위한 협동의 문제와 직결됨을 본다. 왜냐하면 인간적 가치에는 경쟁성이 별로 없을 뿐 아니라, 그것은 협동의 풍토 안에서만 제대로 실현되는 가치이기 때문이다. 예컨대 어떤 사람이 매우 건강하고 학덕이 높아졌기 때문에 그 주위의 사람들이 허약하고 천박한 인물이 되는 일은 없으며, 건강, 학문, 도덕, 그리고 예술 따위의 인간적 가치는 사람들이 서로 도움을 주고받는 가운데 수월하게 향상된다. 그리고 평화 또는 사회정의 등 사회성이 강한 인간적 가치의 경우에 있어서 단결과 협동이 더한층 절실하게 요청된다는 것은 삼척동자에게도 명백한 상식이다.

불공평과 부조리가 심한 국가나 사회에 있어서도 단결과 협동이 이루어지

---

11 분단된 국토의 통일, 풍요한 경제의 건설 등은 우리 국민 모두가 염원하는 바이며, 또 그것이 실현되는 날에는 국민 각자가 받게 될 혜택도 크리라는 뜻에서, 우리들의 바람직한 공동 목표의 알기 쉬운 측면이라 하겠다. 그러나 어떤 미래상을 우리의 공동 목표로서 논하기 위해서는 그 구현의 방안이 제시되어야 하거니와, 국토의 통일 또는 경제의 건설을 위한 방안의 문제는 사회과학의 분야에 속하므로 이 글에서는 직접 다루지 않는다. 다만 이 글에서는 국토의 통일 및 경제의 건설을 포함한 여러 미래상을 실현하기 위해서도 요청되고, 또 그것들이 실현된 뒤에도 계속 바람직한 새 인간상 내지 사회상의 대강만을 고찰하는 데 그치기로 한다.

기 어렵다. 개인의 자아의식이 미약했던 옛날의 신분 사회에 있어서는, 만사를 운명의 소치로서 체념했던 까닭에, 천대를 받는 사람들까지도 권위에 협력하는 경향이 있었다. 그러나 국민 각자의 권리 의식이 상당히 높아진 현대 사회에 있어서는, 불공평과 부조리는 불평과 불만의 근원이며, 불평과 불만은 단결과 협동의 가장 큰 저해 요인이다. 앞서 우리는 새 가치 체계의 기본적 과제의 하나로서 사회정의의 실현을 강조한 바 있거니와, 이제 그 사회정의의 문제와 이 협동 및 단결의 요청 사이에도 밀접한 내면의 관계가 있음을 본다. 공정한 사회의 시민들은 개인의 행복을 약속하는 전체의 번영을 위해서 뜻을 모아 협동할 것이며, 사리와 사욕을 초월하여 공동체의 번영을 위해서 협동하는 풍토는 사회정의 실현의 귀중한 밑거름이 될 것이다.

인간에게 가장 귀중한 것은 인간 자신이다. 개인 각자가 타고난 생명을 향유하고 소질을 발휘하여 개성 있는 인격으로서 성장하는 일은 개인적 견지에서 볼 때 매우 귀중한 일이다. 그런데 이 개인의 자아실현을 위해서는 경제생활의 안정, 사회질서의 확립, 그리고 적절한 교육 훈련 등 여러 가지 갖추어진 조건이 그 개인의 뒤를 밀어 주어야 하는 것이며, 또 그러한 조건들이 갖추어지기 위해서는 공정하고 명랑한 사회 내지 국가가 건설되어야 한다.

그리고 공정하고 명랑한 나라를 건설함에 있어서 가장 절실히 요구되는 덕목으로서 정의, 협동 정신, 인간애 등이 중요하며, 특히 경제생활의 안정을 위해서는 근면, 검소, 합리적 정신 따위의 덕목이 소중하다.

국가와 사회는 개인의 자아실현을 위한 방편임에 그치는 것이 아니라 그 자체가 인간 생활의 중요한 모습이며, 공정한 사회의 건설, 자랑스러운 문화의 창조, 그리고 국경을 넘어서는 인류 평화의 실현 등은 그 자체가 인간적 가치 실현의 크고 중요한 항목이다. 특히 민족 또는 인류 전체의 규모에 있어서 개성과 창의성 있는 문화를 이룩하는 것은 사회적 존재로서의 인간이 그 자아를 실현하는 가장 크고 넓은 측면이다.

5. 혁신의 주역과 그 전략

1)

한 국가를 주체로 삼고 가치 체계를 혁신하는 일은 단순한 이론의 문제가 아니며, 결의와 설득만으로 성취할 수 있는 관념적 작업에 그치는 것도 아니다. 그것은 한편으로는 우리들의 정신 자세를 새롭게 하는 주관의 사업인 동시에 다른 한편으로는 사회 현실 그 자체를 개혁하는 실천의 사업이기도 하다. 그것은 부강한 나라를 건설하여 국민 각자에게 안녕과 행복의 터전을 마련해 주게 되고, 국민 각자는 타고난 소질, 즉 잠재력을 충분히 발휘하여 빛나는 민족문화를 수립하는 단계에까지 이르렀을 때, 비로소 완성을 보는 거창한 운동이다. 그토록 거창한 국가적 사업이 자연의 변화 과정 또는 남의 힘에 의해서 도달하기를 기대할 수 있는 요행이 아님은 물론이요, 소수의 우국지사의 노력만으로도 큰 성과를 거두기 어려운 전체의 과업이다.

그리고 이 과업은 그 본질에 있어서 정신적 운동인 까닭에, 모든 국민의 자발적 참여가 아니면 성취되기 어렵다. 그러나 비록 자발적 참여를 요청하는 공동의 과제이기는 하나 그것이 본래 무수한 사람들의 힘을 효과적으로 합쳐야 할 일인 까닭에, 치밀한 조직력과 과학적인 계획성이 뒤를 밀어야 한다.

치밀한 조직력과 과학적 계획성의 뒷받침이 있기 위해서는 슬기로운 지도세력이 필요하거니와, 대중사회를 지향하는 현대 민주주의 국가에 있어서는, 그리고 여러 분야에 걸친 전문가의 지식과 기술을 요구하는 종합적 사업을 위해서는 소수의 지도자만으로는 부족하며 많은 사람들로 구성된 지도층의 형성이 필요한 것으로 보인다. 그렇다면 우리나라의 경우에 있어서 그 지도층의 유력한 성원이 되어야 하고 또 될 수 있는 사람들은 어떠한 부류의 사람들일까?

위의 물음에 접근하는 길에는 두 가지가 있다. 그 하나는 사람들의 직업 내지 사회적 지위를 중심으로 문제를 생각하는 길이요, 또 하나는 사람이 가진 능력과 인품을 중심으로 삼고 문제를 고찰하는 길이다. 이 두 가지 길 가운데서 전자의 견지에 입각하여 지도자의 문제를 다루는 것이 일반적 경향이나, 필자가 보기에는 후자의 견지가 좀 더 본질적인 각도에 가까운 것 같다. 따라서 우리는 가치 체계의 혁신이라는 역사적 과제를 위한 지도자 내지 주도적 인물이 갖추어야 할 자질과 능력 또는 인품은 어떠한 것인가 하는 문제부터 생각해 보기로 한다.

가치 체계의 혁신을 위한 행진의 기수로서 갖추어야 할 조건의 첫째는 개조에 대한 강한 의지와 사명감을 갖는 일이다. 혁신을 향한 운동에는 항상 반대 세력의 저항이 따르기 마련이며, 따라서 그것은 고통스러운 모험으로서의 성격을 띠는 것이 보통이다. 그러므로 어려움을 무릅쓰는 강한 의지와 사명감이 없이는, 장구한 세월과 인내력을 요청하는 이 일에 있어서 지도적인 소임을 감당할 수가 없다.

그러나 만약 그 의지와 사명감의 바탕을 이루는 것이 개인의 출세 또는 공명심 따위의 사사로운 동기라면, 그러한 의지와 사명감을 가지고는 진실로 훌륭한 지도자가 되기 어렵다. 이에 우리는 참된 지도자가 되기 위한 둘째 조건으로서, "지도자는 사심을 극복하려고 애쓰며 또 그것을 극복할 수 있는 사람이라야 한다."는 또 하나의 명제를 얻게 된다. 인간에게 사심이 전혀 없기를 기대하기는 어려운 노릇이나, 항상 스스로 반성하여 사심의 발동을 억제할 수 있는 사람이 아니면 대중은 그를 믿고 따르지 않을 것이다.

겉으로 지도자임을 자처하면서 속으로 사심을 품으면, 자연히 말과 행동이 달라지며, 어딘가에 위선이 개재하기 마련이다. 위선은 지도자를 위한 치명적 결격 사항이거니와, 지도자의 필수 조건으로 알려진 솔선수범도 위선이 없을 때 비로소 가능한 미덕이다. 위선자의 경우도 솔선수범을 가장할 수는 있을 것이나, 진정한 솔선수범과 위선은 본래 양립할 수 없는 두 개의 개념이다.

혁신의 주역에게 요청되는 또 하나의 정신 자세는, 사태를 높은 관점에서 바라봄으로써 항상 넓은 시야를 잃지 않는 동시에, 문제를 객관적이고 거시적인 견지에서 해결하고자 하는 합리적이며 공정한 태도다. 부분만을 보고 전체를 망각하거나 한 점에 애착하여 여러 측면을 도외시하는 사람은, 복잡다단한 오늘의 세계정세 속에서 공정하고 번영된 나라를 건설하기에 요청되는 가치 체계 수립의 지도자로서는 부적합하다.

그러나 여러 가지 각도에서 사태를 신중히 고찰하는 태도가 우유부단하여 결단성 없는 성격으로 굳어진다면, 혁신을 지향하는 공동 사업에서 큰 구실을 할 수가 없다. 여러 가지 사정을 고려하다 보면, 한 측면을 살리기 위해서는 다른 측면을 희생해야 할 딜레마에 빠지는 수가 많거니와, 이럴 때 우왕좌왕하다 보면 두 측면을 모두 놓치는 결과에 이르기도 한다. 여기서 과감한 결단성이 실천의 세계를 위한 지도자에게 요청되는 특성의 하나임을 다시 확인하게 된다. 다만 그 결단이 객관적 타당성을 가져야 하는 까닭에 넓은 시야를 아울러 고찰하는 폭넓은 태도가 요청되는 것이다.

여러 가지 측면을 고루 고려한 끝에 버릴 것을 버리고 취할 것을 취하는 마지막 결단을 타당성 있게 내릴 수 있기 위해서는 앞에서 말한 사심이 없어야 함은 물론이요, 그 밖에도 사물의 경중을 올바로 비교할 수 있는 넓은 식견과 깊은 통찰력 그리고 사리의 시비를 바르게 가리는 날카로운 판단력이 있어야 한다.

합리적이고 날카로운 판단력은 지도자를 위한 중요한 조건이다. 그러나 차갑고 몰인정한 사람이라는 인상을 주는 것은 우리나라와 같이 가족주의의 전통이 강한 사회에서는 큰 결함으로서 평가된다. 한국의 대중은 인정미 많은 사람을 따르는 경향이 현저히 강하거니와, 대중의 지지 없는 지도자라는 것을 생각할 수 없음은 새삼스러운 설명이 필요하지 않을 것이다.

그 밖에도 남의 말에 귀를 기울이는 아량, 스스로의 잘못을 솔직하게 인정하는 정직성, 어려움 앞에 위축되지 않는 신념과 용기, 간사와 아첨에 현혹되지 않는 명찰(明察) 등 민주 사회의 지도자에게 바람직한 덕목은 많이 있을 것이나, 그것들을 모두 망라해서 논할 필요는 없을 것이다.

그리고 한 사람이 바람직한 모든 미덕을 갖춘다는 것은 사실상 불가능한 것이며, 근본이 성실한 사람이라면 약간의 결점이 있더라도 그를 떠받들어 큰 지도자로 성장시키는 것이 민주 시민의 슬기로운 태도요, 무거운 책임이다.

훌륭한 지도자가 탄생하고 안 하는 것은 지도자로서 지목된 그 개인에게만 달려 있는 문제가 아니다. 아무리 역량과 인품이 탁월한 사람이라 할지라도, 주위에서 그를 밀어 주지 않으면 훌륭한 지도자로서의 구실을 하지 못한다. 특히 대중사회 내지 민주사회를 지향하는 우리나라의 경우에 있어서 이 점은 깊이 반성되어야 할 것이다.

오랜 세월에 걸쳐 강대국의 간섭 내지 지배를 받은 불행한 역사를 가진 약소국의 국민에 사대주의의 경향이 생기는 한편, 자기 나라의 인물 또는 사물을 과소평가하고 저보다 나은 사람을 시기심으로 대하는 폐풍(弊風)이 생기는 것은 일반적인 현상이다. 이 점에 관해서는 우리나라도 반드시 예외라고 보기 어려울 뿐 아니라, 특히 오늘의 우리나라 실정이 좋은 지도자를 많이 요청하고 있다는 사실을 고려할 때, 우리 모두가 다 같이 반성해야 할 문제가 여기에도 있다고 생각된다.

민주사회에 있어서는 오직 위대한 군중만이 위대한 지도자를 가질 수가 있다. 그리고 군중의 지지를 얻어 지도자가 된 사람은 그 군중을 주인으로서 아껴야 하며, 군중의 소망을 위하여 충실하게 봉사해야 한다는 당연한 사리(事理)도 여기 아울러 강조해 둔다.

2)

앞 절에서 우리는 훌륭한 지도자로서 갖추어야 할 여러 가지 능력과 덕성 또는 마음가짐을 열거해 보았거니와, 거기에 열거한 모든 장점을 갖춘 사람이 아니면 지도자가 될 수 없다는 뜻은 아니다. 우리는 이상적 지도자상을 참고삼아 생각해 보았을 따름이며, 그 모든 조건이 완전히 갖추어진 사람을 실제로 만나기는 어렵다는 사실을 알고 있다. 앞에 열거한 조건들 가운데 다만 몇 가지라도 구비한 인물이라면, 그가 처해 있는 사회적 지위에 따라서 그 사람 나름의 지도적 임무를 수행할 수 있을 것이며, 자기에게 부족한 점을 반성하고 고쳐 가는 것은 책임 있는 위치에 놓인 사람이 항상 노력해야 할 수업의 과제일 것이다.

지도자가 갖추어야 할 능력만 갖춘 사람이라면, 그가 사회에서 어떠한 자리를 차지하고 있든 간에, 그에게 주어진 사회적 지위가 허락하는 범위 안에서 어느 정도 지도적 소임을 다할 수 있을 것이다. 따라서 "어떠한 부류의 사람이 지도자가 될 수 있는가?" 하는 물음은 직업의 종류나 사회적 지위와는 관계없는 문제라는 견해도 일단 성립할 수 있음직하다. 그러나 한편, 사람들 각자가 간직한 능력을 유감 없이 발휘하기 위해서는 그에게 적합한 자리가 주어져야 하는 것도 사실이며, 지도자로서의 역량을 충분히 발휘하기에도 더 적합한 자리와 그렇지 못한 자리가 있음을 부인하지 못한다. 이에 우리는 사람들이 차지한 직업 또는 사회적 지위와 관련시키는 또 하나의 각도에서 지도자의 문제를 고찰할 필요에 부딪치게 됨을 본다.

일반적으로 말해서, 지도자로서의 구실을 해줄 것이 기대되고 있는 지위에 있는 사람들, 또는 그 사람의 말이나 행동이 다른 사람들에게 미치는 영향이 큰 직책을 가진 사람들에게, 지도자로서 손색이 없는 말과 행동을 할 책임이 따른다는 것은 의심의 여지가 없다. 다시 말하면, 우리의 통념이 '지도층'

이라고 생각하는 지위에 있는 사람은, 그가 사실상 지도자로서의 능력과 인품을 갖추었느냐 못 갖추었느냐 하는 문제와는 관계없이, 하나의 당위로서는 그가 지도자답게 처신할 수 있는 능력을 가질 것이 요청되고 있으며, 또 실제로도 그렇게 처신할 것이 요청되고 있다. 만약 그러한 기대 또는 요청을 받고 있는 사람이 그 기대를 충족시킬 능력을 갖추지 못했다면, 그가 차지하고 있는 지위가 그에게 적합하지 않다는 이야기가 된다.

우리나라의 통념에 의하면, 학자 또는 교육자 및 언론인이 대표하는 이른바 지성인은 가치 풍토 내지 정신적 자세의 문제에 관해서 지도자적 책임을 져야 할 것으로 간주되고 있다. 지금까지 우리나라의 지성인들이 그 기대에 어울리는 활동을 충분히 했다고는 생각되지 않는다. 지성인들의 본산이라고 볼 수 있는 대학 사회는 대체로 상아탑주의를 지향해 온 까닭에, 끊임없이 도전해 오는 현실의 문제에 대해서는 비교적 소극적인 태도를 취하는 경향이 우세하였다. 그리고 매스미디어를 통하여 일반 국민과 가장 광범위한 접촉을 하는 언론계도 침체한 상태에 있다는 인상이 강하다. 그러나 지금까지의 현실이 그렇다 하더라도, 장차 지성인들이 감당해야 할 임무가 크다는 것은 부인하기 어려우며, 앞으로 서로 반성하고 연구해야 할 많은 문제들이 이에 관련하여 남아 있는 것으로 보인다.

다음은 정치계와 경제계에 있어서 유력한 지위를 차지한 사람들에게 지도층의 임무를 담당할 책임이 있다고 보는 것이 우리들의 통념이다. 현대사회에 있어서, 교육, 학문, 예술, 언론 등 모든 분야의 활동이 행정부와 경제력에 의존하는 바 크다는 사실과, 우리나라 사회문제의 대부분이 금전과 밀접한 관계를 가졌다는 사실을 고려할 때, 정계와 재계의 엘리트 층이 갖는 가치관 여하에 우리 국가와 민족의 운명이 걸려 있다 하여도 과언이 아니라는 생각이 든다.

나라 전체의 문제를 다루는 중앙의 지도층도 중요하지만, 일선의 여러 지

역사회 및 단체의 중심 인물이 되고 있는 일꾼들의 역량과 책임도 결코 과소평가할 성질의 것이 아니다. 각급 학교의 교사, 지방에 산재해 있는 각급 공무원, 여러 기업체의 간부 사원들, 그리고 특히 농어촌의 중심 인물들이 어떻게 행동하느냐에 따라서 그들이 속해 있는 집단의 정신적 풍토가 달라지며, 나아가서는 그들 집단의 발전상이 결정된다. 온 나라 또는 온 겨레 전체의 생활 태도와 사회 현실을 단시일 안에 크게 혁신한다는 것은 매우 어려울 경우가 많다. 이에 비하면 한 부락과 같은 작은 집단이 탁월한 지도자를 중심으로 손쉬운 일부터 하나하나 고쳐 나가는 일은, 눈에 보이는 성과를 거두기가 어느 정도 용이하다. 눈에 보이는 성과를 한 부락이 거두면, 그 이웃의 부락들도 그것을 본받아 같은 기풍과 생활 태도가 점점 널리 보급될 것을 기대할 수 있다. 이러한 관점에서 볼 때, 소규모의 집단을 중심으로 한 혁신 운동의 의의는 매우 크다고 할 것이며, 지금 우리나라 일부에서 전개되고 있는 독지가들의 생활 개선 운동도, 만약 그 운동이 외면과 형식에 흐르는 일이 없이 지혜롭고 성실하게 전개된다면, 자못 큰 성과를 거둘 수 있을 것이다. 아마 가장 바람직한 것은, (하나의 커다란 청사진에 따라서 전체의 방향을 잡아 주고 전체의 뒤를 밀어 주는) 중앙으로부터의 혁신 운동과 (여러 작은 집단들이 각각 그 특수성에 따라서 구체적인 일들을 차근차근 고쳐 나가는) 지방으로부터의 운동이 유기적 연결을 가지고 위와 아래에서 서로 접근하는 길일 것이다.

3)

우리나라가 가진 장점의 하나는 인적 자원이 풍부하다는 사실이라고 지적하는 사람들이 많다. 과연 우리나라는 일반적으로 교육 수준이 높으며, 각 방면에 인재가 적지 않은 것으로 관찰된다. 그러나 사람들을 하나하나 떼어서 볼 때에 상당히 유능한 인재가 많은 데 비하면, 그 인적 자원이 전체로서 충분히 잘 활용되고 있는 편은 아니다. 인적 자원이 충분히 활용되기 위해서는 개별적 인재들이 어떤 공동 목표를 향해서 협동할 수 있도록 적절하게 조직화되어야 하거니와, 이 점에 있어서 미흡한 바가 많은 것으로 보인다. 그리고 개별적인 인재들이 한데 뭉쳐서 큰 힘으로 발휘할 수 있도록 조직화를 이룩하는 것은 지도층의 가장 중대한 임무의 하나다.

조직적 협동이 가장 절실히 요청되는 것은 지도층에 속하는 여러 계열의 사람들 자체 내부에 있어서이다. '지도층을 구성해야 할 사람들'이라는 기대를 국민 일반으로부터 받고 있는 계층 자체 내부의 단결과 협동이 되지 않는다면, 나라 전체의 인적 자원을 조직화하여 국력의 총화를 성취할 수 없음은 물론이요, 그것은 국민 전체를 여러 갈래로 분열시키는 근원이 될 염려조차 있다.

지도층의 융화의 문제에 있어서 가장 긴요하고도 어려운 것은 권력층과 지식층의 협동의 문제다. 특히 발전 도상에 있는 나라의 경우, 시야와 방향감각 및 상황 판단에 있어서 앞선 지식인과 과단성 및 실천력에 있어서 앞선 집권층 내지 정치인이 높은 차원의 협동관계를 실현하는 것은 매우 긴요하고 중대한 일이다. 그러나 기질과 입장의 차이가 많은 이 두 계층이 표면적 야합과 구별되는 진정한 협동관계에 도달하기는 대체로 어렵다.

권력층과 지식층이 높은 차원의 협동을 할 수 있기 위해서는, 첫째로 사심을 떠나서 공익 우선의 견지에 서야 하며, 둘째로 편견을 버리고 역지사지하는 아량으로 서로를 대해야 하며, 셋째로 안이하고 무책임한 타협을 협동으로 오인함이 없어야 한다. 권력은 지성의 비판을 힘으로 눌러서는 안 되며, 지성은 권력을 비판함에 즈음하여 감정과 선입견에 좌우됨이 없어야 한다. 권력은, 지성으로서 할 수 있는 협조의 최고는 성실하고 타당성 있는 비판이라는 사실을 명심해야 하며, 지성은, 비판자로서의 그들의 책임이 (부정의

선을 딛고 넘어서서) 더 나은 대안을 제시했을 때 비로소 끝난다는 사실을 명심해야 한다. 권력 측에서 가장 경계해야 할 것은 사사로운 동기에서 아부하는 곡학이며, 지성 측에서 특히 명심해야 할 것은 사물의 일면만을 보고 경솔한 비판을 내리지 않도록 항상 공정을 기해야 한다는 사실이다.

지성과 권력의 관계에 관련해서 우리가 깊은 관심을 가져야 할 것은 학생 특히 대학생들의 존재다. 우리나라의 대학생 및 젊은 졸업생들은, 그 수와 질 어느 모로 보나 막대한 잠재력을 가진 큰 자원이다 .이 자원을 어떻게 살리느냐에 우리 한국의 장래가 달려 있다 하여도 과언이 아니며, 그것을 살리는 길은, 그들에게 밝은 전망과 희망을 주어 그들로 하여금 기상을 펴게 하고 퇴폐의 길을 멀리하도록 도와줌에 있다.

지도층에 속하는 여러 계열의 협동은 모든 분야의 관계에 있어서 절실히 요청되고 있다. 이 점에 관련하여 일반적으로 명심해야 할 두 가지 교훈이 있다. 그 하나는 옹졸한 파벌 의식을 극복해야 한다는 것이며, 또 하나는 사리를 위한 결탁을 공적 협동과 혼동해서는 안 된다는 명백한 상식이다.

4)

우리들의 사회 현실과 생활 태도 사이에는 밀접한 상호 관계가 있다. 사회 현실이 우리들의 생활 태도에 깊은 영향을 주는 반면에, 우리들의 생활 태도는 다시 우리의 사회 현실을 결정하는 중요한 조건의 구실을 한다. 따라서 새 가치 체계를 모색하는 일과 사회 현실을 혁신하는 일은 반드시 병행해야 할 두 가지 과업이며, 그 어느 한쪽만을 성공적으로 수행할 수는 없다.

위에 말한 두 가지 과업, 즉 현실의 개조와 가치관의 혁신은, 거대한 규모와 복잡한 구조를 가진 현대 국가에 있어서, 주먹구구식 계획과 단편적 노력으로는 도저히 성과를 거둘 수 없는 어려운 과제들이다. 따라서 우선 필요한 것은, 미래상에 대한 종합적 청사진을 과학적 근거와 슬기로운 통찰에 의거하여 작성하는 일이며, 그것을 작성하기 위해서는 여러 분야의 전문가들이 참여한 종합적인 공동 연구가 앞서야 한다. 이 공동 연구를 본격적으로 수행할 수 있는 상설 연구 기관을 마련하는 것이 바람직하며, 그 연구에는 사회과학, 인문과학 및 자연과학의 유능한 학자들을 고루 참가시켜야 할 것이다. 그러나 명성과 전시효과에 구애를 받아서는 안되며, 이 연구는 항상 양보다 질에 치중하는 원칙을 따라야 할 것이다. 이상주의의 이름 아래 막연한 목표만을 제시하는 데 그치는 연구는 쓸모가 없으며, 현실적인 실천 방안이 따르는 과학적 연구가 바람직하다.

실천의 방안을 포함한 연구의 결과가 나타나면 곧 그 이론을 실천에 옮기는 작업이 뒤따라야 할 것이다. 문제의 성질에 따라서, 때로는 일제히 전국적 운동을 바로 시작하는 것이 좋을 경우도 있을 것이며, 때로는 시범 부락 또는 시범 학교 등을 선정하여 실험적 단계를 먼저 밟는 편이 현명할 경우도 있을 것이다.

실험의 단계에 있어서나, 전국적 실시의 단계에 있어서나, 가장 중요한 것은 지도층의 솔선수범이다. 표어를 써 붙이고 구호를 외치는 따위의 선전의 방법을 쓰는 것도 좋으나, 그러한 방법이 효과를 거두기 위해서 가장 필요한 것은 그 표어나 구호를 선창한 사람들이 우선 행동으로써 모범을 보이는 일이다. 새 인간상을 추구하는 우리들의 과업은 넓은 의미의 인간 교육을 통해서 성취될 목표이거니와, 이 인간 교육의 과정에 있어서 제일 먼저 시작해야 할 일은 지도층의 자기교육이라고 믿는다.

다른 종류의 교육에 있어서와 마찬가지로, 인간 교육에 있어서도 우리는 충고, 설득, 훈화 등 언어를 사용하는 방법에 의존할 경우가 많다. 그런데 인간 교육에 있어서 언어를 사용하는 방법이 효과를 거두기 위해서는 한 가지 조건이 선행돼야 한다. 그 조건이란, 말을 하는 사람이 그것을 듣는 사람들로부터 존경과 신뢰를 받고 있어야 한다는 것이다. 도덕적 발언이 남을 움직이는 힘을 갖는 것은 그 말 자체의 내용 때문이라기보다도, 그 말을 한 사람에 대하여 그것을 들은 사람이 평소에 느껴 오던 존경과 신뢰 때문일 것이다. 그리고 존경과 신뢰를 받는 지도자로서의 이미지를 남들에게 깊이 심어 주는 유일한 방법은, 언행이 일치하도록 솔선수범함으로써 사람들로 하여금 가슴속에 뜨겁게 느끼는 바 있게 하는 실천이다.

도덕적 색채가 짙은 혁신 운동은 되도록 민간 운동으로서 전개되는 것이 바람직하다. 민주 사회의 도덕의 본질은 자율에 있으며, 관청에서 앞장을 서는 운동은 자율성을 손상시킬 염려가 많기 때문이다. 그러나 현재 우리나라의 실정에 비추어 볼 때, 행정부의 지원이 없이 전국적 규모의 민간 운동이 크게 성공하기는 매우 어려울 것으로 보인다. 따라서 비록 민간이 주체가 되는 운동이라 할지라도 행정부의 적극적 지원이 있어야 하겠거니와, 행정부의 지원에 관련하여 특히 유의해야 할 점이 두 가지 있다. 그 첫째는 지원을 받는 민간 운동은 끝까지 나라와 겨레 전체를 위한 순수한 정신 운동으로서 시종일관해야 한다는 것이며, 그 둘째는 행정부의 지원이 그것을 받는 단체의 능력과 업적에 따라서 적절하고 공정하게 베풀어져야 한다는 것이다. 특히 그 첫째 사항은 근본적인 것이며, 운동 전체의 성패를 좌우할 정도로 중요하다.

왜냐하면 새로운 가치 체계 내지 인간상의 문제는 단시일 안에 완결될 수 없는 장기적 과제로서 정부가 바뀌어도 계속되어야 할 민족적 사업이며, 만약 그것이 순수성을 잃고 정치적 색채를 띨 경우에는 정권의 교체와 더불어 와해할 우려가 크기 때문이다.

도의적 사회의 건설을 지향하는 혁신 운동이 민간 운동으로서 전개될 경우에 있어서 신문 및 방송을 주축으로 삼는 언론기관의 사명과 역량은 매우 크다. 언론기관은 그 자체가 혁신 운동의 주체 내지 중심이 될 수도 있고, 다른 기관 또는 단체가 전개하는 운동을 측면에서 지원할 수도 있다. 남이 주동이 된 운동을 측면에서 지원할 경우에는, 진실을 보도하고 선미(善美)를 권장하는 참된 저널리즘의 정신만으로도 충분할 것이다. 그러나 직접 운동의 주체가 되고자 할 경우에는, 저널리즘이 갖는 한계를 극복할 수 있도록 연구와 실천에 전념할 전문적인 기관을 따로 부설하는 것이 바람직하다.

새로운 인간 교육을 위해서, 이미 설치되어 있는 교육기관, 특히 각급 학교를 적절하게 살리도록 최선을 다해야 할 것이다. 현재까지의 우리나라 학교 교육이 시험 준비와 지식 습득에 치중한 폐단이 시정되어야 할 것이며, 전체로서의 인간을 길러 내겠다던 본래의 교육목표로 다시 접근해야 할 것이다. 이러한 목적을 위해서 교과과정을 다시 조정하고 도덕적 표어를 써 붙이며 웅변대회를 여는 따위의 방법을 쓰는 것도 다소는 효과가 있을 것이다. 그러나 그러한 방법은 부차적 성질의 것이며, 가장 본질적인 것은 피교육자에 대한 교육자의 영상(映像)을 높이는 일이다. 다시 말하면 솔선수범하여 존경과 신뢰를 받을 수 있는 교사상을 세우는 일이 우선 앞서야 한다. 그리고 이 선결문제를 해결하기 위해서는 교육자들 자신의 자기교육과 문교 행정 당국의 제도적인 조처와 노력이 함께 병행해야 할 것이다.

교육을 넓은 의미로 해석할 때, 전체로서의 묵은 세대와 새 세대 사이에는 교육자와 피교육자의 관계가 존재한다고 볼 수 있다. 그리고 묵은 세대가 새 세대에 의하여 어떠한 도덕적 평가를 받느냐에 따라서 젊은 세대의 인간 교육의 성패가 거의 결정되며, 기성세대에 대한 젊은이들의 도덕적 평가는 주로 기성세대의 손에 달려 있는 사회 현실 전체가 어느 정도 정의로우며 만족스러우냐에 따라서 거의 결정된다. 만약 사회 현실이 크게 개선되어 공정한 사회로의 전망이 밝아진다면, 젊은이들이 기성세대를 보는 눈은 크게 달라질 것이며, 자칫하면 부정적 자세를 취하기 쉬운 대학생들도 기꺼이 긍정의 길을 택할 것이다. 전국의 대학생들과 대학 졸업생들이 합심하여 그 에너지를 오로지 건설로 돌릴 수 있게 되는 날, 그 힘은 백만대군보다도 강할 것이며 우리의 장래는 태양처럼 밝을 것이다.

현재 우리나라에도 개조를 염원하는 청년 단체, 여성 단체, 종교 단체들의 사회운동이 곳곳에서 전개되고 있다. 이러한 운동들을 꾸준한 연구와 성실한 노력으로 오래 지속하게 되면, 장차 큰 성과를 얻으리라고 기대할 수 있다. 다만 여기에도 몇 가지 명심해야 할 점이 있는 것으로 보인다. 그 첫째는 어디까지나 민간이 주동하는 정신 운동으로서의 순수성을 지켜야 한다는 것이며, 둘째는 외관과 형식을 물리치고 내면과 실질에 치중해야 한다는 것이고, 세째는 모든 공명심과 전시효과를 초월한 사람들의 손에 그 주도권이 머물러야 한다는 것이다. 그리고 비슷한 뜻을 바탕에 깔고 혁신 운동에 헌신하고 있는 여러 단체들이 횡적 연결을 갖고 서로 협조한다면 전체의 성과는 더욱 클 것이다.

5)

새로운 가치 풍토의 조성은 솔선수범으로 대중을 이끄는 지도층의 노력으로부터 시작되어야 한다. 그러나 이기주의의 극복을 지향하는 새로운 가치 체계를 위하여 앞장을 선다는 것은, 그 사람 자신에게는 어떤 손실을 각오해야 할 경우가 많다. 예컨대 현재 부조리한 사회구조 속에서 특권을 누리는 사람이 그 부조리를 제거하는 운동에 앞장을 서자면, 그 특권을 포기할 각오가 서 있어야 하는 것이 보통이다. 이러한 사정은 유리한 사회적 지위에 있는 사람들로 하여금 현재를 그대로 긍정하는 심리를 자극하는 동시에 혁신에 대한 의욕을 둔화시킨다. 그뿐만 아니라 일부 소수의 양심적 결심만으로 사회 풍조가 전반적으로 크게 달라질 수는 없으며, 많은 사람들이 다 같이 새로운 길을 실천할 때 비로소 새로운 가치 풍토의 실현을 기대할 수가 있다. 그러므로 특권층을 포함한 여러 사람들을 새로운 실천의 길로 인도할 어떤 외적 자극의 도움이 필요하다. 그러한 자극의 구실을 할 수 있는 것 가운데서 가장 유력한 것은 아마 '제도'라는 법적 규범일 것이다. 어떤 새로운 실천이 바람직한 것으로 분명히 밝혀졌을 때에는, 그 실천을 누구나 하지 않을 수 없게 만들기 위한 타율의 원리로서, 적절한 새로운 제도가 확립되어야 한다. 예컨대 부정과 부패를 효과적으로 막을 수 있는 제도, 또는 고용인의 신분과 생활을 보장하는 데 필요한 노동조건에 관한 제도 등이 법적으로 확립될 필요가 있다.

가장 중요한 것은 사람들로 하여금 좌절과 소외의 불행을 당하지 않도록 하는 데 필요한 제도를 수립하는 일이다. 장차 실현되어야 할 정당한 사회는, 프롬이 주장한 바와 같이, "아무도 다른 사람의 목적을 위한 수단이 아니고, 예외없이 자기 자신이 목적이며, 따라서 자기 자신의 인간적 능력의 발휘 이외의 다른 어떤 목적을 위해서 이용되거나 행동하는 일이 없는 사회다."[12] 다시 말하면 인간이 가치 체계의 정상을 차지하고, 인간적 가치의 실현을 위하여 정치와 경제 및 그 밖의 것들이 봉사하는 사회가 우리들이 지향하는 정당한 사회다. 그것은 사람들 모두가 국가의 발전 또는 문화의 창조와 같은 공동 과업에 자유로운 행위자로서 적극적으로 참여하는 사회이기도 하다. 그리고 이러한 의미의 건전한 사회를 실현하는 데 필요한 제도를 수립하는 일은, 단순히 물질적 생활을 보장하는 데 그치는 사회보장제도의 문제보다도 더욱 근본적이다.

제도가 법조문 안에만 적혀 있고 현실 생활에서는 실행되지 않는다면, 그

12 E. Fromm, *The Sane Society*, New York, 1955, p.241. 여기 인용된 말과 같은 사상은 이미 칸트가 실천이성의 기본 법칙의 한 형태로서 표명한 바 있는 인권 개념의 기본이다.

것은 진정한 의미의 제도가 아니다. 한갓 죽은 문서가 아닌, 산 제도가 세워지기 위해서는, 관계하는 사람들의 성실한 마음이 그 제도를 받들어야 한다. 제도는 객관적 기준을 밝히는 하나의 형식이요, 그 형식에 충실한 내용을 담는 것은 성실한 마음이다. 그러므로 올바른 방안의 제도화와 그 제도를 존중하는 성실한 마음이 결합할 때, 비로소 개선된 사회의 실현을 기대할 수 있다.

필요한 제도를 법으로 제정하는 일이 바르게 되기 위해서도 우선 관계 당국의 성실한 마음이 앞서야 한다는 사실을 생각한다면, 결국 가장 근본이 되는 것은 사람들의 성실성이라 하여도 지나치지 않을 것이다. 성실한 마음의 근본은 인간이 인간 자신의 본질에 충실하고자 하는 마음이며, 나와 남을 차별함이 없이 사람들의 인격을 존중히 여기는 마음이다. 만약 인간의 존엄성에 대한, 즉 나뿐 아니라 모든 사람이 그 바탕에 있어서 다 같이 존귀하다는 사실에 대한 투철한 인식이 있다면, 우리는 자연히 성실한 마음으로 사람을 대하게 될 것이다. 그리고 이미 유교의 선철(先哲)들이 거듭 밝힌 바와 같이, 인간이 존귀하다고 인정되는 근본적 이유의 하나는 그가 성실한 마음을 가질 수 있다는 사실에 있다.[13]

진실로 인간의 존엄성에 대한 인식은 인간의 성실성을 촉구하는 실천의 원리이며, 인간이 성실한 마음을 가질 수 있다는 가능성은 인간의 존엄성을 뒷받침하는 이론적 근거다. 요컨대 성실한 마음은 인간의 회복을 위한 사회제도를 안으로 여물게 하는 내실의 원리이며, 인간의 존엄성에 대한 인식은 우리를 성실한 마음으로 인도하는 반성의 원리다. 그리고 성실한 마음으로 인

---

13 예컨대 유교의 고전인 『중용(中庸)』에 나오는 "誠者天之道也. 誠之者人之道也."(제20장), "誠者自成也. 而道自道也. 誠者物之終始, 不誠無物."(제25장), "天地之道, 可一言而盡也."(제26장), "天命之謂性, 率性之謂道, 修道之謂教."(제1장) 등의 구절을 종합하면, 천지(天地)의 이법(理法)과 인간의 본성을 '성(誠)'의 개념으로 파악한 것이 분명하다.

간과 인생을 대하는 태도는, 그 자체가 인간이 그 본연의 모습으로 되돌아가는 근본이기도 하다.

6. 결어

단 한 번밖에 없는 삶을 보람찬 것으로 만들고 싶어 함은 우리가 인간이기에 갖는 소망의 가장 궁극적인 것이다. 선과 악 또는 행복과 불행의 구별 그 자체를 부질없는 망상으로서 부정하는 허무의 철학도 생각할 수 없는 것은 아니나, 우리가 스스로를 속이지 않고 자신에게 충실하게 살기를 단념하지 않는 한, 역시 더 나은 생활에 대한 포부를 버리지 못한다. 오늘날 식자들이 도덕 내지 가치의 문제를 심각하게 제기하는 것이나 우리가 이 글을 시도하게 된 것도, 보람 있는 삶에 대한 사랑과 의욕을 버리지 못하기 때문이다.

보람과 값어치가 있는 삶을 갖고자 하는 소망은 한 개인의 결의와 노력만으로 달성할 수 있는 단순한 목표가 아니다. 인간은 유사 이래 사회적 동물로 알려져 왔거니와, 개인과 국가의 관계가 더한층 밀접한 현대에 있어서 같은 나라의 국민이 된 우리들은 싫든 좋든 대체로 공통된 운명을 나누기 마련이다. 따라서 소수의 예외를 제외한다면, 개인이 스스로 만족할 수 있는 삶을 갖기 위해서는 국가의 질서와 번영이 요청되는 것이며, 이 요청은 몇몇 개인들의 결의와 노력만으로 달성될 수 있는 과제가 아닌 것이다.

우리가 말하는 보람찬 생활이란 경제 또는 물질의 힘만으로 얻을 수 있는 것이 아닌 까닭에, 도덕 또는 가치관의 문제가 중대한 관심사로서 제기되어 왔다. 이 도덕 또는 가치관의 문제도, 현대적 관점에서 볼 때, 개인적인 양심과 수양의 문제가 아니라 전체적인 사회구조와 깊이 관련되어 있다. 그러므로 그것은 한두 사람의 성현이나 군자가 나타남으로써 해결될 수 있는 문제가 아니며, 국민 전체의 단결된 노력을 요청하는 사회개조의 문제를 포함한다.

사회개조가 평화적으로 실현될 수 있기 위해서는 사람들의 정신 자세가 달라져야 한다. 머릿속에서 생각만 달라지면 되는 것이 아니라 겉으로 행동까지 달라져야 하는 것이다. 그런데 자기 자신의 이해관계가 직결되어 있는 문제에 관련해서 사고방식과 행동 양식을 바꾼다는 것은 결코 쉬운 일이 아니다. 그것은 현재 자기가 가지고 있으며 애지중지하는 것을 스스로 포기함을 의미할 경우가 많기 때문이다. 사회의 현실이 크게 달라져도 별로 잃을 것이 없는 가난하고 무력한 사람들의 경우도, 오랜 습성 내지 타성으로 말미암아 생각과 행동을 고치기가 쉽지 않거니와, 하물며 가진 것이 많은 사람들의 경우에 있어서는 그것이 몇 갑절 더 어렵다.

평화적 사회개조를 위해서 절실히 요청되는 것은, 영향력이 큰 사람들, 즉 지도층으로 불리는 사람들의 솔선수범이다. 이 경우에 있어서 솔선수범이란 자기 개조를 전제하는 것이니, 우선 자기 자신부터 생각과 행동을 달리한다는 뜻을 포함하고 있다. 그런데 현재 영향력이 크고 지도층에 속하는 사람들은 대부분의 경우 '가진 것'도 많은 것이 보통이며 따라서 생활 태도를 고치기가 매우 어려운 사람들이다. 이것이 바로 우리의 문제를 미묘하고 어렵게 만드는 심각한 사정이다.

위에 말한 '심각한 사정'을 중요시하는 사람들 사이에는, 현재 특권을 누리고 있는 계층이 거짓 없는 솔선수범을 한다는 것은 원칙적으로 불가능하다는 비관론도 있다. 평화적 사회 개혁 그 자체의 가능성을 부정하는 비관론이기도 하다. 이 비관론은 오늘날 상당한 세력을 가진 이론이며, 무시할 수 없을 정도의 경험적 근거도 가지고 있는 것으로 보인다. 그러나 필자는 그 비관론이 절대적 타당성을 가졌다고는 보지 않으며, 인간이 과거 어느 때보다도 현명한 삶의 길을 선택할 가능성은 아직도 남아 있다고 믿는다.

그렇게 믿는 이유의 첫째는, 현상을 타파하고 사회를 개혁하면 특권층의 손실이 크다는 계산 자체가 금력이나 권력을 인간적 가치보다도 높이 평가하는 그릇된 가치관에 입각한 것이며, 그것이 그릇된 가치관이라는 것을 깨닫기는 특권층에게도 불가능한 일은 아니라는 사실이다. 그 이유의 둘째는, 인간 또는 인간적 가치를 가장 소중한 것으로 보는 견지에 설 때, 부조리를 제거하고 공정한 사회를 건설하는 것은 특권층을 위해서도 잃는 것보다 얻는 것이 크다는 사실이다. 그리고 셋째로는 만약 오늘의 과학과 기술을 평화생산을 위하여 총동원하고 공정한 분배를 실현한다면 모든 사람들의 경제생활이 안정될 수 있다는 것과, 대중의 앙양된 권리 의식이 큰 사회적 불안의 요인이 되고 있다는 것 등, 현대의 상황을 두루 고려할 때, 설령 저속한 실리주의의 견지에서 본다 하더라도 사회정의의 실현을 위해서 노력하는 편이 특권층을 포함한 모든 사람들에게 다행한 결과를 가져올 공산이 크다는 사실을 들 수가 있다.[14]

가치관을 고친다는 것이 결코 용이한 일이 아니라는 사실을 우리는 잘 알고 있다. 사람이 오랫동안 버릇이 된 생활 태도를 갑자기 바꾼다는 것은 아주 드물게나 있을 수 있는 일이다. 그러나 오늘날 우리의 현실은 가치 체계의 혁신을 절실히 요청하고 있다. 절실한 요청인 까닭에, 비록 어렵다 하더라도 우리는 이 과제에 도전해야 하는 것이다. 그리고 어렵다는 것과 불가능하다는 것은 근본적으로 다르다. 새 가치 체계의 수립은 매우 어려운 일이기는 하나 불가능하지는 않다는 것이 우리의 신념이다. 훌륭한 지도층이 나타나 전문적 연구와 성실한 실천에 최선을 다하고, 이에 대중의 적극적 호응이 따른

14 특권층이 자진해서 사회 개혁을 꾀해야 한다는 이론적 근거에 관한 좀 더 상세한 설명을 필자는 다른 논문에서 시도한 바 있다. Tae-kil Kim, "Problems of Development and Fundamental Value Assumption", 『철학연구』 제7집, 철학연구회, 1972 참조.

다면 비록 우리의 이상이 완전히 실현되지 않을지라도, 노력에 어울리는 어느 정도의 성과는 있을 것이다.

세계와 인생을 새로운 각도에서 바라보는 심기일전의 계기가 필요한 것으로 보인다. 우리 모두가 조만간 죽음을 면치 못할 유한자라는 엄숙한 사실을 때때로 상기하는 것은 우리가 옹졸한 소아(小我)를 초월하여 더 큰 자아로의 눈을 뜨는 데 도움을 줄 것이다. 내 스스로 나에게 가한 구속을 벗어날 때 참된 자유의 길이 열린다.

2 장
오늘의 한국과 대학의 사명

1. 현대의 지성
2. 한국의 대학
3. 대학의 올바른 자세

2장 오늘의 한국과 대학의 사명

1. 현대의 지성

나라가 잘되기 위해서는 무엇을 어떻게 해야 할 것이냐는 물음을 앞에 두고 사람들은 각각 아전인수의 대답을 한다. 공무원들은 "관기(官紀)의 확립이 시급하니 공무원의 처우를 개선해야 한다."고 주장하고, 대재벌은 "우선 민족자본을 조속하게 축적해야 하니, 당분간은 대기업체를 특혜로써 육성해야 한다."고 주장한다. 중소기업가들은 "균형을 얻은 경제의 발전이 가장 중요하므로 중산층을 보호 육성해야 한다."고 주장하며, 농어촌의 사람들은 "농민과 어민이 인구의 대다수를 차지하는 한국에서는 첫째로 농촌 및 어촌의 생활이 윤택해져야 한다."고 내세운다. 군인은 국방이 제일 중요하다고 주장하고, 예술가는 예술이 가장 중요하다고 주장하며, 기술자들은 공업 생산이 무엇보다도 귀중하다고 역설한다.

비슷한 경향을 우리는 학자 및 지식인에게서도 찾아볼 수가 있다. 혹은 학문이 발달해야 국가도 발전한다고 주장하며, 혹은 지식인을 소중히 여길 줄 모르는 나라는 장래성이 없다고 단정한다. 심지어는 각각 자기의 전문 분야를 내세워, 자기가 하고 있는 학문이 무엇보다도 많은 장려와 우선적 대우를 받아야 한다고 고집을 부리기까지 한다.

먼저 나 자신의 이익에 애착을 갖는 것이 인간의 일반적 심리요, 생존을 위한 싸움이 과거 어느 시대보다도 치열한 것이 현대의 사회적 상황이라면, 사람들이 각각 자기중심적 관점에서 일의 경중을 논하는 것은 매우 자연스러운 현상이며, 특히 나무라거나 걱정할 이유가 없다.

그러나 지성인임을 자처하는 사람들의 경우에 있어서만은 단순한 아전인수를 초월하는 공정한 의견이 표명되어야 할 것이다. 왜냐하면 단순히 자기중심적인 사고를 넘어서서, 오직 사리에 따라 공정한 의견을 제창하고, 그 의견을 실천에 옮기기를 꾀하는 태도야말로 지성을 지성답게 하는 첫째의 조건이기 때문이다.

현대는 국내적으로나 국제적으로나 진실로 많은 문제를 가지고 있다. 현대에 어렵고 까다로운 문제가 많다는 사실은, 오늘날 과학과 기술 문명이 놀라운 발달을 이룩했다는 사실과 크게 대조적이며, 또 저 어려운 문제들과 이 눈부신 발달 사이에는 밀접한 관계가 있는 것으로 보인다.

인류의 장래에 대해서 깊은 관심을 가진 학자 내지 사상가들 가운데는, 현대의 문화가 위기에 봉착해 있다고 경고하는 사람들이 많다. 위기를 경고하는 사람들의 주장에도 여러 가지 내용의 것이 있으므로, 그들의 주장을 한마디로 요약하기는 어려울 것이다. 그러나 그들의 의견 가운데 하나의 공통점을 발견하기는 그다지 어렵지 않을 것 같다. 그 공통점이란, 현대의 문화적인 위기의 가장 근본적인 원인이 오늘의 기계 및 기술의 놀라운 발달과 밀접한 관련성을 가지고 있다고 판단하는 점에 있다.

근대 이래 일진월보(日進月步)를 거듭하여 특히 최근에 이르러 혁혁한 발달을 이룩한 자연과학 및 공업 기술은 인간의 지능의 자랑스러운 승리임에 틀림이 없다. 그러나 그 지능의 승리 속에는 뜻하지 않은 파괴력이 숨어 있으며, 이 파괴력은 인류를 멸망으로 이끌 수도 있을 정도의 무서운 것이라고 논자들은 관찰한다.

과학과 기술이 가진 무서운 파괴력의 가장 알기 쉬운 예로서는 전쟁과 무기를 들 수가 있다. 그러나 현대의 발달한 과학과 기술이 전쟁을 위한 무기의 생산에 이용되고 있다는 사실은 과학과 기술을 파괴적인 목적을 위해서 악용하는 인간적 오류의 일부에 지나지 않는다. 겉으로 보기에는 매우 평화적인 듯이 보이는 우리의 일상생활 가운데도 과학의 힘을 파괴적으로 악용하는 행동은 얼마든지 찾아볼 수가 있다. 사람의 건강을 해치는 식품과 약품 또는 정신과 육체에 모두 해로운 오락적 상품을 제조하는 데 과학의 힘을 이용하고, 또 그러한 상품을 팔기 위한 유혹적인 광고에 또다시 과학과 기술을 동원하는 제조업자와 상인의 행동은 오늘날 우리 사회에서 흔히 찾아볼 수 있는 일이다. 그뿐만 아니라, 오늘의 사회문제 가운데서 가장 중대한 것의 하나로 알려진 빈부의 격차, 대량생산의 메커니즘 속에서 기계화한 인간의 자기 상실 등 중대한 현상도 모두 과학과 기술의 힘을 잘못 사용한 데서 빚어진 결과라고 보는 것이 일반적인 해석이다.

현대의 어려운 사회문제들이 과학 또는 기술 그 자체의 본성에서 필연적으로 생긴 것은 아니다. 즉, 빈부의 차이를 크게 하고, 인간을 기계의 한 부분에 불과한 것으로 만들며, 사람에게 해로운 상품이 범람하지 않을 수 없게 한 필연성이 과학이나 기술 그 자체 속에 있었던 것은 아니다.

존 듀이도 말했듯이, 과학과 기술은 본래 중성적인 도구에 불과한 것으로서 그 자체에는 미덕도 악덕도 없다. 문제는 과학 또는 기술을 사용하는 사람들의 마음에 달려 있으며, 그것을 사용하는 사람들의 마음이 어떠냐에 따라서 과학은 인류에게 혜택을 입힐 수도 있고 해독을 끼칠 수도 있다. 오늘날 과학과 기술이 파괴적인 구실을 하고 있다는 것은, 사람들이 근시안적인 이기심을 만족시키기 위해서 과학의 막대한 힘을 이용하고 있다는 말과 같은 뜻이 아닐 수 없다.

인간이 근시안적 이기심에 의하여 행동한 것은 오늘에 와서 새로 생긴 현상이 아니다. 그것은 옛날부터 내려온 오래된 행동 방식이다. 현대에 있어서 새로운 점은 인간의 행동 방식이 이기적이라는 사실에 있는 것이 아니라, 그 이기적 행동 방식과 과학적 기술의 막대한 힘이 한데 뭉쳤다는 사실에 있다. 좋지 못한 동기를 따라서 행동하는 사람들에게 막대한 힘을 가진 도구가 주어진 까닭에 그 폐단이 종전과는 비교할 수 없을 정도로 커졌다는 사실에, 현대가 가진 사회문제의 특색이 있다고 할 것이다.

현대가 가진 문제의 근원은 과학 또는 기술에 있는 것이 아니라 사람들의 마음가짐에 있는 까닭에, 과학이나 기술과는 직접적인 관계가 없는 곳일지라도, 근시안적인 이기심이 요동을 하고 충돌을 하는 곳이라면 어디서나 그러한 문제의 발생을 볼 수가 있다. 정치계, 종교계, 예술계, 체육계, 그 밖의 어떠한 분야를 막론하고, 현대의 어려운 사회문제들에 의하여 괴로움을 받지 않는 집단은 별로 없는 것으로 보인다.

인생의 여러 분야에 있어서 발견되는 현대의 어려운 문제들을 해결할 수 있는 길은 오직 인간이 지성적으로 행동함으로써 과학과 공업 기술을 평화롭고 건설적인 일에 활용하며, 나 자신을 생각하듯이 남의 처지도 생각하는 공정의 정신을 발휘함으로써 욕구와 욕구의 충동을 합리적으로 화해시키는 길뿐이다. 한마디로 말해서, 인류의 장래는 앞으로 인간이 어느 정도까지 지성적으로 행동하느냐에 달려 있다. 그리고 지성이라 함은 단순한 지능보다는 복잡한 기능으로서 지능뿐 아니라 의지와 감정도 포함한 인격 전체가 관계하는 실천적 판단력을 가리킨다.

2. 한국의 대학

인간의 이기적 행동 방식과 근래 눈부시게 발달한 과학 및 기술의 결합으로 말미암아 일어난 현대의 세계사적 위기를 극복할 수 있는 유일한 길은 지성을 올바로 사용하는 그것이라고 하였다. 이것은 위기에 처한 현대에 있어서 지성인들의 사명과 책임이 무겁고 크다는 것을 의미하거니와, 다른 나라들에 비하여 불리한 조건을 더 많이 가지고 있는 우리 한국의 경우에 있어서 지성인의 올바른 활동을 요청하는 사정은 한결 더 절실하다고 보인다.

비록 지성인의 지혜와 용기 그리고 공정한 정신에 기대되는 바 크다 할지라도, 극히 적은 수효의 지성인의 힘으로 한국이 당면한 오늘의 문제를 극복할 수 있으리라고는 믿어지지 않는다. 새로운 사회를 실현할 수 있기 위해서는 새로운 풍조를 불러일으킬 만한 전체적 변동이 생겨야 하거니와, 민주주의가 표방되고 있는 국가에 있어서 전체적인 변동을 일으킬 수 있기 위해서는 새로운 가치관에 따라서 움직이는 사람의 수효가 어느 정도 많아야 한다. 짧게 말해서, 우리 한국이 오늘의 어려운 현실을 극복할 수 있기 위해서는 많은 숫자의 지성인들의 지혜로운 움직임이 있어야 한다.

충분한 숫자의 지성인이 현재 우리 한국의 기성세대 가운데 살고 있는 것으로는 생각되지 않는다. 어느 정도의 수준에 도달한 사람을 '지성인'이라고 볼 것이냐는 어려운 문제를 접어 두고, 상식적인 기준을 따라 상당히 많은 수의 지성인이 우리 기성세대 가운데 있다는 것을 인정한다 하더라도 그 수는 아직 부족할 뿐만 아니라, 현재 지성인으로서 자타의 인정을 받고 있는 사람들에게도 반성과 수양을 통한 향상의 여지가 적지 않다는 것을 부인할 사람은 거의 없을 것이다.

현재 기성의 지성인이 부족하다면, 앞으로 많은 지성인을 길러 내야 할 것이다. 단순한 지능과 구별되는 도덕적 기능으로서의 지성은 천부의 능력이 아닌 까닭에, 그것은 오직 교육의 과정을 통해서 길러 내야 할 덕성이다. 그렇다면 지성을 길러 내기에 가장 적합하고 따라서 가장 많은 책임을 져야 할 교육기관은 무엇일까? 물론, 가정 및 모든 등급의 학교들이 다 같이 그 책임을 나누어야 할 것이다. 그러나 지성을 기르기에 가장 적합한 교육기관은 역시 '최고의 학부'로 불리는 대학이라고 보지 않을 수 없다. 성격의 틀이 어린 시절에 결정된다는 심리학적 사실을 고려할 때, 가정 또는 유치원에 있어서의 도덕교육의 중요성을 간과할 수 없을 것이나, 높은 지성은 높은 지식 수준을 토대로서 요구하며, 높은 지성인의 전형이 대학의 교수들 가운데서 발견되기를 기대하지 않을 수 없다는 사실을 참작할 때, 역시 대학을 지성인 양성의 가장 책임 있는 교육기관으로서 손꼽지 않을 수 없다.

여기서 우리는 한국의 대학들이 현재 어떠한 상황에 있으며, 지성인의 양성이라는 그 막중한 사명을 어느 정도 충실하게 수행하고 있는가를 반성해야 할 단계에 이르렀다. 그리고 우리는, 오늘날 한국의 대학이 지성인을 길러 낸다는 그 본래의 사명의 절반도 수행하지 못하고 있다는 사실을 사실대로 인정하는 솔직한 태도로써 출발하는 것이 현명하리라고 생각한다.

전문학교와 구별되는 정규의 대학이 우리 한국인에 의하여 운영되기 시작한 것은 8 · 15 이후의 일이며, 해방을 계기로 새로 발족한 여러 대학의 교수 및 학생들의 머릿속에 있는 '대학'의 '이미지'는 그들이 과거에 다녔던 일본의 대학의 모습에 의하여 결정되었다. 일본에서 겪은 대학 생활의 기억이 대학에 관해서 아는 바의 거의 전부였던 사람들에게 맡겨진 한국의 대학들은 자연히 일본의 대학을 모방하는 것을 출발점으로 삼지 않을 수 없었다.

일본의 대학은 '상아탑'이라는 이름으로 상징되었다. 일반 사회와는 격리된 특수한 지대를 형성하고 '학문을 위한 학문'을 연구하는 '순수성'을 지키는 것을 자랑으로 삼았다. 이 상아탑주의는 일본의 정부를 위해서도 바람직한 방침이었고 교수와 학생들을 위해서도 상당히 유리한 전통이었다. 정부 또는 사회 현실에 대한 비판을 삼가고 '고원(高遠)한 진리'의 탐구에만 열중하는 것은 정부의 입장에서 크게 환영하지 않을 수 없는 얌전한 태도였으며, 얌전한 태도의 대가로서 융숭한 대우를 받을 수 있었던 까닭에 교수나 학생들도 그러한 학원 생활을 고맙게 여길 이유가 있었다.

그러나 상아탑주의는 참된 지성을 기르기에는 매우 부적당한 원칙이었다. 왜냐하면 단순한 지성이나 학식과 구별되는 지성이란 훌륭한 인생을 위한 실천적 판단력을 의미하는 것이며, 그 실천적 판단력은 사회 현실에 대한 정확한 인식과 더 나은 사회를 건설하고자 하는 적극적인 의욕의 토대 위에서만 생길 수 있는 능력이기 때문이다.

일본의 상아탑주의 내지 순수주의는 그대로 한국의 대학에 받아들여졌다. 그리고 그 결과는 일본의 경우보다도 훨씬 더 나쁜 것이었다. 왜냐하면, 일본의 경우는 대학에 진학하기 이전에 거쳐야 했던 고등학교 또는 예과(豫科)에 있어서 상당히 폭넓은 교양 교육과 자유로운 인간 교육을 받았던 까닭에, 대학생들은 스스로의 체험과 사색 그리고 독서를 통해서 강의실에서 기르지 못한 지성을 그 밖에서 기를 수가 있었다. 그뿐만 아니라 대학의 교수들은 매우 좋은 처우를 받았던 까닭에 경제생활에 대한 위협을 느끼지 않았으며, 따라서 비록 사회적 현실 문제에 대하여 소극적 태도를 취했다고는 할지라도, 상당한 위엄과 자존심 그리고 개인적 주체성을 지키면서 살아갈 수가 있었으며, 권력과의 비굴한 타협을 강요당하지는 않았다.

그러나 한국의 경우는 8 · 15 이전의 일본 고등학교나 예과에서와 같은 인간 교육을 시켜 주는 기관이 없으므로, 대학생들이 스스로의 힘으로 올바른 지성을 개발할 만한 기초를 가지기 어렵다. 그리고 대학의 교수들이 받는 보수는 일제시대의 보통학교 교사가 받은 그것의 절반 정도밖에 되지 않는 까닭에, 의연한 자세와 제 나름의 신념을 가지고 현실을 살아가기가 지극히 어려운 처지에 있다.

한국의 대학교수들의 태도를 우리는 대략 다섯 가지 유형으로 나눌 수가 있을 것이다. 첫째는, 옛날부터의 상아탑주의를 고집하는 사람들이다. 이들은 연구실 또는 서재에 틀어박혀서 꾸준하게 무엇인가 하고 있다. 그들이 하고 있는 일은 주로 책 또는 실험 기구와의 씨름이다. 그러나 그 씨름이 한국 내지 세계의 장래와 어떻게 연결되어야 하느냐에 대해서는 깊이 생각함이 없이, 그저 그것이 '학문'이라는 존경받는 일인 까닭에 그 일에 매달린다. 이 상아탑주의자들의 목표는 '업적'과 학자로서의 성공에 있으며, 그러한 뜻에서 일종의 이기주의자들이다. 이 유형에 속하는 교수들은 선조의 유산 또는 돈이 많은 처가와 같은 우연한 계기로 경제생활의 위협을 받지 않는 사람들에게 많으며, 학자들 가운데서는 가장 많은 존경을 받고 있는 '행복한' 사람들이기도 하다.

한국의 대학교수의 둘째 유형은, 부업에 쫓기며 생계를 유지하기에 바쁜 사람들이다. 그들의 부업에는 여러 가지가 있다. 다른 학교에 시간강사로 출강하는 것을 비롯하여 입학시험의 준비를 위한 학원의 전임강사, 신문 잡지에 잡문 쓰기, 방송이나 강연, 연구비를 타기 위한 논문 작성, 음악 또는 미술의 개인 지도, 숨어서 하는 의사 개업 등 갖가지 시간제 노동에 종사한다.

자세한 통계는 모르나, 아마 이 둘째 유형에 속하는 사람들은 다른 네 가지 유형에 속하는 사람들을 모두 합한 것보다도 훨씬 더 많을 것이다. 이 둘째 유형에 속하는 사람들은 가정에서는 무능한 가장으로서 규탄을 받으며, 밖에서는 '보따리 장사'라는 욕을 먹고 있으니, 이를테면 가련하기 짝이 없는 인생이다.

한국 대학교수의 셋째 유형은, 우국지사형이라고 부를 수 있는 사람들로서, 우리나라의 현실에 대해서 적극적인 관심을 표명하며, 스스로 이 나라의 대표적인 지성인으로서 자처한다. 매스컴을 타고 이름이 알려진 교수들 가운데 이 유형에 속하는 사람들이 많으니, 이 사람들의 발언이 부업으로서의 성질이 큰지, 우국적 사회참여로서의 성질이 큰지, 분간하기가 매우 어렵다. 따라서 이 사람들은 일부의 존경을 받는 반면에, 다른 일부 특히 대학 사회의 동료와 학생들로부터는 '매명(賣名)의 속물'이라는 가혹한 비난을 받는다. 그러나 이들의 불행은 대학 사회 안에서 욕을 얻어먹는다는 사실에 있기보다도, 그들의 발언에 위력이 없다는 사실에 있다.

사회적 발언이 위력을 갖기 위해서는, 첫째로 그 발언자의 이론적 기반이 튼튼하고 그 관찰력이 날카로워야 하며, 둘째로 그 발언이 솔직하고 대담해야 하거니와, 우리의 셋째 부류에 속하는 교수들은 매스컴의 청탁과 가난에 쫓기기에 바쁘기도 하고, 자기가 학자치고는 의외로 무식하다는 사실을 모를 경우가 많은 까닭에, 학구적 연구의 토대가 약하다는 일반적인 약점이 있다. 그리고 언론의 자유가 헌법에 보장되어 있기는 하나, 사실은 어떤 공포 분위기에 싸여 있는 것이 우리의 실정임을 알고, 자기의 발언이 당국의 말썽이 되지 않는 범위 안으로 조절되기를 원하니 그들의 비판은 자연히 위축되어 그 광채가 흐리다.

대학교수의 넷째 유형은, 금력 또는 권력과 악수하여 어느 모로 보나 남 부럽지 않게 사는 사람들이다. 세속적인 의미의 승리자라고 부를 수 있는 이 부류의 대표로서는 권력의 줄을 타고 큼직한 행정직을 맡은 사람들을 들어야 할 것이며, 큰 기업체의 고문을 겸임한 교수들과, 권부와의 비공식적 접촉을 통하여 영향력 있는 일에 참여하는 교수의 일부도 이 부류에 속한다고 볼 수 있을 것이다. 이 부류에 속하는 교수들의 일부는 드디어 학원을 떠나서 정치가 또는 행정관으로 직업을 바꾸기도 한다.

대학교수의 다섯째 유형은, 자포자기형이라고 부를 수 있는 사람들이다. 능력의 부족 또는 성격의 편벽됨으로 말미암아 이것도 저것도 못하고 들어박혀 있어야 하는 학계의 낙오자들은 대학교수라는 허울 좋은 이름과 자기의 몰락한 현실 사이의 엄청난 공백을 무엇으로 메워야 할지 몰라서 한갓 힘

없는 불평객으로 전락한다. 이들 가운데 일부는 다방, 대폿집 또는 기원 등에 그 초라한 모습을 자주 나타내기도 하지만, 다른 일부는 강의 시간 이외에는 가만히 들어앉아 있는 까닭에 매우 착실한 학자 같은 인상을 주는 경우도 있다.

교수들의 생활 태도를 모방이라도 하듯이 대학생들의 태도도 대체로 위에 말한 다섯 가지의 유형과 비슷한 카테고리로 나누어진다.

첫째로, '원서'라는 이상한 이름으로 존경을 받고 있는 외국의 서적을 그저 읽어 내려가는 데 큰 의미를 발견하며, 그 서적에 담긴 사상과 우리의 생활이 어떻게 연결되는 것인지는 알아보려고 하지도 않는 학생들이 있다.

둘째로, 가정교사, 교내 신문 학생 기자, 교수의 원고 정리 등 각종 아르바이트에 쫓기며 본업인 학교 공부는 소홀히 하는 동안에 어느새 졸업식을 맞이하는 학생들이 있다.

셋째로, 학생들의 사회참여를 신성한 의무라고 생각하면서 학생회 또는 학생 서클의 간부로 활약하는 일에 열중한 나머지 본래의 학업은 뒤로 미루지 않을 수 없는 학생들이 있다.

넷째로, 권력과 금력의 심부름을 하면서 졸업 후를 위한 '지반'을 닦는 학생들이 있다.

다섯째로, 자기 자신과 사회를 냉소하면서 별로 하는 일도 없이 학교 부근을 배회하는 학생들이 있다. 이들은 당구장 또는 다방에서 많은 시간을 보내기도 하고, 기타를 퉁기며 재즈 음악의 노래를 부르는 가운데 '청춘과 낭만'을 즐기기도 한다. 각종 데이트에 온갖 정열을 쏟는 학생들도 그 심리 상태는 이 다섯째 유형에서 멀지 않을 것이다.

대학교수와 대학생에 대한 이상과 같은 분류는 물론 편의상의 것으로, 실제로는 여러 가지 중간형과 혼합형이 있으며, 또 위의 다섯 가지 부류에는 속한다고 보기 어려운 특수한 사람들도 있다.

필자가 원하는 것은 한국의 교수와 학생들의 생활 태도를 정확하게 분류하는 일이 아니라, 한국의 대학에 사는 사람들이, 지성인을 길러 내고 지성으로서 사회를 이끌어 간다는 그들 본래의 사명을 다하지 못하고 있다는 사실을 밝히려는 데 있다.

그리고 위에서 시도한 분류는 비록 조잡하기는 하나, 필자가 의도하는 바를 간접적으로 뒷받침하기에 충분하리라고 믿는다.

3. 대학의 올바른 자세

이제까지의 고찰 가운데 대학의 사명이 무엇인가에 관해서 단편적인 언급과 암시가 있기는 했으나, 이제 이 문제를 좀 더 구체적으로 살피고, 나아가서 대학이 그 사명을 다하기 위해서 우리는 특히 어떠한 점에 유의해야 할 것인가를 생각해 보기로 하자.

세계는 지금 매우 급속한 속도로 변천하고 있다. 변천해 가고 있는 세계 속에서 한국이 겪고 있는 변화도 역시 급격하거니와, 우리 한국의 경우는 복잡하고 고유한 특수 사정까지 이에 겹쳐서, 사회적 변화에 따르는 실천적 문제들이 더욱 많은 어려움을 숨기고 있다.

우리가 당면한 어려운 문제를 해결하는 것은 우리들 공동의 과제이거니와, 복잡하고 어려운 문제를 해결함에 있어서 가장 절실하게 요청되는 것은 높은 지성이다. 왜냐하면, 어려운 실천 문제를 해결함에 있어서 첫째로 필요한 것은 어떻게 하면 좋은 결과에 도달할 수 있을 것인가를 정확하게 내다보는 일이며, 둘째로 필요한 것은 그 예견이 지시하는 바를 따라서 과감하게 행동하는 의지력이며, 그 예견의 지능과 과감하게 행동하는 의지력은 지성을 구성하는 매우 중요한 인자이기 때문이다. 그리고 더 나은 사회의 실현을 꾀하는 인간적인 노력에 있어서 가장 기본적인 것은, 어떠한 종류의 사회를 실현의 목표로서 선택하느냐는 문제이며, 이 문제에 대답하는 것도 결국은 종합적 판단력으로서의 지성이기 때문이다.

우리는 우리의 민족적 공동 목표를 우선 뚜렷하게 세워야 한다. 이를테면 내일의 한국을 위한 청사진을 똑똑하게 그릴 필요가 있는 것이다. 그리고 우리의 청사진은, 세계사 가운데서 우리가 지금 놓여 있는 위치, 우리의 전통과 문화적 특수성, 우리의 민족성의 장점과 단점, 우리 한국의 자연 조건, 한국인과 인류 전체의 일반적인 포부, 그리고 세계의 역사가 흐르는 방향 등에 대한 종합적인 인식의 토대 위에서, 슬기로운 도덕적 정신의 판단에 의거하여 작성되어야 할 것이다. 짧게 말해서, 민족의 공동 목표를 올바로 세우기 위해서는 지성이 높은 사람들의 광범위한 협동이 필요하다.

다음에, 우리는 우리가 세운 민족적 공동 목표를 실현하는 데 필요한 여러 가지 방안을 강구하고 그 실천을 서둘러야 할 것이다. 정치와 경제, 법률과 제도, 예술과 종교, 학문과 교육 등 여러 분야의 기본 문제에 관해서 확고한 신념에 도달할 수 있도록, 지도자들의 철학과 전문가들의 과학이 높은 수준에 도달해야 할 것이다. 여기서도 역시 국가의 발전을 위해서 높은 지성이 앞서야 한다는 결론에 이른다.

셋째로, 우리는 공정하고 슬기로운 사람들이 이기적이고 간악한 사람들에 의하여 압도를 당하는 일이 없도록, 공정한 정신을 가진 사람들의 세력을 키워야 할 것이며, 그렇게 하기 위해서는 공정하고 슬기로운 사람들을 많이 길러 내야 한다. 그리고 공정하고 슬기롭다 함은 나와 남을 동등한 인격으로서 대접하는 인간애와 사리를 따라서 일을 처리하는 합리주의의 정신을 포함하는 것이니, 역시 높은 지성의 발휘를 의미하는 것에 지나지 않는다.

후진성을 극복하고 주체성을 확립한 민주주의 국가로서 온전한 발전을 이룩하기 위해서, 우리 한국이 지금 많은 지성인의 적극적인 활동을 요청하고 있음에는 의심의 여지가 없다.

그리고 현재 우리나라의 지성은 질과 양에 있어서 부족함이 크며, 젊은 지성인을 새로 길러 내는 과업은 다른 어느 기관보다도 대학이 그 책임을 져야 한다는 것은 이미 앞에서 말한 바와 같다. 그러나 현재 한국의 대학들은 그 책임을 다하지 못하고 있는 것이다. 그렇다면, 앞으로 그 책임을 다하기 위해서 우리는 어떠한 점에 특히 유의해야 할 것인가?

첫째로, 교수들은 자기들 자신의 지성을 높이도록 각별히 노력해야 할 것이다. 현실에 대한 더 깊은 관심과 더 투철한 책임감을 가져야 할 것이며, 현실의 움직임을 올바로 인식하여 더 나은 내일을 가져오고자 하는 뜨거운 의욕을 표명해야 할 것이다. 대학의 교수들은 자기들의 전문적 지식이 우리 인생에 대하여 갖는 의미에 대해 깊이 사색하는 바가 있어야 할 것이다. 다시 말하면, 학문이 단순한 학문임에 그치지 않고 그것이 우리의 실제 생활에까지 연결되도록 깊이 파고 내려가야 할 것이다. 교실에서 현실 문제를 직접 강의할 필요는 없을 것이다. 그러나 교수의 가슴속에서 그의 지식이 현실에까지 연결되고 있을 때, 비록 명확한 언급이 없더라도 학생들은 그의 강의 뒤에 숨은 생생한 의미를 느낄 것이다. 교수의 학설이 우리의 현실 문제에 연결되는 실천적 의미를 가질 때, 그 교수는 특별히 다른 어떤 행동을 하지 않더라도 훌륭한 사회참여를 하고 있는 셈이 될 것이다.

둘째로, 학생들의 경우에 있어서도 그들이 배우는 지식이 '지식을 위한 지식'으로서 그치지 않고, 자기들의 실천적 지성을 위한 기초가 되도록 노력해야 할 것이다. 그러나 처음부터 '현실'이니 '실천'이니 하고 성급하게 날뛰는 것이 좋다는 뜻은 물론 아니며, 기본 원리를 주로 가르치는 현재의 교과 과정을 전적으로 뜯어고쳐야 한다는 의견도 아니다. 필자가 주장하는 바의 요점은, 기본 원리에 대한 학습이 기본 원리의 학습으로서 그치지 않아야 한다는 것이며, 외국의 유명한 학설에 대한 학습이 그저 그것을 암송하는 데 그칠 것이 아니라, 그 학설이 우리의 현실 문제에 대하여 무엇을 암시하는가를 스스로 생각해야 한다는 것이다.

셋째로, 사회 일반이 대학의 발전을 적극 지원해야 할 것이다. 대학은 결코 장식품이나 사치품이 아니다. 국가 발전의 백년대계를 위해서 대학이 갖는 중요성은 보통 생각하는 바보다도 훨씬 크다. 대학이 잘되느냐 못 되느냐에 따라서 한 국가의 장래가 좌우된다고 하여도 과언이 아니다. 따라서 국가는 대학이 제구실을 할 수 있도록 적극적인 지원을 해야 하는 것이다. 특히 정부 당국에서 이 점에 관하여 깊은 이해를 보여주어야 할 것이다.

정부 당국이 대학의 발전을 위해서 할 일은 크게 두 가지로 나누어진다. 첫째는 재정적 지원이며, 둘째는 자유의 보장이다. 재정적 지원의 중요성에 대하여는 새삼스러운 설명이 필요하지 않을 것이므로, 자유의 보장에 대하여 한마디 보탬으로써 이 글을 마무리하기로 한다.

우리나라에 있어서 연구의 자유는 어느 정도 보장되어 있다고 보이기도 하나, 언론의 자유는 상당히 제한을 받고 있다는 것이 일반의 관찰이다. 사회 현실에 대한 비판은 자연히 위정자에 대한 비판을 포함하기가 쉬우며, 그 비판의 소리가 위정자의 귀에 거슬린다는 것은 상상하기 어렵지 않은 일이다. 그러나 귀에 거슬린다는 이유로 그것을 막는다는 것은 결코 현명한 처사가 아니다. 달콤하게 아첨하는 언론이야말로 위험한 것이며, 그것은 참된 의미의 언론이 아니다.

귀에 거슬리는 비판을 어느 정도까지 너그럽게 받아들이느냐에 그 정부 또는 정당의 장래성이 달려 있는 것이며, 현명한 위정자일수록 비판의 소리에 귀를 기울이고 스스로를 개선함으로써 그 정치적 생명을 연장시킨다.

언론에 대한 공연한 탄압은 지성을 위축시키고 대학을 골동품으로 만들 뿐 아니라, 위정자 자신들을 위한 등불을 끄는 짓이며, 나아가서는 국가의 장래를 어둡게 하는 어리석은 처사다.

진정한 애국자는 자기의 행정부 또는 자기의 정당을 위하여 불리한 언론일지라도 그것이 국가 전체를 위해서 유익할 경우에는 이를 받아들인다. 그는 정당의 이익이 반드시 국가의 이익이 아님을 알고 있을 뿐 아니라, 그 두 가지 이익 사이에 충돌이 있을 경우에는 후자에게 우선권을 인정해야 한다는 것을 알고 있다. 국가 전체를 위해서 해로운 언론이라면, 정부가 탄압하지 않더라도 국민이 이를 규탄할 것이다.

3장
가치 체계의 정립과 지성인의 참여

1. 마음가짐의 혁신의 문제
2. 가치 체계의 개조
3. 지성인의 역할
4. 지성인의 행동 목표
5. ‘국민 윤리’와 대학 강의

3장 가치 체계의 정립과 지성인의 참여

1. 마음가짐의 혁신의 문제

우리나라에 있어서 가치관의 문제가 널리 논의의 대상이 되기 시작한 것은 1960년대로 접어들 무렵부터였다고 기억된다. 4·19 직후에 학생들이 앞장선 '새 생활 운동'이 있었고, 국회 일부에 청조회(淸潮會)라는 그룹이 결정되어 새로운 풍조의 조성을 공언한 일이 있었다. 5·16 군사정부는 '인간 개조'의 구호를 내걸었으며 재건국민운동본부라는 조직체를 구성하기도 하였다. 그 뒤 한동안 정부는 경제개발에 최고의 우선순위를 부여하면서 '마음'의 문제로부터 '물질'의 문제로 역점을 옮기는 듯한 인상을 주다가, 1967년 봄에 '제2경제'라는 새로운 용어가 소개되면서, 다시 마음의 자세의 문제가 중요한 과제로서 부각되었다. '제2경제'라는 용어는 그것이 내포한 가치론적 문제점도 없지 않아 한때의 유행어로서 그친 듯한 인상을 주었으나 1968년 12월에 제정 선포된 국민교육헌장은 마음의 자세를 바로잡기에 필요한 행위의 규범을 원리적으로 제시하고자 하는 시도였다고 해석된다. 1970년부터 '국민 윤리'라는 과목을 대학생에게까지 가르치게 된 것도 역시 위에 열거한 일련의 움직임의 한 연장으로 보아야 할 것이다.

이 '새 가치 체계의 정립'이라는 표현으로 묶어 볼 수 있는 저 마음가짐의 혁신의 문제가 민족적 과제로서 논의되고 그 실천적 모색이 시작된 지 이미 10여 년의 세월이 지난 오늘날, 우리는 우리들의 그러한 논의와 모색이 어느 정도의 현실적 성과를 거두어 왔는가를 매우 진지하게 자문하지 않을 수 없거니와, 냉철한 관찰과 솔직한 반성으로 이 물음을 대할 때, 그리 큰 성과를 올렸다고 장담하기 어려운 것이 우리의 현실이다. 10여 년에 걸친 관심과 시도였음에도 불구하고 그 성과가 기대를 배반하게 된 사실의 원인은 정치, 경제, 사회, 교육 등 여러 분야의 현실과 여건 속에서 찾아야 할 것이다. 이 자리에서는 가치관의 정립을 꾀하는 운동에 있어서 선도자의 임무를 스스로 맡고 나선 정치 권력이 이 나라 지성인들의 광범하고 적극적인 참여를 유발하지 못했다는 사실도 그 원인의 하나임을 지적하고, 이 한 가지 점에 국한하여 고찰을 전개하고자 한다.

2. 가치 체계의 개조

'새 가치 체계의 정립'이라는 말로 필자가 의미하는 바는 두 가지 변화를 성공적으로 달성한다는 뜻을 그 주축으로 삼는다. 첫째는 인생의 목적 또는 이상적 사회에 대한 우리들의 생각에 근본적인 혁신을 가져오는 일이며, 둘째는 그 새로운 목표를 달성함에 적합한 행위의 습성을 길러 내는 일이다. 다시 말해서, 그것은 가치에 관한 우리들의 관념과 행동 쌍방에 체계적인 변화를 가져오되, 그 변화가 우리들을 둘러싼 새로운 현실에 적합하여 개인의 행복과 사회의 번영을 초래함에 결정적 요인으로서 작용할 수 있는 성질의 것이라야 한다는 뜻이다.

가치에 관한 관념의 변화라 함은 바람직한 사회 및 개인에 관한 목적의식의 변화, 즉 집단 및 개인의 삶에 있어서 가장 귀중하고 값진 것들이 무엇이냐는 물음에 대한 신념이 달라짐을 의미한다. 여기서 제기되는 문제는, 이상적 국가 또는 이상적 개인 생활을 위한 기본 조건들이 무엇이냐는 그것이거니와, 이 물음에 대답하기 위해 과거에 아무도 말한 적이 없는 전혀 새로운 원리를 제시함이 반드시 요청되는 것은 아니다. '새로운 가치 체계'의 수립을 역설하는 사람들에 대하여, "구태여 새로운 것을 찾으려고 애쓸 필요는 없다. 우리들의 공동 목표와 행위의 원리는 우리나라의 헌법 전문 및 국민교육헌장에 명시되어 있지 않느냐."고 반문하는 논자들의 말에도 일리가 있음을 인정해야 한다. 그러나 우리가 성실하게 물어야 하며 정직하게 대답해야 할 문제는, "우리나라의 기존하는 문헌 속에 좋은 말 또는 매력적인 어구가 있는가?" 하는 물음이 아니라, "홍익인간 또는 민주주의 혹은 인간의 존엄성 따위의 아름다운 어구 가운데 본래 깃들었던 정신이 우리의 현실 속에서 어느 정도의 힘을 발휘하고 있으며, 국민교육헌장의 허다한 교훈들이 사실상 어느 정도 실천되고 있는가?" 하는 물음이다. 우리의 궁극적 관심사는 실천의 세계이며, 언어는 저 실천의 세계에 영향력을 미치는 한에 있어서 우리들의 문젯거리가 된다.

우리들이 입버릇처럼 되풀이하는 아름답고 선량한 말들이 풍부함에도 불구하고, 만약 그 말들이 실천되지 않고 오히려 그 반대의 현상이 현실을 지배한다면, 거기에도 그럴 만한 사유가 있을 것이다. 사람들의 행위는 우리가 흔히 '현실'이라는 말 가운데 포함시키는 여러 가지 사회적 여건의 제약을 받기 마련이며, 그 여건들의 방해가 심할 경우에는, 자기가 옳다고 믿으며 또 스스로 주장하는 행위일지라도, 실제에 있어서는 그 주장대로 행동하기가 매우 어렵다. 예컨대, 상사에 대한 아첨 또는 전시효과의 속임수를 쓰지 않고는 승진은 고사하고 현직을 유지하기도 어려운 풍토 속에서는, 그러한 행동을 부당하다고 생각하는 사람일지라도, 그가 그 직장을 포기할 수 없는 사정에 놓여 있는 한, 자기의 소신대로 행동하기는 대체로 어렵다. 따라서 우리가 옳은 말이 지시하는 대로 행동할 수 있기 위해서는, 옳은 말을 따라서 실천할 수 있는 사회적 여건의 조성 내지 개조가 선행해야 할 것이며, 그보다 앞서서, 현재의 사회적 여건 가운데 우리들의 행위로 하여금 본의 아닌 과오의 길로 모는 요인들이 무엇인가에 대한 정확한 인식이 있어야 할 것이다. 그리고 현재의 불합리한 여건을 시정할 수 있는 방안이 정치, 경제, 사회 등 여러 각도에서 연구되어야 할 것이다. 여기 가치 체계의 개조라는 과제가 사회과학자들의 광범위한 참여를 필수 조건으로서 요청하는 사유의 일단을 본다.

3. 지성인의 역할

국가의 기본 이념 또는 가치 체계의 근본원리를 세우는 일은, 매력적인 단어나 그럴듯한 표어를 발견 내지 제작하는 일과 혼동되어서는 안 될 체계적 작업이다. '자유', '민주주의', '홍익인간' 또는 '인간성의 회복' 등 매력 있는 말을 골라서 대중을 이끄는 방편으로 이용하는 것은 적절하고 유익한 일이 될 것이다. 그러나 그러한 표어의 선정은 더 근본적인 작업을 위한 보조의 구실을 맡을 성질의 것이며, 그 자체가 본질적인 의의를 갖는 것은 아니다. '자유', 민주주의', '홍익인간' 등의 추상적인 언어는 서로 다른 의미로 해석될 수 있는 모호성을 가지고 있다. 따라서 이러한 말 속에 어떠한 구체적 내용을 담느냐 하는 것은 본질적인 문제이며, 이 본질적인 문제에 해답을 내리는 일은 여러 분야의 전문가들이, 우리가 당면한 역사적 현실을 바탕으로 삼고 힘을 모아 체계적으로 접근해야 할 연구 과제다. 여기에 우리는 국가의 발전이 학자들의 적극적 현실 참여를 요청하는 또 하나의 측면을 본다.

정치가 또는 행정가들의 경험에 입각한 직관적 판단을 토대로 삼고 국가의 발전을 도모하는 길이 반드시 부당하다고 단정하기는 어렵다. 구구한 이견(異見)이 맞서는 학자들의 복잡한 학설 틈바구니에서 딜레마에 빠지는 것보다는 경험과 직관 그리고 결단성에 있어서 탁월한 정치가의 견해를 따르는 편이 결과적으로 나을 경우도 없지 않다. 그러나 일반적으로 말해서, 여러 분야의 전문가들의 과학적 연구를 바탕으로 삼고 국가의 미래를 설계하고, 그 설계를 따라서 개혁과 발전을 꾀하는 편이 훨씬 안전한 방법이라 믿는다. 그렇게 믿는 이유의 첫째는, 현대에 있어서 한 나라가 그 진로를 결정함에 즈음하여 계산에 넣어야 할 요인이 너무나 많고 복잡한 까닭에, 한두 사람의 경험이나 직감에 의존하는 것보다는 정치, 외교, 경제, 사회, 역사, 철학 등 여러 분야의 전문가들의 종합적인 연구에 의존하는 편이 합리적이라는 사실에 있다. 그리고 그 둘째 이유는, 정치가나 행정가는 원칙적으로 어떤 정당 또는 정권에 예속되어 있으며 그 정당 또는 정권의 이익을 우선적으로 고려해야 할 처지에 놓여 있음에 비하여, 학자들은 그러한 당파적 예속관계가 없는 까닭에, 국가와 민족 전체의 운명을 위하여 좀 더 객관적이며 타당성 있는 결론에 도달할 가능성이 크다는 사실에서 찾아볼 수 있다.

우리들의 현실 문제에 관해서 학자들이 내리는 결론은, 건축설계사의 청사진에 비교할 성질의 것이다. 아무리 좋은 청사진이 그려졌다 하더라도, 실제로 집을 지을 사람이 그것을 채택하지 않는다면, 그것은 무용지물에 지나지 않는다. 만약 정치가나 행정가의 처지가 어떤 정당 또는 정권의 이익을 무시할 수 없는 것이 사실이라면, 비록 학자들의 연구가 국가와 민족의 장래를 위해서 타당한 길을 제시했다 하더라도, 그 길이 실권을 쥔 정당 내지 정권의 이익에 부합하지 않는 한, 그것이 실천에 옮겨질 가망성은 없는 것이 아닐까? 학자가 정치가 또는 행정가의 의사에 따라서, 즉 그들이 이미 결정한 정책의 원칙에 순응하는 범위 안에서, 어떤 처방 내지 실천 방안을 제시하는 일은 가능할 것이나, 정치가 또는 행정가의 근본적인 태도를 바꾸는 일에까지 영향력을 가질 수가 있는 것일까? 이 물음은 정치가나 행정가들의 가치관이 도달할 수 있는 수준에 관한 물음일 뿐 아니라, 가치관의 새로운 정립 그 자체의 가능성을 묻는 것으로서, 우리들이 고찰하고 있는 문제의 핵심에 관련한다.

자기 자신을 위해서 유리한 길을 택하여 행위하는 것은 거의 모든 사람에게 공통된 일반적 경향이다. 오늘날 정치가들의 정치적 생명이 그들의 정당과 밀착되어 있으며, 고급 행정가의 '출세' 여부가 정권을 쥔 사람들의 의견에 달려 있음을 생각할 때, 정당 또는 정권의 이익에 배치되는 학자의 견해가 정당 또는 행정부의 실권자에 의하여 채택되기를 기대한다는 것은 매우 비현실적임에 틀림이 없다. 다만 여기서 고려해야 할 매우 근본적인 문제는 '이익'이라는 말이 여러 가지 높고 낮은 차원에 따라서 각각 다른 뜻으로 이해될 수 있는 복잡한 개념이라는 사실이다. 저속하고 근시안적인 차원에서 볼 때 자기의 이익에 배치되는 것으로 판단되는 행위가, 높고 긴 안목의 차원에서 볼 때는 결국 자기를 위해서도 바람직한 결과에 이르는 경우가 많다는 사실은, 우리가 지금 당면하고 있는 까다로운 문제를 다룸에 있어서 깊이 고려해야 할 중요한 사항이다.

만약 '이익'이라는 말이 당장에 얻을 수 있는 물질적 소득, 지배욕을 위해서 휘두를 수 있는 권력의 유지, 또는 속물들의 마음을 사로잡는 허영심의 만족 따위의 것밖에 의미할 수 없는 것이라면, 국가와 민족을 위해서 가장 적합하다고 판단되는 길이 일부의 정치가나 행정가를 위해서는 '불리하다'고 보지 않을 수 없는 경우가 허다할 것이다. 그러나 '이익'이라는 말은 그보다 훨씬 넓고 높은 의미로도 쓰일 수가 있다. 예컨대, 국민 대중이 진심으로 보내는 존경과 사랑, 후세의 역사가에 의해서 내려지는 높은 평가, 훌륭한 조상을 가진 후손들이 받는 영광, 권모와 술수 또는 돈과 권력의 동원과는 관계없이 순전한 업적에 대하여 보내지는 국민의 지지 등도 넓은 의미로는 '이익'의 범위 안에 포함될 가치들이며, 만약 이러한 가치들을 '이익'이라고 부르는 것이 우리들의 관례에 어긋나는 것이라면, 이 세상에는 '이익'보다도 더 귀중한 가치가 많이 있다는 것을 말해야 할 것이다. 그리고 약간이라도 높은 관점에서 문제를 고찰하는 사람이라면, 자기가 속해 있는 나라 또는 겨레가 전체로서 번영을 이룩하는 일은, 어떠한 개인의 부귀와 영화보다도 값있는 일이라는 것을 부인하지 못할 것이다. 다시 말해, 국가 전체를 위해서는 바람직한 정책일지라도 어떤 정당 또는 정권의 이익과 배치되는 까닭에 그것이 채택되지 않는다고 하는 것은, 매우 근시안적이며 낮은 관점에서 문제를 생각하는 사람들의 피할 수 없는 결론일 뿐이며, 더 높은 차원에서 생각할 경우에는 도리어 매우 어리석은 사고방식임을 알 수가 있다.

문제의 핵심은, 우리가 근시안적인 관점을 벗어나서 넓은 시야를 바라보는 태도를 취하는 일이 실제로 가능한 일이냐 아니냐에 달려 있다. 이 물음은 인간성 일반에 관계되는 문제이며, 어떤 특정한 직업에 관련시켜서 각기 다른 대답을 내릴 성질의 것이 아니다. 예컨대 "학자나 언론인은 소아(小我)에 얽매이는 좁은 이기성을 극복할 수 있으나, 정치인이나 행정가에게는 그것이 불가능하다."는 식으로 대답할 수 있는 성질의 것이 아니다. 개인이 받은 교육의 성질과 정도, 직업과 처지 등이 다름에 따라서 그가 세상을 보는 눈과 사물을 평가하는 태도에도 차이가 생기는 것은 사실이다. 그러나 사람들의 가치관은 누구의 경우에 있어서나 원칙적으로 변할 수 있는 것이며, 높고 넓은 관점에서 사물을 평가하는 일은, 적절한 조건 내지 자극만 구비한다면, 누구에게나 가능하다고 봐야 할 것이다. 그리고 그 적절한 조건 내지 자극을 준비하는 일에 있어서 선도적 구실을 할 수 있으며 또 그렇게 해야 할 책임을 가진 사람들이 바로 지성인이라는 것이 필자의 생각이다.

4. 지성인의 행동 목표

새로운 가치 체계의 정립이라 함은 가치에 관한 새로운 이론을 세우는 일을 말함에 그치는 것이 아니라, 새로운 실천의 풍토를 실현하는 일까지 포함하는 것이라고 말하였다. 새로운 실천의 풍토를 실현하는 일은 넓은 의미의 교육의 과정을 통해서 달성되는 사회적 공동 과업이다. 그리고 이 사회적 공동 과업에 있어서 주동적인 구실을 해야 할 사람들이 바로 지성인이기도 하다. 다시 말하면, 지성인은 가치문제에 관한 새로운 이론을 탐구할 책임을 지고 있을 뿐 아니라, 실천의 변화를 초래하는 일에 있어서도 선도의 소임을 맡아야 한다. 왜냐하면 진정한 지성인은 항상 민중의 편에 서 있으며, 민중의 사고와 행동에 주는 영향이 음양으로 크기 때문이다.

1950년대 후반에 접어들면서 가치관의 문제를 깊은 관심을 가지고 제기하기 시작한 것은 지성인들이었으며, 적어도 5 · 16에 이르기까지는 이 문제에 대한 지성인들의 관심은 빠른 속도로 늘어 가고 있었다. 5 · 16 이후에 집권 당국은 국민의 가치관의 문제를 크게 중요시하는 동시에 새로운 정신 자세의 수립을 정책적 과제로서 추진하기 시작하였다. 이미 언급한 바 있는 '제2 경제'의 강조, 국민교육헌장의 제정, 그리고 대학에서까지 필수로 배우게 된 '국민 윤리' 과목의 강화 등은 모두 그러한 정책의 구체적 표현이었다. 그런데 여기서 주목을 끄는 것은, 가치관의 문제를 집권 당국이 중대한 당면 과제로 인정하고 적극적인 관심을 보이기 시작하자, 많은 지성인들이 이에 대하여 냉담한 태도를 취하기 시작했다는 사실이다. 본래 지성인들에 의하여 제기되기 시작했던 가치관의 문제였으니, 정부가 그 문제에 적극적인 태도를 취하면 여기에 일종의 합동이 이루어질 만도 한데, 오히려 그와는 반대의 현상이 나타났다는 사실에 사태의 심각성이 있다.

도대체 왜 그러한 현상이 일어난 것일까? 다 같이 가치관의 문제를 중요시했다는 점에서는 비록 일치를 보았다 할지라도, 그 문제를 보는 각도 또는 문제의 해결을 내다보는 방향이 일치하지 않았던 까닭에, 협동적 노력이 어려웠다는 점도 생각할 수가 있다. 그러나 그것만도 아니었던 것으로 보인다. 정부와 지성인 사이에 은연중 가로놓인 대립 내지 불신의 감정이 더 근본적인 원인이 아니었던가 하는 인상이 깊다. 만약 그것이 사실이라면, 그러한 대립과 불신의 감정이 무엇으로부터 유래했는가를 치밀한 분석과 솔직한 반성으로써 규명하는 일은 지극히 중요한 일의 하나가 될 것이다. 그러나 이 자리는 그러한 문제에 깊이 파고들 계제가 아니라고 생각되므로 잠시 덮어 두는 동시에, 한 가지 명백한 사실만을 지적해 둠으로써 그치고자 한다. 즉, 우리 한국의 경우와 같이 후진성을 탈피하고 번영의 길을 모색하고자 하는 단계에 이른 나라에 있어서, 지성인과 정치인이 어떠한 형태로든 힘을 합함이 없이는 국가의 공동 목표를 달성하기가 거의 불가능하다는 사실을 지적해 두고자 한다. 특히 국토의 통일이라는 민족적 과제를 앞두고 남북이 대립하고 있는 현 상황을 염두에 둘 때, 여기 깊이 고려해야 할 중대한 문제가 있음을 본다.

지성인과 정치인이 힘을 합한다 함은, 지성인이 정치 권력에 아부하여 무슨 말이든 고분고분 순종하는 따위의 '협조적 태도'를 말하는 것은 물론 아니다. 때로는 부정적 비판도 긍정적 협조에 못지않은 도움이 될 수가 있다. 비록 어떤 정권을 위해서는 불리한 언행일지라도, 국가 전체를 위해서는 도움이 될 수가 있는 것이다. 물론 모든 비판이 언제나 국가를 위하는 결과를 가져오는 것은 아니다. 그러나 국가 전체를 위하는 동기에 입각했으며 객관적 사실에 근거를 둔 비판이라면, 대체로 국가에 도움이 될 수 있는 소지를 가졌다고 볼 수 있을 것이다. 국민의 비판이 현실적으로 큰 도움을 초래하는 것은 그것이 정부에 의하여 너그러이 받아들여졌을 경우에 있어서이며, 진실로 국가와 국민을 위하는 정부는 항상 건실한 비판을 너그러이 받아들일 아량을 갖기 마련이다. 그리고 자기들이 하고 있는 일에 결함이 많고 자신이 없으면 없을수록 국민의 비판에 대하여 신경질적인 반응을 보이는 것이 권력을 쥔 사람들의 일반적인 심리다. 이 점이 특히 중요한 이유는, 국민의 소리를 냉정하고 너그러운 마음으로 받아들이는 집권층의 태도는, 민주주의 국가에 있어서, 정치 권력과 지성인이 나라를 위해서 힘을 합할 수 있기 위한 기본적 필수 조건이라는 사실에 있다.

반성할 점은 '지성인'을 자처하는 사람들에게도 있다. 정부가 하는 일이라면 그 내용을 충분히 검토하기도 전에 좌우간 나쁘게 말하는 태도는 진정한 지성인의 자세가 아니다. 현실에 내포된 여러 가지 어려운 여건을 고려하지 않고, 한갓 상아탑적 이상주의에 입각하여 남이 애써 하는 일에 대하여 경솔한 비판을 퍼붓는 것도 참된 지성인의 태도가 아니다. 더욱 좋지 못한 것은, 어떤 정책적 문제에 자기 자신이 참여했느냐 안 했느냐에 따라서 태도를 아주 달리하는 사람들이다. 자기가 직접 관여한 일에 대해서는 옹호와 선전에 여념이 없으면서, 은근히 관여하기를 기대했다가 소외당했을 경우, 남들이 한 일에 대하여 가혹한 비난을 쏟는 것은 지성인의 바른 태도가 아니다. 우리나라의 지성인 가운데 이러한 사람들이 없지 않다는 증거는, 평소에는 제법 비판적인 태도를 취하던 사람이 정부의 중요한 자리를 반겨 수락한 뒤로는 갑자기 정부의 대변인을 연상케 하는 발언을 연발하는 사례와, 고관의 자리에 있다가 밀려 나온 지식인이, 그 자리에 있었을 때의 과잉 충성을 지워 버리기라도 하려는 듯이 태도를 크게 바꾸어 정부에 대한 혹독한 비난을 거듭하는 사례 등에서 찾아볼 수 있을 것이다.

근본 문제는 두 가지 점으로 집약된다고 보인다. 첫째의 근본 문제는, 민주주의와 전제주의(專制主義) 가운데서 어느 체제를 택하느냐 하는 그것이다. 전제주의 체제를 택할 경우에 있어서는 정치 권력이 지식인의 능력을 명령으로써 동원할 수 있는 반면에, 그들의 창의를 충분히 발휘하기는 어렵다.

민주주의 체제를 택할 경우에 있어서는, 지성인이 자발적으로 공동 목표에 이바지할 수 있도록 그들에게 책임 있는 자유와 활동의 여지를 허용할 경우에, 비로소 권력과 지성이 국가의 번영을 위하여 높은 차원에서 결합할 수가 있다. 가장 불행한 사태는, 겉으로는 자유와 민주주의를 표방하면서 안으로는 은근히 지성인을 힘으로 억압할 경우에 일어난다.

근본 문제의 둘째는, 정치인 및 지성인의 언행을 좌우하는 가장 근본적인 동기 내지 목표가 어디에 있느냐에 달려 있다. 정치인이나 지성인이 애국과 애족에 관하여 어떠한 말을 하느냐 하는 것은 그리 중요한 문제가 아니다. 중요한 것은 그들의 행동이다. 그들의 행동의 궁극목표가 자기 개인의 부귀와 영화에 있느냐 또는 나라 전체의 번영에 있느냐 하는 것이 근본 문제가 되는 것이다. 각자가 자기의 근시안적 이익을 바라보고 행동하는 한, 권력과 지성의 결합이란 실현될 수 없을 것이며, 진실로 국가와 민족을 위하는 마음이 우세하다면, 비록 부분적인 의견의 충돌이 있다 할지라도 결국은 높은 차원에 있어서 공통된 결론에 도달할 수 있을 것이다.

5. '국민 윤리'와 대학 강의

국민교육헌장을 제정하고 '국민 윤리'라는 과목을 대학에까지 두게 된 근본 의도는 국민의 정신적 자세 또는 가치관에 근본적인 변화를 초래하고자 함에 있었다. 그런데 본래 민주주의를 지향해 온 우리나라에 있어서, 강제적 주입이나 타율적 인도의 방법으로 국민의 가치관을 바꾸어 놓을 수는 없다. 어디까지나 국민 각자의 자발적인 각성을 촉구함으로써 자율적인 자기 혁신을 이룩하도록 만들어야 한다. 특히 지적 수준이 높은 대학 사회에 있어서는 이 점이 더욱 강조되어야 한다. 좀 더 단적으로 표현한다면, 대학의 교수와 학생들이 '국민 윤리'라는 과목을 진심으로 긍정하고 자진하여 그 과목에 참여하지 않는 한, 대학의 국민 윤리 과목은 필경 실패하고 말 것이다. 그리고 우리들의 솔직한 관찰을 따르면, 우리 대학 사회에 있어서 '국민 윤리'라는 과목을 진심으로 환영한 사람은 교수의 경우에 있어서나 학생의 경우에 있어서나 오직 작은 부분을 차지할 뿐임을 부인하기 어렵다.

국민 윤리 과목을 환영하지 않는 이유에도 여러 가지가 있겠으나, 그 가운데서 가장 일반적인 것으로서 다음 두 가지를 지적할 수 있다. 첫째는, '국민 윤리'라는 것은 국민 누구나가 알고 있는 상식에 가까운 것인데 그것을 새삼스럽게 대학생에게 가르칠 필요가 없다는 의견이다. 만약 국민 윤리가 한갓 상식의 단계를 넘어설 수 없는 것이라면, 그것을 대학의 필수과목으로 정하는 것은 분명히 그릇된 처사가 아닐 수 없다. 그러나 '국민 윤리'라는 것이 한갓 상식 이상의 것이 될 수 없다는 견해는 가치문제의 본질을 모르는 낡은 생각에 기초를 두고 있을 뿐이다. 유치하고 따분한 설교 정도의 것을 '국민 윤리'의 이름으로 가르칠 가능성이 전혀 없는 것은 아니다. 그러나 그러한 가능성은 윤리 문제 내지 가치문제의 본질을 모르는 엉뚱한 사람에게 그 강의를 맡겼을 경우에 일어나는 것이며, 그렇지 않는 한 국민 윤리라는 과목은 가르치는 사람에게나 배우는 사람에게나 아마 가장 어려운 과목이 될 것이다.

국민 윤리 과목을 대학 사회에서 환영하지 않는 또 하나의 일반적인 이유는, 정부 또는 정치 권력의 입김이 서린 어떤 규범 내지 가치 의식을 대학생에게까지 강제적으로 주입시키려 하는 것은 민주주의 원칙에 어긋날 뿐 아니라 결과에 있어서 도리어 잃는 바가 많으리라는 견해에 입각한 것이다. 만약 '국민 윤리'라는 것이 어떤 정당이나 정권이 원하는 인간상을 만들어 내기 위한 이른바 세뇌의 한 방법으로서 이용된다면, 그것은 용서할 수 없는 큰 과오를 범하게 될 것임에 의심의 여지가 없다. 그러나 국민 윤리라는 과목이 그러한 정치 도구로서 이용되리라고 염려하는 의혹이 과연 어떤 근거를 가졌는가에 대하여 냉정하게 생각할 필요가 있다. 필자가 아는 범위 안에서는,

정부가 국민 윤리 과목에 관해서 그러한 흑심을 가졌다고 믿을 근거가 없으며, 설령 그러한 비민주주의적인 의도가 있었다고 가정한다 하더라도, 그 과목의 운영을 대학에 맡기는 한, 그러한 의도가 현실적으로 목적을 달성할 가능성은 거의 없다.

문제의 근본은 '국민 윤리'라는 과목을 어떻게 운영하며, 그것을 담당하는 교수가 어떠한 내용을 담아서 강의하며, 강의를 듣는 학생들이 어떠한 태도로 교실에 임하느냐에 달려 있다. 만약 대학의 교무 당국이나 담당 교수, 그리고 학생들이 문교부의 명령인 까닭에 마지못해 그것을 실시하는 수동적 자세를 취한다면 그 과목은 아무런 소득이 없는 낭비가 되고 말 것이다. 첫째로 중요한 것은, 그 과목에 관여하여 교수와 학생들이 적극적인 태도를 취하는 일이며, 이 과목을 최대한으로 살리는 길이 무엇이냐에 관해서 성의 있게 연구하는 노력을 아끼지 않는 일이다. 둘째로 중요한 것은, 이 과목을 상식의 수준에서 가볍게 다루는 일이 없이 깊은 철학의 수준으로 파고들어 가는 탐구의 태도다. 이에 관련하여 요청되는 것은 행위의 규범을 과거의 도덕률 가운데서 기계적으로 발견하려는 태도를 물리치는 일이다. 우리에게 가장 귀중한 것은 도덕이 아니라 도덕을 포함한 전체로서의 삶이다. 이미 지나간 과거보다도 현재로부터 미래로 전개되는 삶이 우리에게 가장 귀중한 것이다. 따라서 우리는 행위의 기준을 과거 속에서 찾을 것이 아니라, 장차 실현하고자 하는 목표에 의거해서 추리해야 한다. 과거가 중요하지 않은 것은 아니다. 다만, 과거의 중요성은 그것이 전통적이라는 사실에 있는 것이 아니라, 그 성공과 실패, 경험이 미래의 청사진을 위한 지혜를 제공한다는 사실에 있다. 단적으로 말해서 우리가 장차 어떠한 나라를 어떻게 세울 것이냐 하는 우리의 구상이 우리 국민 윤리의 바탕이 되어야 한다. 셋째로 중요한 것은, 대학의 국민 윤리 시간에 있어서, 교수는 가르치는 사람이고 학생은 배우는 사람이라는 종래의 단순한 관념을 일단 벗어나는 일이다. 교수는 아는 사람이고 학생은 모르는 사람이라는 전제로부터 출발할 것이 아니라, "앞으로 어떠한 나라를 어떻게 세울 것인가?" 하는 공동의 문제를 앞에 놓고 함께 연구한다는 생각으로 서로를 대하는 것이 바람직하다. 교수가 하는 일은 세미나에서 주제 발표자가 하는 일에 가까워야 하며, 교회에 있어서 목사가 하는 설교에 가까워서는 안 된다. 이 점을 강조하는 이유는, 가치 체계의 수립이라는 공동의 과제에 미숙하나마 지성인의 대열에 속한다고 생각되는 대학생들을 적극적으로 참여시켜야 한다는 사실에 있다. 대학생들의 자발적인 참여의식을 유발하지 못한 국민 윤리의 강의는 그들에게 깊은 감명을 주지 못할 것이며, 따라서 그 본래의 목적으로부터 먼 결과를 초래함에 그칠 것이다.

4 장
자아의식과 공동체 의식

1. 개인의 이익과 사회의 이익
2. 자아의 개념
3. 자아와 공동체 의식
4. 새로운 가치관과 교육의 과제

4장 자아의식과 공동체 의식

1. 개인의 이익과 사회의 이익

우리 한국의 경우에 있어서와 같이, 갖가지 어려운 조건을 극복해 가며 급속한 발전을 이룩해야 하는 나라에 있어서, 절실하게 요청되는 것의 하나는 국민들이 단결하여 국가 목표의 달성을 위해서 협력하는 일이다. 국민들의 단결과 협력을 얻는 데는 크게 두 가지 길이 있다. 그 하나는 밖으로부터 정치적 권력의 힘으로써 단결과 협력을 강요하는 길이요, 또 하나는 국민 각자의 자발적 의사가 공동의 목표를 존중하도록 만드는 길이다. 그러나 민주주의를 올바른 정치의 이념으로서 이미 표방하고 있는 우리로서는 첫째 길을 택할 수는 본래 없는 일이며, 오직 둘째 길만이 남는다.

만약 우리들의 자연적 심리가 국가의 공동 목표를 위해서 단결하고 협력하도록 되어 있다면, 여기에 아무런 문제도 없었을 것이다. 그러나 실제에 있어서, 현대를 사는 개인들의 일반적 심리는 우선 자기 자신을 보호하고자 하는 욕구에 의하여 지배되는 동시에 국가나 사회 전체의 이익을 위하는 것이 반드시 자기 개인의 이익을 도모하는 길이 아니라고 판단하는 경우가 많다.

여기서 우리에게 제기되는 문제의 첫째는 "개인으로서의 자기의 이익과 배치된다고 생각되는 국가의 이익을 도모해야 할 의무의 근거가 무엇인가?"라는 것이며, 그 둘째는 "자기 한 개인의 이익을 초월하여 국가 전체의 이익을 도모함이 사실상 가능한가?" 하는 심리학적 물음이다.

개체가 자기를 보존하고자 하는 것은 생물계에 있어서 일반적인 경향이며 자기의 보존을 꾀하는 모든 행동은, 그것이 자연스러운 현상이라는 뜻에서, 일단 긍정적으로 받아들여진다. 그런데 인간의 세계에는 '윤리' 또는 '도덕'이라는 이름을 가진 규범이 있어서, 개인이 때로는 자기 자신의 욕망을 억제하고 사회 전체의 이익을 도모할 것을 요청한다. 도대체 이와 같은 도덕의 요청을 정당화하는 이론적 근거는 무엇일까?

이 물음에 대하여 종래 여러 가지 대답이 주어졌다. 어떤 사상가는 그것은 '인간의 도리'라고 가르쳤다. 인간으로서 지켜야 할 규범이 선천적으로 정해져 있다는 것이며, 그러한 규범을 가졌다는 사실이 바로 인간을 다른 동물과 구별하게 하는 근본 이유라는 것이다. 또 어떤 사상가는 '신의 뜻'이라는 개념을 써서 물음에 대답하였다. 인간을 창조한 조물주 신이 우리 인간에게 도덕의 법칙을 주었다는 것이며 피조물로서의 인간은 그 법칙을 준수할 의무를 지고 있다는 것이다. 또 다른 사상가들은 우리 자신의 이성 또는 양심이 개인적 이기심을 초월할 것을 명령한다고 설명하였다.

그러나 위에서 말한 바와 같은 선천적 개념에 의한 설명이 오늘날 우리들에 대해서 갖는 설득력은 매우 약하다. 경험과학적 사고방식의 영향을 크게 받고 있는 현대의 지식인들은 좀 더 현실적인 설명이 주어지기를 희망한다. 이에 더 현실적인 설명으로서 가장 흔히 주어지는 대답은 사회 내지 국가 전체의 이익을 도모함이 원대한 안목으로 볼 때 결국은 자기 한 개인을 위하는 최선의 길이 된다는 주장이다.

개인의 이익과 사회의 이익이 궁극적으로는 일치한다는 이 주장에는 상당한 강점이 있다. "인간은 사회적 동물이며 개인은 자기가 속해 있는 사회와 운명을 같이한다."는 주장에는 상당한 근거가 있다. 사회나 국가를 위해서 헌신적으로 노력하는 것이 언뜻 생각하기에 그 개인을 위해서는 손해가 되는 듯이 판단될 경우에도, 긴 안목으로 계산할 때 실은 그 개인을 위해서 유리한 결과를 가져오는 예가 의외로 많다.

그러나 개인의 이익과 사회의 이익이 언제나 일치하는 것은 아니다. 사회 또는 국가 전체를 위하는 길이 어떤 한 개인에게는 손해를 가져오는 데 그칠 경우가 전혀 없다는 것은 사실이 아니다. 그러므로 "개인의 이익과 사회의 이익이 궁극에 가서는 일치한다."는 명제만으로는 "우리는 왜 사회 전체의 이익을 도모해야 하는가?"라는 물음에 대답하기에 불충분한 점이 없지 않다. 우리의 물음에 대한 더욱 만족스러운 대답은, 다른 관점에서부터의 보충 설명이 있어야 할 것이다. 그 보충 설명의 실마리를 발견하기 위하여 우리는 잠시 '자아'라는 개념에 대한 분석적 고찰을 꾀하는 것이 좋으리라고 생각된다.

2. 자아의 개념

"나 한 개인의 손해를 무릅쓰고 국가나 사회의 이익을 도모할 이유가 어디에 있는가?"라고 물을 때, 우리는 '나'라는 것의 범위가 '개인'이라고 불리는 것의 그것과 일치한다는 것을 전제로 하고 있다. 그리고 '개인'이라는 말에 의하여 우리가 자동적으로 머릿속에 그리는 것은 얼굴과 팔다리 및 몸체로 구성되어 있는 일정한 모양의 육체적 존재다. 쉽게 말해서 일정한 지역 안에 살고 있는 인구의 숫자와 그 지역 안에 있는 '나'의 숫자는 일치한다고 보는 것이 우리들의 상식이다. ,

그러나 '나'의 범위가 한 개인의 육체의 크기와 일치한다고 보기 어렵다는 것은 조금만 깊이 생각하는 사람이라면 누구나 곧 알 수가 있다. 우리는 몸에 걸친 의복 또는 손에 든 가방 따위의 품질에 대하여 상당히 신경을 쓸 경우가 있거니와, 이것은 의복 또는 가방을 나의 일부로서 느끼기 때문이다. 부모가 자식의 성공을 기뻐할 때 자식은 이미 부모의 자아 가운데 포함되어 있는 것이며, 학생이 자기 학교의 전통을 자랑할 때 그 학생의 자아는 그가 다니는 학교에까지 그 범위를 확장하고 있는 것이다.

일반적으로 말해서 '나의 것'으로서 뚜렷하게 의식하는 것은 자아의 한계 안에 포함된다. 바꾸어 말하면 '나' 또는 자아라는 것은 일정불변한 범위를 가진 실체가 아니라, 그때 그 사람이 가지고 있는 정신 상태 여하에 따라서 변동하는 의식의 흐름이다.

어떤 물건이나 행동 또는 현상을 '나의 것'이라고 느낄 때, 그렇게 느끼는 '나(I)'와 느낌의 대상이 된 '나의 것(mine)'은 일단 구별해서 생각해야 한다는 것을 근거로 삼고, '나의 것'으로서 느끼는 범위가 곧 '나'의 범위를 결정한다는 주장에 반대할 사람이 있을지도 모른다. 그러나 만약 모든 '나의 것'을 자아의 범위 밖으로 밀어낸다면, '나의 육체'나 '나의 정신' 또는 '나의 인격'까지도 자아의 범위 밖으로 제외되고 말 것이며, 그와 같이 순수한 의미의 자아에게는 상식적으로 말하는 '이익'이라는 것이 무의미하게 되므로, "나 개인의 이익과 사회 전체의 이익이 배치된다."는 말 자체가 의미를 잃게 된다. 그러므로 개인과 사회의 관계를 문제 삼는 우리로서는 '나의 것'까지도 자아의 범위 안에 포함시키는 넓은 의미를 취해야 할 것이다.

모든 '나의 것'들이 순수한 '나'로부터 같은 거리와 같은 중요성을 가지고 있는 것은 물론 아니다. 여러 가지 '나의 것' 가운데 어떤 것은 크게 중요한 것으로서 '나'의 중심으로부터 가깝게 느껴지며, 다른 어떤 것은 중요성이 작은 것으로서 '나'의 중심으로부터 먼 거리에 있는 것으로 느껴진다. 이리하여 모든 자아는 느끼는 주체로서의 자아, 즉 가장 순수한 의미의 '나'를 중심으로 삼는 동심원적 내지 피라미드적 체계를 이루고 형성된다. 그리고 '나의 것' 가운데 어떠한 것이 체계의 핵심에 가까이 위치하며 그 체계의 크기가 어느 정도에 미치는가는 개인에 따라서 다르며, 같은 개인의 경우에도 그 때의 정신 상태 여하에 따라서 그 체계의 내용에는 다소 변동이 생긴다.

때에 따라서 변동하는 '나의 것'의 의식이 자아의 범위를 결정한다는 주장에 대해서 납득이 가지 않는 사람이 있을지도 모른다. 자아라는 것은 일정불변한 내용을 가진 실체라고 믿어 온 사람들에게는 자아를 한갓 의식의 흐름으로서 정의하는 것이 못마땅하게 느껴질 것이다. 그러나 우리가 공연한 선입견을 버리고 냉정하게 생각할 때 '나의 것'까지를 포함한 자아의 범위를 결정하는 것으로서 의식 이외의 다른 것을 생각할 수 없다는 것은 명백하다. 개인적 소유권의 경제 제도 아래 살아온 우리는 '나의 것'을 경제적 소유권의 개념으로서 이해하기 쉬우나 소유권이라는 것은 한갓 인위적 제도에 불과한 것이며, 자아의 본질과는 직접 관계가 먼 것으로 보아야 할 것이다. 소유권의 제도가 '나의 것'에 대한 우리의 의식에 결정적 영향을 미친다는 것은 의심할 여지 없는 사실이다. 그러나 소유권과는 관계없는 '나의 것'이 존재한다는 것은 '나의 사랑', '나의 명예', '나의 부모' 등을 생각하는 것만으로도 명백하다.

다만 여기서 문제로 남는 것은 '나의 것'을 느끼는 주체로서의 '나'의 정체가 무엇이냐는 물음이다. 그 순수한 '나'를 불변의 실체로 볼 것이냐, 또는 흐르는 의식의 현 상태가 갖는 어떤 작용이라고 볼 것이냐 하는 문제는 간단한 해결을 거부하는 어려움을 내포한 채 남아 있다. 그러나 이 문제는 우리가 당면하고 있는 주제와는 직접 관계가 없다. 왜냐하면 우리가 당면한 본래의 문제는 "개인의 이익과 사회의 이익 사이에 충돌이 생길 때 사회의 이익을 고려해야 할 의무의 근거가 무엇인가?"라는 물음이며 순수한 '나'의 정체가 실체냐 또는 작용이냐 하는 물음에 대한 해답 여하와는 별로 관계가 없는 물음이기 때문이다.

여기서 한 가지 명백한 것은, 주체로서의 '나'의 정체가 육체적 존재로서의 개인일 수 없다는 사실이다. 주체로서의 '나'는 의식적 존재이며 결코 육체나 물질적 속성을 가진 존재로서 생각할 수 없기 때문이다. 따라서 순수한 '나'는 상식에서 말하는 개인과는 구별되는 동시에, 그것 자체만으로 재산을 소유하거나 지위를 차지할 수 없으며, 일반적으로 사회생활의 주체로서의 구실을 할 수가 없을 것이다. 그와 같이 순수한 의식으로서의 '나'인 까닭에 그 '나'의 정체를 밝히는 일은 순수한 이론철학의 문제로서는 매우 중요할 것이나, 우리가 지금 다루고 있는 사회적 현실의 문제와는 직접 관계가 없다.

3. 자아와 공동체 의식

"개인의 이익과 사회의 이익이 일치하지 않을 경우에 사회의 이익을 고려할 이유가 무엇인가?"라는 물음을 제기하는 배후에는 나 자신 즉 자아의 이익을 존중히 여기는 마음이 깔려 있는 동시에, 자아와 개인을 같은 것으로 보는 전제가 도사리고 있다. 그러나 위에서 우리가 한 분석은 자아의 범위와 개인의 그것을 반드시 같은 것으로 봐야 할 이유가 없음을 밝혀 주었다. 우리가 현실적으로 느끼는 자아의 의식이 미치는 범위와 보통 '개인'이라고 불리는 것의 범위가 대체로 비슷한 것이 사실이며, 우리가 '나'라는 말을 사용할 때 보통 한 개인을 가리키는 것도 사실이다. 그러나 자아의 한계를 반드시 한 개인의 그것으로 보아야 할 논리적 필연성은 없는 것이며, 우리의 의식 또는 인격 여하에 따라서, 훨씬 더 넓은 범위의 자아를 가질 수도 있는 것이다.

르네상스 이후의 서양 세계에 있어서 개인주의가 크게 발달했으며, 그 개인주의의 사조가 동양으로 흘러들어 와 오늘날 우리들의 정신 속에 막대한 비중을 차지하고 있거니와, 특히 우리들의 자아의식에도 결정적인 영향을 미치고 있다. 인간도 하나의 생물인 까닭에 생명체의 단위로서의 개인적 자아를 보호하고자 하는 본능을 본래부터 갖고 있었으며, 개인주의적 사조의 팽창으로 말미암아 개인적 자아에 대한 우리들의 애착은 더욱 개화되었다. 이리하여 자아의 범위는 곧 개인의 그것과 일치한다는 생각이 상식으로 화하기에 이른 것이다.

개인적 자아의식의 발달에는 인류 문화의 발전에 이바지한 많은 공적이 있었다. 그것은 곧 인권 사상의 바탕이었고, 민주주의를 위한 초석이었다. 그것은 봉건시대의 불합리한 제도에 대한 도전이었고, 근대화를 위한 추진력이었다. 그러나 한편 개인적 자아의식의 지나친 발달에는 그 나름의 폐단도 없지 않았다. 의무는 망각하고 권리만이 강하게 주장되었을 때 개인주의가 이기주의로 전락하기 쉽다는 사실은 고사하고라도 개인을 절대시하는 사상 자체의 철학적 오류에서 오는 폐단도 적지 않았다.

개인주의의 극단적인 추구에서 오는 폐단의 하나로서는 그것이 결국 인간을 고독으로 몰고 간다는 사실을 들 수 있을 것이다. 그리고 개인주의와 고독과의 관계를 가장 상징적으로 설명하는 것은 개인주의가 극도로 발달한 나라에 있어서의 의지할 곳 없는 노인의 처지다. 노인 문제에 버금하여 그것을 설명해 주는 것은 이혼의 문제이며, 특히 부모의 이혼으로 말미암아 버림받은 자녀들의 사회문제에 있어서 지나친 개인주의의 폐단은 여실히 드러났다.

개인주의를 극도로 발달시켰음에도 불구하고 서구의 세계가 더 심각한 비극을 면할 수 있었던 것은 기독교의 혜택이 컸던 것으로 생각된다. 기독교의 바탕에 흐르는 뜨거운 인류애의 사상이 아니었더라면 서구에 있어서의 인생은 더욱 심각한 고독을 면하지 못했을 것이다. 기독교 사상 가운데 포함된 내세와 영혼의 불멸에 대한 관념도 그 믿음이 살아 있는 동안 개인주의자들에게 심리적 위안을 주는 효과를 가져왔다.

육체적 존재로서의 개인의 생명이 오래가지 않는다는 것은 너무나 명백한 사실이며, 이 사실은 우리에게 견딜 수 없는 허무감을 재촉한다. 개인을 절대시하는 사람들로 하여금 저 깊은 허무감으로부터 해방시키는 복음이 있다면 그것은 오직 내세와 영혼 불멸에 대한 믿음에서밖에 찾을 수 없을 것이다. 철저한 개인주의자들에게 내세와 영혼 불멸의 믿음이 얼마나 필요한 관념인가를 가장 웅변적으로 설명해 주는 것은, 인간이 달나라를 방문할 정도로 과학이 발달한 오늘날에 있어서도, 아직 그것을 믿는 사람들이 적지 않다는 사실이다.

우리 동양의 전통적 사상의 견지에서 본다면, 어떠한 개체에도 절대성을 인정하기는 어렵다. 개인보다는 종족이 더욱 중요하고, 인간도 대자연의 한 부분에 지나지 않는다. 아무리 위대한 인물이라 할지라도 결국은 대자연으로부터 와서 대자연으로 돌아가는 한때의 나그네에 지나지 않는다. 어떠한 개체도 영원할 수 없으며, 대자연만이 홀로 영원하다. 개인은 종족을 통하여 인류에 연결되고, 인류는 흙을 통하여 대자연에 연결된다. 소아(小我)는 대아(大我)에 의하여 포섭되며, 자아의 생명은 대아의 그것과 함께 영원하다. 사소한 차별상에 구애하고 구구한 개별자에 애착하는 것은 오직 소인의 어리석은 심사일 뿐이며, 군자가 취할 마음가짐이 아니다.

만약 자아는 반드시 한 개인의 범위 안에 국한될 필연성이 없으며 의식이 미치는 바에 따라서 얼마든지 그 범위를 넓혀 갈 수 있는 것이라면, "우리가 왜 개인의 손해를 무릅쓰고 국가나 사회의 이익을 도모할 필요가 있는가?"라는 반문은 저절로 그 힘을 잃게 될 것이다. 개인의 한계를 초월한 더 큰 자아가 가능하다는 것이 사실이라면, 개인을 넘어서는 자아로서의 공동체를 위해서 노력할 이론적 근거는 명백히 존재하기 때문이다.

그러나 개인을 초월한 큰 자아의 탄생이 이론상 가능하다는 것과 그러한 큰 자아가 현실적으로 존재한다는 것과는 다르다. 만약 현실적으로 우리가 의식하는 자아가 좁은 개인의 테두리를 벗어나지 못한다면, 그리고 인간은 본래 자아의 보존 내지 발전을 도모하기 마련이라면, 우리는 실제에 있어서 개인적 자아의 이익을 추구함에 머무를 수밖에 없을 것이다. 따라서 만약 개인의 테두리를 넘어서는 더 큰 자아의 이익을 추구함이 바람직하다면 더 넓은 자아의식을 가진 사람들을 길러 냄이 바람직하다는 결론이 따르게 된다. 여기서 우리는 더 넓은 자아의식을 가진 사람들을 길러 내는 올바른 방법이 무엇이냐는 교육의 문제에 부딪치게 된다.

4. 새로운 가치관과 교육의 과제

자기의 보호와 성장을 꾀하는 개인들의 진지한 노력에 의하여 인류의 문화는 많은 발달을 거듭하였다. 그리고 개인들이 각자의 권익을 주장하며 각자의 행복을 위해서 투쟁한 덕택으로 민주주의 사회의 건설이 어느 정도 실현될 수가 있었다. 이러한 관점에서 볼 때, 개인적 자아에 대한 애착이 인류 문화를 위해서 남긴 업적은 크다고 평가되어야 할 것이다. 그러나 철저한 개인주의에는 한계와 단점이 있다는 것도 역사적 현실을 통해서 폭로되었다. 지나친 경쟁에 필연적으로 따르는 극도의 긴장과 대립, 개인의 처지와 능력의 차이에서 결과하는 사회적 불균형, 공동체 의식의 결핍에서 오는 고독한 인간관계 등 바람직하지 못한 현상이 초래된 것이다.

개체보다는 공동체에 대해서 우위를 인정하며, 대자연의 유구한 운행에 비하여 인생의 영고성쇠(榮枯盛衰)를 하찮은 것으로 여기기를 좋아하는 동양의 전통적 사상에도 일장일단이 있다. 공동체에 대해서 우위를 인정한다는 것이 반드시 개인의 가치나 권익을 소홀히 여겨도 좋다는 뜻은 아닐 것이나, 실제에 있어서는 그것이 강자의 횡포를 조장하고 정당화하는 계기가 되기 쉽다. 그리고 대자연을 찬미하며 저속한 영욕에 대하여 초연함이 반드시 현세를 위한 인간적 노력을 부정하는 뜻을 포함하는 것은 아니나, 대범한 태도가 종종 무위와 체념을 동반하기 쉬우며, 현실을 극복하고 더 높은 단계로 상승하고자 하는 의욕과 패기를 마비시키는 결과를 가져올 우려가 있다. 한마디로 말해서 개인의 자유와 평등을 지향하는 민주 사회를 실현하는 동시에 부강한 나라를 건설하여 국제적 경쟁에서 낙후하기를 면하고자 하는 우리들의 상식적인 소망을 달성하기에는 동양의 전통적 사고방식 그대로를 가지고는 뜻을 이루기가 어려울 것이다.

우리는 지금 여러 가지의 소망이 함께 성취되기를 갈망하고 있는 형편이다. 첫째로 우리는 서구의 세계가 이룩한 바와 같은 공업화를 통한 생활양식의 근대화를 원하고 있다. 둘째로 우리는 개인의 자유의사가 평등한 존중을 받는 민주 사회의 건설을 소망하고 있다. 그러나 셋째로 우리는 홉스(T. Hobbes)가 말한 바와 같은 만인대적(萬人對敵)의 살벌한 인간관계로 타락할 것을 원치 않으며 치열한 생존경쟁의 결과로서 심한 빈부의 차이가 생기기를 원치 않는다. 넷째로 우리는 우리의 생명이 한 개인의 육체의 지속보다 길기를 갈망하며 대자연과의 융화를 통하여 희로애락의 번뇌를 초탈하기를 염원한다.

이상과 같은 여러 가지 소망을 아울러 실현하기에 동양의 전통적 가치관도 서양의 근대적 가치관도 적합하지 않은 면을 가졌다는 것은 이미 지적한 바와 같다. 따라서 새로운 가치관이 요청되거니와, 그 새로운 가치관은 강한 자아의식과 강한 공동체 의식의 종합적 통일에 의해서 세워져야 할 것으로 보인다. 그러나 개인과 공동체를 두 가지 대립된 실체로 보는 사고방식을 버리지 않는 한, 다시 말하면 자아를 개인으로 국한된 존재로 보고 그 개인적 자아들이 모여서 공동체를 구성하는 것이라고 생각하는 한, 자아의식과 공동체 의식의 종합적 통일은 실현되지 않을 것이다. 인간으로서의 강한 자애(自愛)와 자아의식을 유지하는 한편, 그 자아의 한계를 개인으로서 국한함이 없이 공동체로 확대시키는 거시적 관점이 터득되어야 할 것이다.

우리에게 요청되는 거시적 관점의 논리를 일관한다면, 공동체의 경계선을 민족 또는 국경선으로 긋는 내셔널리즘을 가장 옳은 정치철학으로서 받아들일 수는 없을 것이다. 그러나 현재 세계의 대부분이 내셔널리즘을 좇아서 행동하고 있는 마당에서 우리 한국만이 민족을 초월한 세계적 공동체를 꿈꾼다면 가뜩이나 후진국인 우리 한국의 식민지화를 초래하는 결과를 면치 못할 것이다. 그러므로 우리는 우리의 현실을 고려하여 적어도 현 단계에 있어서는 민족적 공동체에 치중함으로써 우리의 후진성을 극복하는 당면의 과제를 우선 성취해야 할 것이다.

세계의 각국이 자기 나라 또는 자기 민족의 이익을 배타적으로 추구할 때 한 나라만이 자기 나라의 이익을 초월한다면 그 나라의 멸망을 가져올 뿐이듯이, 모든 사람들이 개인적 이기주의에 골몰할 때 한 사람만이 개인적 자아를 초월한다면 그 한 사람의 희생을 가져옴에 그칠 것이다. 따라서 한 공동체의 번영을 통해서 그 공동체의 성원 각자의 뜻을 실현한다는 바람직한 목표가 성취되기 위해서는 그 공동체의 성원의 대다수가 대국적 자아의 견지에서 생각하고 행동해야 할 것이다. 다시 말하면 새로운 이상이 실현될 수 있기 위해서는 소수의 개인만이 새로운 가치관을 갖는 것으로는 부족한 것이며 여러 사람들이 그 가치관을 나누어야 한다.

여러 사람들이 같은 가치관을 나누는 일은 교육의 과정을 통해서 이루어진다. 따라서 이제까지의 우리들의 고찰은 우리들이 당면한 교육의 과제 가운데서 가장 중요한 것의 하나가 새로운 인간상의 형성이라는 것을 일깨워 준다. 그 새로운 인간상이 어떠한 가치관의 소유자여야 하느냐에 대해서는 이미 그 윤곽을 암시하였다. 따라서 다음에 우리가 생각해야 할 문제는 새로운 가치관의 소유자를 어떻게 길러 내느냐 하는 방법의 문제다.

이 방법의 문제를 논하는 것은 필자보다도 교육학 전문가의 임무이기도 하거니와 이 자리에서 필자에게 주어진 지면도 이미 그 한도를 넘어섰다. 따라서 필자는 다음에 몇 가지 문외한으로서 상식적인 기술을 함으로써 이 글을 끝맺고자 한다.

(1) 인간 교육을 담당하는 교육자는 인간이 무엇이며 세계가 무엇이냐는 문제에 관해서 깊은 인식에 도달하는 동시에 새로운 인간상에 필요한 새로운 가치관을 터득해야 한다.

(2) 인간 교육을 담당하는 교육자는 새로운 가치관의 이론가임에 그치지 않고 그 실천가로서의 자기를 형성해야 한다.

(3) 국가의 지도층, 특히 위정 당국은 공동체가 국민에 대해서 매력 있는 존재가 되도록 하기 위하여 주어진 직책을 다해야 할 것이다.

특별히 비범한 인물이 아닌 이상 우리는 썩고 망해 가는 존재와 자기를 동일시함으로써 멸망의 운명 속으로 뛰어들어 가기를 원치 않는다. 인간은 자기의 부모나 형제까지도 그들이 치욕의 대상일 경우에는 이를 외면하는 반면에 먼 옛날의 외국인까지도 그가 영광스러운 존재일 경우는 그를 자기와 동일시하는 경향이 있다.

따라서 국민으로 하여금 조국을 배반하지 않게 만들기 위해서는 그 조국이 매력을 가져야 하며, 조국의 현재가 비록 어려움 속에 있다 할지라도 그 장래만은 적어도 밝게 내다보아야 한다. 그리고 국민들에게 밝은 희망을 안겨 주는 것은 지도층의 실천적인 책무인 것이다.

5 장
기본학 교육과 사회 발전

1. 기본학의 개념
2. 사회 발전의 문제
3. 기본학 교육과 직업교육
4. 대학 교육과 사회 발전

5장 기본학 교육과 사회 발전

1. 기본학의 개념

여기서 '기본학 교육'이라 함은 '직업교육'에 포함되지 않는 대학 교육을 가리키는 말이다. 직업교육의 한계가 반드시 명백하지 않으며, 이른바 교양 교육과 전문 교육을 구체적인 경계선으로 엄밀하게 가르기도 어렵다는 사실로 미루어 볼 때, '기본학 교육'의 한계에 관해서 어느 정도 논란의 여지가 있다는 것을 우선 자인하게 된다. 그러나 이 말에 대한 엄밀하고 형식적인 정의는 이 글을 위해서 필요하지 않다. 다만 우리나라 학제에 있어서 '문리과 대학' 및 '일반 대학원'에서 실시하는 교육의 전 과정을 묶어서 편의상 '기본학 교육'이라고 부르는 데 합의한다면, 우리들의 출발을 위해서 지장이 없을 것이다.

한 나라의 대학 교육 가운데서, 우리가 말하는 기본학 교육이 어느 정도의 비중을 차지하며, 또 그 내용이 어떠한 기본 정신에 입각하느냐에 따라서 우리는 그 나라의 사회구조 및 문화 일반의 특색을 짐작할 수 있으며, 나아가서는 그 나라의 장래를 점칠 수도 있다. 한 나라의 사회구조와 문화의 특색은 그 나라의 정신 풍토와 긴밀한 함수관계를 가졌으며 기본학 교육의 실상은 그 나라의 정신 풍토를 반영 내지 형성하는 근원의 하나이기 때문이다. 이러한 관점에서 우리는 기본학 교육의 중요성을 통감하거니와, 앞으로 이 글을 통하여 우리나라 기본학 교육의 문제를 우리나라 사회 발전의 과제에 관련시키는 각도에서 고찰하고자 한다.

우리가 말하는 기본학 가운데는 인문과학의 여러 분과와 자연과학 및 사회과학의 순수 이론 부분이 포함된다. 따라서 그것은 매우 다양한 내용을 가졌으며 그 특색이나 과제 또는 사명을 일률적으로 논하기 어려운 복잡한 대상이다. 그러나 우리는 기본학 교육을 담당하는 모든 분과들이 공통으로 수행할 것이 기대되는 과업으로서 적어도 두 가지를 지적할 수가 있을 것이다. 그 하나는 학문의 연구 및 학자의 양성이며, 또 하나는 높은 수준의 지성 내지 사상을 개발하는 일이다. 물론 이 두 가지 일은 불가분의 관계를 가지고 있으며, 한 가지는 다른 한 가지를 자연적으로 수반하는 경우가 많으나, 서술의 편의를 위해서 일단 구별해 두기로 한다.

"학문의 연구와 학자의 양성이 사회 또는 국가의 발전에 대하여 어떠한 관계를 갖는가?"라는 물음을 앞에 놓고 모든 측면에서 빈틈없는 고찰을 하는 것은 너무나 상식적이며 지루한 논의를 전개하는 결과밖에 크게 얻는 바가 없다. 그러므로 필자는 학문 연구와 사회의 발전 관계를 남김 없이 다루는 대신, 오직 한 가지 초점에 관심을 집중시켜 학문 연구와 사회 발전의 문제의 한 측면만을 힘주어 살펴보기로 한다. 즉, 학문 연구와 사회 발전의 관계를 어떻게 보는 것이 옳으냐 하는 당위의 측면만을 고찰하기로 한다.

학문의 본질 또는 그 의의에 관해서는 여러 가지의 서로 다른 견해가 있을 것이나, 특히 사회나 국가의 발전과 관련하여 정면으로 대립하는 두 가지의 견해가 차지하는 비중이 큰 것으로 보인다. 여기서 '정면으로 대립하는 두 가지 견해'라 함은, 첫째로 학문은 그 자체가 목적이며 사회 발전 또는 그 밖의 어떤 목적을 위한 수단으로서 생각해서는 안 된다는 견해와, 둘째로 학문도 사회와 국가 발전을 위하여 봉사해야 할 수단에 불과한 것으로 보는 견해를 가리킨다. 정반대의 견지에 서는 이 두 가지 의견 가운데서 어느 하나만이 절대로 옳다고 완강하게 고집하는 사람들은 많지 않을지 모르나, 학문을 대하는 사람들의 실천적 태도는 대체로 이 두 가지 견해 가운데 하나를 택하는 경향을 보인다.

다음에, 높은 수준의 지성 내지 사상의 개발과 사회 발전의 관계에 대해서는, 표면상 명백하게 정리된 견해의 대립은 뚜렷하게 없는 것으로 보인다. 높은 지성과 깊은 사상의 개발은 응당 사회 발전에 도움이 된다고 보는 것이 우리들의 통념일 것이다. 그러나 이와 같은 견해의 일치는 오직 관념적인 것일 따름이며, 실천의 세계에 있어서는 지성 내지 사상의 개발과 사회의 발전의 관계에 관해서도 상당한 관점의 차이가 있는 것으로 보인다. '사회의 발전'을 위해서 최선을 다할 것을 다짐하지 않는 정권은 없음에도 불구하고 오늘날 국민의 지성 내지 사상의 개발에 역점을 두는 나라는 많지 않으며, 심지어는 '애국'의 이름으로 지성과 사상을 억압하는 나라도 적지 않다는 사실은, 방금 말한 바를 뒷받침하는 근거로서 충분할 것이다.

이제까지의 고찰은 기본학 교육에 관한 몇 가지 현실적인 문제를 우리 앞에 제기한다.

(1) 사회 내지 국가의 발전을 기본적 공동 목표로서 전제할 경우 기본학 교육은 대학 교육 전체 안에서 어느 정도의 비중을 차지해야 마땅할 것인가? 그리고 기본학 교육의 내용은 어떠한 기본 원리를 따라서 선택되어야 할 것인가?

(2) 사회 내지 국가의 발전을 기본적 공동 목표로서 전제할 때, 대학 교육은 (특수 분야의 전문적 지식과 구별되는) 일반적 사상 내지 인간적 지성의 개발에 대하여 어느 정도의 비중을 두어야 할 것인가? 그리고 사상 교육 내

지 지성의 개발은 어떠한 근본원리를 그 철학적 근거로 삼고 실시되어야 할 것인가?

이들 물음에 잠정적인 대답을 모색하는 첫 출발에 있어서, 우선 '사회의 발전'이라는 개념에 대하여 몇 가지 성찰이 앞서야 할 것으로 보인다.

2. 사회 발전의 문제

고도로 발달한 산업사회에 있어서는 '발전(development)'이라는 말은 '경제 및 물질문명의 발달'과 거의 같은 뜻으로 사용하는 경향이 있다. 공업이 발달하여 국민소득이 높고 물질문명이 높은 수준에 달한 나라를 '발전한 국가'라고 부르는 것이 보통이다. 그리고 '발전'의 개념을 이와 같이 이해하는 사고방식은 우리나라에 있어서도 상당한 세력을 가지고 있는 것으로 보인다.

'발전'이라는 말은 분명히 시인(是認) 내지 찬미의 뜻이 깃든 가치 언어이며, 따라서 무엇을 진정한 발전의 징표로 보아야 할 것이냐는 물음에 대해서는 여러 가지 주관적 견해가 대립할 여지가 있다. '발전'을 사회 또는 국가가 장차 실현해야 할 목표로서 이해하는 점에 있어서 사람들의 생각은 일치하는 것으로 보이나, 어떠한 내용의 미래를 목표로 삼아야 할 것이냐는 물음에 대해서는 사람들의 생각이 반드시 일치하지 않는 것이다.

경제생활의 풍요와 물질문명의 발달을 사회 발전의 근간으로 보는 것도 하나의 당당한 인생관으로서의 권리로 주장할 수 있을 것이며, 또 실제에 있어서도 매우 광범한 지지를 받고 있는 견해이기도 하다. 그러나 경제생활과 물질문명에 치중하는 가치 체계가 현실적으로 많은 문제점을 안고 있다는 것은 현대의 시대적 상황 속에 사는 우리에게는 이미 의심의 여지 없는 상식이다. 금전과 물질 그리고 기계와 대량생산의 거대한 압력에 눌려서 인간이 그 자신의 본연의 모습을 상실해 가고 있다는 비극적 사실에 식자들이 우려와 경고를 표명하기 시작한 것은 이미 오래된 일이며, 이른바 '인간의 회복'이 현대 인류의 크나큰 공동 문제라는 것은 지성 사회에서는 평범한 상식으로 통하고 있다.

물질 중심적 가치관에 대한 위와 같은 반성은 자연히 사회적 공동 목표로서의 '발전'의 개념에 대해서도 깊은 성찰을 요청한다. 경제생활과 물질문명의 향상도 중요한 것임에 틀림이 없으나, 인간 자신이 그 주체성을 회복하고 그 잠재력을 충분히 발휘하는 일은 물질생활의 번영보다도 더한층 귀중한 궁극의 목적이 아닐 수 없다는 반성이 불가피하다.

"인간이 그 주체성을 회복하고 그 잠재력을 발휘해야 한다."고 주장할 때, 우리는 항상 인간의 지성 내지 정신을 염두에 두고 있다. 지성을 떠나서 인간의 주체성을 생각하는 사람은 적으며 인간의 자아실현의 중심이 그 정신의 개발에 있다고 보는 것은 우리들의 오랜 통념이다. 따라서 우리들의 공동 목표로서의 '사회 발전'의 개념 가운데서 인간의 주체성 회복과 잠재력의 발휘가 높은 자리를 차지해야 한다면, 지성의 발휘와 정신의 개발이라는 개념 가운데서 매우 핵심적인 자리를 차지해야 한다는 결론에 이르게 된다.

국민 각자가 자기 자신의 주인이 된다는 것은, 우리들이 소망하는 '발전'에 있어서 불가결한 기본 요청이다. 국민이 진정한 의미에 있어서 국가의 주권자로서 행세할 수 있는 나라를 건설하는 일도, 우리들이 지향하는 '발전'의 중요한 내용이다. 개발된 인간 정신의 정화 내지 결정(結晶)으로서의 예술과 학문 그리고 도덕적 인간관계가 높은 경지에 이르는 것도 '발전'의 기본적인 측면이며. 공정하고 평화로운 사회가 실현되어 그 안에서 성원들 각 개인이 건강하고 만족스러운 생활을 즐기게 되는 것도 우리들이 말하는 '발전'의 핵심적인 내용의 일부로서 헤아려진다.

이상과 같은 우리들의 주장을, 우리들이 소망하는 발전에 있어서 경제력과 물질문명이 차지하는 중대한 위치를 부인하고자 하는 뜻으로 오해하는 일이 없어야 할 것이다. 현대의 사회생활에 있어서 경제력과 과학 기술이 갖는 거의 절대적인 중요성은 아무도 부인하지 못한다. 다만 우리가 앞에서 강조하고자 한 본의는, 경제력과 과학 기술의 중요성은 필경 수단적 가치로서의 중요성이며, 경제력과 과학 기술을 수단으로서 사용함으로써 실현해야 할 본래적 목적으로서의 인간적 가치를 망각함이 없어야 한다는 평범한 상식을 상기하고자 했음에 있을 따름이다.

3. 기본학 교육과 직업교육

우리가 소망하는 '발전'의 개념을 이상과 같은 견지에서 이해할 때, "학문은 그 자체를 위해서 귀중한 것인가, 또는 사회 발전을 위한 수단으로서 중요한 것인가?" 하는 물음은 그 물음을 제기한 방식 자체에 잘못이 있음을 곧 깨닫게 된다. 학문의 발달 그 자체가 사회 발전의 중요한 부분을 이루는 까닭에, 학문과 사회 발전의 관계는 부분과 전체의 관계로서의 일면을 갖는 것이며, 단순한 목적과 수단의 관계 개념으로서 다룰 성질의 것이 아니기 때문이다. 심오한 학문은 그 자체가 개발된 인간 정신의 정화이며 그 자체에 자기 목적적 가치와 의의를 지니고 있다. 따라서 어떤 학설의 가치를 오로지 그 실용성으로 따지려는 일부의 태도에 잘못이 있음은 명백하다. 그러나 부분과 전체의 관계는 학문과 사회 발전 사이에 존재하는 관계의 전부는 아니다. 학문의 발달이 경제, 정치, 교육, 예술 등 다른 분야의 발전 내지 강화를 위해서 크게 이바지한다는 것은 한갓 평범한 상식이며, 학문이 갖는 그러한 수단적 일면이 학문의 중요성에 더욱 보탬이 된다는 것도 이론의 여지가 없다. 따라서 학문이 갖는 실용성을 (그것이 학문의 순수성을 손상한다는 이유로) 경멸하는 태도도, 학문의 가치를 오로지 그 실용성에서만 찾으려 하는 태도와 마찬가지로 역시 편협한 견해의 산물이라는 것도 설명을 요하지 않는다.

여러 분과로 나누어지는 학문 가운데는 철학 또는 이론 물리학이 그렇듯이, 그 자체가 본래적 목적으로서의 의의를 크게 가진 것과, 의학 또는 기계공학이 그렇듯이 어떤 실용적 목적에 이바지하는 것을 직접적 목적으로 삼는 것의 구별이 있다는 것은 주지의 사실이다. 그리고 우리가 여기서 논의의 대상으로 삼고 있는 기본학이 대체로 전자의 부류에 속한다는 것도 만인의 상식이다.

기본학과 응용과학은 양자가 모두 고유한 특색과 중요성을 가지고 있으며 그 어느 하나도 소홀히 여겨서는 안 된다는 것이 우리들의 상식이다. 따라서, 대학 교육에 있어서도 그 두 가지 학문을 모두 충분히 습득시키는 것이 이론상 바람직한 일이며, 또 실제에 있어서도 그 두 가지 교육에 각각 응분의 힘을 기울이고 있는 것이 오늘날 우리 교육계의 실정이다. 그러나 제한된 재원과 시간을 안배하여 전체 교육의 계획을 세워야 하는 것이 우리의 현실인 까닭에, 전체 교육 과정에 있어서 기본학과 응용과학의 비중을 어떻게 책정하느냐 하는 문제가 하나의 현실적인 문제로서 제기되는 것은 불가피한 사정이다. 앞에서 우리가 "기본학 교육은 대학 교육 전체 안에서 어느 정도의 비중을 차지할 것인가?"라는 물음을 제기해 둔 것도 이러한 사정을 고려했기 때문이다.

우리나라 대학 교육의 현실을 살펴볼 때, 문교 당국 및 대학 당국에 있어서나 피교육자 및 그들의 후견인 측에 있어서나, 기본학 교육보다는 응용학 교육 편에 일종의 우위를 인정하는 경향이 있음을 볼 수가 있다. 자연과학 가운데서도 특히 기술 과학에 치중하는 문교정책이나, 직업교육을 맡은 대학에 성적이 우수한 학생이 몰리는 입학시험의 현상은 그 알기 쉬운 증거로 보아도 좋을 것이다.

개인의 가정생활에 있어서나 국가 전체의 공동생활에 있어서나, 우리들이 당면한 다급한 문제들이 거의 모두 경제와 직결되는 문제라는 사실을 고려할 때, 우리나라의 교육계가 생산과 직접 관계가 깊은 실용적인 학문에 치중하게 되고 피교육자 측에서도 개인적 물질생활의 안정을 보장하는 학과를 선택하는 것은 오히려 자연스럽고 당연한 경향이라고 생각된다. 그러나 이러한 경향이 오래 지속되는 동안에, 응용과학이나 직업교육이 본질적으로 기본학 및 기본학 교육보다도 더 중요하고 더 우월하다는 가치관념이 굳어져 간다면, 그것은 크게 경계해야 할 징조로 보아야 할 것이다. 교육의 사명은 응급치료에 종사하는 야전병원의 그것과는 근본적으로 다르다. 정부나 교육기관이 학교교육의 기본 방침을 세울 때는, 국가의 백년대계를 수립하는 원대한 안목을 지켜야 할 것이며, 해마다 급변하는 정세 변동에만 과민한 신경을 쏟아서는 안 된다.

"그러나 그것은 한갓 공론에 불과한 것이 아닌가?" 하는 반박을 여기서 예상할 수가 있다. 교육이 본래 백년대계에 기초를 두어야 할 장기 투자의 대상이라는 상식을 모르는 사람은 없을 것이며, 그런 줄 알면서도 현실의 긴급한 사정으로 말미암아 우선 단기적 효과에 치중하지 않을 수 없는 것이 우리들의 냉혹한 실정이 아니냐는 반박이다. 이러한 반박에 상당한 근거와 이유가 있음을 우리는 인정해야 할 것이다. 그러나 현실의 제약을 이유로 삼고, 기본학 교육의 충실을 기하지 못하는 우리들의 교육 실천을 그대로 시인하기에 앞서서, 더 나은 길을 성실히 모색하는 것이 교육에 관계하는 사람들의 귀중한 임무라고 보인다.

중첩된 제약을 가진 현실의 여건 속에서, 기본학 교육과 직업교육을 아울러 충실하게 하는 길로서 필자는 여기 두 가지의 방안을 생각할 수 있을 것으로 본다. 그 첫째는 전문적 단계에 있어서의 기본학 교육은 질에 치중하는 동시에 그 양은 대담하게 축소시키는 방안이다. 그리고 그 둘째는, 직업교육을 본래의 목표로 삼는 단과대학의 학생들에게도 그들이 저학년에 수업하는 기간에 있어서, 진실로 충실한 인문과학계와 사회과학계 및 자연과학계의 기초 교육을 가르치는 방안이다. 물론 이 두 가지는 어느 것도 특별히 새로운 주장이 아니며 흔히들 말하는 의견에 불과하나, 그 첫째는 우리나라의 교육 실천에 있어서 전적으로 외면을 당하고 있는 실정이며, 둘째는 형식적으로는 널리 환영을 받고 있는 듯한 인상을 주면서도 실제로는 거의 실천되지 못하고 있는 방안인 까닭에 여기서 다시 한 번 생각해 보기로 하는 것이다.

우리나라의 경우와 같이, 경제적 생산성을 매우 중요시하지 않을 수 없는 국가에 있어서, 철학, 문학, 언어학 따위의 실용성이 적은 분야를 연구하는 많은 전문학자를 길러 낼 필요가 있다고는 믿지 않는다. 그러한 분야의 전문가가 많은 것이 바람직하지 않다는 뜻이 아니라, 그 분야의 전문가를 대량생산하는 일은 우선순위에 있어서 그리 급한 편이 아니라는 뜻이다. 그러나 비록 기본학에 속하는 여러 분과의 전문가를 대량생산할 필요는 없다 할지라도, 이 방면에 질적으로 탁월한 소수의 전문가를 양성하는 일은 지극히 중요하다고 믿는 것이 필자의 견해다. 그러한 뜻에서 필자는 "전문적 단계에 있어서의 기본학은 질에 치중하는 동시에 양을 희생해야 한다."고 앞에서 말했던 것이다.

그러나 우리나라 교육의 현황은 바로 그 반대의 길을 걷고 있는 실정이다. 서울과 지방을 막론하고 대학은 첫째로 종합대학이 아니면 격이 떨어진다는 생각이 압도적이며, 대학을 세울 때는 우선 인문 계통의 학과부터 준비한다. 그리고 학사과정을 제대로 하기에 필요한 기준에도 아득하게 미달한 대학들까지도 으레 대학원을 설치, 석사과정과 박사과정을 나열한다. 석사 또는 박사를 양성할 만한 교수진이나 시설이 갖추어져 있느냐 없느냐를 묻는 법은 거의 없으며, 석사나 박사 한 사람을 길러 내기까지에 어떠한 훈련과 시험을 준비해야 하며 또 그것을 위해서 어느 정도의 예산이 필요한지에 관해서도 묻지 않는다. 문교부는 서울대학교 대학원 박사과정에 있어서 한 학과가 마련할 수 있는 강좌를 6학점으로 제한하지 않을 수 없을 정도로 엄청나게 적은 예산을 서울대학교에 배정하면서 국고 예산이 부족한 까닭에 부득이한 조처라고 변명한다. 그러나 국고 예산이 없는 가운데도 모두 지방 국립대학에까지 대학원의 설치를 게을리하지 않고 있다. 그 결과는, 우리나라에 대학원 없는 대학교도 없고 대학원 교육을 실시하는 대학교도 없다는 기현상이다.

예산이 풍부하고 우수한 교수가 많아서, 방방곡곡에 문리과 대학과 대학원을 세우는 것이라면 실로 경축할 일임에 틀림이 없다. 그러나 예산이 적고 교수가 부족할 경우에는 다만 하나라도 제대로 된 문리과 대학과 대학원을 키워 나가는 것이 상책이라고 믿는다. 이러한 뜻에서, 전문적 단계에 있어서의 기본학 교육은 양보다도 질을 중요시해야 한다고 믿는 것이다. 전문적 단계에 있어서의 기본학 교육은 질에 치중하는 한편, 기본학 교육의 기초 과정은 모든 분야의 대학생 전체에게 철저하게 가르쳐야 할 것이다. 쉽게 말해서, 우리나라에서 흔히 '교양과목'이라고 불리는 기초 과목에 대한 철저한 교육이 직업대학을 포함한 모든 대학의 대학생들에게 널리 이루어져야 한다.

현재 우리나라의 대부분의 대학에 교양학부 또는 교양과정부라는 것이 있어서, 저학년의 모든 대학생들에게 따로 기초 교양을 교육하고 있는 것은, 바로 앞에서 말한 우리의 주장을 실천하기 위한 제도적 배려라고 해석된다. 그러나 필자가 보기에는 우리나라 대학의 교양학부 제도는 형식상으로는 우리의 주장을 실천에 옮긴 것이라고 할 수 있으나, 그 내실에 있어서는 우리가 뜻하는 실효를 거두지 못하고 있는 것으로 여겨진다. 필자가 모든 대학생에게 공통적 기초 과목의 교육을 철저히 실시해야 한다고 주장하는 근본 취지는, 장차 전문교육을 받기에 필요한 어학이나 수학의 기초 공부를 해두어야 한다는 데 그치는 것이 아니라, 오히려 그보다도 하나의 지성인으로서 사상적 성장을 위한 기초를 닦은 뒤에 각자의 전공으로 진학하는 것이 바람직하다는 데 역점을 두고 있다. 대학은 단순한 전문적 기술자를 길러 내는 것으로 그 임무를 다하는 것이 아니라, 건전한 사상과 슬기로운 식견을 가진 지성인을 양성할 사명을 아울러 가졌다고 보기 때문이다. 그런데 우리나라의 교양 학부는 이 두 번째 사명을 위해서 크게 이바지하고 있는 것으로는 보이지 않는 것이다.

4. 대학 교육과 사회 발전

저학년에서 실시되는 기초 교육 단계에 있어서나, 고학년에서 실시되는 전문적 단계에 있어서나, 기본학 교육은 피교육자의 사상적 성숙 또는 지성의 개발을 외면하는 일이 없어야 한다. 대학 교육의 목적을 어떻게 설정하는 것이 옳으냐 하는 것은 그 자체 매우 어려운 문제의 하나라 하겠으나, 사회 발전에 공헌하는 바 있는 교육이 아니면 올바른 대학 교육이라고 보기 어렵다는 것이 우리들의 상식이며, 이 글도 그러한 상식을 받아들이는 양해 위에서 출발했던 것이다. 그리고 우리는, '사회 발전'의 개념을 단순히 풍요한 경제와 발달된 물질문명의 뜻으로 해석하는 견해를 물리치고, 인간의 정신적 성장 내지 잠재력의 발휘를 '발전'의 매우 중요한 측면으로 보는 견지에 동의했던 것이다. 그러므로 피교육자의 사상적 성숙 내지 지성의 개발을 대학 교육의 중요한 목적의 하나로 보아야 한다는 것은 우리들의 견지에서 볼 때 당연한 결론이라 하겠거니와, 대학에서의 피교육자의 사상적 성숙이 중요한 이유는, 그것이 그들 자신의 정신적 성장을 의미한다는 사실에만 있는 것이 아니라, 그들의 지도적 능력이 국민 전체의 정신적 성장에도 많은 도움을 주리라는 기대에도 있다. 대학 교육에 있어서 사상적 성숙 또는 지성의 개발이 중요하다는 주장에 반대하는 사람은 많지 않을 것이다. 더욱 절실한 논쟁의 대상이 되는 것은 "어떠한 원리에 따라서 사상이 성숙을 꾀할 것이며, 어떠한 정신 상태를 개발된 지성이라고 보아야 하는가?" 하는 가치관적 문제다. 이 문제에 대해서는 논자들의 개인적 신념에 따라서 여러 가지 대답이 맞설 것으로 예상되나, 필자는 역시 민주주의의 기본 이념에 따라서 이 문제에 대답하는 것이 현대의 우리에게 적합한 길이라고 믿는다.

'민주주의'라는 말 자체도 여러 가지의 뜻으로 해석되는 다의어인 까닭에 여기에도 또 긴 논쟁의 여지는 있으나, 필자는 이 말의 소박하고 상식적인 뜻을 그대로 받아들임으로써 본론으로부터의 이탈을 피하고자 한다. 우리들의 소박한 통념에 의하면, 민주주의의 근본정신은 모든 사람들의 생존권과 인간성을 평등하게 존중히 여기는 데 있다고 말할 수 있을 것이다. 따라서 국가적 공동 목표로서의 '사회 발전'이 '민주주의적'이라고 불릴 수 있기 위해서는, 모든 국민의 생존권과 인간성이 고루 존중을 받는 사회의 실현이 아니면 안 될 것이다. 그렇다면 현재 우리들의 논의의 대상이 되고 있는 문제는 다음과 같이 풀어서 표현할 수 있을 것으로 보인다. "모든 국민의 생존권과 인간성이 평등한 존중을 받을 수 있는 사회를 실현하기 위해서, 고등교육기관으로서의 대학은 어떠한 유형의 지성인을 길러 내야 하며, 어떠한 가치관에 사상적 기초를 둔 지도자를 길러 내야 할 것인가?"

인간의 생존권과 인간성을 유린하는 것은 역시 인간이다. 때로는 그 유린하는 자가 강한 외세일 수도 있고, 때로는 그것이 국내의 강자일 수도 있다. 사회정의를 실현하는 문제는 이기주의적 강자를 어떻게 막아 내느냐 하는 문제로 귀착한다 해도 과언이 아니다.

우리나라의 실정으로 볼 때, 대학생의 대부분은 그 가정적 배경으로 따져서 국내적 강자의 계층에 속하는 것으로 분류해야 할 것이며, 또 앞으로 그들 자신도 강자의 계층으로 진출할 가능성이 많은 사람들이다. 따라서 만약 대학이 지력(知力)에 있어서 탁월한 이기주의자들을 많이 길러 낸다면 그것은 남의 생존권과 인간성을 유린하는 내부의 비민주적 강자의 싹을 가꾸는 결과가 될 것이다. 여기서, 대학은 이기주의를 넘어설 수 있는 공정한 정신의 지성인을 양성해야 한다는 첫째의 대답이 풀려 나온다. 개인은 이기주의를 극복하기를 원하고 노력한다 하더라도, 사회의 구조 또는 제도가 사람들의 행동을 이기주의로 몰고 갈 경우가 있다. 그러므로 대학을 다닌 사람들은 그들 자신만이 이기주의자가 아닌 것으로 충분할 수가 없다. 이기주의적으로 행동하지 않고는 살아 나가기가 어려운 사회 현실을 개조하는 일에 적극적으로 참여하는 것도 대학을 다닌 지식층의 임무로 보아야 한다. 다시 말하면, 민주 시민으로서의 자신의 권리를 주장할 줄 모르는 어렵고 약한 사람들의 앞에 서서 사회정의 실현에 선구적 임무를 맡고 나서는 것도 후진국에서 고등교육을 받은 사람들이 해야 할 일이다. 그러므로 대학은 사회정의를 지향하는 의지와 지혜 그리고 용기를 가진 지성인을 양성해야 한다는 두 번째 대답을 얻게 된다.

경제적 분배에 있어서의 공정이 실현되는 것만으로 인간이 참된 행복을 누릴 수 있다고는 생각되지 않는다. 금전 및 기계 문명에 예속됨으로 말미암아, 인간이 자기의 모습을 상실하는 상태가 계속되는 한 아리스토텔레스가 이상으로 삼은 참된 인간의 행복은 실현되기 어려울 것이다. 현재 우리나라가 일반적으로 금전과 기계 문명의 노예 상태에 빠져 있다고는 보기 어려울 것이다. 그러나 금전과 기계가 인간을 압도하는 경향의 문명이 우리나라에도 점점 강하게 밀려들어 오고 있는 것은 사실이며, 이러한 경향에 적절하게 대처할 수 있는 건전한 가치 체계를 세우는 일은 우리나라가 앞으로 해야 할 일 중 매우 중요한 것의 하나다. 그리고 인간 및 정신적 가치의 우위를 회복해 줄 건전한 가치 체계를 수립함에 있어서 대학 사회가 져야 할 책임이 막대하다는 것은 당연한 상식에 지나지 않는다. 그러므로 대학은 그 자체가 인간과 정신의 가치에 응분의 대접을 하는 지성적 사회로서 성장하는 한편, 인간 또는 인간적 가치가 가치 체계 전체 안에서 차지해야 할 마땅한 위치에 대하여 올바른 인식을 가지고 또 그 인식을 실천에 옮길 수 있는 젊은이들을 길러내도록 최선을 다해야 한다는 또 하나의 결론을 얻게 된다.

여기서 우리가 부딪치게 되는 것은, 위에서 말한 바와 같은 그러한 지성인을 길러 내는 데 적합한 방법이 무엇인가 하는 어려운 문제다. 이 문제는 교육학 전문가들이 별도로 다루어야 마땅할 방대한 문제인 까닭에, 여기서 필자가 섣불리 손을 대는 것은 어리석은 짓이 될 것이다. 다만 이 글의 끝을 마무리하는 뜻에서, 몇 가지 문외한의 의견을 첨가해 두는 데 그치기로 한다.

첫째로, 대학은 자유롭고 활달한 분위기를 유지해야 하며, 지나친 억압과 통제로써 지성을 위축시키거나 기상을 꺾는 일이 없어야 한다. 오늘과 같은 비상한 사태 아래서, 대학만이 무제한의 자유를 누린다는 것은 아마 현실적으로 불가능할지도 모른다. 그러나 대학의 질서는 대학 자체의 자율과 자치에 맡겨야 하며, 만약 외부로부터의 압력이 지성의 정기를 꺾는다면, 대학교육이 뜻했던 본래의 목표는 상실되고 말 것이다.

둘째로, 대학은 어떠한 정치 세력에 의해서도 혼탁됨이 없이 그 순수성과 공정성을 지켜야 한다. 학원 내부에 정치적 세력이 움직일 때는 반드시 밖으로부터의 압력을 자초하는 결과를 가져오는 까닭에 대학이 그 순수성과 공정성을 지키는 것은 대학의 자유와 자위를 위해서 매우 중요한 조건이 된다 .

셋째로, 우리나라의 여러 가지 실정으로 미루어 볼 때, 대학인이 모든 행동의 자유를 요구하는 것은 비현실적인 욕망이 될 것이다. 따라서 학원의 자유는 연구와 언론의 선에서 멈출 수밖에 없을 것으로 보이나, 위정 당국은 연구와 언론의 자유가 행동에 어떤 영향을 줄지도 모른다는 의구심에서 연구와 언론의 자유까지도 봉쇄하는 일이 있어서는 안 된다. 민주주의의 원리를 적용하는 마당에 있어서, 그 나라의 특수성에 맞도록 제도나 정책을 고려하는 것은 당연한 처사라 할 것이나, 대학에 있어서의 연구와 언론의 자유가 탄압을 받는다면 그 나라는 이미 민주주의 그 자체를 포기했다고 보아야 할 것이다.

위정 당국은 연구와 언론의 자유를 허용하고 있음에도 불구하고, 대학인 자신들이 미리 겁을 먹고 자기의 연구와 언론에 제한을 가하는 경우가 있다. 그리고 그들이 말하는 '공포 분위기'에 모든 책임을 돌린다. 민주 시민으로서의 당연한 권리를 자진하여 포기하는 사람들은 벌써 민주 사회의 지성인이 아니다.

넷째로, 대학교수는 단순한 전문가로서의 학자에 머무르지 않고 나라와 사회 전반의 문제에 대하여도 응분의 관심과 식견을 가진 지성인으로서의 측면을 아울러 가져야 한다. 현실에 대한 깊은 관심과 통찰을 가진 높은 지성인이 아니고는, 오늘의 대학생들을 내일의 지도자로 길러 내는 스승으로서의 구실을 감당하지 못할 것이다.

끝으로 한 가지 더 지적해 두고 싶은 것은, 대학에 있어서의 연구와 강의 그리고 학습의 내용이 대학인들의 개인적 생활의 중심 또는 사회적 공동 목표와 유기적이고 밀접한 연결을 갖도록, 교과과정과 연구 방법 및 그 밖의 여러 가지 대학 생활의 실질을 개선해야 한다는 사실이다. 예컨대, 외국어의 공부는 몇 가지 외국어를 약간 알고 있기 위해서나 또는 취직 시험에 합격하기 위해서 배운 결과가 되고 말아서는 안 된다. 그 외국어의 지식을 살려서 정신의 성장을 도모하는 활동이 뒤따라야 하며, 그 정신의 성장은 우리들의 공동 목표의 실현으로 연결되어야 한다. 그렇게 되기 위해서는, 연구와 수업 그리고 학습이 모두 주체적인 목적의식에 따라서 계획되고 수행되어야 하며, 외국 대학에서 하는 것을 그대로 모방한 교과과정을 막연하게 되풀이하는 매너리즘을 벗어나야 할 것이다. 특히 교양 과정에 있어서의 여러 과목이 단순한 형식의 충족과 학점의 취득에 그치는 일이 없도록 해야 할 것이며, 그러기 위해서는, 전문 과목을 상위의 것으로 생각하고 전문 과목의 강의를 맡는 것이 더 명예롭다는 따위의 사고방식이 불식되도록 여러 가지 제도적 개혁이 앞서야 할 것이다.

6 장
관능적 향락의 풍조

1. 향락 추구의 시대 풍조
2. 향락주의에 대한 비판
3. 향락주의와 우리의 현실

6장 관능적 향락의 풍조

1. 향락 추구의 시대 풍조

요즈음 우리 한국 영화도 나체의 대담한 노출과 성행위의 노골적 묘사로써 관객의 호기심을 끌기 시작한 것으로 널리 알려졌다. 『내시』, 『벽 속의 여자』 등이 대표적인 예로서 화제에 오른다.

근래 책이 전혀 팔리지 않아서 출판업과 서적상이 이루 말할 수 없는 곤경에 빠져 있는 가운데, 여러 가지 주간지만은 예외적으로 잘 팔리고 있다는 소문이며, 주간지가 잘 팔리는 가장 큰 이유는 거기 음탕한 이야기와 선정적인 사진들이 가득 실려 있기 때문이라고 사람들은 추측한다.

보도에 의하면 A대학의 학생들은 필름을 불살라 연예계의 타락을 규탄했으며, B대학의 학생들은 분홍색 잡지들을 화형에 처하여 일부 매스컴의 몰지각을 통탄하였다. 그리고 어떤 일간신문의 칼럼니스트는 '화형'이라는 원시적 방법에는 회의를 느꼈으나 지나친 에로티시즘의 불건전성을 경고한 대학생들의 기본적 태도에는 원칙적인 찬성을 표명하였다.

사람의 심리란 복잡한 것이어서, 한편으로 은근히 좋아하는 것을 미워하기도 하고, 지성의 이름으로 분명히 배척하는 대상에 대하여 마음 한구석이 남몰래 끌리기도 한다. 그리고 이러한 이중 심리의 대표적인 경우를 우리는 성문제에 관련하여 경험한다. 섹스를 주제로 삼은 영화를 가끔 즐기는 사람들 가운데도 그러한 영화의 부도덕성을 걱정하는 신사와 숙녀가 있으며, 주간지가 저속하다는 것을 거듭 한탄하는 '지성인' 가운데도 주말이 되면 심심풀이로 그것을 한 권 사서 읽는 가운데 미소 내지 실소를 머금는 사람이 있다.

그러나 성문제에 관련된 사람들의 이중 심리도 시대에 따라서 적지 않은 변천을 겪고 있는 것으로 보인다. 적어도 우리나라의 경우에 있어서 옛날 사람들은 성(性)을 추악한 것 또는 억제해야 마땅한 것으로 보는 관념에 사로잡혀 있었으며, 그것을 공공연히 찬미하거나 자랑하는 사람은 적었다.

그러나 오늘에 있어서는 성의 개방 또는 자유를 공공연히 주장하는 사람이 많으며 그 주장을 거리낌 없이 행동에 옮기기도 한다. 이러한 시대적 변천을 가장 단적으로 나타내는 것이 옛날과는 크게 다른 여자들의 복장이며, 도시의 거리나 공원에서 발견되는 현대적인 풍경이다. 그리고 영화나 주간지가 숨김없는 에로티시즘을 이용하여 돈벌이에 성공할 수 있는 것도 실은 성에 대한 개방적인 풍조의 한 여파라고 볼 수 있을 것이다.

성에 대한 개방적인 풍조는 우리나라 자체 안에서 자발적으로 일어난 것이라기보다는 보통 '선진국'이라고 불리는 서양의 여러 나라들로부터 흘러들어 온 풍조의 영향을 받은 바 큰 것이라고 보인다.

그리고 성을 구가하는 에로티시즘의 경향은 비단 성의 향락뿐 아니라 그 밖의 여러 가지 육체의 쾌락을 포함한 관능적 쾌락에 대한 일반적인 숭상의 기풍을 대표하는 것이라고 보아야 할 것이다. 실로 관능적 쾌락에 대한 숭상이 현대인의 가치관 속에서 차지하는 비중은 자못 큰 것이며, 성의 자유 내지 개방을 주장하는 새로운 경향도 저 일반적인 기풍의 한 표현으로서 이해할 때, 그 경향이 갖는 사회적인 의미를 깊은 측면에서 파악하게 될 것이다.

관능적 쾌락에 대한 욕구는 인간의 생리에 기초를 둔 것으로서 어느 시대 어느 사회에서나 찾아볼 수 있는 것이며, 그것을 충족시키고자 하는 경향을 현대에 있어서만 특유한 현상이라고 말할 수는 물론 없을 것이다. 다만 성을 위시한 육체의 쾌락을 공공연하게 숭상하고 이를 노골적으로 추구함이 과거의 어느 시대보다도 심하다는 점에 있어서 우리는 현대의 특색을 발견할 수 있을 것이다.

관능의 쾌락을 숭상하고 그것을 추구하는 사상은 고대 그리스와 로마의 어떤 계층 가운데 비교적 활발한 기운을 보였으나, 기독교 사상이 지배적 세력을 얻은 뒤에는 스토아(Stoa)적인 금욕주의가 널리 퍼지는 한편, 관능의 쾌락을 공공연하게 앞세우는 풍조는 중세의 서양 세계에 있어서 일반적으로 찾아보기 어려웠다. 내세에 있어서의 영원한 가치를 희구하는 종교적 신앙 속에서, 현세의 순간적 가치에 불과한 관능의 쾌락이 부정적인 대접을 받은 것은 당연한 일이라 하겠다.

관능의 쾌락을 공공연하게 긍정하는 사상이 서양 세계에 있어서 다시 일어나기 시작한 것은 르네상스 이후의 일이다. 르네상스의 정신적 혁명은 신의 개념과 종교의 권위에 의하여 오랜 세월 동안 억압을 당해 왔던 인간이 펼친 자기해방의 운동이었다고 볼 수 있거니와, 자연과 인간을 단순히 신의 부속물로 보지 않고 그 자체를 위한 독자적 존재로서 인정하기를 두려워하지 않은 이 새로운 사조 속에서, 인간의 본능적인 욕구가 다시 긍정적인 각도로 부각된 것은 자연스러운 귀추였다고 보인다.

현세적 쾌락을 긍정적으로 받아들이고 한 걸음 나아가서 이를 숭상하는 기풍이 가장 두드러지게 나타난 것은, 본래 현실주의의 경향이 전통적으로 강한 것으로 알려진 영국에서였다. 그리고 벤담(J. Bentham)과 밀(J. S. Mill) 등에 의하여 제창된 공리주의의 윤리 사상은 바로 그 쾌락 숭상의 영국적 사고방식을 철학적으로 체계화한 것이었다.

영국의 공리주의자들이 가치의 으뜸으로서 숭상한 것은 반드시 관능적 쾌락에만 국한된 것은 아니었다. 쾌락의 질적 차이를 전혀 고려하지 않고 오직 쾌락의 양만을 중요시한 벤담의 경우에 있어서는 관능적 쾌락이 높이 평가되었다고 해석할 이유도 없지 않다.

그러나 공리주의 윤리설의 대성자(大成者)로 알려진 밀의 경우에 있어서는 쾌락에 질적으로 높은 것과 낮은 것이 있음을 밝히고, 우리가 마땅히 추구할 것은 관능의 쾌락이 아니라 질적으로 고상한 정신적 쾌락임을 거듭 강조하고 있다. 따라서 만약 밀의 공리주의적 이념이 그대로 사회생활 속에 실현되었다면, 영국 및 영국 문화의 영향을 크게 받은 여러 나라에 있어서 오늘날 우리 주변에서 발견되는 바와 같이 노골적인 관능적 쾌락주의의 범람은 경험하지 않았을 것이다. 그러나 현실의 사회는 반드시 학자의 이론을 충실하게 지켜 주는 것이 아니어서, 19세기에서 20세기에 걸쳐 서양 세계에서 세력을 확대한 쾌락주의는 점차 관능적인 그것으로 기울어지는 경향을 나타냈다.

현대의 쾌락주의를 관능적인 그것으로 기울어지게 함에 있어서 크게 힘이 된 것은 첫째로 자연과학적 세계관의 발달이라고 생각된다. 자연과학적 세계관의 발달은 인간을 신학적 내지 형이상학적 존재로서보다도 자연의 일부, 즉 하나의 생물로서 보는 견해를 널리 퍼지게 했거니와, 이러한 견해는 인간 생활의 가치도 생물학적 견지에서 고찰하는 경향을 초래하였다. 가치의 본질을 생물학적 견지에서 고찰할 때 반드시 관능적 쾌락주의에 도달하게 될 논리적 필연성이 있는 것은 아니다. 그러나 가치의 근원을 생물학적 사실에서 발견하고자 할 때, 생물학적 욕구가 충족되는 곳에 가치가 발생한다고 보는 것은 매우 자연스러운 일이며, 여기에 생물학적 욕구의 충족과 관능적 쾌락을 같은 것으로 보는 소박한 상식이 결합할 때, 우리는 곧 관능적 쾌락이 가치의 으뜸이라는 결론으로 이끌리기 쉬운 것이다.

오늘날 관능적 쾌락주의가 범람하게 된 또 다른 사유로서는 전쟁이 그칠 사이 없는 가운데 10년 뒤를 내다보기 어려울 정도로 어지러운 세태와, 공업 기술의 발달로 말미암아 관능적 쾌락을 누리기에 적합한 사치성 물품이 대량으로 생산되기에 이르렀다는 사실을 지적할 수 있을 것이다. 관능적 쾌락에 대한 인간의 욕구는 거의 본능적인 까닭에, 우리의 정열을 자극하는 더 매혹적인 목표가 따로 보이지 않는 한 우리는 쾌락으로 끌리기 마련이거니와, 국가와 사회가 어지러워 민심을 수습하지 못하며, 10년 뒤가 밝게 내다보이지 않는 불안한 분위기 속에서, 관능적 쾌락을 물리치고 온갖 정성과 정열을 그곳에 기울일 수 있는 더 건설적인 목표를 발견하기란 결코 쉬운 일이 아니다. 게다가 쾌락을 손쉽게 약속하는 오락 시설과 사치성 물품이 도처에 흩어져 있다는 사정이 여기에 보태졌다는 사실은 사람들의 마음의 행방을 일방적으로 결정하기에 충분하였다.

2. 향락주의에 대한 비판

대학생들이 일부 영화와 주간지를 비난한 것은 에로티시즘을 좋지 못한 것으로 보는 전제로부터 출발한 행동일 것이다. 그러나 오늘날 모든 사람들이 언제나 에로티시즘을 나쁘게 생각하는 것은 아니다. 세상에는 "그것이 도대체 뭐가 나쁘냐?"고 반문하는 사람들이 적지 않으며, 심지어는 성 또는 그 향락을 적극적인 가치로서 찬양하는 사람들까지 있다.

이와 같은 의견의 대립은 에로티시즘에 관해서만 찾아볼 수 있는 것이 아니라 관능적 쾌락 전반에 걸쳐서 일반적으로 발견되는 현상이다. "관능적 쾌락을 추구하는 생활 태도가 옳으냐, 그르냐?" 하는 문제를 둘러싼 찬성과 반대의 논쟁은 실로 오랜 역사를 가지고 있으며 소크라테스와 소피스트들의 대화를 위시해서 수없이 많은 논쟁거리가 되었음에도 불구하고, 아직도 의견의 일치를 보지 못한 인생 질문의 하나다.

식욕과 성욕을 비롯한 여러 가지 생리적 욕구는 자연에 의하여 주어진 것이며, 자연에 의하여 주어진 욕구가 충족될 때 관능적인 쾌락을 느낀다. 관능적 쾌락은 자연의 요구에 순응했을 때 얻게 되는 경험이며, 우리들 누구나가 좋아하고 원하는 바다. 따라서 그것은 어느 모로 보나 바람직한 것이며, 나쁘다고 생각할 이유는 없을 것 같기도 하다. 이와 같이 관능적 쾌락의 가치를 솔직하게 받아들이고 한 걸음 나아가서 그것만이 유일한 선(善)이라고 선언한 사람들을 우리는 '관능적 쾌락주의자'라고 부를 수 있겠거니와, 관능적 쾌락주의를 학설로서 주장한 사람들의 수효는 반드시 그리 많은 편이 아닐지 모르나, 실제 생활에 있어서 관능적 쾌락주의를 신봉하는 것처럼 행동하는 사람들은 옛날에도 많았고 현대에는 더욱 많은 것으로 관찰된다.

그러나 한편 관능적 쾌락을 경계하고 물리치는 사상 내지 행동의 전통도 그것을 숭상하고 추구해 온 전통에 못지않게 오랜 역사를 가졌다. 관능적 쾌락을 배척하는 사람들 가운데는 전혀 과학적 근거 없이 덮어놓고 그것을 나쁜 것으로 단정하는 독단론자도 없지 않으나, 경험적 사실과 논리에 근거하여 관능적 쾌락주의를 비판 내지 공격한 이론가도 있다. 다음에 관능적 쾌락주의에 반대하는 이론 가운데서 몇 가지를 골라 살펴보기로 한다.

관능적 쾌락주의를 물리치는 이론의 첫째로서 우리는 주지주의(主知主義) 내지 이성주의의 견지에 입각한 비판을 소개할 수 있을 것이다. "인간은 본질에 있어서 이성적 동물"이라는 전제에 출발점을 두고 있는 이 비판의 가장 고전적인 것으로서는, 소피스트들의 쾌락주의에 맞선 소크라테스의 반론을 잊을 수가 없다.

플라톤은 그의 대화편 『고르기아스(*Gorgias*)』 안에 소크라테스와 칼리클레스(Kallikles)를 등장시켜서 쾌락의 문제에 대한 극적인 대화를 나누게 하고 있다. 칼리클레스는 그의 웅변술을 구사하여 쾌락과 선은 동일한 것임을 주장하고, 쾌락 이외에 따로 선이라는 것이 존재하지 아니함을 단정한다. 이에 대하여 소크라테스는 그의 특유한 분석적 논리로써 응수하고 있거니와, 그 가운데서도 특히 두 가지의 논점은 칼리클레스에게 심한 타격을 주는 힘을 가졌다.

첫째로 선과 악은 정반대의 개념으로서 같은 대상에 동시에 적용할 수 없으나, 쾌락과 고통은 도리어 밀접한 상호 의존의 관계를 가지고 공존한다는 사실을 소크라테스는 지적하고 있다. 예컨대 건강과 질병은 같은 때와 장소에 공존할 수 없으며, 하나가 사라진 다음에야 다른 하나가 나타날 수 있으나, 물마심의 쾌락과 목마름의 고통은 오히려 같이 붙어 다니는 것으로서, 목마름의 괴로움이 완전히 사라지는 순간에는 물마심의 쾌락도 동시에 소멸된다. 이와 같이 선과 악의 관계와 쾌락과 고통의 관계 사이에 근본적인 차이점이 있다는 사실은 선과 쾌락 또는 악과 고통을 동일시할 수 없다는 증거로 충분하다고 소크라테스는 추리했던 것이다.

둘째로 소크라테스는 관능의 쾌락을 느낄 수 있는 능력에 있어서, 지혜로운 사람이나 무지한 사람, 또는 용감한 사람이나 비겁한 사람 사이에 별다른 차이가 없다는 사실을 지적한다. 이 사실은 만약 우리가 쾌락이 유일한 선이라는 주장을 받아들인다면 지혜롭고 용감한 사람이 무지하고 비겁한 사람보다 나을 것이 조금도 없다는 결론을 불가피하게 한다. 그러나 이러한 결론은 칼리클레스 자신도 받아들이기 어려울 것이다. 왜냐하면 그는 이미 강자를 찬양한 바 있으며, 지혜와 용기는 강자의 속성임을 인정했기 때문이다.

그러나 『고르기아스』에 있어서 플라톤은 소크라테스로 하여금 쾌락에 대하여 부정적 태도를 취하게 하고 있기는 하나, 쾌락 그 자체를 나쁜 것으로서 배척하는 것이 소크라테스나 플라톤의 본의는 아니었다. 『공화국』, 『필레보스』 등 후일의 대화편 가운데서 더욱 명백하게 밝혀지고 있듯이, 플라톤은 쾌락이 모든 사람의 소망이며 그 자체로 볼 때 역시 바람직한 것임을 인정하고 있다. 다만 플라톤 또는 소크라테스가 강조하고 싶었던 것은 쾌락을 얻는 것만으로 참되게 값진 인생이 실현될 수 없다는 사실이다. 그러면 값진 인생을 위해서 또 무엇이 필요하다는 것일까? 이 물음에 대한 소크라테스 및 플라톤의 대답은 '진리의 인식' 또는 '지혜'다. 주지주의를 신봉했던 저 그리스의 철인들은 인간의 본질을 이성에서 발견했던 것이며, 진리의 명상을 떠나서 이상적인 인간 생활을 생각할 수 없었던 것이다.

그러나 그리스의 철인들은 진리의 인식 또는 지혜만으로 바람직한 인생이 실현된다고도 믿지 않았다. "지혜와 인식, 모든 사물에 대한 지식과 기억을 소유하고, 그러나 크든 작든 간에 아무런 쾌락도 고통도 경험하지 않는 인생"은 아무도 원하지 않는다. 그러한 비인간적인 인생은 바람직하지도 않으며 가능하지도 않다.

올바른 지혜의 뒷받침이 없는 쾌락의 추구에는 고통이 따르기 마련이며, 진리가 인식되고 명상되는 곳에는 반드시 깊은 정신적 쾌락이 따른다. 따라서 쾌락을 귀중히 여기는 견지에서 보더라도 지혜와 지식은 바람직한 인생을 위해서 절대로 필요한 조건이 아닐 수 없다. 그러나 소크라테스 또는 플라톤이 지혜나 지식을 쾌락 획득의 수단으로서 소중하다고 생각한 것은 아니다. 지혜와 지식에는 그 자체 안에 목적으로서의 가치가 깃들어 있는 것이며, 진리의 명상은 어떠한 쾌락보다도 더욱 소중한 가치의 실현이다. 요컨대, 소크라테스와 플라톤의 견지에서 볼 때, 쾌락과 지혜는 모두 이상적인 인생을 위한 필수 조건이 되고, 그 가운데서 더욱 큰 비중을 차지하는 것은 인간의 본질인 이성의 발휘를 의미하는 후자가 아닐 수 없는 것이다.

관능적 쾌락주의를 물리치는 이론의 둘째로서 우리는 '쾌락주의의 역설(paradox of hedonism)'이라는 개념에 입각한 에피쿠로스(Epikuros)의 고찰을 들 수 있을 것이다. 에피쿠로스는 쾌락만이 선이며 고통 이외에 따로 악이 없다는 신념을 전제로 삼고 그의 윤리학을 시작하였다. 그러나 그는, 우리가 만약 육체적 욕구의 충족을 통하여 관능적 쾌락을 최대한으로 얻을 것을 직접적인 목표로 삼고 행동한다면 도리어 큰 고통에 부딪치고 만다는 역설적 결과에 이르게 되리라는 반성에 도달하였다. 관능적 쾌락을 탐내는 우리의 욕망에는 한정이 없는데, 그것을 얻을 수 있는 기관으로서의 인간의 육체에는 힘의 한계가 있으며, 그것을 얻는 데 필요한 수단으로서 사용할 수 있는 물질 또는 경제력에도 한도가 있다.

따라서 유한한 체력과 경제력을 가지고 무한한 욕망을 채우고자 꾀한다면, 필경 그 뜻을 이루지 못하고 욕구불만의 고통만이 추후의 결과로 남게 된다는 것이다. 예컨대 식도락을 일삼고 고량진미만을 쫓아다니는 사람은 마침내 모든 음식에 대한 흥미를 잃고 건강한 식생활의 즐거움을 모를 것이며, 성의 쾌락을 탐내어 절제 없는 성생활에 도취하는 방탕아는, 많은 궁녀를 감당 못한 왕의 경우와 같이, 모든 기력을 상실한 한갓 폐인으로서의 말로를 면하기 어려울 것이다.

관능적 쾌락의 무절제한 추구가 도리어 욕구불만의 고통을 초래한다는 반성에 도달한 에피쿠로스는, 스스로 욕망을 제한함으로써 마음의 평온을 얻으라고 가르쳤다. 불만 없이 평온한 마음의 상태는, 비록 소극적이기는 하나 영속성 있는 정신의 쾌락이다. 결국 에피쿠로스는 끝까지 쾌락주의의 입장을 떠나지 않았으나, 그가 인생의 목표로서 존중한 쾌락은 일시적인 관능의 쾌락이 아니라 영속적인 정신의 그것이었다.

공리주의자인 밀도 정신적 쾌락의 중요성을 강조한 점에 있어서 에피쿠로스와 상통하는 일면을 가졌다. 그러나 밀이 정신적 쾌락을 주장한 이유는, 쾌락주의의 역설에 있는 것이 아니라, 인간을 정신적 쾌락에 더 깊은 만족을 느낄 수 있는 이성적 존재라고 본 그의 인간관에 있었다. 그리고 에피쿠로스가 주로 자기 한 개인의 마음의 평온을 문제 삼은 데 비하여 밀은 사회 또는 국가 전체의 쾌락을 최대한으로 실현할 것을 이상으로 삼은 점에 있어서 두 사람의 견해는 또 하나의 차이점을 가졌다.

관능적 쾌락주의를 물리치는 비판의 셋째로서 우리는, '대상작용(compensation)' 또는 '승화(sublimation)'라고 불리는 심리학적 현상에 근거를 둔 이론을 생각할 수 있을 것이다.

우리 사회에는 사람들의 동물적이고 원시적인 욕구가 직선적으로 충족되기를 거부하는 여러 가지 제약이 있다. 어느 사회나 성도덕이라는 것이 있어서 사람들이 성의 충동대로 행동할 것을 허락하지 않는다. 미운 사람을 당장에 때려 눕히고 싶은 생각이 간절하지만 여러 가지 객관적 사정이 그것을 허락하지 않는다. 학교에서는 우등생이 되기를 원하고, 사회에 나가서는 대통령이나 백만장자가 되기를 바라지만, 나의 힘이 부족해서 마음대로 되지 않는다.

이와 같이 자기가 가진 욕구를 그대로 충족시킬 수가 없을 경우에, 마치 콧구멍을 막으면 입으로 숨을 쉬게 되듯이, 우리는 다른 길을 통해서 간접적으로 그 욕구를 어느 정도 충족시키는 행동을 무의식중에 수행한다.

예컨대 사랑의 정열을 성행위로 생각하는 대신 서정의 시(詩)로써 달래고, 미운 사람을 때려 눕히는 대신 술병을 내던져 박살을 낸다. 이와 같이 욕구의 불만을 다른 대리의 방법을 통하여 간접적으로 해소시키는 심리 작용을 대상 작용이라고 부르거니와, 동물적인 욕구의 불만을 고상한 방법으로 해소시키는 경우를 특히 승화라고 부른다. 그리고 일부 정신분석학자들이 주장하는 바에 의하면, 학문, 예술, 종교, 스포츠 등 여러 문화 영역에 있어서의 크고 작은 업적들은 모두 승화라는 심리 작용의 결과로서 생긴 것이다.

만약 이와 같은 정신분석학자들의 주장이 옳다면 학문과 예술 또는 스포츠와 같은 문화 영역에 있어서 많은 업적을 올리기 위해서는 우리들의 생리적이며 원시적인 욕구가 어느 정도 억압을 당해야 한다는 결론에 이르게 된다.

다시 말하면 우리의 동물적인 에너지를 문화 창조의 길로 돌려야 하는 것이다. 그리고 그 가운데에서도 특히 억압을 당해야 할 것은 성의 욕구 내지 충족이다. 왜냐하면 정신분석학의 시조인 프로이트(S. Freud)가 주장하는 바로는 우리들의 동물적인 에너지는 모두가 그 근본을 따지고 보면 '리비도'라고 불리는 성적 정력이기 때문이다.

특수한 경우를 일반화한 흔적이 적지 않은 프로이트의 학설에는 비판되고 수정되어야 할 점이 많을 것이다. 그러나 관능적 쾌락에 탐닉하여 모든 정력과 시간을 소모한 사람이 예술이나 학문 같은 창조적 영역에 있어서 큰 업적을 남기기 어렵다는 것은 상식적인 관찰로도 파악할 수 있는 일상적 사실이다.

"사랑과 예술은 양립하지 않는다."는 명제는 아마 정신분석학보다도 오랜 역사를 가진 명언이라고 짐작된다. 이 명제가 예술에 관해서 어느 정도의 진리성을 가졌다면 그것은 학문, 종교, 스포츠 등 다른 분야에 있어서도 같은 정도의 진리성을 갖는다고 보아야 할 것이다.

3. 향락주의와 우리의 현실

에로티시즘을 포함한 향락 추구의 생활 태도가 옳으냐 그르냐 하는 문제는 결국 우리가 택하는 인생관이 무엇이냐에 따라서 결정될 문제다. "나는 지식도 지혜도 원치 않으며 학문이나 예술, 그 밖의 어떠한 문화에도 관심이 없다. 나는 오래 살기도 원하지 않으며 다만 이 순간의 동물적 쾌락을 갈망할 뿐이다."라고 주장하는 사람이 있다면, 그리고 그가 주장하는 바에 거짓이 없다면, 우리는 그의 향락 추구가 잘못이라는 것을 증명할 도리가 없을 것이다. 우리는 그가 좀 더 건전한 인생관을 갖도록 설득할 수는 있을지 모르나 그의 인생관이 틀렸다는 것을 (그의 인생관 내부에 논리적 모순이 발견되지 않는 한) 증명하지는 못할 것이다.

그러나 실제에 있어서 '순간적 동물적 쾌락' 이외에는 아무것도 원하지 않는 사람은 별로 없으며, 있다면 아주 예외적인 사람이다. 우리는 역시 장래를 생각하게 되며 장래를 내다보는 까닭에 지식 또는 지혜를 필요로 한다. 우리는 한 가정의 식구로서 그리고 한 나라의 국민으로서 살고 있는 까닭에, 자기가 속하는 가정과 국가에 대하여 어느 정도 애착을 느끼는 것이 사실이며, 애착을 느끼는 까닭에 내 가정과 내 나라가 잘되기를 바라지 않을 수 없다. 그리고 자기가 속하는 사회에 대하여 애착을 느끼고 그 사회가 잘되기를 바라는 이상, 그 사회의 문화에 대하여 전혀 무관심할 수도 없는 것이 사람의 마음이다.

우리는 지금 20세기라는 시대에 태어나 한국이라는 나라에 살고 있는 사람으로서, 한국이 앞으로 물심양면에 있어서 훌륭한 발전을 이루기를 바라며, 이 시대가 평화롭고 복되기를 염원한다. 이것은 지극히 상식적이며 당연한 염원이라 하겠거니와, 이 당연하고 평범한 입장에서 볼 때 관능적 향락의 생활 태도는 어떻게 평가되는 것인가? 특히 한국이 처해 있는 현실을 염두에 두고 몇 가지 점을 생각해 보기로 하자.

종교가나 도학자들 가운데에는 관능적인 쾌락 그 자체를 죄악으로 보는 사람들도 적지 않으나 그것은 별로 근거가 없는 생각이라고 여겨진다. 육체적인 욕구는 생물로서의 인간에 있어서 자연스러운 현상이며, 그것을 충족시킨다는 것은 그 자체만을 떼어서 볼 때 역시 바람직한 일이 아닐 수 없다.

다만 문제는 생물학적 욕망을 충족시키는 방법이 적합하지 못하거나, 생물학적 욕망 그 자체보다도 욕망 충족에 따르는 쾌락을 지나치게 추구할 경우에 여러 가지 원치 않는 부작용이 생기는 데서 일어난다. 종교나 도덕, 사상 가운데 관능적 쾌락을 죄악시하는 견해가 오랜 전통과 세력을 갖게 된 것도 관능적 쾌락 추구에 수반하는 좋지 못한 부작용을 미워하는 마음이 그 부작용의 원인인 쾌락으로 옮겨 간 결과라고 해석할 수 있을 것이다. 그렇다면 현재 우리의 현실에 비추어 볼 때 관능적 쾌락에 대한 지나친 추구는 어떠한 폐단을 가져올 염려가 있는 것일까?

첫째로 생각되는 것은 관능적 쾌락 추구의 경쟁성 및 이기성에서 오는 폐단이다. 관능적 욕구는 어떤 물질 또는 물체를 매개로 삼고 충족시키거니와, 그 욕구 충족의 수단이 되는 물질 또는 물체가 양적으로 충분하지 못할 경우가 많은 까닭에, 관능적 쾌락의 추구는 자연히 물질 또는 물체를 둘러싼 경쟁을 불러일으킨다.

생물의 세계에 있어서 생존경쟁이란 본래 불가피한 것이지만, 관능적 쾌락의 추구는 생물학적 기본욕구를 충족시키기에 필요한 것보다도 훨씬 더 많은 것을 요구하므로, 우리의 사회적 경쟁을 한없이 더 치열하게 만든다. 그리고 이 치열한 경쟁은 사람들의 사고방식과 행동 방식을 이기적인 방향으로 몰고 가기 쉽다. 사회적 경쟁이 심하면 심할수록 개인들은 자기 자신을 보호하기에 더욱 신경을 써야 하며, 때로는 남을 공격하지 않으면 안 되기 때문이다.

이기심과 경쟁심이 때로는 사회의 발전을 위한 촉진제의 구실을 하는 것도 사실이나, 현재 우리 사회의 경우는 이기심과 경쟁심이 지나쳐서 도리어 사회생활을 파괴하는 폐단이 큰 것으로 관찰된다. 특히 현재 우리나라에서는 하나의 공동 목표를 위한 단결과 협조가 크게 요망되고 있거니와, 이기적 경쟁에는 구심작용보다도 원심작용이 강한 까닭에, 지나친 경쟁심의 발동이 가져올 폐단은 더욱 심각하다.

실제에 있어서 지금 우리나라에는 '남이야 어떻게 되든 나만 잘살면 그만'이라는 생각이 널리 퍼져 있다는 것이 일반적인 관찰이다. 남의 사정 또는 사회 전체를 돌보지 않는 기풍이 일반화했을 때의 폐단이 얼마나 큰지에 대해서는 여러 말로 설명할 필요가 없을 것이다.

둘째로 생각해야 할 것은 관능적 쾌락주의와 배금사상(拜金思想)이 밀접한 관계를 가졌다는 사실이다. 관능적 쾌락이란 대개 돈으로 살 수 있는 것이며 돈 없는 사람에게는 얻기 어려운 대상이다.

따라서 관능적 쾌락을 지나치게 추구하는 기풍은 자연히 돈을 가치의 으뜸처럼 숭상하는 경향을 촉진하기 쉽다. 현대는 그렇지 않아도 황금만능의 풍조가 강한 시대이거니와, 관능적 쾌락 추구의 일반적 경향으로 말미암아 더욱 그 풍조가 극단으로 달리고 있는 것같이 관찰된다.

현대인의 생활을 위해서 돈이 중요하다는 것은 부인할 수 없는 사실이며, 돈을 귀중히 여기는 사상을 함부로 나쁘게 생각하는 것은 비현실적인 사고일 뿐 아니라 위선적이기도 하다. 그러나 돈의 가치가 인격의 가치보다도 더욱 높이 평가되고 인간이 돈의 노예가 되는 지경에 이른다면 아무도 그것을 건전한 경향이라고 보지 않을 것이다.

현대의 서구 문화가 위기에 처해 있다고 염려한 학자들이 많다는 것은 널리 알려진 사실이다. 현대 문화의 위기를 경고하는 학자의 견해에도 각각 그 강조하는 점에 차이가 있으나 그들에게 공통된 주장은, 현대의 서구 문화가 물질문명에 있어서만 지나친 발달을 이룩하고 그 정신적 측면은 극도로 쇠약하다는 점에 있다. 그들의 주장에 다소의 과장이 있을지도 모르나 그들의 관찰을 전적으로 부정하기는 어려울 것으로 보며 저 황금만능의 풍조가 이 물질의 위세 및 정신의 위축을 더욱 조장하리라는 것도 의심의 여지가 없다.

셋째로 생각해야 할 것은 관능적 향락의 기풍이 국민 문화 전반에 미치는 영향이다. 상식만으로도 알 수 있는 바와 같이 향략에 도취할 때 그로 인해서 소모되는 정력과 시간 그리고 재물은 막대하다. 따라서 향락에 마음껏 도취하는 일과 건설 내지 창조 사이에 있어서 큰 업적을 올리는 일은 원칙적으로 양립하기 어렵다. 이 점은 한 개인의 경우를 생각할 때 지극히 명백하게 드러난다. 주색(酒色)을 비롯한 갖가지 인생의 행락을 마음껏 즐기고도 학문이나 예술 또는 그 밖의 어떤 분야에 있어서 큰 업적을 기록한 사람의 예는 거의 없다고 하여도 과언이 아니다.

문제는 한 나라 전체의 경제 건설 또는 문화 창조에 있어서도 마찬가지다. 국민 한 사람 한 사람의 소질이 연마되고 발휘되지 않는 한, 한 국가의 건설적 사업이 제대로 성취되지 않는다는 것은 너무나 명백한 상식이다.

우리가 인생에 있어서 하고 싶은 일 또는 해야 할 일은 대단히 많다. 세상이 우러러보는 인격자가 되고 싶기도 하고 나라에서 첫째 가는 갑부가 되고 싶기도 하며, 역사에 기록될 위대한 예술가가 되고 싶기도 하다. 책도 읽어야 하고, 편지의 답장도 써야 하며, 친구의 결혼식에도 참석해야 한다. 그 밖에도 하고 싶은 일 혹은 해야 할 일들이 수없이 많은 가운데 관능적인 쾌락을 즐기는 일도 포함되어 있다. 술도 마시고 싶고, 춤도 추고 싶으며, 성욕도 채우고 싶다.

하고 싶은 일 또는 해야 할 일들을 하나도 빼놓지 않고 모두 할 수 있는 힘이 우리에게 있었다면 우리는 그 모든 일을 다 하는 것이 가장 옳을 것이다. 그러나 우리에게는 시간과 정력과 능력에 한도가 있다. 따라서 우리는 하고 싶은 일 또는 해야 할 일의 우선순위를 정해야 하며, 그 우선순위에 따라서 자기가 할 수 있는 범위 안의 일을 가급적 많이 할 수밖에 없다.

하고 싶은 일들의 우선순위를 어떻게 정하느냐 하는 것은 인생관의 문제이며 가치관의 문제다. 여기서 생각해야 할 일은 관능적 쾌락보다도 더욱 바람직하다고 믿어지는 것이 인생에 과연 없느냐 하는 것이며, 만약 세상 사람들이 모두 관능적 쾌락을 우선순위의 첫째에 올려놓고 그것을 추구할 때 세상이 어떻게 될 것이냐 하는 문제다.

우리는 지금 조국이 근대화해야 한다고 공언하고 있으며, 민주주의가 실현되어야 한다고 역설하고 있다. 우리는 지금 나라가 번영해야 하며 국민 문화 내지 민족문화가 자랑스럽게 꽃피어야 한다고 힘주어 주장하고 있다. 만약 이러한 주장이 한낱 거짓이 아니라면 우리는 하나의 공동 목표를 위해서 노력할 것을 스스로 약속하는 셈이다. 그리고 만약 공동 목표의 실현보다도 개인의 관능적 향락에 높은 우선순위를 인정할 수 없다고 믿는다면 우리는 관능적 쾌락 추구의 풍조가 저 공동 목표의 실현을 방해할 정도로 강해지는 것을 마땅한 일이라고 생각할 수 없을 것이다.

하나의 목표를 달성하는 일은 다른 하나의 목표의 달성을 위해서 도움이 되기도 하고 방해가 되기도 한다. 하나의 목표의 추구가 적당한 절도(節度)의 범위를 넘지 않을 경우에는 다른 또 하나의 목표의 달성을 위해서 도움이 되다가도 그것이 어느 정도를 넘어서면 다른 목표의 달성에 지장을 가져올 경우도 있다. 따라서 두 가지 목표의 달성이 양립할 수 없을 경우에는 더 높은 가치의 실현을 위해서 더 낮은 가치는 희생되는 것이 원칙이다. 다만 어느 편이 더 높은 가치냐 하는 물음은 까다로운 철학적 논의의 여지가 많은 어려운 문제의 하나다.

7장
인간의 상실과 회복

1. 주체성을 상실한 인간
2. 인간의 비인간화 현상
3. 비인간적 예속으로부터의 해방

7장 인간의 상실과 회복

1. 주체성을 상실한 인간

형식논리학의 견지에서 본다면, 인간은 어디까지나 인간임에 틀림이 없을 것이니, 인간의 비인간화라는 현상이 생긴다는 것은 논리상 있을 수 없을 것이다. 그럼에도 불구하고 오늘날 '인간의 비인간화' 또는 '인간 부재(不在)'라는 말들은 결코 공연한 역설로만 들리지는 않는다. 바로 여기에 현대 문명의 중대하고 심각한 문제가 있는 것으로 보인다.

오늘날 '인간의 비인간화'를 걱정하여 경종을 울리는 사람들은, 인간이 지켜야 할 본연의 모습이 따로 있다는 생각을 가지고 있는 것이며, 그들이 믿는 바 본연의 모습을 잃지 않은 인간이란, 첫째로 사리에 따라 생각하는 이성적 존재이며, 둘째로 자기의 개성과 신념에 따라 행동하는 자유의 주체다.

이성자(理性者)로서 사유하고 자유의 주체로서 행동하는 가운데 인간의 본연의 모습이 있다고 보는 것은 어떤 인생관을 전제로 삼은 인간관이며, 그 인생관을 받아들이는 사람들에게만 절대적인 타당성을 갖는다. 그러나 그러한 인간관을 정당화하는 객관적 근거가 전혀 없는 것은 아니다. 이성과 자유

속에 인간 본연의 모습을 발견하는 견해를 뒷받침하는 객관적 근거가 있다는 것을 믿는 까닭에, 우리는 인간의 비인간화를 걱정하는 식자들의 의견에 공감을 느끼는 것이다.

이성과 주체성을 상실할 때 인간은 그 본연의 모습을 상실한다는 인간관을 뒷받침하는 객관적 근거로서 우리가 지적할 수 있는 것은, 인간이 이성과 주체성을 잃고 행동할 때 인간이 가장 열심히 추구하는 것 — 보통 '행복'이라고 불리는 것 — 으로부터 멀리 이탈한다는 자기모순일 것이다. 이 점을 알기 쉽게 설명할 수 있기 위해서는 우선 '인간의 비인간화'라고 불릴 수 있는 현상들에 대한 구체적 서술이 앞서야 할 것으로 보인다.

'인간의 비인간화'라고 부를 수 있는 현상의 하나로서 우리는 많은 사람들이 돈의 노예에 가까운 생활을 하고 있다는 사실을 들 수 있을 것이다. 오늘날 우리들은 마치 돈을 벌기 위해서 사는 것처럼 관심과 정력, 그리고 시간의 대부분을 돈 버는 일에 바치고 있다. 우리들은 스스로 뜻있다고 믿는 행동을 자유의지에 따라서 하는 것이 아니라 돈의 손짓에 따라서 또는 돈벌이를 위해서 다니는 직장의 기계가 보내는 신호에 따라서 행동한다. 그리고 사람의 가치를 평가할 때에도, 우리는 그 사람의 사람됨이 어떠한가, 그 사람이 사회를 위해서 얼마나 이바지할 수 있는가를 묻기에 앞서서, 그 사람이 가지고 있는 재산 또는 돈벌이 경쟁에 있어서 남을 앞지를 수 있는 능력을 묻는다. 그리하여 인간은 돈을 주인으로 모시는 하인의 위치로 떨어지며, 돈은 사람보다도 귀중한 것으로서 군림한다.

물론 우리는 '돈이 제일'이라는 명제를 관념의 세계에 있어서 긍정하는 것은 아니다. 우리가 밖으로 내거는 인생관은 물질주의가 아닌 이상주의이며, 재산보다도 인격이 더욱 소중하다는 것을 소리 높여 외친다. 그러나 이것은 어디까지나 관념과 언어의 세계에서의 몸부림에 지나지 않는 것이며, 행동의 세계를 좌우하는 것은 역시 돈이요 물질이다. 결국 관념과 행동이 크게 유리되고 인격은 분열의 아픔을 겪는다. 인격의 분열 자체가 비인간화의 한 과정이거니와, 이중인격자들이 모여 사는 사회에서는 서로가 서로를 믿을 수 없으니, 피차 인간을 인간으로 대접하지 않는 결과를 부른다.

비인간화라고 부를 수 있는 또 하나의 현상으로서 우리는, 사람들을 유행의 노예, 광고의 노예, 또는 여론의 노예로 만들어 버리는 획일화의 경향을 들 수 있을 것이다. 오늘날 우리는 자유와 자유주의를 구가하고 있지만, 유행과 상품을 팔아 먹기 위해서 상인들이 쓴 각본에 따라서 행동하고 그들이 치는 장단에 맞추어 춤추기에 너무나 바쁘다. 상품을 만들어 내는 업체들이 기업의 합동화를 통해서 거대한 재벌을 형성하고 그 재벌이 대량생산의 방법을 사용하는 까닭에, 상품이 획일화하고 유행이 획일화하여, 결국은 모든 사람들이 비슷비슷한 물건을 사고 비슷비슷한 행동을 하게 된다. 그 상품들을 직접 간접으로 선전하는 것이 매스컴이며, 매스컴의 암시에 따라서 생각하고 행동하는 까닭에, 사람들은 점차로 개성을 잃게 되며, 스스로의 머리로 생각하기를 게을리하게 된다.

비인간화의 가장 심각한 증세로서는 사람들이 평생을 일관하는 생활의 중심을 잃고 있다는 사실을 지적할 수 있을 것이다. 10년 또는 20년 뒤를 내다보는 인생의 목표를 세우고, 그 목표의 달성을 위해서 온갖 정성과 정력을 바칠 때 사람들은 뚜렷한 생활의 중심을 갖는다. 그러나 오늘날 우리들에게는 그러한 삶의 목표가 없는 것이다. 목표가 있다면 돈을 모은다는 목표가 있을 뿐이며, 그 돈을 무엇에 쓰겠다는 목표는 뚜렷하지 않다.

인생의 목표가 상실되고 생활의 중심이 희미한 까닭에, 사람들의 인격은 그 틀이 잡히지 않는다. 인격의 틀이 잡히지 않는다는 것은, 개성이 뚜렷한 자유의 주체로서의 성장을 거두지 못했다는 뜻이며, 주체성이 박약한 까닭에 매스컴과 상품 광고의 최면술에 걸려 우왕좌왕한다. 그리고 중심을 잃은 생활의 허전한 공간을 메우기 위하여 사람들은 관능의 쾌락으로 달린다. 관능의 쾌락은 돈을 필요로 하는 까닭에 돈을 버는 일이 임시로 생활의 중심이 되기 마련이며, 더 건설적인 목표의 설정 없이 벌어들인 돈은 다시 새로운 향락에 대한 욕구를 자극한다.

이상에서 우리는 이성자로서의 특색과 자유인으로서의 주체성을 상실할 때 인간이 어떻게 생각하고 어떻게 행동하느냐에 대한 몇 가지 구체적 서술을 꾀하였다. 이상의 서술로써, 이성과 주체성을 상실한 인간이 결국 불행한 존재임을 면하기 어렵다는 것은 대략 밝혀졌을 것으로 보인다. 다시 요약한다면, 이성과 주체성을 상실했을 때 사람들은 보람을 그 가운데 느낄 수 있는 인생의 목표와 모든 이성을 기울일 수 있는 생활의 중심을 잃게 되며, 목표와 중심을 상실한 까닭에, 돈과 관능의 쾌락 사이를 우왕좌왕한다. 보람을 그 가운데 느끼고 모든 정성을 기울일 수 있는 생활의 중심을 잃은 사람을 행복하다고 보지 않는 것은 우리의 상식이거니와, 돈과 쾌락의 즐거움조차도 온전하리라는 보장이 없다. 돈의 행방은 격심한 파동 앞에 유동적이며, 관능의 쾌락은 쾌락주의의 역설이라는 심리의 통칙(通則) 앞에 길지 않기 때문이다.

인간의 비인간화의 가장 큰 불행은 인간이 인간다운 대접을 받지 못하게 되며 인간이 그 존엄성을 상실한다는 사실에서 발견된다. 이성과 그 주체성을 잃었을 때 사람들은 스스로 자기의 존엄성을 포기한 셈이 되거니와, 경쟁성이 몹시 강한 돈과 관능의 쾌락을 모두 열심히 추구할 때, 치열한 경쟁에 휘말린 사람들은 남의 인격과 권익을 존중히 여길 마음의 여유를 갖지 못하는 까닭에, 서로가 서로를 인간 이하로 대접하기 마련이다.

2. 인간의 비인간화 현상

근대 이래 서양 세계에 있어서 발전한 사회사상의 출발점은 인간의 존엄성에 대한 신념이었다. 오늘도 우리는 인간의 존엄성을 높이 치켜들고 있으며,

우리들이 민주주의의 이념적 바탕으로 삼고 있는 것도 바로 이 인간의 존엄성이다. 그러나 이것은 언어와 관념의 세계에 국한된 사실이며, 우리의 현실은 인간의 존엄성을 멀리 배반하였다. 현대는 인간의 존엄성이 그 빛을 거의 상실한 시대다.

이것은 분명히 역설적인 사실이다. 인간의 존엄성을 가장 역설하고 출발한 근대의 역사가 필경은 인간의 존엄성을 스스로 말살하는 방향으로 움직였다는 것은 지극히 심한 자기모순이다. 그리고 이 모순을 감추기라도 하려는 듯이, 우리는 언어와 관념의 세계에서 아직도 인간의 존엄성을 잠꼬대처럼 되뇌고 있다. 도대체 이토록 큰 모순과 역설의 근원은 어디에 있는 것일까?

첫째로 지적해야 할 것은, 근대 서구 세계에 있어서 지배적 세력을 차지한 것이 상공 계층이며, 상공인들이 옹호한 경제의 원리가 자유방임주의였다는 사실을 들 수 있을 것이다. 서양에 있어서 르네상스라는 정신혁명이 가능했던 것은 인간이 자신의 능력과 가치에 대한 새로운 자각을 갖기 시작했기 때문이었다. 이 자각은 서양의 철학을 새로운 방향으로 이끌었거니와, 사회철학에 있어서는 모든 사람의 자유와 평등을 믿는 인권 사상을 초래하였다. 실로 인권 사상은 근대 이래의 사회철학을 일관하여 지배한 기본 원리이며, 현대 민주주의 이념의 바탕이기도 하다.

인권 사상을 옹호함에 있어서 가장 뜨거운 열성을 보인 것은 상공 계층 및 그들의 대변자들이었다. 오랜 봉건시대를 통하여 귀족계급의 억압을 가장 많이 당한 것이 상공인들이었다는 사실은, 개인이 자아를 뚜렷이 의식하기 시작했을 때, 특히 상공인들로 하여금 자유와 평등의 이념을 열렬히 환영하게 하였다. 자신들의 권익을 옹호하기에 아주 적합한 사상이었기 때문이다.

인권 사상을 이론적 방패로 삼아 가며 상공인들이 가장 열심히 추구한 것은 경제적 가치였다. 이것은 상공인의 체질로 보아 당연한 경향이었다 하겠으나 하여간 인권 사상과 배금사상의 결합이라는 기묘한 현상이 나타났던 것이다. 상공 계층이 사회적으로 압박을 당하던 동안에는 저 두 가지 사상의 결합에는 아무런 모순이나 부자연함이 있을 리 없었다. 인간의 권익을 주장하는 일과 경제적 가치를 추구하는 일은 그런대로 잘 조화되었기 때문이다. 그러나 프랑스 혁명을 계기로 삼고 상공 계층이 사회의 지배적 세력으로 등장하게 된 뒤에는, 인권 사상과 배금사상 사이의 이질성이 그 결합의 부자연스러운 측면을 드러내지 않을 수 없었다.

상공인들의 배금사상은 자유방임의 경제체제에 의하여 날로 강조되었으며, 자유방임의 경제체제 아래서 발달한 배금사상은 치열한 경제적 경쟁을 초래하였다. 그리고 치열한 경쟁 속에서는 다른 사람들의 권익을 제대로 고려할 여유가 없었던 까닭에, 인권 사상은 실천적 윤리의 기본으로서의 능력을 상실하고, 한갓 관념의 세계로 후퇴하고 말았다. 겉으로는 만인의 자유와 평등을 부르짖으면서, 속으로는 냉혹하게 이윤을 추구하는 이기주의의 길을 밟지 않을 수 없었던 것이다.

상공 계급이 지배 세력을 차지한 사회에 있어서 물질문명이 발달하고 관능의 쾌락이 숭상되는 것은 자연적 추세가 아닐 수 없다. 상공인들이 주역이 되어 세우는 문화는 이른바 금전 문화로서의 특색을 띠기 마련이며, 금전 문화 속에서 상공인의 체질에 가장 잘 들어맞는 것은 관능의 쾌락이기 때문이다. 이리하여 금전이 가치 체계의 정상을 차지하고 관능의 쾌락이 인간적 이상을 대신하는 가운데, 인간의 가치는 상대적으로 떨어지면서 인간 부재에 이르는 길이 열리기 시작하였다.

가치 체계의 정상으로부터 인간적 가치를 추락시키고 '인간의 비인간화'라는 역설적 현상을 빚어 낸 원인으로서 둘째로 지적할 것은, 자연과학의 발달에 따라서 보급된 물질주의적 세계관이다. 자연과학이 반드시 종교의 원리나 정신적 가치의 세계를 부인하는 것이 아니라고 말할 수도 있으나, 오늘의 자연과학의 바탕이 된 세계관은 대체로 물질주의의 그것이라고 보는 것이 타당할 것이다. 그리고 물질주의적 세계관을 따를 때 반드시 인간의 존엄성을 부인하거나 인간의 가치를 낮게 평가해야 할 논리적 필연성이 있는 것도 아니나, 정신의 가치를 높이 떠받든 종래의 윤리설들이 물질주의적 세계관을 배척했다는 사실과, 생물학적 인간관이 인간의 생물학적 욕구를 긍정적으로 바라보게 하는 심리 작용 등으로 인하여, 오늘의 물질주의적 세계관은 자연히 물질 내지 금전의 가치를 강조하고 관능의 쾌락을 찬양하는 경향을 조장하였다. 물론, 물질의 가치가 강조되고 관능의 쾌락이 찬양되는 것만으로 반드시 인간적 가치의 격하가 초래되는 것은 아니다. 그러나 다른 여러 가지의 요인들과 합세하여 금전만능과 쾌락 지상의 풍조를 극도로 조장했을 때, 급기야는 '인간의 비인간화'라고 불리는 현상에까지 이르는 가치의 전도가 결과되었던 것이다.

셋째로 지적할 것은, 금전 문화의 연장이라고 볼 수 있는 상품화 현상이다. 즉, 모든 사물을 상품처럼 생각하고, 모든 사물을 그 상품 가치에 따라서 평가하는 경향이다. 이 경향은 근자에 특히 심해져서, 인간까지도 상품처럼 생각하는 천박한 풍조를 낳기에 이르렀다. 상품을 선전하듯이 자기 자신을 선전하는 것을 당연하다고 여기며, 실질적인 업적을 쌓는 일보다도 전시효과에 더 신경을 쓰는 경우가 많다. 안으로 사람됨을 충실히 하는 일은 소홀히 하며, 외모를 장식하고 간판을 화려하게 하는 일에 힘을 기울인다. 이러한 풍조 속에서 사람들이 그 본연의 모습을 상실하고 다만 남의 눈치와 의견에 영합하여 좌우로 나부끼게 되는 것은 당연한 귀추가 아닐 수 없다.

넷째로, 인구의 증가와 과학 기술의 발달에 따라서 도처에 생기고 있는 도시화 및 기계화의 현상에서 오는 영향을 들지 않을 수 없다. 대도시의 생활은 몹시 분주하며 기계적이다. 시간에 몰려 가며 기계적으로 살아가는 가운데, 사람들은 조용히 자기의 인생을 음미하거나 다른 사람과 깊이 있는 인간관계를 맺고 순화된 인간관계를 즐길 시간과 마음의 여유가 없다. 도시 생활에 지친 심신을 위로하는 길은 오로지 돈으로 살 수 있는 오락과 유흥에서 찾을 수밖에 없다. 상품화하고 기계화한 도시의 문명은 매스컴을 타고 전국 방방 곡곡으로 퍼져 가니, 농어촌의 생활까지도 도시의 생활양식을 닮아 간다.

생산과정 및 유통 과정의 기계화 내지 자동화도 인간의 자기 상실을 촉구하는 강력한 요인이다. 모든 것이 기계를 사용하여 조작되는 메커니즘에 끼어서 인간도 기계의 일부처럼 움직이여야 한다. 대량생산의 제조 과정 속에서 어떠한 제품이 쏟아져 나오는가는 오로지 기계의 성질에 달려 있으며, 수공업 시대의 제품에서 생명처럼 여겨지던 제작자의 개성이나 예술적 향기를 찾아보기는 바랄 수조차 없다. 이러한 상황 속에서 일하는 노동자들은 자신들이 하는 노동의 의의나 보람을 그 생산 자체에서 발견할 수 없으며, 자신들이 받는 약간의 임금에서 오로지 그것을 찾아야 한다.

다섯째로 지적할 것은, 20세기에 세계 각지에 전쟁이 잦았고 따라서 사회가 장기적 안정을 얻지 못할 경우가 많았다는 사실이다. 전쟁이 잦고 장기적 사회 안정을 얻지 못한 까닭에, 사람들은 10년 또는 20년이 걸릴 정신의 계발 또는 문화의 건설보다도, 당장 목적을 달성할 수 있는 찰나주의로 흐르기 쉽다. 찰나주의로 흐른다는 것은 일관된 인생의 목표와 생활의 중심을 잃는다는 뜻이니, 이것은 인간의 근본적 특색의 하나인 정신적 성장의 추구를 포기하는 결과를 초래한다.

3. 비인간적 예속으로부터의 해방

인간이 상실된 자기를 회복하고 그 본연의 모습으로 돌아가기 위해서 가장 중요한 것은, 인간이 무엇엔가 얽매여 사는 노예 상태를 벗어나서 자유인으로서의 주체성을 되찾는 일일 것이다. 그렇다면, 자유인으로서 주체성을 되찾는 길은 무엇일까? 도대체 여기서 노예 상태와 자유를 구별하는 경계선을 어떻게 그을 것인가? 자아 이외의 것에 의하여 얽매여 사는 것을 노예 상태라고 부를 수 있겠으나, 자아라는 것을 어떻게 규정할 것이냐 하는 것은 매우 어려운 문제인 까닭에, 자유인으로서의 주체성을 찾는 길을 구체적으로 모색하는 일은 그 출발점부터 난관에 부딪친다.

금전, 사회적 지위, 상품 광고와 유행, 밖으로부터 강요된 스케줄, 기계 등이 자아가 아니라는 것은 우리들의 상식이다. 따라서 오늘날 우리를 얽매고 있는 것들 가운데서 위에 열거한 따위의 것들의 구속을 벗어나면 벗어날수록 자유인에 접근한다는 것은 안심하고 말할 수 있을 것이다. 그러나 오늘날 우리의 관심을 크게 묶고 있는 또 하나의 것, 즉 관능적 쾌락에 대해서는 그렇게 간단히 말하기가 어렵다. 옛날의 철학자들 가운데는 육체적 욕망이나 감정을 인간성의 비본질적 부분으로 보고 그것들로부터의 해방을 역설한 사람들도 있었으나, 현대의 우리로서는 그러한 견해를 수정 없이 받아들이기는 어렵다. 욕망과 감정도 분명히 인간을 구성하는 요소이기 때문이다.

그러나 욕망 또는 감정을 자아의 전부라고 볼 수 없음은 의심의 여지가 없는 사실이며, 그것들이 인간의 가장 특색 있는 부분이 아니라는 것도 사실이다. 이성 또는 지성으로 불리는 기능이 인격을 구성하는 매우 중요한 부분이라는 것은 현대의 우리로서도 부정할 수 없는 전통적 상식이며, 인격을 구성하는 어떤 한 요소에만 얽매이는 것보다는 전체가 조화와 균형을 이룬 인격으로서 생각하고 행동하는 데 인간 본연의 모습이 있다고 보는 것이 타당한 의견일 것이다.

현대 문명 속에서 인간의 비인간화라는 비극이 초래된 것은, 요컨대 비인간적 가치가 인간적 가치를 능가하고, 인간적 가치 가운데서는 부분의 가치가 전체의 가치를 압도하는 가치의 전도가 생겼기 때문이라고 볼 수 있을 것이다. 따라서 상실된 인간을 다시 찾는 일은, 전체로서의 인간적 가치가 체계의 가장 높은 봉을 차지하는 새로운 가치 체계를 세우는 일에 해당한다.

그리고 그와 같은 새 가치 체계를 세움에 있어서 첫째로 필요한 것은, 전체로서의 인격이 자유인으로서의 주체성을 찾는 일이 매우 귀중하다는 것과 인간의 주체성의 회복은 나에게만 필요한 것이 아니라 모든 사람들에게 필요한 보편적 과제라는 사실을 되도록 많은 사람들이 깊이 인식하는 일이다. 이러한 사실을 널리 인식시키기 위해서 최선을 다하는 것은, 그 길이 옳다는 것을 먼저 깨달은 사람들의 공동 사명이거니와, 교육기관 및 언론기관들이 이 사명의 완수를 위하여 최대한으로 동원되어야 할 것이다.

돈 또는 그 밖의 비인간적 가치로부터의 예속을 벗어나서 한 인격으로서의 주체성을 되찾고 개성을 살린 정신적 성장을 이룩하는 것이 가장 바람직한 삶이라는 것을 마음속으로 확신한다 해서 반드시 그 신념대로 행동할 수 있는 것은 아니다. 경제생활의 여유가 있는 사람은 결심 여하에 따라서, 자기가 가장 옳다고 믿는 길을 실천하기 위하여 생활의 태도를 바꿀 수도 있을 것이다.

그러나 그날그날의 생활에 쫓기며 당장 먹고 사는 일 자체가 어려운 사람들은 돈과 기계와 시간에 얽매이지 않기를 아무리 열망한다 하더라도 그러한 생각을 실천에 옮길 도리가 없다. 인간적 가치를 따지고 말고 할 만한 여유가 없는 것이다. 따라서 모든 사람이 자기 본연의 모습을 되찾을 수 있기 위해서는, 우선 우리들의 사회 현실부터가 많이 달라져야 한다. 그리고 인간의 상실된 자아를 회복하기 위해서 요구되는 사회 현실은, 바로 민주주의가 지향하고 있는 그러한 현실이라고 말할 수 있을 것이다. 기회의 균등과 분배의 공정은 민주주의가 실현해야 할 목표 가운데서도 가장 기본적인 것이기 때문이다.

현실의 개조가 저절로 실현되리라고 기대할 수는 없다. 여기서도 누군가가 앞장을 서서 비민주적 세력과 싸워야 할 것이다. 그러나 누가 그러한 싸움을 위해서 앞장을 설 것인가? 민주주의를 사랑하는 모든 사람들이 함께 나서야 할 것으로 생각되나, 특히 인간의 비인간화를 걱정하고 새로운 가치 체계의 수립을 열망하는 사람들 — 우리가 지성인이라고 부르고 싶은 사람들 — 이 여기서도 무거운 짐을 져야 할 것으로 본다.

편 집 : 우송 김태길 전집 간행위원회

간행위원 : 이명현(위원장), 고봉진, 길희성, 김광수, 김도식, 김상배, 김영진, 박영식, 손봉호, 송상용, 신영무, 엄정식, 오병남, 이삼열, 이영호, 이태수, 이한구, 정대현, 황경식

우송 김태길 전집

새 인간상의 정초
인간회복 서장

지은이 김태길

1판 1쇄 인쇄 2010년 5월 20일
1판 1쇄 발행 2010년 5월 25일

발행처 철학과현실사
발행인 전춘호

등록번호 제1-583호
등록일자 1987년 12월 15일

서울특별시 종로구 동숭동 1-45
전화번호 579-5908
팩시밀리 572-2830

ISBN 978-89-7775-709-7 94100
978-89-7775-706-6 (전15권)
값 20,000원

●잘못된 책은 교환해 드립니다.